双语版石黑一雄作品

被掩埋的巨人

The Buried Giant

〔英〕石黑一雄——著

周小进——译

上海译文出版社

图书在版编目（CIP）数据
被掩埋的巨人：汉、英/（英）石黑一雄
（Kazuo Ishiguro）著；周小进译. — 上海：上海译文
出版社，2019.4
（双语版石黑一雄作品）
书名原文：The Buried Giant
ISBN 978-7-5327-8078-5

Ⅰ.①被… Ⅱ.①石… ②周… Ⅲ.①长篇小说—英
国—现代 Ⅳ.①I561.45

中国版本图书馆CIP数据核字（2019）第038301号

图字：09-2014-839号

被掩埋的巨人（双语版）
[英] 石黑一雄/著　周小进/译
责任编辑/宋金　装帧设计/张志全工作室

上海译文出版社有限公司出版、发行
网址：www.yiwen.com.cn
200001　上海福建中路193号
杭州恒力通印务有限公司印刷

开本 890×1240　1/32　印张 20　插页 6　字数 445,000
2019年4月第1版　2019年4月第1次印刷
印数：0,001—8,000册

ISBN 978-7-5327-8078-5/I·4966
定价：98.00元

被掩埋的巨人

献给黛博拉·罗杰斯（1938—2014）

第一部

第一章

要找到后来令英格兰闻名的那种曲折小道和静谧草场，你可能要花很长时间。目之所及，尽是荒无人烟的土地；山岩嶙峋，荒野萧瑟，偶尔会有人工开凿的粗糙小路。罗马人留下来的大道，那时候大多已经损毁，或者长满杂草野树，没入了荒野。河流沼泽上，压着冰冷的雾气，正适合仍在这片土地上活动的食人兽①。住在附近的人们——什么样的绝境使他们到这种阴冷的地方安家呢——很可能畏惧这些巨兽，它们粗重的喘气声很远就能听到，过一会儿雾气中才会显露出它们丑陋的躯体。但是，这些怪兽不会令人诧异。那时人们应该把食人兽当成日常的危险，何况还有很多要担心的事情。怎样从坚硬的土地上获取食物；怎样避免柴火烧完；怎样阻止一天能杀死十几头猪、让孩子脸颊上长出绿色皮疹的那种疾病。

反正食人兽不算太坏，只要别去激怒它们。不过事实还是必须接受：不时会有一个家伙，或许是和同类发生了争执，跌跌撞撞闯进某个村庄，发着可怕的怒火，人们叫喊着，挥舞着武器，但它全不理会，横冲直闯，躲闪不及的都要受伤。或者，不时会有食人兽把某个孩子抓到迷雾里。对于这种灾害，当时的人们只好看得超脱一点。

在一片大沼泽附近，就有这么一块地方，坐落在嶙峋的山峦投下的阴影之中。这儿住着一对年老的夫妇，男的叫埃克索，女的叫比特丽丝。也许这不是他们准确的名字，也不是全名，但为了方便起见，我们就这么称呼他们吧。我本来想说，这对夫妇过着“孤独”的生活，但根据我们对这个词的理解，那时候没有人是“孤独”的。为了取暖和安全，村民们生活在室内，住的地方多从山腰挖进去，深入山腹，有地下通道和走廊相互连通。我们这对老夫妇，就生活在这样一个大巢穴里，算不上是“建筑”吧，和大约六十位村民住在一起。如果你离开他们的巢穴，沿着山脚走二十分钟，应该就会看到第二个村庄，在你眼里，和第一个没什么不同。但对村民自己来说，肯定有很多细微的差别，有的让他们骄傲，有的让他们羞愧。

我无意让人觉得，那时候的英国就只有这些东西，以为当辉煌的文明在世界其他地方蓬勃发展之时，我们这儿的人还刚刚走出铁器时代。假使你能够在乡间漫游，定会遇到有音乐、美食和高超竞技技巧的城堡，或者有饱学之士的修道院。问题是没法到处旅行。就算有一匹强健的马，天气晴好，一连走上好几天，你也可能看不到绿林中露出城堡或修道院来。你碰到的很可能都是我刚刚描述过的这种村落；而且，除非随身携带食品或衣物作为礼品，或配备令人生畏的武器，否则未必会受到欢迎。很遗憾我描绘了当时我们国家的这么一幅景象，但事实就是这样。

回头说说埃克索和比特丽丝吧。我说过，这对年老的夫妇住在巢穴的外围，住所受自然的侵袭较多，大家晚上聚集的“大室”中烧着火堆，但他们几乎享受不到。以前某个时候，他们也许曾住在火堆附近——和孩子们住在一起的时候。实际上，浮现在埃克索脑海中的正是这个念头。这是黎明前那段空寂的时光，他躺在床上，妻子在身旁酣睡，一种莫名的失落感噬咬着他的心，让他无法再次入睡。

也许，正是因为这个原因，这天夜里，埃克索干脆下了床，悄

---

① 食人兽（Ogre），西方民间传说中的一种巨大、丑陋、凶残的类人妖怪，又译作“食人魔”。

悄溜到屋外，在巢穴入口旁那条破旧的板凳上坐下，等候着晨曦的来临。这时候是春天，但空气仍然刺骨，虽然埃克索出来的时候，随手拿起了比特丽丝的斗篷披在身上。不过，他一直沉浸在思绪之中，等他意识到冷的时候，天上几乎都没了星星，一片亮光从地平线上蔓延开来，昏暗中传来第一声鸟鸣。

他缓缓站起身，心里后悔在外面待得太久。他身体健康，但上次发烧花了挺长时间才恢复，他可不想又发起热来。现在他能感受到腿部的湿气，不过转身进屋的时候，他感觉很满足：因为几件在记忆中躲藏了许久的事情，今天早晨他终于想起来了。而且，他现在觉得某个重大决定快要在他脑中成形了，一个推迟了太久的决定，所以心里颇为兴奋，急着要与妻子分享。

屋内，巢穴里的通道仍旧漆黑一团，他只好摸索着走过那一小段路，回到住处。巢穴内所谓的“门”，大多不过是个拱廊，算是进入住处的标记。这种开放的布局，村民们不会认为有碍隐私，反而有利于房间保暖，大火堆或巢穴里许可的其他小火堆的暖气能通过通道传来。然而，埃克索和比特丽丝的房间远离火堆，倒有一扇真正的门，一个木头做的大框，上面纵横交错地绑着小树枝、蓟条和藤萝，要把它们撩到一边才能进出，但能挡住寒风。这扇门埃克索宁愿不要，但时日久了，门已经成为令比特丽丝颇感骄傲的物品。回家的时候，他常常发现妻子正在摘掉门上已经枯萎的滕蔓，换上她白天采摘来的新枝。

这天早晨，埃克索把门帘撩开一点点，刚好能让自己进屋，小心翼翼不吵醒妻子。晨曦透过外墙上的细缝渗入屋内。他能隐约看到自己的手，干草皮铺成的床上，比特丽丝盖着厚厚的毯子，还在沉睡。

他想喊醒妻子。因为心里有个声音告诉他，此时此刻，如果妻子醒着、与他说话，他和那个决定之间无论还有什么阻碍，都会瞬间瓦解。可时候还早，要等一会儿村民们才会起床，开始一天的劳作，于是他在房间角落里那张矮凳上坐下来，身上仍旧紧紧裹着妻子的斗篷。

他心想，不知道今天早上的雾有多重，天光渐亮，也许等会儿能看到雾从墙壁缝隙里渗入房间。接着，他的思绪又飘离了这些事情，回到他此前一直考虑的问题上。他们一直是这么生活的吗，就两个人，住在村子的边缘？抑或以前情况不是这样？刚才，在屋外，他回想起了以前的一些片段：那是个短暂的时刻，他走在巢穴中央长长的过道上，一条胳膊挽着自己的一个孩子，走路时微微弓着身，不是因为像现在这样上了年纪，而是不希望脑袋在昏暗中撞上屋梁。当时孩子可能在跟他说话，讲了什么好笑的事，两人都在大笑。可是现在呢，和之前在外面的时候一样，他脑子里一片模糊，越集中精力，那些片段似乎就越不清晰。也许这一切都是个老傻瓜的想象。也许上帝从来没有赐予他们孩子。

你可能会想，埃克索为什么不去找其他村民帮助他回忆往事呢？但这可能不像你想得这么容易。因为在这个群体中，人们很少谈论过去。我倒不是说这是什么禁忌。我是说，过去消失在一片迷雾之中，就像沼泽地上的雾气一样。这些村民就从没想过要去回想往事——哪怕是刚刚过去的事情。

举个例子吧。有件事已经让埃克索心烦了很长时间：他肯定，不久前村子里有个女人，长长的红色头发——大家认为这个女人对村庄很重要。有人受了伤或生了病，大家就立即去请这个红头发的女人，她有高超的治疗技能。可是，现在哪儿也找不到这个女人，好像也没人去想这是怎么回事，她不在了，都没人表示遗憾。有天上午，埃克索和三个邻居一起挖开霜冻的土地时，提起过这件事情，从他们的反应来看，他们是真的不明白他在说什么。其中一位还停下手中的农活，努力回想，但最后还是摇了摇头。“肯定是很久很久以前的事情，”他说。

一天晚上，他跟比特丽丝提起这事。“我也不记得这个女人，”

比特丽丝说。“也许你是出于自己的需要，想出了这么个女的，埃克索，虽然你身旁已经有个妻子了，腰板比你自己还直呢。”

这是去年秋天什么时候的事情，当时周围一片黑暗，两人并肩躺在床上，听着外面雨打房屋的声音。

“我的公主，这么多年你的确一点儿也没老，”埃克索说道。“但这个女人不是我想象出来的，只要花点时间想一想，你自己也会记起来。一个月前，她就在我们家门口，友好地问我们，需不需要她带点什么东西来。你肯定还记得吧。”

“可她为什么要给我们带东西呢？她是我们的亲戚吗？”

“我想不是亲戚，公主。她就是好心帮忙。你肯定记得吧。她常到门口来，问我们冷不冷、饿不饿。”

“埃克索，我想问的是，她为什么要单单把我们挑出来，要帮我们的忙？”

“当时我也感到疑惑，公主。我还记得，当时我想，这个女人专门照顾病人，可我们两人和村里其他人一样健康啊。难道有消息说要发瘟疫了，所以她来看看我们？可结果呢，没有瘟疫，她就是好心帮忙。现在我们谈起了她，我就能回想起更多事情了。她就站在那儿，跟我们说，孩子们骂我们，不用去理会。就这样。后来我们就没见过她了。”

“埃克索啊，这个红头发的女人是你凭空想出来的，而且她还是个傻瓜，竟然去担心几个孩子的游戏。”

“我当时正是这么想的，公主。孩子们哪能伤害到我们呢，不过是外面天气不好，他们找点乐子而已。我跟她说，我们根本就没想过这事，可她终究还是好心。现在我想起来了，她还说，我们晚上没有蜡烛，是个遗憾。”

“如果这家伙同情我们没有蜡烛的话，”比特丽丝说道，“那她至少弄对了一件事情。这是对我们的侮辱，我们的手和其他人一样稳，却禁止我们在这样的晚上用蜡烛。别人的屋子里点着蜡烛，他们喝多了苹果酒，都醉得不省人事，要不就是一大堆孩子乱跑。他们拿的是我们的蜡烛，现在你就在我身边，埃克索，可我却几乎看不见你的身体。”

“公主啊，这不是有意要侮辱我们。事情一直就是这样罢了，没别的。”

“对了，拿走我们蜡烛这件事，不是只有你想出来的这个女人觉得奇怪。昨天，也许是前天吧，我在河边，从那些女人旁边经过，她们以为我走远了，听不见她们说话，但我肯定我听得明白，她们说，像我们这样正直的夫妻，每天晚上只能摸黑坐着，真是件不光彩的事情。所以呢，这样想的可不仅仅只有你想象出来的这个女人。”

“我的公主，我不是一直跟你说嘛，这不是我想象出来的女人。一个月前，这儿所有人都认识她，都讲她的好话。可现在每个人，包括你，都不记得有过这么个人，这是怎么回事呢？”

这个春天的早晨，埃克索回想着这段谈话，觉得自己几乎可以承认，关于红头发女人的事情，是自己弄错了。他毕竟上了年纪，偶尔会犯糊涂。但是，让人困惑的类似情景还有很多，红头发女人不过是其中一个而已。让人丧气的是，他一下子想不起来那么多的例子，但例子数不胜数，这一点他确信无疑。比如，跟玛塔有关的那件事情。

玛塔是个九岁或十岁的小姑娘，大家都知道她胆子大。孩子们到处乱跑会有危险，可那些令人毛骨悚然的故事都不能打消她对冒险的喜爱。那天傍晚，离天黑不到一小时，雾气已经聚起，山坡上传来狼的嚎叫声，这时候有消息说玛塔不见了，每个人都警觉地停下了手中的活儿。接下来不长的时间内，巢穴里到处都是呼喊她的声音，脚步声在通道里来来回回，村民们搜索了所有睡室、储物洞、椽子下方的空隙，寻遍了孩子找乐子的一切藏身之地。

在这慌乱之中，两名牧羊人从山坡上值勤归来，回到“大室”

中，挨着火堆烤火。这时候，其中一位牧羊人说，头天他们看到一只金鹰在头顶盘旋，一圈、两圈，然后又绕了一圈。绝对没错，他说，那就是金鹰。消息很快在巢穴中传开去，不久火堆四周便围了一群人，听牧羊人讲故事。连埃克索也匆忙赶了过来，因为金鹰在这个地区出现，可是真正的新闻。金鹰有很多能力，其中一项是能够吓走狼群，据说在别的地方，因为这些大鸟，狼已经全部消失了。

一开始，人们迫切地盘问两位牧羊人，要他们一遍又一遍地重复这个故事。接着听众慢慢开始怀疑起来。有人指出，此前有多次类似的说法，可最后都没有依据。另一个人说，这两个牧羊人头一年春天讲过一模一样的故事，可后来再也没有人见到过他们说的金鹰。两位牧羊人愤怒地说，之前没有报告过，不久人群分成两派，一派站在牧羊人那边，一派则自称记得头一年发生过类似的情况。

就在争吵越来越激烈的时候，埃克索发现，自己又有了那熟悉的感觉：什么地方不对劲。他离开推搡着、叫嚷着的人群，走到外面，盯着渐暗下去的天空和地面上滚滚而过的迷雾。过了一会儿，各种碎片开始在他脑海里拼合起来：走失的玛塔、可能的危险、不久前大家都还在找她等等。但这些回忆已经开始模糊，就像醒来之后那几秒钟里回想的梦。人们仍在争论着金鹰的事情，声音从他身后传来，他拼命集中精力，才能抓住小玛塔这个念头。他就这样站在那儿，却突然听到一个女孩自顾自唱歌的声音，看到玛塔从迷雾里走出来，出现在他眼前。

“孩子啊，你可真是个奇怪的家伙，”玛塔蹦蹦跳跳走上来时，埃克索对她说。“你难道不害怕黑暗吗？不怕狼和食人兽？”

“噢，我害怕它们啊，先生，”她笑着说道。“可我知道怎么躲开它们。希望我父母没找我。上个星期我真被揍得够呛。”

“找你？他们当然找你了。整个村子不都在找你吗？听听里面的吵闹声吧。那都是为了你啊，孩子。”

玛塔笑出声来，说道："行了吧，先生！他们没有想我，我知道。我也能听到，他们可不是为我吵。"

她一说，埃克索就想起来，女孩的话当然是对的：里面的声音根本不是为她争吵，他们吵的完全是另外一件事情。他朝通道那边侧侧身，听得清楚一些，里面的声音大起来，他不时能听到只言片语，于是慢慢回想起牧羊人和金鹰的事情。他正在想是不是该跟玛塔解释一下，玛塔却突然从他身旁跳过去，进了屋。

他跟在后面，也进了屋，以为她一出现，大家肯定会感到欣慰、高兴。而且说实话，他心里也想过，和她一起走进来，自己多少也能得到一点儿功劳。可是，他们走进"大室"的时候，村民们还在聚精会神地争论着牧羊人的事情，只有几个人朝他们这边望了一眼。玛塔的母亲倒是从人群里跑出来，还跟她说了句话："你在这儿啊！别这样乱跑！要跟你说多少次？"然后她的注意力又回到火堆旁的争论上去了。这时候玛塔冲埃克索做了个鬼脸，好像是说："你看，我说的没错吧？"然后她消失在暗处，找她的伙伴去了。

屋里已经亮多了。他们俩的屋子在巢穴的外围，朝外开了一扇小窗，不过窗户太高，要站到板凳上才能望到外面。这时候窗户上盖了一块布，但清晨的第一缕阳光还是从一个角透进来，在比特丽丝静卧之处的上方形成一道光柱。埃克索看到，光柱里似乎有一只虫子，在妻子脑袋上方的空气中盘旋。他随即意识到，那是一只蜘蛛，吊在一根看不见的垂直蛛丝上，就在他看的时候，蜘蛛开始向下滑动。埃克索悄无声息地站起身来，走到小屋子的另一侧，一只手从熟睡的妻子上方扫过，把蜘蛛抓住了。他站了一会儿，低头看着妻子。她熟睡的时候，脸上平静祥和，这种表情现在在她醒的时候已经难得一见了，这一幕让他突然有一种幸福感，他自己也觉得意外。这一刻，他知道自己已经做了决定，他又一次想唤醒妻子，跟她说这个消息。但他明白这会是个自私的行动，而且，他怎么能肯定妻子会有什么反应呢？最后，他静静地回到了凳子旁，坐下的时候，他想起那只蜘蛛来，缓缓摊开了手掌。

之前坐在外面的凳子上等待天亮的时候，他曾努力回想，自己和比特丽丝当初是怎么谈起出远门的念头的。当时他想，他能回忆起某个晚上两人就在这间屋里谈过一次，可是现在呢，看着蜘蛛在手掌边缘跑了一圈，落在泥土地面上，他突然感到很确定：第一次提及这个话题，就是穿黑色破布的陌生人经过村庄的那一天。

那是个灰蒙蒙的上午——难道已经是去年十一月的事情了？——埃克索正沿着河边一条垂柳匝地的小路大步往前走。他从地里回来，匆匆忙忙赶回巢穴，可能是回去拿工具，或是工头下了新的命令。这时，右边的灌木丛里突然传来一阵响亮的人声，他停下脚步。他第一个念头是来了食人兽，迅速在周围搜寻石头或木棒。随即他意识到，说话的声音——都是女的——虽然愤怒、激动，却没有食人兽袭击时的那种恐慌。不过，他还是坚定地穿过一排刺柏丛，来到一片空地上，看见五个女人紧紧站在一起——谈不上青春年少，不过也都是生儿育女的年纪。她们背对着他，仍然在冲远处的什么东西叫喊着。他都快走到跟前了，其中一个女人才惊讶地注意到了他，接着其他女人也都转过身来，有些傲慢地打量着他。

“哎呀呀，”其中一位说道。“是巧合吧，也许不仅仅是巧合呢。她丈夫来啦，也许能让她明白点儿。”

最先看到他的那个女人说：“我们让你妻子不要去，可她不听。她坚持要给那个陌生人送吃的，那很可能是个魔鬼，要不就是乔装改扮的什么妖精。”

“我妻子有危险吗？女士们，请你们把事情讲清楚。”

“有个奇怪的女人，一上午都在我们这儿晃来晃去，”另一个女人说。“头发披到背上，穿着黑色破布做的斗篷。她自称是撒克逊人，可穿着和我们见过的撒克逊人都不一样。我们在河岸上洗东西的时候，她打算从我们身后悄悄爬上来，不过我们及时发现，把她赶走了。但她一直回来，有时候好像因为什么事情很伤心，有时候又找我们要吃的。现在我们觉得，先生啊，那时候她一直在冲你妻子施咒，因为比特丽丝一定要往魔鬼那儿跑，今天上午就已经两次了，我们只好拽住她的胳膊。现在她把我们都赶开，跑到老刺树那儿去了，现在魔鬼就坐在那儿等着呢。先生，我们尽力拦她，可她身上肯定有魔鬼的力量，像你妻子这么瘦、这么老的女人，不可能有那么大力气。”

“老刺树……”

“她刚刚才出发，先生。可那一定是魔鬼，你要是去追她的话，要当心啊，别摔跤，要是被毒蓟草划伤，可好不了。”

埃克索努力不在这些女人面前流露出自己的厌烦。他礼貌地说，“非常感谢，女士们。我现在去看看我妻子要干什么。告辞。”

“老刺树”指的是一棵真正的山楂树，似乎直接长在一处高坡的岩石上，离巢穴只有几步之遥；不过，在我们的村民们看来，老刺树也是一个看美景的好去处。如果天气晴朗，风也不大，那可是打发时光的好地方。从脚下到河边的土地一览无余，能一直看到河湾和更远处的沼泽。星期天，孩子们常常在盘根错节的树根间玩耍，有时候还敢从高坡那头直接跳下去——那实际上只是个缓坡，孩子们不会受伤，只会像木桶一样顺着草坡滚下去。但是，如果是这样的上午，大人孩子都忙自己的事情，那儿就没人了，因此，埃克索穿过迷雾上坡时，看到只有两个女人，并不感到奇怪。两人的身形映在背后白色的天空上，几乎成了剪影。那个陌生人坐在那儿，背靠着岩石，穿着果然奇怪。至少从远处看，她的斗篷是用很多块布片缝起来的，在风里呼呼扇动，让她看起来像一只要飞起来的大鸟。比特丽丝在她身旁——还站着，低着头——显得娇小脆弱。两人正在急切地交谈，看到埃克索从坡下走来，两人停止了谈话，看着他。比特丽丝来到高坡的边缘朝下喊：

“就在那儿停下来，丈夫，不要往前走了！我过来。但你不要爬上来打扰这位可怜的女士，现在她总算能歇歇脚、吃点昨天的面包了。”

埃克索按妻子的要求等着，不久看到妻子沿着长长的田间道路，来到他站立的地方。她径直来到他跟前，用低低的声音说话，显然是担心他们的谈话会随风飘进陌生人的耳朵：

“那些愚蠢的女人让你来找我的吗，丈夫？我在她们那个年纪的时候，我敢肯定，充满恐惧和愚蠢信仰的是那些年纪大的，她们以为每块石头上都有魔咒，每只野猫都是邪恶的鬼魂。可现在我自己上了年纪，却发现相信这些的都是年轻人，好像他们从不知道主已经允诺一直与我们同在一样。看看那可怜的陌生人，你自己看看她，又疲劳又孤单，她在树林里、田野上游荡了四天，没有哪个村子让她逗留。这还是基督徒的地方呐，却把她当作魔鬼，或许当作麻风病人，虽然她皮肤上没什么痕迹。好啦，我的丈夫，我要给这个女人一点儿安慰，把身上这点儿可怜的食物给她，希望你不是来阻拦我的。”

“我可不会这么说，公主，因为我亲眼看到，你说的是真的。甚至到这儿之前，我就在想，我们都不会好心接待一位陌生人了，真是件羞耻的事情。”

“那么，我的丈夫，你就忙你的事情去吧，他们肯定又要抱怨你干活太慢了，而且马上又要教孩子们编排我们俩。”

“没人说过我干活慢，我的公主。你从哪儿听到这话的？我从没听谁抱怨过，我还能干重活儿，不比年轻二十岁的人差。”

“我的丈夫，我只是开个玩笑。没错，没有人抱怨你干活不好。”

“孩子们骂我们，跟我干活儿快慢没有关系，而且他们的父母太愚蠢，或者酒喝得太多了，没教他们文明礼貌、尊重别人。”

“别激动，丈夫。我跟你说了，我是开玩笑的，以后不会这么说啦。刚才那个陌生人在跟我说事情，我很感兴趣，你可能也会感兴趣。不过我先要听她讲完，所以我再次请你去忙你自己的事情，让我听她说话，尽量给她一些安慰。”

“我刚才跟你说话也许太严厉了，很抱歉，公主。”

可比特丽丝已经转过身去，正沿着坡路往上走，要回到老刺树和那个斗篷呼呼扇动的人那儿。

过了一会儿，埃克索此事已了，该回到地里干活了。他冒着让其他工友们生气的风险，绕了点路，又从老刺树旁经过。因为，实际情况是，虽然他和妻子一样，瞧不起那些女人生性多疑，但他心里无法消除顾虑，觉得这个陌生人多少有些危险，让比特丽丝单独和那个女人在一起，他一直心中不安。看见妻子的身形，他松了口气。她一个人站在高坡的岩石前面，望着天空，似乎沉浸在思绪之中，他冲她喊了一声，她这才注意到他。看着她下坡，比以前更加缓慢，他心里又一次想到，最近她的步伐好像有点不一样。倒不是一瘸一拐，而是似乎身上有什么部位隐隐作痛。她走到近前，他问道，她那位奇怪的同伴怎么啦，比特丽丝简洁地回答：“她走了。”

“她该感谢你的好心吧，公主。你和她谈了很久吗？”

“很久，她有很多事情要说。”

“她说的话让你烦恼了，我的公主，我能看出来。也许那些女人说得对，还是避开她比较好。”

“她没让我烦恼，埃克索。不过她让我思考。”

“你的情绪很奇怪。你确定她消失之前没给你上魔咒？”

“丈夫啊，你爬上坡到刺树那儿去，就能看到她在路上，刚刚才动身。她希望山那边的人们会更热情一些。”

“那好吧，既然你没什么事儿，我就走啦，我的公主。你行了善，上帝会高兴的，你一直就这么好心。”

可是，这一次，他妻子似乎不愿意放他走。她抓住他的胳膊，好像临时要借助他稳住身子，然后把脑袋靠在他胸前。他一只手本能地抬起来，抚摸她被风吹乱的头发。他低头看了她一眼，惊讶地发现她的眼睛仍旧睁得大大的。

“你的情绪很奇怪，真的，”他说。“陌生人都跟你说了什么？”

她脑袋又在他胸前靠了一会儿。然后她直起身子，放开了他。“现在想起来啊，埃克索，你一直说的话可能还真有些道理。大家都在忘记昨天和前天的事情，真是奇怪啊。像是我们都得了什么毛病一样。”

“我以前就说过嘛，公主。比如那个红头发的女人……”

“别管红头发的女人了，埃克索。是我们没记住的其他事情。”说这话的时候，她望着远方的重重迷雾，可现在她却直愣愣地看着他，他看到她眼里充满忧伤与渴望。就在那时——他肯定——她对他说：“埃克索，我知道，你很早以前就下定决心反对这件事了。但现在该重新考虑了。我们必须出门一趟，不能耽搁。”

“出门，公主？出门干什么呢？”

“到我们儿子的村庄去。丈夫啊，我俩都知道，那并不远。就算我们走得慢，最多几天也就到了，大平原再往东一点儿。何况春天很快就到了。”

“我们当然可以出趟门，公主。是不是刚才那个陌生人说的什么话让你想起来了呢？”

“我想这件事很长时间了，埃克索，不过刚才那个可怜的女人说了些话，的确让我希望不要再耽搁了。儿子在他的村庄里等着我们。我们还要让他等多久呢？”

“等春天来了，公主，我们一定要考虑出门的事。可你为什么说，是我一直不希望这么做呢？”

“埃克索，这件事情我们俩以前是怎么谈的，我已经不太记得了。只记得你总是反对的，虽然我很渴望去。”

“好吧，我的公主，等手头没活儿了，邻居们也不会骂我们磨蹭，我们再来谈这件事吧。现在我该走了。很快我们会继续商量这件事的。”

然而，在接下来的几天内，他们虽然提到过出门的想法，却从没好好商量过。因为他们发现，一提起这个话题，两人就有一种奇怪的、不舒服的感觉，于是和其他多年的夫妻一样，两人慢慢达成了默契，尽可能避开这个话题。我说的是“尽可能”，因为有时似乎有谈的必要——你甚至可以说，有这个冲动——两人中有一个无法克服。但两人在这种情况下的谈话，不可避免地都在支吾其词或情绪失控中很快结束。那一次，埃克索直截了当地问妻子，那个陌生的女人那天在老刺树下跟她说了什么，比特丽丝的脸上立即笼罩了阴云，有一下子似乎眼泪都快出来了。此后，埃克索就小心翼翼，避免提到那个陌生人。

过了一段时间，埃克索已经记不起来最初怎么谈起了出门的事情，也不记得当时两人都是怎么想的。但是这天早晨，天亮前的那个寒冷时刻，他坐在外面，至少一部分记忆变得清晰起来，他回想起了很多事情：红头发的女人、玛塔、披黑色破布斗篷的陌生人，还有我们在此不必关心的很多往事。他还清晰地记起了几周前的那个星期天发生的事情，那天他们夺走了比特丽丝的蜡烛。

对这些村民来说，星期天是休息的日子，至少不需要到田地里干活。但牲口仍要照料，有很多事情等着去做，禁止一切可能称为劳作的事情是不可能的，牧师也接受了这一点。那个星期天，早晨埃克索补好靴子，然后走出屋子，来到春日的阳光下，看到邻居们全在巢穴外面，一些坐在草地上，另一些坐在小凳子或木头上，谈着，笑着，干着活儿。孩子们到处玩，有两个人在草坪上制作车轮，一帮孩子围着他们看。这一年里，这是第一个天气晴好、可以进行这种户外活动的星期天，因此有种节日般的气氛。埃克索站在巢穴入口处，目光越过村民们，望着远处的平地变成了下行的缓坡，与沼泽相连。这时候，他能看见迷雾又升了起来，心想，到下午，大家又要裹在灰色的蒙蒙雨雾中了。

站了一会儿，他意识到，牧羊草场篱笆那边，发生了一阵骚乱。一开始他没当回事，可随后他耳朵捕捉到了随风飘来的声音，立即紧张起来。埃克索上了年纪，视力已经不太行了，非常恼人，但他的耳朵仍然可靠，从篱笆边的人群发出的混乱叫嚷声中，他辨别出了比特丽丝的声音，比平时高，似乎很伤心。

其他人都停下来，转过身睁大眼睛看着。这时埃克索急急忙忙从他们中间穿过，差点儿撞上乱走的孩子和丢在草地上的物品。可是，他还没来得及赶到那一小撮推推搡搡的人群跟前，人群突然散开了，比特丽丝从中间挤出来，双手把什么东西抓在怀里。周围的面孔大多流露出好笑的表情，但随即出现在他妻子身旁的那个女人——一个寡妇，她的铁匠丈夫头一年死于发热——却怒气冲冲，面孔都扭曲了。比特丽丝甩开欺负她的人，她自己脸上一直罩着一层近乎木然的严霜，可一见到埃克索正朝她走来，那张脸上立即绽出生动的表情。

现在想来，埃克索觉得，当时妻子似乎满脸欣慰，而不是别的模样。比特丽丝倒不是觉得，他来一切就会万事大吉；但他一出现，事情对她来说就完全不同了。她盯着他，不仅面露欣慰，还有几乎恳求的表情，接着将她一直小心守护着的物品递到他跟前。

“这是我们的，埃克索！我们再也不用在黑暗中坐着了。快拿好，我的丈夫，这是我们的！”

她递到他跟前的，是一根多少有些变形的粗短蜡烛。铁匠的遗孀又一次想把蜡烛夺走，但比特丽丝把伸过来的那只手打开了。

“拿着，丈夫！那边那个孩子——小诺拉，她今天上午自己做的，做好就给我了，她觉得我们肯定不愿意再这么过夜了。”

这话引起了新一轮的叫喊声，有些人大笑起来。但比特丽丝仍旧盯着埃克索，脸上充满信任和恳求。今天清晨，他坐在巢穴外面的凳子上等待天明时，最先回想起来的就是当时她脸上的那副模样。这个场景不过是三个星期前的事情，后来他怎么就忘了呢？为什么后来他从没想起过，到今天才回忆起来呢？

他伸出了一只手，却没能拿到蜡烛——人群挡住了他，无法靠近——当时他充满信心地大声说：“不要担心，公主。你不要担心。”就在说的时候，他已经意识到这话很空洞，所以看到人群安静下来，连铁匠的遗孀都退了一步，他感到非常惊讶。随即他发现，人群的反应不是因为他的话，而是因为牧师从他身后走了过来。

“在主日里，这是闹什么呢？”牧师从埃克索身旁大步走过，瞪着一言不发的人群。“啊？”

“先生，是因为比特丽丝女士，”铁匠的遗孀说。“她弄来了一根蜡烛。”

比特丽丝的脸上又罩了一层霜，但牧师看着她的时候，她并没有避开他的目光。

“我能看出来，这话是真的，比特丽丝女士，”牧师说道。“你应该没忘记吧，议事会有决定，你和你丈夫不得在室内使用蜡烛。”

“先生，我们俩一辈子都没有打翻过蜡烛。我们不愿意整晚整晚都在黑暗中坐着。”

“已经决定了，你们必须遵守，除非议事会另做决定。”

埃克索看到她的眼里闪着怒火。“这是纯粹的恶毒。恶毒。”这话她说得很轻，几乎是喃喃自语，但说话时眼睛直愣愣地盯着牧师。

“拿走她的蜡烛，”牧师说。“照我说的办。把蜡烛拿走。”

几只手向她伸过来，在埃克索看来，她似乎没有完全明白牧师的意思。因为她站在拥挤的人群中间，眼神迷茫，手里还紧紧抓着蜡烛，似乎出于某种她已经忘记的本能。然后她再次恐慌起来，又把蜡烛朝埃克索这边递，她的身体踉跄了一下，但手势却没变。人们挤到她身上，但她并没有摔倒，重新站稳之后，她又一次把蜡烛递给他。他想去接，可另一只手一把抢走了蜡烛，接着传来了牧师低沉的声音：

"够了！让比特丽丝女士安静一下，谁也不许对她恶言恶语。她上了年纪，不明白自己做的事情。我说，够了！这种行为，不符合主日。"

埃克索终于能接近她，把她抱在怀里，人群渐渐散开。回想那一刻，埃克索觉得当时两人就这样紧贴在一起站了很久，她的头靠在他胸前，就像那个陌生女人来的那天一样，好像她只是累了，需要喘口气。他一直抱着她，牧师再次让大家散开。最后他们终于分开了，两人看看四周，发现已经没有其他人了，只有他们两个，站在牧羊草场上了栓的木门旁边。

"这有什么关系呢，公主？"他说道。"我们要蜡烛做什么呢？没有蜡烛在屋子里活动，我们都习惯了。不管有没有蜡烛，我们两人说说话不都是很开心的吗？"

他仔细打量着她。她显得神情恍惚，倒不是特别伤心。

"对不起啊，埃克索，"她说。"蜡烛没了。我应该保密，不让其他人知道。可小姑娘给我蜡烛的时候，我太高兴了，还是她自己专门给我们做的呢。现在蜡烛没了。没关系。"

"完全没有关系，公主。"

"埃克索，他们认为我们俩是一对傻瓜。"

她向前迈了一步，又把头搁在他胸前。就是在这个时候，她说起了儿子。她头在他怀里，声音不清晰，一开始他还以为听错了。

"我们的儿子啊，埃克索。你记得我们的儿子吗？他们刚才推我的时候，我想起了我们的儿子。一个强壮、正直的男子汉。我们为什么要留在这个地方？我们到儿子的村庄去吧。他会保护我们，保证没人欺负我们。都这么多年过去了，埃克索，你心里的主意就不能改吗？你还认为我们不能去？"

她对着他的胸口轻柔地说着这些话，许多记忆的片段浮现在埃克索的脑海里，往事纷至沓来，他感觉都快晕了。他松开手，往后退了一步，担心自己站立不稳，妻子也跟着摔跤。

“你这说的是什么话呢，公主？以前是我阻止我们去儿子的村庄吗？”

“当然是你啊，埃克索。当然是你。”

“公主，我为什么要反对去呢？”

“我一直都认为你是反对的，丈夫。可是，哎呀，埃克索，你有没有质疑，我现在记不清楚了。今天天气不错，可我们为什么要在外面站着呢？”

比特丽丝似乎又有些恍惚。她盯着他的脸，又看看周围，望望和煦的阳光，邻居们又开始关注他们俩了。

“我们回屋子里坐着吧，”过了一会儿，她说道。“就我们俩单独待一会儿。天气很好，没错，可我太累了。我们进屋去吧。”

“没错，公主。避开这阳光，坐下来，休息一会儿。你很快就会觉得好一些。”

巢穴各处，其他人开始起床了。牧羊人肯定早就出去了，可他一直沉浸在思绪中，没听到牧羊人出门的声音。在屋子的另一边，比特丽丝发出了喃喃的声音，好像要开口唱歌一样，然后在毯子下面翻了个身。埃克索察觉到了这些动静，静静地走过来，轻轻地在床边坐下，等着。

比特丽丝翻过身来，仰面躺着，懵懵懂懂睁开眼睛，看着埃克索。

“早上好啊，丈夫，”她终于开口说道。“很高兴我睡觉的时候，精灵们没把你抓走。”

“公主，我有事要跟你谈。”

比特丽丝仍旧凝视着他，眼睛还是半睁半闭。然后她起身坐好，早先照亮蜘蛛的那束光，现在落在她脸上。她灰色的头发蓬松散乱，垂在肩膀上，但埃克索看到她在晨光中的这副模样，心里觉得很高兴。

“你想谈什么呢，埃克索，都等不及让我揉揉眼睛醒醒神儿？”

“公主，我们以前谈过可以出趟门。你看，现在春天到了，也许是该出发了。”

“出发，埃克索？什么时候出发？”

“能走就马上走。我们只需要离开几天。我们走了，村子里没有关系。我们去跟牧师说一下。”

“我们要去见儿子，埃克索？”

“是啊。去见我们的儿子。”

外面，鸟儿们已在欢唱。比特丽丝目光转向窗户，看着透过布照进来的阳光。

“有些日子里，我能清楚地想起他来，”她说。“可是，过了一天，我的记忆就好像蒙了一层雾。不过，我们的儿子是个善良的男子汉，这我能肯定。”

“公主啊，他现在为什么不和我们在一起了呢？”

“我不知道，埃克索。也许他和长老们吵了架，不走不行吧。我问过大家，这儿没人记得他。但他肯定没做过什么丢脸的事情，这我能肯定。你自己什么都不记得了吗，埃克索？”

“刚才在外面，安安静静的，我尽量去回忆，想起了很多事情。可现在我想不起儿子来，不记得他的脸或者声音，虽然有时候我想我能够看到他小时候的样子，有一次我牵着他的手在河岸上走，还有一次他在哭，我过去安慰他。但是，今天他是什么模样，在哪里住，他自己是不是也有儿子了，我统统不记得。公主啊，我还希望你能记得多一些呢。”

“他是我们的儿子，”比特丽丝说。“所以就算记不清楚，我也能感觉到他的一些事情。而且我知道，他希望我们离开这个地方，和他一起过，让他保护我们。”

“他是我们生的，当然会希望我们和他一起生活。”

“说是这么说，埃克索啊，我还是会想念这个地方的。我们俩这间小屋，这个村子。离开一辈子生活的村庄可不容易呢。”

“公主，没人逼我们鲁莽行事。刚才等太阳起山的时候，我在想，我们需要出趟门，到儿子的村庄去，和他谈谈。就算我们是他的父母，也不能在某个天气晴朗的日子里突然冒出来，要求住在他的村子里。”

“你说得对，丈夫。”

“公主啊，还有一件事让我担心。也许像你说的那样，那个村子走几天就到了。可我们上哪儿去找呢？”

比特丽丝沉默了，眼睛凝视着面前的空气，肩膀随呼吸轻轻晃动。“我相信我们会知道路的，埃克索，”过了一会儿，她开口说道。“现在我们还不知道他究竟住在哪个村子，但是和其他女人把我们的蜂蜜和锡拿出去交易的时候，我肯定常常路过附近的村庄。我闭着眼睛都能走到大平原，还有那个撒克逊村子，从我们经常歇脚的地方再往前去一点儿就是。儿子的村庄，再往前走一点儿应该就到了，所以找到他的村子不会很麻烦。埃克索，我们真的马上就去吗？”

“是的，公主。我们今天就开始准备。”

第二章

然而，出发之前，他们还有不少事情要处理。在这样的村子里，旅行必备的很多东西——毯子、水壶、火绒——都是公共财物，要和邻居们商量好了才能使用。而且，埃克索与比特丽丝虽然上了年纪，也有每天的工作份额，不能未经大家同意就直接出门。等他们终于做好了出门的准备，天气变了，又耽搁了下来。既然晴朗的日子肯定马上就要来到，为什么还要在雾、雨和严寒中冒险呢？

不过，他们最后还是动身了，拿着手杖、背着行囊。那是个晴朗的早晨，天上飘着淡淡的白云，风很大。埃克索本来希望天一亮就出发——他知道天气不会差——但比特丽丝坚持要等到太阳再高一点。她说，第一天，他们要在那个撒克逊村庄过夜，一天走到那儿很容易，他们的首要任务是，尽可能在中午的时候穿过大平原的一角，那儿的黑暗力量那时候很可能在睡觉。

他们有一段时间没有一起走远路了，埃克索有点担心妻子的体力。一个小时之后，他放心了：比特丽丝步伐慢——他又一次注意到，她走路的时候身体有点倾斜，好像什么地方疼似的——但她一直向前走，脸迎着开阔地上的风，遇到蓟丛矮树也不畏惧。上坡的时候，或者遇到泥地，脚陷下去要花大力气才能拔出来，她马上就会慢下来，但仍然坚持往前走。

出发前的那些日子里，比特丽丝越来越自信，相信自己能够回忆起路线，至少到撒克逊村庄的路没问题，多年来她经常和其他女人一起到那儿去。可是，等到巢穴上那嶙峋的山峦从视野中消失，他们穿过了沼泽尽头的山谷，她开始有点疑惑了。在分岔路口，或者面对一片大风呼啸的田地，她就要停下来，站很长时间，打量着前方的土地，眼神中不免有些恐慌。

“别担心，公主，”这时候埃克索就会说，“别担心，慢慢来。”

“可是，埃克索啊，”她会转过脸，对他说，“我们不能慢啊。中午之前穿过大平原才安全。”

“我们会到那儿的，公主。你不要急，慢慢来。”

我在这儿不妨说一下，那时候在开阔地上找路，比现在要难得多，不仅仅是因为缺乏可靠的罗盘和地图。今天，我们有篱笆，将乡村方便地划分成田地、道路和草场，可那时候没有篱笆，旅行者看到的自然景观往往没什么特别之处，往哪儿走都是一样的。远处地平线上矗立的一排大石头，小溪的某处弯道，山谷的起伏形状——只能靠这些线索才能找到路。而且一旦走错路，往往有致命的后果。更不要说在恶劣天气中丢掉性命了：走上歧路，意味着遭受攻击的巨大危险——人、兽、鬼——躲在远离大路的阴暗之中。

你可能会惊讶于一件事：这对老夫妇平时有那么多话要说，走路的时候却很少交谈。在那个时候，摔伤脚踝、破皮感染，都可能威胁到生命，所以大家都知道，走路的时候必须小心翼翼、全神贯注。你可能也会注意到，遇到窄路两人不能并肩而行，走在前面的总是比特丽丝，不是埃克索。你也许会感到惊讶，因为遇到可能有危险的领域，男人先走似乎是很自然的事情——当然，遇到林地或者可能有狼或熊的地方，他们会默默地交换位置。但是，大多时候，埃克索总是让妻子走在前面，原因是，他们可能遇到的每一个凶魔恶鬼，据说都是从队伍的尾部发起攻击的——我想，类似于老虎跟踪羚羊群后部的某只羊。这样的例子很多：一位旅行者回头去看走在后面的同伴，却发现人已经消失了，毫无踪迹。比特丽丝担心发生这样的事，所以不时要问一声：“你还在吗，埃克索？”他总是答道："在这儿呢，公主。"

中午之前他们就到了大平原边上。埃克索建议继续走，穿过危险地带，但比特丽丝非常坚定，一定要等到中午。他们在通向原野的一道山梁顶上找了块石头坐下来，手杖插在面前的地里，两人认真地观察着手杖的影子越来越短。

"太阳不错，埃克索，"她说。"而且我从没听说过有谁在原野的这个角落里遭遇过什么邪恶的事情。但是，还是等到正午吧，那时候魔鬼恐怕都懒得睁眼看我们。"

"就按你说的办，公主，我们等一等。而且，你说得对，这毕竟是大平原，虽然这个角落还算太平。"

他们就这样坐着，俯瞰着下方的原野，几乎不讲话。有一下子，比特丽丝说了一句：

"埃克索，等我们见到儿子，他肯定会坚持要我们住到他的村子里。虽然邻居们有时候会笑话我们上了年纪，可都这么多年了，离开他们会不会感觉很奇怪？"

"还没决定呢，公主。这些事情，等我们见到儿子了，都跟他谈谈。"埃克索又凝视着下面的大平原。过了一会儿，他摇摇头，轻声说道："奇怪，他的事我此刻一点儿也记不起来。"

"我刚才想，我昨晚梦到过他，"比特丽丝说。"站在一口井旁边，身体朝一边侧了一点点，在喊什么人。之前或之后的事情，现在都不记得了。"

"至少你看到过他，公主，虽然只是梦里。他是什么样子呢？"

"一张坚毅、英俊的脸，这我还记得。但是眼睛的颜色啦，脸形啦，现在都没印象了。"

"他的脸，我现在一点儿也想不起来，"埃克索说。"肯定都是因为这迷雾。很多事情我很高兴自己不记得，可这样的事情不让我们记住，真是件残酷的事情。"

她往他身边靠了靠，头枕在他肩上。大风吹打着他们，她的斗篷有点儿松了。埃克索用手臂挽住她，拉好斗篷，把她紧紧裹住。

“我敢说，我们俩总有一个人很快会想起来，”他说。

“我们努力想吧，埃克索。两人都努力。这就好像我们把一块宝石放错了地方，找不到了。但只要努力，我们肯定会找到的。”

“肯定会的，公主。你看，影子快没啦。我们该下去了。”

比特丽丝直起身子，开始在行囊里找东西。“在这儿，我们要带着这个。”

她把东西递给他，看起来像两颗光滑的鹅卵石，但他仔细一看，发现每块石头上面都刻着复杂的图案。

“两颗都放进腰带里，埃克索，小心一点，刻图案的那一面要朝外面。能帮助我主耶稣保佑我们平安。我这儿还有。”

“我只带一颗就够了，公主。”

“不，埃克索，我们平分吧。我记得有条路从那儿一直下去，除非雨水把路冲坏了，否则比之前走过的很多地方都好走。但是，有个地方我们要特别小心。埃克索，你在听我说话吗？那条路从埋葬巨人的地方经过，就是那个地方。不知道的话，那就是一座普通的小山丘，我会告诉你的，你看到我示意，就不要走那条路了，从小山丘旁边绕过去，到另一边之后再回到路上。不管是不是正午，从那样的坟墓上踩过去，都对我们没好处。你听明白我说的话没有，埃克索？”

“别担心，公主，我听得很明白。”

“还有，不用我提醒你了吧：路上要是看到陌生人，或者旁边有人喊我们，或者某个可怜的动物掉进了陷阱，或者在沟里受了伤，任何吸引你注意力的类似事情，你一句话都不要说，也不要停下脚步。”

“我可不是傻瓜，公主。”

“那好吧，埃克索，我们该走了。”

正如比特丽丝所说，他们在大平原上只要走一小段路。他们走的那条路有时有些泥泞，但路一直看得到，而且总有阳光。一开始是下坡，随后慢慢攀升，最后来到一条高高的山梁上，两边都是沼地。正午烈日当头，所以风虽然猛烈，倒也能消解酷热。地上到处长满了石楠和荆豆，都高不过膝盖，偶尔会看到一棵树——孤零零、干巴巴的样子，被无尽的大风压弯了身体。然后他们右边出现了一道山谷，让他们想起大平原的力量和神秘，提醒他们现在走的只是其中一个小小的角落。

两人走路时相距很近，埃克索几乎紧贴着妻子的脚后跟。尽管如此，穿越大平原的过程中，比特丽丝每走五六步就要问一遍，就像连续祷告一样："你还在吗，埃克索？"他就回答："还在呢，公主。"除了这种仪式性的问答之外，两人都不说话。到达埋葬巨人的山丘时，比特丽丝打了个紧急的手势，两人离开道路，走进石楠地里，仍旧语调平稳地一问一答，好像是要骗过偷听的魔鬼似的。埃克索一直留意着，看看有没有快速飘过的迷雾，或者天上会不会突然暗下来，但都没有，于是两人经过了大平原。上坡时，两人经过一片鸟儿欢唱的小树林，比特丽丝没说话，但他能看出来，她的体态放松了，两人的一问一答也结束了。

他们在一条小溪边休息，在溪里洗了脚，吃了面包，拿水壶装满水。从这儿开始，他们要走一条长长的、沉陷下去的大道，是罗马时代留下来的，两边有榆树和橡树，走起来容易得多，但要保持警觉，因为他们肯定会遇到其他的行路人。果然，头一个小时里，他们就遇到了对面走来的路人——一个女人带着两个孩子；一个赶驴的男孩；两名演戏的，急匆匆要赶上自己的戏班。每次他们都停下脚步，互相问好，不过有一次，他们听到车轮和马蹄的声音，跑到路旁的沟里躲了起来，后来发现其实也没有危险——赶马车的是个撒克逊农夫，车上堆了高高的柴火。

半下午的时候，天上开始积起云来，好像风暴即将来临。他们在一棵大橡树下休息，背对着路，来往的人看不见他们。他们面前是一片开阔地，一览无余，所以天气一变，他们立即注意到了。

“别担心，公主，”埃克索说。“我们在这棵树下待着，不会淋到雨，等雨停出太阳了再走。”

可比特丽丝站起身来，身体向前倾着，抬起一只手遮挡眼睛。“埃克索，我能看到路前面就拐了弯。离那个老宅子不远了。和其他女人来的时候，我去过一次。宅子都废了，不过那时候屋顶还是好的。”

“风暴开始之前，能赶到那儿吗，公主？”

“现在走的话，就能赶到。”

“那就快点吧。没必要浑身淋湿，搭上性命。现在看来，这棵树遮不了雨，全是洞，我都能看到头顶的天空啦。”

* * *

比特丽丝记错了，废弃的宅子实际上没有那么近。当第一阵雨滴落下，头顶的天空暗下来时，两人还在一条又窄又长的小路上艰难地走，路上长满了齐腰的荨麻，要用手杖拨开才能通过。虽然大路上能清楚地看到废弃的宅子，在小路上却看不见，被杂树灌木挡住了，所以两人看到宅子突然出现在眼前，倒吃了一惊，也松了口气。

在罗马人统治的时代，这也许是幢辉煌的宅子，但现在只剩下一小部分，其余的都坍塌了。一度气派非凡的地板暴露在风吹日晒之下，到处都是水坑，地砖破损，缝隙里长满了杂草。残垣断壁，有的地方只有膝盖那么高，依稀能看出以前的房间布局。一道石头拱门通向尚未坍塌的建筑内部，埃克索和比特丽丝小心翼翼地走过去，在门槛前停下脚步，倾听了一会儿。最后埃克索喊道：“里面有人吗？”没人回答，他又说：“两个上了年纪的不列颠人，找个地方避避风暴。我们没有恶意。”

仍然没人回答，于是他们穿过拱门，走过一段阴暗的过道，以前这儿应该是个走廊。两人步入一片灰色的亮光中，来到一个宽敞的房间，有一堵墙全塌了。隔壁的房间整个儿消失了，杂树乱草密密匝匝，径直漫到了房间地板的边缘。但是，三堵矗立的墙围起了一块遮风挡雨的地方，屋顶没有破损。曾经雪白的墙壁，如今肮脏不堪。靠墙有两个暗黑的人影，一坐一站，相距较远。

一块跌落下来的砖头上，坐着一个身形瘦小的女人，像只鸟一样，显然上了年纪——比埃克索和比特丽丝还老——披着黑色斗篷，兜帽推到脑后，现出一张苍老的面孔。她双目深陷，几乎看不到；背部并没有完全靠在身后的墙上。她怀里有什么东西在动，埃克索看到那是只兔子，被一双瘦骨嶙峋的手紧紧抓着。

同一堵墙的墙根下，有一个瘦削的男人，身材异常高大，站得远远的，好像是要在能够避雨的前提下，尽可能离老妇人远一些。他穿着一件厚厚的长外套——牧羊人在寒冷的冬天守夜时穿的那种，外套下面露出小腿来，却是光着的。脚上穿着的，是渔夫们穿的那种鞋子，埃克索经常看到。这人看来年纪不大，但头顶已经秃了，光亮亮的，只有脑袋两侧有两丛黑色的头发。他僵硬地站着，背对着房间，一只手扶着面前的墙，好像在认真倾听墙那边的声音一样。埃克索与比特丽丝走进来的时候，他回头望了一眼，但没说话。老妇人也在默默地盯着他们。埃克索说了句“愿你们平安”，那两人才动起来。高个子男人说，“再进来一点儿吧，朋友们，要不就淋湿啦。”

果然，这时候云破天开，大雨顺着屋顶破损的地方流下来，溅落在两位来访者的脚边。埃克索谢过他，领着妻子走到墙边，在那两人中间选了块地方。他帮比特丽丝取下行囊，然后又把自己的行囊放到地上。

四个人就这样待着，风暴更加猛烈，一道闪电照亮了屋内。高个子男人和老妇人奇怪的僵硬姿势似乎给埃克索和比特丽丝上了魔兕，他们两人也一动不动，一句话都没说，好像他们看到了一幅画，迈步走进画里，于是只好变成了画中人。

风暴的势头过去，大雨连绵而下，那个鸟一般的老妇人终于开了口。她一只手紧紧抓着兔子，另一只手抚摸着，说道：

“兄弟姊妹，愿上帝与你们同在。请你们原谅我没有早点打招呼，刚才看到你们来，我非常惊讶。不过还是欢迎你们。风暴没来之前，可是出门的好天气。但这种天气来得快，也去得快。你们的行程不会耽搁太久的，休息一会儿反而更好。两位这是要上哪儿去呢？”

“我们要上儿子的村里去，”埃克索说，“他等着迎接我们呢。不过，我们希望天黑之前能到一个撒克逊村庄，晚上要在那儿过夜。”

“撒克逊人做事有点儿野，”那老妇人说道。“不过，看到行路的，他们比我们自己人还要热情。两位，坐下来吧。后面那段木头是干的，我经常坐那上面，很舒服。”

埃克索和比特丽丝听从她的建议，坐了下来，雨仍旧在哗哗地下，大家又沉默了一会儿。这时老妇人那边似乎有动静，埃克索转脸去看。她在用力拽兔子的耳朵，兔子拼命挣扎，她那只手却像鹰爪一样死死抓住。就在埃克索看着的时候，老妇人一只手突然拿出一把生了锈的大刀子来，放到兔子的咽喉上。比特丽丝吓了一跳，埃克索这才意识到，他们脚下，乃至整个破损的地板上，到处都有一块块的黑色，原来竟是血迹，在常春藤的气味和潮湿石块的霉味中，还夹杂着杀戮留下的气息，微弱却依稀可辨。

把刀放到兔子咽喉上之后，老妇人又不动了。埃克索发现，她深陷的眼睛正盯着另一头的那个高个子男人，好像在等他发出信号一样。但那个男人仍然保持着原来的僵硬姿势，额头几乎都快碰到墙了。他要么没注意到老妇人，要么就是一心不予理睬。

“好心的太太啊，”埃克索说，“要是必须杀，您就杀了这兔子吧。干干净净拧断脖子。或者找块石头，一下子砸死。”

“要是我有这个力气就好啦，阁下，可我没力气啊。我只有把刀，刃口还算锋利，没别的。”

“那我很乐意帮助您。不必用您的刀子。”埃克索站起身来，伸出一只手，但老妇人没有任何放开兔子的动作。她一动不动，刀子仍旧放在兔子的咽喉上，目光凝视着房间对面的那个男人。

高个子男人终于转过身来，面对着大家。“朋友们，”他说，“刚才看你们进来，我也很吃惊，但现在我很高兴。因为我看得出来，你们是好人，所以我请求你们，在等待风暴过去的时候，听听我的困难。我是个普通的船夫，把旅人渡过汹涌的水域。这工作干活时间长，如果等候的人多，我就没什么觉睡，每扳一下桨，胳膊就疼，但这些我都不在意。无论刮风下雨，还是日头毒辣，我都要干活。但我劲头还算足，我可以盼着休息的日子。因为我们有几个船夫，每人都能轮流休息，不过每一轮要干好几个星期。休息的日子里，我们每个人都有特别的地方要去，朋友们，这儿就是我的地方。我曾是个无忧无虑的孩子，在这幢宅子里长大。宅子和以前不一样了，但对我来说，这儿有宝贵的记忆，我到这儿来，只求能够安安静静地享受我的记忆。现在请你们评评理。每次我一来，不到一个小时，这位老妇人就会从拱门里走进来。她坐好之后，就开始奚落我，没日没夜，一刻不停。她没有依据地狠心指责我，在黑暗的掩盖下，用最可怕的语言诅咒我。她不肯给我片刻的安宁。有时候，你们也看到了，她会带来一只兔子，或者其他小动物，就为了杀掉，用血玷污这个宝贵的地方。我想尽了办法劝说她离开，但是，无论上帝赐予了她的灵魂多少怜悯心，她都置之不理。她不走，也不停止对我的奚落。现在多亏了你们突然进来，才让她暂停了对我的烦扰。不久我就要回去了，到河上开始几个星期的劳动。朋友们，我请求你们，想点办法让她走吧。劝劝她，这样做是对神不敬。你们是从外面来的，也许能影响她。”

船夫说完后，大家沉默了一会儿。埃克索后来记得，当时他隐隐有回答的冲动，但同时又觉得这个人是在梦里跟自己说话，没有真正的义务要回答他。比特丽丝似乎也不觉得必须回答，因为她眼睛还盯着老妇人，这时候老妇人已经把刀从兔子咽喉上拿开，用刀刃的边缘抚摸着兔子的毛，那样子几乎充满爱意。最后比特丽丝说话了。

“我请求您，夫人，让我丈夫帮您杀死兔子吧。在这样的地方，没有必要流血，又没有盆接住。那会给这位诚实的船夫带来厄运，还有您自己，以及到这儿来休息的所有过路人。把刀收起来吧，换个地方仁慈地杀死这只兔子也就是了。他是个卖力的船夫，您这样戏弄他有什么好处呢？”

“公主，我们还是先不要急着跟这位女士说重话，”埃克索轻声说道。“我们还不知道他们之间发生了什么事。这位船夫似乎很诚实，可话又说回来，这位女士到这儿来这么做，可能也有正当理由。”

“先生，您说的太对了，”老妇人说。“我这辈子也没多少日子了，这样打发有什么趣味吗？我倒宁愿走得远远的，和自己的丈夫在一起，正是因为这个船夫，我才和丈夫分开。先生，我丈夫可是个明智、谨慎的人，那次旅行，我们计划了很久，多少年都谈着它、梦着它。最后总算做好了准备，需要的东西都备齐了，我们上了路，几天后找到了那个海湾，渡过去就到了岛上。我们等着船夫，不久就看到了他的船。真是走霉运啊，来的就是那个人。你看看他个子多高。他站在船上，手里拿着长桨，背后就是天空，就像演戏的人踩高跷一样。我和丈夫站在石头上，他来到跟前，把船系好。他骗了我们，到今天我都不明白他是怎么做到的。我们太信任他了。岛近在眼前，这个船夫带走了我丈夫，却把我丢在岸上等着，我们在一起四十多年啊，几乎没分开过一天。我不明白他怎么能骗住我们。他的声音可能让我们进入了梦境，我还不知道怎么回事，他就划着船，带走了我丈夫，我还在岸上。可那时候，我还不相信。谁会想到这个船夫如此狠心呢？所以，我就等着。我心里想，可能是船一次只能载一名客人，那天水有些急，天空几乎和今天一样暗。我站在石头上，看着船越来越小，最后变成了一个点。我还在等着，不久那个点变大了，船朝我这边来了。很快我就看到了船夫，脑袋光滑得像鹅卵石一样，船上没有客人。我想这次该轮到我了，很快我就能和心爱的丈夫在一起。可是，他来到我等待的地方，把绳子系到桩上，然后摇着头，拒绝让我渡过去。我又讲道理，又哭又喊，可他都不听。反而呢——真是狠心啊——反而给我一只兔子，说是在岛边的陷阱里抓到的。他想，我第一次一个人过夜，兔子带给我当晚餐倒不错。然后他看看没别人要坐船，就开船走了，把我一个人丢在岸上哭，手里还拿着他那该死的兔子。随后我放开兔子，让它跑到石楠地里——跟你们说，那天晚上我可没胃口吃东西，后来很多个晚上都一样。我每次来，也带个小礼物，就是这个原因。带个兔子煮给他吃，感谢他那天的好心。”

“那只兔子本来是给我自己当晚餐的，”船夫的声音从房间那边传来。“我同情她，才给了她。就是好心帮个忙。”

“先生，你们的事情我们都不知道，”比特丽丝说。“但是，骗这位女士，把她丢在岸上，听起来的确很残酷。你为什么要做这种事情呢？”

“我好心的女士，这位老太太说的，可不是一般的岛。这么多年来，我们这些船夫渡了好多人过去，现在岛上的田地树林里该有几百人了吧。可那是个奇怪的地方，人一到岛上，就只能孤单地在草地上、树林里行走，看不见其他人。偶尔，如果晚上有月亮，或者风暴即将来临，也许能感觉到其他人的存在。但大多日子里，对每个旅行者来说，他都是岛上唯一的居民。我倒愿意把这位太太渡过去，可等她明白不能和丈夫在一起，她就说不愿意孤单地过，所以不上岛了。我听从了她的决定——我必须这么做啊——让她自己走了。兔子呢，我说过，只是好心才给她的。你们看看，她是怎么答谢的。”

“这个船夫嘴巴会讲，”老妇人说。“你们是外面来的，可他还是敢骗你们。他会让你们相信，岛上每个人都是孤魂野鬼，可实际上不是这样。我和丈夫很多年做梦都想去的，难道会是那种地方？实际情况是，很多夫妻都被允许渡海，到岛上一起生活。很多人手挽着手，在树林里和安静的沙滩上散步。我和丈夫知道。我们小的时候就知道了。两位好心人啊，你们在记忆里找一找，现在就能想起来，我说的是真的。在岸边等的时候，我们哪里知道，划船过来的，竟会是一个这么残酷的船夫。”

“她说的话，只有一部分是真的，”船夫说。“偶尔会有一对夫妇，获得允许一起上岛，但这种情况很少。需要两人之间，有罕见的深爱紧紧相连。偶尔会有，这我不否认，所以如果遇到夫妻，甚至是还没有结婚的情人，要我们渡过去，我们就有责任仔细盘问他们。判断两人之间的爱是不是深到可以一起过去，这是我们的责任。这位女士不愿意承认，但她和她丈夫之间的爱就是太弱了。让她先扪心自问，然后再来说我那天的判断对不对。”

“夫人，”比特丽丝说。“您怎么说？”

老妇人不说话。她低着头，气呼呼地继续用刀摩擦着兔子的皮毛。

“夫人，”埃克索说，“雨一停，我们就要上路啦。为什么不和我们一起离开这儿呢？我们很愿意和您一起走一段路。我们可以聊聊天，您想谈什么就谈什么。让这位好心的船夫待在这儿，安安静静享受一下吧，趁房子还没有全部倒塌。这样坐着，有什么好处呢？如果您愿意，在我们分手之前，我可以干干净净地把兔子杀了。您看怎么样？”

老妇人没回答，也没有表示她听到了埃克索的话。过了一会儿，她慢慢站起身来，兔子紧紧抓在胸前，迈步朝房间坍塌的那一边走过去，她个子很矮，斗篷在地上拖着。屋顶上有水溅落在她身上，可她似乎并不在意。她走到房间远端，望了望外面的雨和侵入房间地面的野草，然后慢慢弯下腰，把兔子放在脚下。兔子一开始没有动，可能是因为害怕身体僵硬了，然后便没入了草丛里。

老妇人小心翼翼地直起身子。转身的时候，她似乎在看着船夫——她眼睛深陷得厉害，所以很难确定是不是看他——然后说道："这两位陌生人让我没了胃口。但是，胃口会回来的，我肯定。"

说完，她提起斗篷的边，缓缓踏入草丛，就像慢慢走进水坑一样。雨打在她身上，她把斗篷的帽子又往上拉了拉，然后迈步走进了荨麻丛。

"再等一会儿，我们和您一起走，"埃克索在她身后喊道。但他感觉到比特丽丝的手搭在自己的胳膊上，听她低声说道："别管她的闲事，埃克索。让她走吧。"

稍后，埃克索走到老妇人迈步出去的地方，心里还有点儿期待在什么地方看到她，也许被灌木丛挡住了，没法继续走。但他没看到她的踪迹。

"谢谢啦，朋友们，"船夫在她身后说。"至少今天我也许可以安静一会儿，想想我小时候的事儿。"

"我们马上也会走开啦，船夫，"埃克索说。"雨停下来就走。"

"不要急，朋友们。你们讲了公道话，我很感谢。"

埃克索继续盯着外面的雨。他听见妻子在身后说："先生，这以前肯定是个气派的宅子吧。"

"噢，是的，好心的女士。小的时候，我可不知道宅子有多气派，因为我没见过别的地方。有漂亮的画和珠宝，还有智慧而善良的仆人。那边过去，还有个宴会大厅呢。"

"先生，看到现在这幅光景，心里不好受吧。"

"房子还在这儿，我就很感激，好心的女士。这房子经历过战争年月，差不多的宅子，很多都烧掉了，现在不过是一两个土堆而已，上面长满了野草和石楠。”

这时埃克索听到比特丽丝在身后走了过来，感觉到她一只手放在自己肩膀上。“怎么啦，埃克索？”她低声问道。“你有心事，我看得出来。”

“没什么，公主。就是这儿的废墟而已。有一下子好像是我在这儿回忆往事一样。”

“什么样的往事呢，埃克索？”

“不知道啊，公主。这人提到战争和烧毁的房子，好像我也想起了什么事情。我认识你之前的事情，应该是。”

“还有我们俩不认识的时候吗，埃克索？有时候我感觉我们俩从生下来就一直在一起。”

“我也觉得是这样，公主。我只是一时发傻，这是个奇怪的地方。”

她若有所思地看着他。然后她捏了一下他的手，轻轻地说：“这的确是个奇怪的地方，可能比淋雨更糟糕。我想走了，埃克索。说不定那个女人要回来，或者发生更糟糕的事情。”

埃克索点点头。然后他转过脸，对着房间那边喊道：“好啦，船夫，看来雨要停了，我们该上路啦。谢谢你让我们躲雨。”

听到这话，船夫什么也没说，可是他们背行囊的时候，他却走过来帮忙，把他们的手杖递了过来。“旅途平安，朋友们，”他说。“希望你们见到儿子的时候，他平安健康。”

他们又表示感谢，两人要穿过拱门时，比特丽丝突然停下脚步回头看。

“既然我们要走了，先生，”她说，“也许再也见不着了，我能不能请你回答我一个小问题。”

船夫站在墙边原来的位置，认真地看着她。

“先生，你之前说过，”比特丽丝继续说道，“你有责任盘问等待渡海的夫妻。你说，需要核查一下，看看他们之间是否有深爱，能够到岛上一起生活。先生，我想问的就是这个。你要怎么盘问，才能核查清楚呢？”

船夫似乎犹豫了一下。随后他说道：“老实说，好心的女士，我不该谈这些事情。我们今天甚至都不该见面，因为机缘巧合，我们才相遇了，我并不感到遗憾。你们两位都是好心人，还帮我说了话，我很感谢。所以我尽量回答你吧。你说得对，我有责任盘问所有渡海上岛的人。如果像你说的那样，碰到的是一对夫妻，又自称深爱着对方，那我就必须让他们说出最珍贵的记忆。我先问一个，再问另外一个。两人要分开回答。这样，他们关系的实质就会显露出来。”

“但是，先生，”比特丽丝问，“要看出人们心里的事情，不是很难吗？外表很容易让人上当。”

“好心的女士，这倒是真的。不过，我们这些船夫多年来见过很多人，要看穿骗人的外表，不需要花很久。而且，旅行的人谈起最珍贵的记忆，是不可能掩饰真相的。一对夫妻也许自称有爱的纽带，但我们船夫看到的可能是憎恶、愤怒甚至仇恨。又或许是一大片荒芜。有时候是对孤独的畏惧，没有别的。持久的爱，多年不变——这个我们就见得很少了。真要是见到了，我们只会高高兴兴地把他们渡过去。好心的女士啊，我已经说得太多啦。”

“谢谢你，船夫。就当满足了一下一个老太婆的好奇心吧。现在我们告辞，不打扰你啦。”

“祝你们旅途平安。”

他们回到之前走过的那条蕨草及膝、荨麻丛生的小道。风暴过后路很滑，尽管他们急着远离宅子，脚下还是非常小心。等他们最后回到沉陷下去的罗马大道，雨还没有停，两人看到一棵大树，便躲到了树下。

“你湿透了吗，公主？”

“不用担心，埃克索。这外套还起点作用。你怎么样？”

“没事，太阳一出来就干了。”

他们放下行囊，靠在树干上缓口气。过了一会儿，比特丽丝轻声说：

“埃克索，我害怕。”

“为什么呢，我的公主，怎么啦？你现在不会有什么事啦。”

“还记得那个奇怪的女人吗，穿着破布做的斗篷？那天你看着我们在老刺树那儿谈话的。她看起来也许像个流浪的疯子，可她跟我讲的故事，和刚才那位老太太说的有很多相同的地方。她丈夫也是被一名船夫带走的，她被留在岸上。她孤孤单单，一边哭一边从海湾往回走，发现自己来到一个深谷的边缘，眼前的路、身后的路，都能看得一清二楚，路上都是像她一样哭哭啼啼的人。听她这样说，当时我还不太害怕，埃克索，我心里想，这和我们没有关系。可她接着说，这块土地中了魔咒，被遗忘的迷雾笼罩住了，这事我们俩也经常谈到。然后她问我，‘如果记不住你们共享的过去，你和你丈夫怎么能证明对彼此的爱呢？’后来我一直想着这件事情。有时候一想到就觉得害怕。”

“公主啊，有什么好担心的呢？我们又不打算到那种岛上去，也不愿意去。”

“话是这么说，埃克索。万一我们还没机会考虑去那种地方，我们之间的爱就枯萎了呢？”

“你说的什么话，我的公主？我们的爱怎么会枯萎呢？和年轻时候傻傻的热恋相比，现在我们的爱不是更深吗？”

“可是，埃克索啊，我们都不记得那些日子。后来很多年的事情，也都记不住了。我们不记得我们之间的激烈争吵，还有我们珍惜的那些快乐时光。我们连儿子都不记得，也不知道他为什么离开了我们。”

“我们还可以恢复那些记忆，公主。而且，无论我记得什么、忘记什么，我对你的心都会是一样的。你的感受不也是这样吗，公主？”

“是啊，埃克索。可是，我又想，我们心里的感受，会不会像今天这雨滴一样呢？天上的雨早就停了，不过树上浸满了水，所以还有些雨滴落在我们身上。我在想，没有了记忆，就没有了源头，我们的爱会不会慢慢枯萎、死亡。”

“上帝不会允许这种事情发生，公主。”这话他说得很轻，几乎是喃喃自语，因为他自己也感觉到，一股莫名的恐惧在心里涌上来。

“在老刺树说话那天，”比特丽丝继续说道，“那个奇怪的女人要我抓紧时间。她说，我们要想尽办法，把我们在一起的事情都回想起来，不论好事坏事。现在呢，我们走的时候，那个船夫给的回答，我意料到了，也正是我害怕的。我们现在这个样子，埃克索，能有什么机会呢？如果有那么个人问我们最珍贵的记忆的话？埃克索，我真害怕。”

“好啦，公主，没什么好害怕的。我们的记忆没有永久丢失，不过是被这邪恶的迷雾放到什么地方找不到了。我们会找到的，哪怕是一件事一件事去想。我们出门，不就是为了这个吗？等我们看到儿子，很多事情肯定就会想起来。”

“希望如此吧。船夫的话让我更加害怕了。”

“忘记他吧，公主。他的船，还有他的岛，对我们有什么用处呢？你说的对，外面雨停了，我们别待在树下了，走出去干得还要快一些。我们上路吧，不去想这些烦心事儿了。”

第三章

从远处稍微高点儿的地方看，这个撒克逊村子与埃克索和比特丽丝的巢穴不同，更像你们所熟悉的“村庄”。至少有一点——也许是因为撒克逊人对幽闭症更加敏感——这儿不朝山腰里面挖。如果你像埃克索和比特丽丝那天晚上一样，从陡峭的山壁上下来，你应该能看到，下方大概有四十多幢独立的房子，在谷底排成两个大略的圆形，一个在内一个在外。你从远处可能还看不出房子大小和华丽程度上的区别，但你肯定能看到茅草屋顶，很多是“圆屋”，你们当中有些人，也许还有你们的父母，就是在类似的屋子里长大的。如果说撒克逊人愿意牺牲一点儿安全，换取通风的益处，那么他们也采取了认真的弥补措施：村庄周围有一圈高高的木桩围篱，木桩用绳索相连，顶端削得尖尖的，像巨大的铅笔。无论从哪个地方走近，围篱至少都有两个人那么高，外侧还挖了一道深沟，让人更加不敢爬过去了。

埃克索和比特丽丝从山坡下来，两人停下脚步喘气的时候，看到的应该就是这幅景象。太阳快从山谷那边落下去了，比特丽丝的眼睛更好，所以还是走在前面，身体向前倾着，比埃克索快一两步，周围的草和蒲公英和她腰一般高。

“我看到四个人守着大门，不，五个，”她说道。“我想他们手里拿着长矛。上次和其他女人一起来的时候，只有一个看门人，带着两条狗。”

“公主啊，你确定他们会欢迎我们吗？”

“别担心，埃克索，他们现在对我已经很熟悉了。而且，这儿有个长老是不列颠人，虽然不是同一个部族，但大家都把他当成有智慧的领袖。他会给我们一个安全的地方过夜。不过呢，埃克索，我觉得好像出什么事情了，心里有些不踏实。噢，又来了一个拿长矛的，带着一群凶恶的狗。”

“谁知道撒克逊人在干什么，”埃克索说。“我们还不如找别的地方过夜呢。”

“天就快黑啦，埃克索，而且长矛可不是用来对付我们的。还有啊，村子里有个女人，我打算去见一下，她很懂医药，比我们村子里谁都强。”

埃克索等着她继续往下说，可她只是望着远处，于是他问：“那你为什么要去找懂医药的人呢，公主？”

“我有时候感觉有点不舒服。这个女人可能知道怎么治。”

“什么样的不舒服啊，公主？哪里不舒服？”

“没什么大不了的。我也是因为要到这儿找地方过夜，所以才想起来。”

“可是什么地方呢，公主？哪里痛？”

“哦……”她没有转身，一只手按在腰间，就在肋部下方，然后笑了起来。“真的没什么大不了的。你看，今天走这么多路，都看不出来有什么事。”

“的确一点儿也看不出来，公主，倒是我一直要停下来休息。”

“我就这么说嘛，埃克索。所以没什么好担心的。”

“一点儿也看不出来。实际上，公主啊，你和只有你一半年纪的那些女人一样健康。不过，如果这儿有人能帮你解除疼痛，那么去看看能有什么坏处呢？”

“我刚就这么说嘛，埃克索。我带了一点锡，换药。”

“谁愿意身上有地方痛呢？我们都有这种情况，只要有办法，也都想治好。只要这个女人在这儿，守卫们又放我们进去，那我们一定要去。”

他们走过壕沟上的桥时，天快黑了，大门两边都点起了火把。守卫们高大魁梧，但看到他们来，却面露恐慌。

“等一下，埃克索，”比特丽丝低声说。“我一个人去跟他们说说。”

“别靠近他们的长矛啊，公主。狗看起来倒还安静，那些撒克逊人好像都吓傻了。”

“你都是个老头子了，埃克索，如果他们害怕的是你，我马上就告诉他们这是个错误。”

她大胆地朝他们走过去。大家围住她，一边听她说，一边不时朝埃克索狐疑地看着。随后其中一个人冲他喊，说的是撒克逊语，让他走到火把跟前，大概是要看看他是不是年轻人假扮的。然后他们又和比特丽丝说了几句话，就让他们俩过去了。

从远处看，这个村庄是两圈整洁有序的房子，但一走上村子里的小路，埃克索惊讶地发现，这儿成了混乱的迷宫。天色这会儿是快黑了，没错，可他跟在比特丽丝后面，看不出这地方有任何逻辑或规律。建筑物会突然从他眼前冒出来，挡住去路，他们只好走旁边那些令人疑惑的小胡同。这时候他们比在外面走大路时还要小心：之前下了暴雨，路上都是泥坑水洼；而且撒克逊人好像满不在乎地听凭各种各样的东西丢在路中间，甚至还有石块。但是，让埃克索最难受的，是那种难闻的气味，随着他们的脚步或强或弱，但一直都在。和当时的人们一样，他已经习惯了人畜粪便的气味，但这种气味要难闻得多。很快，他就发现了气味的来源：整个村子的人都把一堆堆的腐肉放在房子前面或道路旁边，作为给各种神祇的供奉。有一下子气味特别浓烈，埃克索转身去看，一幢小房子的屋檐下挂着一个黑色的东西，上面有一大堆苍蝇，苍蝇嗡一声飞走，那东西的形状顿时就不一样了。随后，他们又看到一群孩子拽着一头猪的耳朵；狗、牛、驴子，到处乱晃，没人看管。路上遇到的几个人，要么默默地盯着他们，要么快速消失在门或窗户后面。

“今晚这里有点奇怪，”比特丽丝低声说。“一般他们会坐在房子前面，或者围个圈，又说又笑。孩子们该跟在我们身后，问上一百个问题，不知道该骂我们，还是该当我们是朋友。今天奇怪，都很安静，这让我觉得不踏实。”

“我们有没有走错路，公主，这是朝他们让我们过夜的地方走吗？”

“本来我想先去找那个女人，看看有没有药。但看现在这个样子，我们最好还是直接到那幢破旧的长屋里去吧，别遇上什么事儿。”

“那位女药师，住得离这儿远吗？”

“我记得就在这附近。”

“那我们去看看她在不在吧。你身上的痛是小事情，我们都知道，但如果能治好，干吗还让它痛呢。”

“等到明天上午也来得及，埃克索。这是小事情，要不是说起来，我都不觉得痛。”

“话是这么说，公主，但是既然来了，为什么不去看看这位聪明的女士呢？”

“你要是特别希望去，那我们就去吧，埃克索。我倒愿意明天上午再说，或者下次经过这儿的时候再来。”

两人说着话，一拐弯来到一个地方，好像是村庄的广场。广场中央烧着明亮的篝火，在火光的照耀下，能看到周围坐满了人——撒克逊人，有老有少，还有小婴儿，抱在父母的怀里。埃克索首先想到的是，他们闯进了异教徒的仪式。但是，等他们停下脚步仔细看了看，埃克索才发现人们的注意力没有集中点。他能看到的那些人神情严肃，也许心里感到害怕。人们说话声音都很低，人群中弥漫着一种焦虑的气氛。一条狗冲埃克索和比特丽丝叫了一声，随即被黑暗中的人赶走了。有些人注意到了他们，眼神空洞地看了一会儿，然后就不去管了。

“谁知道他们这是担心什么事情，埃克索，”比特丽丝说。“要不是女药师就在附近，我倒宁愿走开。让我来看看还能不能找到去她家的路。”

他们朝右边一排小房子走去，这时他们意识到，黑暗中还有很多人，在默默地看着篝火周围的人。比特丽丝停下脚步，跟一个站在自家门口的女人说话，埃克索随即意识到，她就是那个女药师。他在黑暗中看不清楚，但依稀能辨别出一个脊背挺直的中年女人，个子很高，手里抓着一条披巾，紧紧裹住肩头。她和比特丽丝继续低声交谈着，不时望望人群，又看看埃克索。最后，那个女人打个手势，让他们进屋，但比特丽丝走到埃克索跟前，轻声说道：

“让我跟她单独谈谈，埃克索。帮我把行囊拿下来，在外面等我吧。”

“我不能和你一起去吗，我的公主，虽然我听不懂这撒克逊话？”

“这是女人的事情，丈夫。让我单独和她谈，她说要把我这副老身子骨好好检查检查。”

“对不起啦，公主。我刚才没想清楚。让我把行囊拿下来，我就在外面等着，多久都行。”

两个女人进屋后，埃克索感到浑身疲乏，尤其是肩膀和腿。他取下自己的行囊，靠在身后的土墙上，看着人群。焦躁的情绪越来越浓：有些人从周围的黑暗中大步走出来，加入人群中，还有人匆匆忙忙从火堆旁离开，过一会儿又匆匆回来。火光照亮一些面孔，轮廓异常分明，另一些面孔则隐藏在暗处，可过了一会儿，埃克索发现，原来所有人都在焦虑地等待，等着什么人或什么事情从火堆左侧的木柱大厅里现身。这幢建筑很可能是撒克逊人聚会的地方，里面可能也烧着篝火，因为窗户里光亮摇曳，一明一暗。

他背靠着墙，比特丽丝和那个女药师的声音从身后什么地方隐约传来。他差点要开始打盹了，这时人群躁动起来，发出低低的喧闹声。几个人从木柱大厅里出来，朝火堆走去。人群分开，让他们通过，大家安静下来，好像是要等他们发布通告，但没有通告，很快人们就围了上去，声音又开始大起来。埃克索发现，人们的注意力几乎全部集中在最后从大厅里出来的那个人身上。他看上去不会超过三十岁，但有一种天生的威严。他穿着朴素，和农夫差不多，但和村里其他人都不一样。倒不仅仅是他的披风掀起来，搭在一侧的肩膀上，露出了腰带和剑柄。也不仅仅是因为他的头发比其他村民长——几乎一直垂到肩膀上，一部分用皮条扎住，以免挡住眼睛。实际上，埃克索真正想到的是，这个男人这样扎头发，是为了避免战斗时头发挡住视野。埃克索自然而然想到了这一点，但随后回想起来，他吃了一惊，因为这个念头里有似曾相识的成分。陌生人大步走到人群中间，一只手落在剑柄上，埃克索立即感觉到这个动作带来的独特感受：自得、兴奋、恐惧掺杂在一起。他暗暗告诉自己，这些奇怪的感受回头再说，现在不要去考虑，要注意眼前的事情。

这个人的姿态，他移动和站立的样子，使他和周围的人大相径庭。“虽然这个人想假装成普通的撒克逊人，”埃克索心想，“但他的的确确是名武士。也许还是一名一旦起意，便能掀起狂澜的武士。”

大厅里出来的另外两个人紧张地跟在他身后，武士往人群中走一点，他们俩就想办法跟在他身边，像孩子担心被父母丢下一样。这两个人也很年轻，都佩着剑，每人手里还抓着一根长矛，但两人显然不太习惯使用武器。而且，他们畏畏缩缩，身形僵硬，其他村民冲他们说鼓励的话，他们也没有反应。人们用手拍他们的后背、捏他们的肩膀，但他们的目光躲躲闪闪，神情慌张。

“长头发的是个陌生人，比我们早到一两个小时，”比特丽丝的声音在他耳边说道。“撒克逊人，不过来自很远的地方。东方的沼泽地，他这么说的，他最近在那儿和海上来的强盗打过仗。”

之前，埃克索已经意识到，两位女人的声音越来越清晰。他转过身，看见比特丽丝和屋子的女主人已经出来了，站在门边，就在自己身后。女药师用撒克逊语轻声说了一会儿，然后比特丽丝在他耳畔说道：

“看来事情是这样的：今天早些时候，村里一个人气喘吁吁地跑回来，肩膀受了伤，大家让他平静下来，他才说明了原委。他和他的哥哥，还有他侄子，在河边的老地方钓鱼，碰到了两个食人兽。不过，根据肩膀受伤的这个人的说法，这可不是一般的食人兽。大得吓人，比他见过的食人兽速度更快，也更狡猾。两个魔鬼——村子里的人现在谈起来，都是这么称呼它们的——当场就杀死了他哥哥，抓走了男孩，男孩还活着，挣扎不休。受伤的男人沿着河边小道逃跑，身后粗重恶心的气息越来越近，不过最后他还是甩掉了它，保住了性命。你看那边那个应该就是他，埃克索，胳膊上绑着木条，正在跟那个陌生人说话。他虽然受了伤，却急着让侄子领着村子里最强壮的男人回到那个地方。他们在河边看到了篝火的烟，就在他们准备好武器，悄悄爬过去的时候，灌木丛里突然闯出那两个魔鬼来，看来它们预先布置好了陷阱。女药师说，大家还没想到逃命，就已经有三个人死了，其他人都回来了，没有受伤，但大多躲在床上瑟瑟发抖、胡言乱语，吓得都不敢出来祝福这几个打算此刻出发的勇士。虽然天快黑了，迷雾即将来临，这些勇敢的人仍要去完成十二个健壮的人白天都无法完成的事情。”

“小男孩是死是活，他们知道吗？”

“他们什么都不知道，但他们还是会到河边去。第一队人马胆战心惊地回来之后，长老们无论怎么催促，再也没人有胆子加入第二次远征。可这时候来了好运，这个陌生人进了村，他的马伤了脚，要找个地方过夜。他今天才认识小男孩和他家人，但他宣布说，愿意帮村子的忙。和他一起去的，是男孩另外两个叔叔，看看他们的样子，我看帮不上武士的忙，可能还会碍手碍脚。你看，埃克索，他们害怕得要命。”

“我能看出来，公主。但他们这么害怕却依然决定去，还是很勇敢。我们不该今天晚上来给村子添麻烦。现在好像还有人在哭，看来今天晚上还有事啊。”

女药师似乎能听懂埃克索的意思，因为她又说话了，用的是本族语言，然后比特丽丝说，“她说现在直接去长屋，天亮之前都不要露面了。她说，在这样的夜晚，要是我们在村里走来走去的话，人们怎么对待我们，可真难说得很。”

“我正是这么想的，公主。那我们就听这位好心女士的话吧。你还记得路吧。”

可就在这时候，众人突然吵嚷起来，然后吵闹声变成了欢呼声，人群又动了起来，好像在努力地变换形状，然后开始前行，武士和两个同伴走在中央。有人开始低声吟唱，很快在黑暗中观看的人也加入进来——包括那位女药师。行进的队伍朝这边走来，明亮的篝火留在身后，但队伍里有几支火把，所以埃克索能隐约看到几张脸，有的恐惧，有的激动。每次火把照亮武士的时候，他的表情都很镇定。他朝左右两边看着，向鼓励他的人们致意，一只手又放在剑柄上。他们经过埃克索和比特丽丝身旁，从一排房子中间走过，看不见了，但过了一会儿，仍然能听到远处的吟唱声。

埃克索和比特丽丝呆立不动，也许是被这种气氛吓住了。然后比特丽丝开始问女药师，到长屋怎么走最好，在埃克索看来，两个女人随即开始谈论到某个其他地方的路了，因为她们打着手势，指着远处村庄上方的山峦。

等整个村庄安静下来，他们才动身到过夜的地方去。在黑暗中找路更加困难了，角落里偶有点着的火把，投下黑影重重，只会增加混乱。他们走的路，和人群行进的方向相反，经过的房子里都是漆黑的，没有明显的生命迹象。

“走慢点，公主，”埃克索低声说。“我们俩要是在地上摔一跤，恐怕没有人来帮忙。”

“埃克索，我想我们又迷路了。我们回到刚才拐弯的地方吧，我肯定能找到路。”

过了一会儿，路变直了，他们发现路旁就是在山上曾看到的防御围篱。那尖尖的木桩在他们上方，比夜晚的天空还要黑。两人往前走的时候，埃克索能听到头顶上方有窃窃私语声。接着他看见了其他人，都在上面，沿着防御墙有规律地排列着，从围篱上方盯着外面黑暗的荒野。他还没来得及告诉比特丽丝他发现的情况，就听到背后传来急匆匆的脚步声，他们加快了脚步，可这时候旁边已经有个移动的火把，他们身前人影晃动。一开始，埃克索以为碰到了从对面来的一帮村民，但随即发现自己和比特丽丝已被团团围住。不同年龄和体形的撒克逊人挤了上来，有些拿着长矛，有些挥舞着锄头、镰刀等工具。几个声音同时跟他们讲话，好像还有更多人陆续赶来。埃克索感到火把的热度扑面而来，他把比特丽丝抱得紧一点，目光凝视周围，看能不能找出带头的人，但没找到。而且，每张面孔都神色慌张，他意识到，任何鲁莽动作，都可能导致灾难。一个眼神疯狂的年轻人已经哆哆嗦嗦把刀举在空中，埃克索把比特丽丝拉过来，离刀锋远点儿，脑子里回想着他会说的那几句撒克逊话。他什么都没想起来，只好发出几声安慰的声音，就像对付一匹不听话的马那样。

“算啦，埃克索，”比特丽丝低声说。“他们不会感谢你给他们唱催眠曲的。”她用撒克逊语先跟一个人讲话，然后又对另一个人讲，但气氛并没有改善。人们开始叫喊、争辩，一条狗拽着绳子，从队列里窜出来，冲他们恶狠狠地叫。

突然，周围紧张的人们一下子松懈下来。他们的声音低下去，最后只能听到一个声音，在不远处愤怒地叫喊。声音越来越近，人群分开，一个身材粗短、身形扭曲的人拄着一根粗拐杖，拖着脚步走到火把的光亮下。

他年纪很大，虽然脊梁挺得比较直，脖子和脑袋却以奇怪的角度从肩上伸出来。但是，所有在场的人似乎都服从他的权威——连那条狗都不叫了，躲进了黑暗中。埃克索对撒克逊语所知有限，但他仍能听出来，这个身形扭曲的人勃然大怒，倒不仅仅是因为村民们对陌生人不友好：他在批评他们擅自离开哨岗。火光下的脸孔都神情沮丧，虽然仍旧疑惑。接着，长者的声音更高、更愤怒了，人们似乎也慢慢想起了什么事情，一个一个悄悄回到了黑暗中。等到最后一个人也已经离开，周围响起攀爬梯子的声音，这个身形扭曲的老人仍在背后责骂不休。

最后，他转身面对埃克索和比特丽丝，用他们的语言说话，而且不带一点儿口音。“他们怎么连这都忘记了呢，而且刚才还亲眼看着那位武士带着他们的两个兄弟出发，去做他们自己没有勇气做的事情？他们的记忆这么糟糕，是因为羞愧吗，还是仅仅因为害怕？”

“他们的确很害怕，艾弗，”比特丽丝说。“刚才就算脚边落下一只蜘蛛，也会让他们互相厮打起来。你派来欢迎我们的队伍，可不怎么样啊。”

“我向你道歉，比特丽丝夫人。也向你道歉，先生。一般情况下，他们是不会这样对待你们的，不过你们也看到了，这是个充满恐惧的夜晚。”

“我们要到长屋去，这会儿迷路啦，艾弗，”比特丽丝说。“你帮我们指个路，我们就很感激啦。刚才发生这样的事情，我和丈夫都很想待在屋里休息。”

“朋友们，我倒希望你们能在长屋受到友好的招待，但这样的晚上，我的邻居们会干什么，倒很难说。你和你好心的丈夫愿意到我自己家里过夜吗？那要省心得多，不会有人打扰。”

“我们很高兴接受你的善意，先生，”埃克索插了一句。“我和妻子都很需要休息。”

“那请跟我来吧，朋友们。在后面跟紧点儿，到家之前不要大声说话。”

他们在黑暗中跟着艾弗，来到一幢房子前，这屋舍结构上和其他房子差不多，但要大一些，而且是独立的。他们穿过低矮的门廊进了屋，空气里充满着木柴的烟味儿，让埃克索胸口发紧，但他觉得这气味温暖友好。屋子中央焖烧着堆火，周围有编织毯、动物皮和橡木、白蜡木做的家具。埃克索从行囊里拿毯子，比特丽丝一下子坐到一把能摇动的座椅上，松了口气。艾弗还站在门口，似乎心事重重。

“你们刚才的遭遇，”他说，“我想想都觉得羞愧。”

“我们都不要去想这件事啦，先生，”埃克索说。“你已经对我们够友好啦。而且晚上来的时候，我们也亲眼看到了那些勇敢的人出发，去完成危险的任务。所以我们非常理解村子里的恐慌气氛，有些人做些傻事，也是正常的。”

“既然你们两位陌生人都记得我们的麻烦，那些傻瓜怎么这么快就忘记了呢？命令连孩子都听得懂，就是要求他们不惜代价守住围篱上的岗位，这关系到全村人的安全，何况如果我们的英雄们被妖怪追到门边，他们还需要帮忙呢。瞧瞧他们都在干什么？两个陌生人走过，他们就扑过来，像发疯的狼一样，站岗的命令都忘光了，也不记得为什么要站岗。要不是这地方经常发生这种奇怪的遗忘症，我都要怀疑自己脑子是不是出了问题。”

“我们那儿也是一样的，先生，”埃克索说。“邻居忘记事情的情况，我和妻子见过很多次。”

“这倒有意思了，先生。我还担心这种病只在我们这儿传播呢。周围的人都忘记了，常常只有我一个人还有些记忆，是因为我老了，还是因为我是个不列颠人，住在撒克逊人当中？”

“我们发现情况也是这样，先生。我们自己也受到了这迷雾的影响——我和妻子一直称之为迷雾——但年轻人的情况似乎更严重。先生，你找到解释了吗？”

“我听到过很多说法，朋友，大多是撒克逊人的迷信。但去年冬天，有个陌生人到这边来，说了一些话，我越想越觉得有道理。咦，这是怎么回事？”艾弗一直待在门边，手里拄着拐杖，这时突然转过身去，对一个体形扭曲的人来说，这个动作异常敏捷。“原谅你们的主人，朋友们。可能是我们的勇士们回来啦。你们最好待在这里，不要露面。”

他走之后，埃克索和比特丽丝沉默了一会儿，两人坐在各自的椅子上，闭着眼睛，感谢这休息的机会。然后比特丽丝低声说道：

“你觉得艾弗刚才想说什么呢，埃克索？”

“哪件事情，公主？”

“他在谈迷雾啊，还有迷雾的原因。”

“就是他听过的一个传言。我们一定要请他说清楚。他是个可敬的人。他一直和撒克逊人住在一起吗？”

“据我所知，很久以前他娶了个撒克逊女人，后来就一直住在这儿。那个女人怎么样，我没听说过。埃克索，要是能找到迷雾的原因，那不是件很好的事情吗？”

“真是件好事，但究竟能有什么好处，我还不知道。”

“你怎么能这么说呢，埃克索？你怎么能说这么狠心的话呢？”

“怎么啦，公主？出什么事情啦？”埃克索从椅子上坐起来，望着妻子。“我只是说，找到了原因，也不能让迷雾消失，无论是从这儿还是从我们自己的地方。”

“只要有机会了解这迷雾，就可能对我们意义非凡。你怎么能这么轻描淡写地说呢，埃克索？”

“对不起，公主，我不是有意要这么说的。我心里刚才在想别的事。”

“我们可是今天才从船夫那儿听到消息的，你怎么还能想别的事呢？”

“别的事，公主，比如：那些勇士们有没有回来，孩子有没有受伤。还有，这村子的守卫们人心惶惶，大门也不牢固，那些魔鬼今晚会不会攻进来报复。要想的事情很多，管不了迷雾或者那个奇怪船夫的迷信话。”

“没必要讲狠话，埃克索。我可不希望吵架。”

“请原谅，公主。肯定是这儿的气氛影响了我。”

可是，比特丽丝已经眼泪汪汪了。“没必要说话这么凶嘛，”她几乎是喃喃自语。

埃克索站起身来，走到她的摇椅旁，微微蹲下，把她紧紧抱在胸前。“对不起啊，公主，”他说。“我们离开这个地方之前，一定能和艾弗谈谈迷雾的事。”两人就这样抱了一会儿，他又接着说道：“说实话，公主，我刚才心里倒在想一件具体的事情。”

“什么事啊，埃克索？”

“我在想，你身上的痛，女药师是怎么说的。”

“她说没关系，上了年纪很正常。”

“我就这么说嘛，公主。我不是说过不用担心吗？”

“我可没担心，丈夫。是你坚持要今天晚上去见那个女人的。”

“见见她也很好啊，就算我们以前担心你身上的痛，现在也不用担心啦。”

她从他怀里轻轻挣脱出来，靠到摇椅上。“埃克索，”她说，“女药师提到了一位老僧侣，她说比她懂得更多。他帮助过这个村里很多人，这个叫乔纳斯的僧侣。他的修道院离这儿有一天的路程，沿着上山的路向东。”

“沿着上山的路向东。”埃克索迈步朝门那边走去，望着外面的黑夜。门是开的，艾弗离开的时候没有关。“公主啊，我在想，我们明天也可以走高地上的那条路，和走低地上那条穿过树林的路差不多。”

“那条路不好走，埃克索。要爬山。至少要多花一天，儿子还在焦虑地等着我们呢。”

“没错。可是，走了这么远，不去看看这位睿智的僧侣，好像很可惜。”

“女药师以为我们要去那个方向，所以这么说说而已。我跟她说，不走山路到儿子的村庄更方便，她也认为没这个必要了，就是身上痛，老年人都有的，没有其他毛病。”

埃克索目光穿过门廊，继续盯着外面的黑夜。“公主啊，我们回头再考虑一下。现在艾弗回来啦，看起来不太高兴。”

艾弗大步走进来，喘着粗气，坐在一把堆满兽皮的宽大椅子上，随手将拐杖喀嗒一声丢在脚下。“一个年轻的傻瓜说，看见一个魔鬼从围篱外面爬上来，探头探脑朝里面望。大混乱啊，这个不用我说了，我只好组织一队人去看看是不是真的。他指的那个地方除了夜晚的天空，什么也没有，可他还是说魔鬼就在那儿看着我们，其他人都缩到我后面，像孩子一样，还拿着锄头和长矛。然后那个傻瓜承认守夜的时候睡着了，梦见了魔鬼，可即使这样，他们急忙回到各自的岗位了吗？他们都吓得不敢动，我只好发誓说，要把他们揍成烂泥，让他们家人都认不得。”他环顾四周，仍旧喘着粗气。“原谅你们的主人吧，朋友们。今晚要是能睡的话，我就睡里面那间屋，你们在这儿尽量让自己舒服一点儿吧，反正能为你们提供的也很少。”

“恰恰相反，先生，”埃克索说，“你为我们提供了非常舒适的住处，我们很感谢。很遗憾你刚才出去，没有听到更好的消息。”

“我们必须等，也许要到半夜，甚至黎明。朋友们，你们要到哪儿去呢？”

“我们明天出发往东走，先生，到儿子的村庄去，他急着见我们呢。不过，这件事情，你也许能帮点忙。我和妻子刚才正在讨论该走哪条路。我们听说有个睿智的僧侣，名叫乔纳斯，住在山上的修道院里，要走山路去，我们有件小事情请教他。”

“乔纳斯当然很有名望，不过我没有亲眼见过他。一定要去见见他，不过要小心，到修道院的路可不好走。大半天都要爬山。等山路走完，你们要注意，不要迷路，那地方就是魁瑞格的地盘。”

“魁瑞格，那条母龙吗？我很久没听人谈到过她了。这里的人现在还很害怕她吗？”

“她现在几乎不下山了，”艾弗说。“一时兴起也许会攻击路过的行人，但是算在她头上的事情，可能是野兽或土匪干的。依我看，带来威胁的不是魁瑞格做的事，而是她还一直存在。只要她还活着，还能自由行动，各种各样的邪恶就会在我们的土地上滋生，像瘟疫一样。比如今晚给我们带来灾难的魔鬼。它们是哪里来的呢？这可不是普通的食人兽。这儿谁也没见过类似的东西。它们为什么要到这儿来呢，为什么要到我们的河岸上安营？魁瑞格现在很少现身，但很多黑暗的力量都来自于她，这么多年她还没被人杀死，真是个耻辱。”

“可是，艾弗，”比特丽丝说，“谁愿意去挑战这么个怪兽呢？无论怎么说，魁瑞格可是条极其凶猛的龙，又躲藏在很难去的山里。”

“你说得对，比特丽丝夫人，这是个艰难的任务。情况是这样的：亚瑟王的时代留下了一位年老的骑士，多年前他受这位伟大国王的指令，去杀死魁瑞格。你们要是走山路，还有可能碰上他。看到他，你们肯定认得出来：他穿着一副上了锈的锁子甲，骑着一匹老马，遇人就说他的神圣使命，不过我猜这个老傻子从没给母龙带来什么麻烦。我们等他完成任务，恐怕要等到很老啦。朋友们，无论怎么说，你们应该去修道院一趟，但是要小心一点，夜晚到来之前就要找到安身的地方。”

艾弗迈步朝里屋走去，但比特丽丝很快站起身来，说道：

“艾弗，之前你谈到过迷雾。说你听人说起过它的原因，后来你有事走了，没来得及说下去。现在我们很希望听你谈谈这件事。”

"对啦，迷雾。可真是个好名字。比特丽丝夫人，我们听说的话，谁知道是不是真的呢？我想，刚才我说过，去年有个陌生人骑马经过，在这儿过夜。他是从东边沼泽来的，和今天这位勇敢的客人一样，不过说话的口音很难懂。我请他在这个旧房子里休息，和你们一样，晚上我们谈了很多事情，也谈到了迷雾，你们用的这个名称倒很贴切。他对我们这个奇怪的毛病非常感兴趣，一遍一遍提了很多问题。然后他提了一个说法，我当时没在意，但后来一直在考虑。陌生人认为，可能是上帝本人忘记了我们过去的很多事情——遥远的事情，当天的事情。如果一件事情上帝不记得，我们这些凡人怎么可能还记得呢？"

比特丽丝瞪大眼睛看着他。"这种事情有可能吗，艾弗？我们大家都是主的孩子。我们做过的事情，发生在我们身上的事情，上帝真会忘记吗？"

"这正是我问过的问题，比特丽丝夫人，陌生人没有回答。但从那以后，我就一直在想他的话。也许这也是个不错的说法，可以解释你们所说的迷雾。现在，请你们原谅，朋友们，我要抽空休息一会儿啦。"

* * *

埃克索意识到，比特丽丝在摇他的肩膀。他不知道两人睡了多久：天还是黑的，但外面人声嘈杂，他听见艾弗的声音从上方传来："让我们祈祷吧，希望是好消息，不是我们的末日。"等埃克索坐起来，主人已经走了，比特丽丝说道："快点，埃克索，是好消息还是坏消息，我们马上就知道了。"

埃克索睡眼惺忪，一只手挽住妻子的胳膊，两人踉踉跄跄走入黑夜。外面点亮了更多的火把，有些从围篱上照下来，所以路看得比以前更加清楚。人们来来往往，狗在吠叫，孩子们在哭。接下来一切似乎自动有了秩序，埃克索和比特丽丝发现自己置身于一个队伍之中，大家都在朝一个方向赶。队伍突然停下来，埃克索惊讶地发现，他们已经到了中央的广场——显然，从艾弗家到这儿，不是只有他们之前走过的那条道，还有一条更直的路。篝火熊熊，烧得比以前更旺，以至于有一刻埃克索以为，村民们停住脚步，是因为靠近火的地方太热了。他从人们的头顶望过去，发现那位武士已经回来了。他镇定地站在篝火的左边，身体一侧被火光照亮，另一侧在黑暗中。埃克索发现，他被火光照亮的那一侧脸上有细小的血点，好像他刚从血雾中穿过一样。他的长发仍旧系着，但松了一点儿，看起来湿漉漉的。他的衣服上全是泥巴，也许还有血，出发时漫不经心搭在一侧肩上的披风，有几处地方现在已经破了。但这个人似乎并没有受伤，正在和村中三位长老轻声说话，艾弗也在其中。埃克索还看到，武士的臂弯里托着什么东西。

与此同时，人们开始吟唱，一开始声音很轻，然后越来越大，最后武士转过身去，向人群致意，没有一点儿粗鲁骄横的样子。他开始对人们讲话，尽管声音够响，大家都能听到，但给人的印象是，他在用低沉、亲密的语调谈论严肃的话题。

听众们安静下来，努力去听他说的每个字，不久人们便张大了嘴巴，要么表示赞许，要么感到震惊。有一下，他朝身旁的一个地方做了个手势，埃克索第一次看到，和武士一起出发的那两个人正坐在地上，也在火光照亮的光圈之内。他们看起来好像是从高处跌落了下来，现在还头晕目眩，站不起身来。人们开始为这两人吟唱，但他们似乎没注意到，眼睛仍旧空洞地瞪着前方。

然后武士又转脸看着人群，说了句话，吟唱声消退下去。他向前跨了一步，离篝火更近，一只手抓住他一直带着的那个东西，举到空中。

埃克索看到，那似乎是个动物的脑袋，脖子很粗，从咽喉下方切下来。黑色的卷毛从头顶挂下来，披在脸部周围，那张脸没有五官、怪诞可怖：本来应该有眼睛、鼻子和嘴巴的地方，只有长着很多小疙瘩的肉，像鹅的瘤一样，脸颊上有几丛绒毛一样的毛发。人群里发出一声惊叫，埃克索感觉到大家在往后退。这时候他才意识到，大家看到的不是脑袋，而是一个大得异常的人形怪物的肩臂部位。武士举起战利品时，抓着的是二头肌附近的残根，肩膀那头朝着最上方，这时埃克索看到，这一块东西被剑从身体上砍下，他原来以为是一缕缕毛发的东西，实际上是肌腱从伤口里钻了出来，挂在外面。

过了一会儿，武士把战利品放下来，丢在脚下，好像他无法充分表达对怪物躯体的鄙视一样。人们又一次缩回去，然后又挤上前，吟唱声再次响起，但这次马上就停止了，因为武士又开始讲话。埃克索一句也听不懂，但能明显感觉到周围人们的紧张、激动。比特丽丝在他耳边说：

"两头怪物，都被我们的英雄杀死了。一个受了致命伤，逃进了树林，肯定活不过今天晚上。另一个坚持战斗，被武士切了一块下来，你看就在地上，偿还了它的罪行。那魔鬼拖着剩下的身体，跑到湖里想止住疼痛，在黑色的湖水里沉下去了。那个孩子，埃克索，看到那边那个孩子了吗？"

在光亮的边缘，一小群女人围着一个坐在石头上的少年。他身材瘦削，有黑色的头发，身上裹着毯子。他身高已经接近成人了，但你能感觉到，毯子下面裹着的身体细细长长，仍然是个少年。一个女人拿来了一只木桶，正帮他洗掉脸上和脖子上的污垢，但他似乎浑然不觉。他的眼睛一直盯着前方武士的后背，偶尔歪一下脑袋，似乎想绕过武士的腿，看一眼地上那个东西。

看到这个得救的孩子还活着，而且显然没受重伤，埃克索没觉得欣慰或高兴，反倒隐约有些不安，这让他自己十分惊讶。一开始，他以为这和小男孩本人的奇怪模样有关，但随即他发现了问题所在：小男孩的安危刚刚还是所有人关注的焦点，现在大家对待他的样子却有些不对劲。这里头有种谨慎的沉默，近乎冷漠，让埃克索想起自己村子里关于小女孩玛塔的那件事情，他怀疑这个男孩是不是也和玛塔一样，正在被大家遗忘。可是，这儿的情况显然不是这样。现在大家甚至开始指着小男孩了，照顾他的女人们回瞪着人群，似乎是要保护他。

“我听不明白他们在说什么，埃克索，”比特丽丝在他耳边说。“这个孩子能安全回来已是万幸了，想想他那双稚嫩的眼睛刚才见过的事情，可以说他平静得让人惊讶，但是有些人却在为孩子的事情争吵。”

武士仍旧在对人们说话，语气里有恳求的意味。听起来好像他在指责什么人，埃克索能感觉到人们的情绪发生了变化。钦佩与感激逐渐变成了其他情感，周围的人声音渐渐高起来，声音里有疑惑甚至恐惧。武士又说话了，声音严厉，同时指着身后的男孩。这时艾弗走进光亮之中，站到武士身旁，开始说话，一部分人更加直接地表示抗议。埃克索身后有个声音喊了起来，顿时四下里一片喧哗。艾弗提高了声音，人们安静了一会儿，但叫喊声立即又恢复了，黑暗中开始有人推搡。

“哎呀，埃克索，快，我们快点走！”比特丽丝对着他耳朵大声喊道。“这地方我们不能待了。”

埃克索用胳膊搂住她的肩膀，推开人群往外走，他心里一动，又回头望了一眼。那个男孩没动地方，仍然瞪大眼睛看着武士的后背，显然没有察觉到眼前的混乱。照顾他的那个女人已经退在一旁，眼神疑惑，看看男孩，又看看人群。比特丽丝拉了一下他的胳膊。“埃克索，快点，带我们离开吧。我担心我们会受到伤害。”

全村的人肯定都到广场上去了，因为回艾弗家的路上，他们没遇到人。直到看到了房子，埃克索才开口问道：“刚才都说些什么呢，公主？”

“我一点把握也没有，埃克索。大家一起说话，我一下子弄不明白。一场争吵，关于那个得救的孩子，有人发脾气。我们还是先离开吧，发生了什么事，以后慢慢会弄清楚的。”

* * *

第二天上午埃克索醒来的时候，一道道阳光照进了房间。他躺在地上，不过他身下铺着软垫子，身上盖着暖和的毯子——这样的安排，比他平日里奢华得多——他现在感觉身体休息得很好。而且，他心情很不错，因为醒来的时候，他脑子里留下了愉快的回忆。

比特丽丝在他身旁动了动，但眼睛还是闭的，呼吸也很均匀。和往常醒来的时候一样，埃克索看着她，等着心里慢慢涌起一股柔情。很快和他预料的一样，他心里感到平安喜乐，但今天还夹杂着一丝悲伤。这种感觉让他惊讶，他一只手轻轻抚摸着妻子肩头，仿佛这个动作能够驱走阴影一样。

他听到外面有吵闹声，但不是晚上把他吵醒的那种声音，而是一个普通的上午，人们在各自干着自己的活儿。他想起来，自己和比特丽丝睡得太晚了，但他忍住没去喊醒比特丽丝，而是继续凝视着她。最后，他小心翼翼地起身，走到木头门边，把门推开一点儿。这扇门——应该是真正的“门”，有木头铰链——发出吱呀的声音，强烈的阳光从缝隙里照进来，可比特丽丝还没醒。现在，埃克索有点儿担心，他回到她躺的地方，在她一旁蹲下，这个动作让他感到膝盖僵硬。最后，他妻子终于睁开了眼睛，仰脸看着他。

“我们该起床啦，公主，”他心里感到宽慰，但没有流露出来。“村子里的人都在干活啦，我们的主人早就走了。”

“那你该早点喊醒我，埃克索。”

“你看起来很平静，昨天很累，我想你该多睡一会儿。我这样想是对的，现在你看起来像年轻姑娘一样鲜嫩呢。”

“这一大早就开始说胡话了。我们都不知道晚上发生了什么。从外面的声音来看，他们还没有自相残杀、全部死光嘛。那是孩子们的声音，我听到了，狗听起来也吃饱了，很开心。埃克索，这儿有水洗脸吗？”

两人尽量把自己收拾得整洁一点，过了一会儿——艾弗还没有回来——他们走到清新、明媚的阳光下，想找点儿吃的。在埃克索眼里，现在的村庄要和善得多。那些圆形的棚屋晚上显得乱七八糟，现在却整整齐齐排列在眼前，投下相似的影子，排成一条穿过村庄的齐整大道。男人女人来来往往，拿着工具或洗衣桶，身后跟着一群群孩子。狗还和昨天晚上一样多，但似乎更加温驯。只有一头驴子在水井前方的阳光下愉悦地排便，才让埃克索想起头天晚上进村时看到的混乱。他们经过的时候，甚至还有人点头简单地打招呼，但没有人和他们讲话。

走了不远，他们看到艾弗和那位武士站在一起，在前面的街道上，身形相差悬殊，头凑在一起讨论着。埃克索和比特丽丝走上前来，艾弗往后退了一步，不好意思地笑了笑。

“我不希望太早把你们吵醒，”他对他们说。“可我是个糟糕的主人，你们两位肯定都饿坏了吧。请跟我到长屋去，我保证让你们吃饱。不过首先呢，朋友们，来见见我们昨晚的英雄。你们会发现，维斯坦先生听懂我们的话没问题。”

埃克索转身面对着武士，点了点头。“我和妻子感到荣幸，能遇见如此勇敢大度、本领出众的人。你昨晚的行动非常了不起。”

“我的行动没什么特殊的，先生，不要再谈我的本领啦。”和以前一样，武士的声音很柔和，眼睛周围荡漾着笑意。“我昨晚运气好，而且，有勇敢的伙伴们协助。”

“他说的伙伴们，”艾弗说，“忙着尿裤子，根本没加入战斗。是他一个人杀死了妖魔。”

“说真的，先生，别提这件事了。”武士这话是对艾弗说的，但他现在凝视着埃克索，好像埃克索脸上有什么标记，让他十分着迷一样。

“先生，我们的语言，你说得非常好，”埃克索说。对方的凝视让他吃了一惊。

武士继续打量着埃克索，然后才回过神来，笑了。“原谅我，先生。有一下子我以为……不过请你原谅我吧。我的血统是正宗的撒克逊人，但我是在离这儿不远的一个地方长大的，常和不列颠人在一起。所以我不仅会讲自己的话，也学会了你们的语言。这段时间我有些生疏了，因为我住在遥远的东方沼地，那地方能听到很多奇怪的话，但没有你们的语言。所以要请你原谅我的错误。”

“哪里哪里，先生，”埃克索说。“旁人几乎听不出这不是你的本族语。实际上，昨天晚上我注意到你佩剑的方式，和一般撒克逊人相比，位置更高，离手更近，走路的时候手能轻易落在剑柄上。如果我说这种方式更像不列颠人，希望你不要介意。”

维斯坦又笑了。“我的撒克逊伙伴们不仅一直嘲笑我佩剑的方式，还笑话我挥剑的样子。不过，你也看到，我的剑术是不列颠人教的，我想不到还有谁能教得更好。这帮助我渡过了很多危险，昨天晚上也一样。请原谅我的鲁莽，先生，不过我看到，你也不是本地人。你的部族是在西边吗？”

“我们是从隔壁的部族来的，先生。一天的路程而已。”

“那么，也许你以前在更西边的地方住过？”

“先生，正如我刚才所说，我是从隔壁的部族来的。”

“请原谅我不够礼貌。我来到西边这么远的地方，发现自己越来越想念小时候的地方了，不过我知道那儿离这里还有不少路。我发现到哪儿似乎都能看到记忆中的熟悉面孔。你和你好心的妻子今天上午要回家吗？”

“不，先生，我们往东边走，去儿子的村庄，希望两天内能赶到。”

“哦。你就是走穿过树林的那条路了。”

“先生，实际上我们打算走高地上的那条路，从山区经过，那儿的修道院里有个睿智的人，我们希望能够拜见他。”

“是这样啊？”维斯坦若有所思地点点头，又一次仔细打量起埃克索来。“我听人说，那要爬很陡的山啊。”

“我的客人们还没吃早餐呢，”艾弗插了一句。“请原谅我们，维斯坦阁下，我要领他们去长屋啦。然后如果可以的话，先生，我想继续我们刚才的讨论。”他放低声音，继续用撒克逊语说话，维斯坦则点头相应。接着，艾弗转脸看着埃克索和比特丽丝，然后摇摇头，沉重地说：“尽管这个人昨晚付出了巨大努力，我们的麻烦远没有结束呢。请跟我来吧，朋友们，你们肯定饿坏了。”

艾弗在前面走，一瘸一拐地，每一步都要用拐杖拄地。他似乎心事重重，没注意到在熙来攘往的小巷里，客人们已经落在后面。有一下子，艾弗在前面好几步远，埃克索对比特丽丝说：“那位武士是个可敬的人物，你觉得呢，公主？”

“毫无疑问，”她低声回答。“可是，他盯着你看的样子很奇怪呀，埃克索。”

没有时间继续谈话了，因为艾弗终于发现可能把客人们丢了，于是在一个拐角处停了下来。

不久，他们来到一个洒满阳光的庭院，鹅在院子里走来走去。院子一分为二，中间有一条人工小溪——地上挖出来的一道水渠，渠里水不深，但流得急。小溪最宽的地方，有一座简单的小桥，用两块石板搭成，一个大孩子正蹲在石板上洗衣服。埃克索觉得这个场景近乎田园风光，他想停下来好好欣赏一番，可艾弗一直大步向前，朝着那幢低矮的建筑走去，建筑位于院子的远端，与院子同宽，屋顶盖着厚厚的茅草。

一走进去，你很可能会觉得，长屋和你在某些情况下亲眼见过的那种乡村食堂差不多。屋里有一排排的长桌和板凳，一端是厨房和提供食物的区域。和现代设施的主要差别是，这儿到处都是干草：头顶、脚下都有草，桌面上也有，不过不是有意为之——长屋里经常有风，草被刮得到处都是。这样的上午，就在我们的客人们坐下来准备吃早饭时，阳光从小小的窗户里照进来，你会发现就连空气里都飘着细小的干草粒。

他们到的时候，长屋里没人，但艾弗进了厨房区，一会儿功夫，便有两位年长的妇女出来，拿着面包、蜂蜜、饼干、罐装的牛奶和水。随后艾弗也跟着出来了，拿着一盘鸡块，埃克索和比特丽丝心怀感激地狼吞虎咽起来。

一开始，他们吃着东西，没有讲话，这时候才意识到自己有多饿。艾弗在对面坐下，继续思考着，眼神迷茫、心事重重。过了好一会儿，比特丽丝说道：

“艾弗，这些撒克逊人是你的一个大负担。你也许希望回到自己的部族里去吧，虽然那个男孩已平安回来，食人兽也都杀死了。”

“那可不是食人兽，夫人，和这个地方以前见过的东西都不一样。它们不再在村庄大门外面游荡了，一桩让人害怕的大事可算是了结了。那个男孩可就是另外一回事了。他虽然回来了，安全却谈不上。”艾弗的身体从桌子那边探过来，他压低了声音，尽管周围没有其他人。“你说得对，比特丽丝夫人，和这些野蛮人住在一起，我自己也觉得奇怪。还不如住在老鼠洞里。那位勇敢的陌生人会怎么看我们呢，昨晚他还帮了我们大忙？”

“怎么啦，先生，发生什么事啦？”埃克索问道。“昨晚我们也在火堆边，感觉到要发生激烈的争吵，我们就走了，现在还不知道后来发生了什么事。”

“你们躲起来是对的，朋友们。这些异教徒昨晚都激动得很，相互争吵，几乎要抠出对方的眼珠子。如果他们发现人群中有两个不列颠陌生人，接下来会干什么呢？我都不敢想。男孩埃德温平安回来了，但是，村子里开始庆祝的时候，女人们就在他身上发现了一个小伤口。我亲自看过，其他长老也看过。胸部下方有一个痕迹，和孩子摔跤跌伤差不多。可是那些女人，还是他的亲戚呢，却说那是被咬出来的伤口，今天上午整个村子都这么说了。为了安全起见，我只好把孩子锁在棚子里，就是这样，他的同伴、他的家人，仍然在门口扔石头，叫喊着要把他拉出去杀掉。”

“但这怎么可能呢，艾弗？”比特丽丝问。“又是迷雾的原因吗，让他们忘记了孩子最近的可怕遭遇？”

“是这样就好啦，夫人。这次他们好像什么都记得清清楚楚。异教徒的眼光，超越不了他们的迷信。他们相信，小男孩既然被魔鬼咬了，很快就会变成魔鬼，在村庄内为非作歹。他们害怕他，维斯坦阁下昨晚将他从一场厄运中救出，但如果他留下来，恐怕还会遭遇更可怕的厄运呢。”

“先生，”埃克索说，“这儿肯定还有明智的人，让大家听听道理吧。”

“就算有，数量也太少了，就算我们能够命令大家节制一两天，不久无知者就会占上风。”

“那能怎么办呢，先生？”

“那位武士也和你们一样担心，我们俩一早上都在讨论。我提议，他骑马离开的时候，把男孩带走——这当然有点强人所难——然后把他丢在某个遥远的村庄里，这样他还有开始新生活的机会。这个人为了我们，刚刚冒了生命危险，这么快就提出这样的要求，让我心里感到深深的愧疚，可我想不出还有什么别的办法。维斯坦正在考虑我的提议，不过他要为国王办事，因为马受伤，以及昨晚的麻烦，已经耽搁了。实际上，我现在该去看看孩子是不是安全，然后去问问武士有没有做决定。”艾弗站起身来，拿起拐杖。“动身之前，来告别吧，朋友们。你们听了这些事情，希望快点离开这里，头也不回，我能理解。”

* * *

埃克索看着艾弗走出门廊，大步穿过洒满阳光的庭院，走了。“坏消息啊，公主，”他说。

“是啊，埃克索，不过和我们没关系。我们不要在这里逗留了。今天要走山路呢。”

食物和牛奶非常新鲜，他们默默地吃了一会儿。然后比特丽丝说：

“你觉得有道理吗，埃克索？艾弗昨晚关于迷雾的话，说是上帝自己让我们忘记的。”

“我不知道对这话该怎么看，公主。”

“埃克索，今天早上我有个想法，就是刚刚醒过来的时候。”

“是什么想法呢，公主？”

“就是一时的想法。也许我们做过什么事，惹上帝发怒了。也许他不是发怒，而是感到耻辱。”

“真是个奇怪的想法，公主。可如果真是你说的这样，那他为什么不惩罚我们呢？为什么把我们变得跟傻瓜一样，连一个小时之前发生的事情都会忘掉？”

“也许上帝为我们感到耻辱，或者是我们做了什么事，以至于他希望自己能够忘记。像陌生人跟艾弗说的那样，如果上帝不想记住，那我们记不住也就不奇怪了。”

“我们究竟可能做过什么事情，让上帝感到如此耻辱呢？”

“我不知道，埃克索。但肯定不是你和我做过的什么事情，因为上帝一直眷爱我们。如果我们向他祈祷，请求他至少记住几件对我们最宝贵的事情，谁知道呢，说不定他能听到，满足我们的愿望。”

外面传来一阵笑声。埃克索微微侧着脑袋，看到院子里有一群孩子，在小溪上的石板桥上玩平衡木游戏。就在他看的时候，其中一个发出一声尖叫，掉进了水里。

“谁知道呢，公主，”他说。“也许山上那位睿智的僧侣会给我们解释。不过，既然我们谈到了今天早晨醒来的事情，我当时也有个想法，或许和你的念头差不多时候吧。是个记忆，简单的记忆，但我已经很高兴了。”

“哦，埃克索，那是什么记忆呢？”

“我记得我们俩正经过一个市场，或者是个节日庆典。我们在一个村庄里，但不是我们自己的村子，你穿着那件有帽子的浅绿色斗篷。”

“那肯定是个梦，丈夫啊，要么就是很久以前的事。我没有绿斗篷。”

“没错，公主，我说的就是很久以前。是个夏天，但我们所在的那个地方有寒冷的风，你把那件绿色斗篷穿在身上，但没戴帽子。一个市场，或者是个节日庆典。村庄在山坡上，刚进去的地方有羊圈，里面有山羊。”

“那我们在那儿干什么呢，埃克索？”

“我们就手挽着手走路，然后有个陌生人，村子里的，突然挡住我们的路。他看了你一眼，眼睛瞪得大大的，好像看见了女神一样。你还记得吗，公主？一个年轻人，不过我想那时候我们也很年轻。他说他从没见过这么漂亮的女人。然后他伸出手来，碰了碰你的胳膊。你还有印象吗，公主？”

“我有点想起来了，不过还不太清晰。我想你说的是个喝醉酒的人吧。”

“也许有点儿醉吧，公主，我不知道。我刚说过，那是个庆祝的日子。反正他看到了你，感到很震惊。说你的美是他的眼睛从没有见过的。”

“那真是很久以前了！那天你不是妒忌了吗，和那人吵了一架，我们差点被赶出了村子？”

“这我可没想起来，公主。我想到的那一次，你穿着绿斗篷，是个节庆的日子，还是这个陌生人，看到我是你的保护人，就转身对我说，她是我见过的最美的人，你呢，我的朋友，一定要好好照顾她。他是这么说的。”

“我有点想起来了，我肯定你妒忌得和他吵了一架。”

“我怎么会做那种事呢？现在想起陌生人的话，我还感到很骄傲呢。他见过的最美的人。而且他让我把你照顾得好好的。”

“就算你当时感到骄傲，埃克索，你肯定也妒忌了。你不是去挑战他了吗，虽然他喝醉了酒？”

“我记得不是这样的，公主。也许我只是假装妒忌，开个玩笑而已。但我应该知道，那个人没有恶意。今天早上我醒来的时候就想起了这件事，虽然过去了很多年。”

“既然你记得是这样，埃克索，那就让它保持这样吧。有了这迷雾，任何记忆都是宝贵的，我们还是紧紧抓住比较好。”

“我在想，那件斗篷后来怎么样了。你一直穿得很好。”

“那是件斗篷，埃克索，和别的斗篷一样，这么多年肯定穿破啦。”

“我们不是丢在哪儿了吗？也许丢在某块有阳光的石头上？”

“这件事我倒想起来了。而且当时我为丢斗篷的事狠狠责怪过你。”

“我想你是责怪过我，公主，不过我现在想不起来那有什么道理。”

“噢，埃克索，无论有没有迷雾，我们能想起几件事情来，就够令人安慰啦。也许上帝已经听到了我们的话，正抓紧帮助我们回忆呢。”

“我们还会记得更多，公主，只要我们用心。到那时候，就算哪一天我们愿意去听某个狡猾的船夫的瞎话，他也骗不到我们啦。我们现在还是吃完早饭吧。太阳很高了，我们要走山路，别太晚了。”

* * *

他们往回走，到艾弗的房子去，刚刚经过头天晚上差点被人攻击的地方，就听到有人从上面向下喊。他们四处张望，在高高的防御墙上发现了维斯坦，蹲在一个瞭望台上。

“很高兴看到你们还在这儿，朋友们，”武士朝下面喊道。

“还在这儿，”埃克索朝围篱走了几步，喊道。“不过正急着赶路呢。你呢，先生？你今天要在这儿休息吗？”

“我马上也要离开。不过，先生，如果能冒昧同你说几句话，那我就太感激啦。我承诺不会耽误你太久。”

埃克索和比特丽丝相互看了一眼，然后她低声说，“你愿意就跟他谈谈吧，埃克索。我回到艾弗家里，准备上路的东西。”

埃克索点点头，然后转脸对着维斯坦喊道：“好啊，先生。你要我上来吗？”

“随便你吧，先生。我倒很愿意下来，不过上午阳光明媚，这儿的景色能振奋精神呢。如果你不嫌爬梯子麻烦的话，我想请你上来看看。”

“去看看他想干什么，埃克索，”比特丽丝低声说。“但是你要小心一点，我说的可不仅仅是梯子。”

他小心翼翼一级一级上了梯子，来到武士跟前，武士伸出一只手表示欢迎。埃克索在窄窄的平台上站稳了，然后低头往下望，比特丽丝还在下面看着。他轻快地挥挥手，她这才有些不太情愿地迈步朝艾弗的房子走去——他站在高处，能清楚地看到那幢房子。他一直看着她，过了一会儿才转过脸来，目光越过围篱上沿，望着远处。

“你看，我没有撒谎吧，阁下，”两人肩并肩迎风站着，维斯坦说道。“眼睛能看到的地方，都非常壮观。”

那天上午他们眼前的风景，和今天英国乡村房子的高窗前看到的景观，可能不会有很大差别。这两个人应该能看到，他们的右边是渐次而下的谷坡，每隔一段距离就有绿色的山脊，他们的左边是对面的谷坡，长满了松树，应该显得更朦胧一些，因为更远，与地平线上群山的轮廓融为一体。他们的正前方，则是一望无垠的谷底，一条河流在谷底蜿蜒，直到尽头，更远处则是无边无际的沼泽地，布满一块块的池塘和湖泊。水边应该有榆树和柳树，还有浓密的林地，那时候应该会给人们带来不祥的感觉。河的右岸，在阳光和阴影的交汇处，能看到一处早已废弃的村庄。

“昨天，我骑马从那个山坡下来的，”维斯坦说，“我的马不需要催促，自己奔跑起来，好像就是为了开心。我们穿过田野、河流和湖泊，我的精神好极啦。真是件奇怪的事情，好像我回到了以前熟悉的场景一样，虽然就我所知，我从没到过这个地方。会不会我走过这条道，不过那时候还是小男孩，不记得路，却能记住这些景观？这儿的树和高沼地，还有天空，好像能唤醒沉睡的记忆。”

埃克索说，“有可能这块地方和西方你出生的地方有很多相似之处。”

“肯定是这样，先生。在东方的沼泽地，我们没有什么山可言，树和草也没有我们眼前这样的颜色。可是，我的马正是在高兴地奔跑时弄坏了蹄铁，今天早上这里的好心人又给它装了一副，但我要骑得慢一点，因为一只蹄子擦伤了。先生，实际情况是，我请你上来，可不光是要欣赏田园风景，而是要避开闲杂的耳目。我想，男孩埃德温的遭遇，你已经听说了吧？”

“艾弗阁下跟我们说过，我们认为在你勇敢地介入之后发生这样的事情，真是坏消息。”

“你可能也知道，长老们认为男孩在这里的处境凶多吉少，所以求我今天把他带走。他们让我把他丢在某个遥远的村庄，跟人家编个理由，就说孩子是在路上找到的，没吃东西，又迷了路。我很愿意这样做，但我担心，这个计划救不了他。消息很快就会传出去，下个月，明年，男孩会发现今天的麻烦又来了，那时候情况会更加糟糕，因为他来的时间不长，又不知道他属于哪个部族。你能明白这种情况吗，先生？”

“你的担心很有道理，维斯坦阁下。”

武士刚才说话时，一直凝视着面前的风景。风把一缕头发吹到了脸上，他伸手把头发拨开。这时候，他似乎突然在埃克索的面孔上看到了什么东西，一下子竟忘记了自己在说什么。他歪着脑袋，认真地看着埃克索。然后他低低地笑了一声，说道：

“原谅我，先生。我刚刚想到了别的事情。还是回到我说的话吧。昨天晚上之前，我对这个男孩一无所知，但在每一个新的可怕事件面前，他都镇定应对，给我留下了深刻印象。昨晚，我的同伴们出发时虽然都很勇敢，走近妖魔营地时却被恐惧压倒了。这个男孩虽然在妖魔手里待了好几个小时，举止却镇定自若，让我非常惊讶。想到这个男孩的厄运现在几乎已成定局，我感到十分痛苦。因此我一直在想办法，如果你和你好心的妻子肯伸出援手，也许问题还能解决。”

“我们很愿意尽力而为，先生。先让我听听你的想法吧。”

“长老们让我把孩子带到某个遥远的村庄，毫无疑问他们说的是某个撒克逊人的村庄。但正是在撒克逊人的村庄里，男孩才永远不会安全，因为撒克逊人都有关于男孩伤口的迷信。但是，如果把他留给不列颠人，就算故事传到那儿，也不会有危险，因为不列颠人知道这是胡说八道。他很强壮，我刚才说过，他也非常勇敢，虽然话很少。无论到哪个地方，他立即就会成为有用的好帮手。先生，之前你说过，你要往东走，到你儿子的村庄去。我想那正是我们要找的那种信奉基督教的村庄。如果你和你的妻子帮他说说话，也许还能得到你儿子的支持，这件事就肯定能有好的结果。当然，如果我送过去，那些好心的人可能也会收留孩子，但我是个陌生人，会引起恐惧和怀疑。而且，我到这儿来，是有任务在身，不能到东边那么远。”

“这么说，”埃克索说，“你是建议我和妻子把孩子从这儿带走。”

“这正是我的建议，先生。但是，我虽然有任务在身，至少可以一起走一段路。你说过打算走山路。我会很高兴陪着你们和男孩，至少到山的那一边。有我陪伴会很无聊，不过，大家都知道山里面有危险，我的剑可能会对你们有用。你们的行李也可以让马来驮，她一条腿不方便，不过驮行李不会有意见的。你看怎么样，阁下？”

“我看这是个绝好的计划。我和妻子听到男孩的困境都很难过，如果能帮助他解决，我们会很高兴。你的话很有智慧，先生。显然，现在他和不列颠人一起最安全。我相信我儿子的村庄会善待他，我儿子在村庄里也是个受人尊敬的人物，几乎也算是长老了，就是年纪小一点。我知道，他会为男孩说话的，保证让他受到欢迎。”

“我非常欣慰。我去把我们的计划告诉艾弗阁下，想办法悄悄把孩子从谷仓带走。你和你妻子马上就能动身吗？”

“我妻子这时候正在准备路上的东西呢。”

“那么，就请你们在南门等着。我马上带我的马和男孩埃德温过来。先生，非常感谢你帮忙克服困难。很高兴未来一两天能和你们同行。”

第四章

他这辈子都没从那么高那么远的地方看自己的村庄，这景象让他惊讶。面对午后雾气中的风景，他下意识地动着手指头，仿佛那是个东西，他一伸手就可以抓到。那位老太太刚才焦虑地看着他爬树，现在她仍然在树脚下，冲上面喊，让他不要再爬了。但埃德温没理睬，因为他比任何人都更了解树。武士命令他放哨，他就小心挑选了这棵榆树，他知道这棵树虽然病恹恹的，却蕴含着力量，会欢迎他。而且，这儿是观察那座桥的最佳地点，还能看到通向桥的那条山路，现在他能清楚地看到三名士兵在和骑马的人说话。骑马的人已经下了马，抓着焦躁不安的马的缰绳，正和士兵们激烈争论。

他了解树——而这棵榆树就像斯特法。把他扛走吧，丢到树林里烂掉。大一点的孩子们总是这么说斯特法。“没法干活的老瘸子不都该这样吗？”但埃德温看到的是斯特法的本来面目：一位老武士，身体里仍然隐藏着力量，见识甚至比长老们还要高。村子里只有斯特法见过战场——他的两条腿就是在战场上伤的——因此，反过来，斯特法也能够认出埃德温的本来面目。有些男孩子比他力气大，可能会把他按到地上、打他，并以此为乐。但只有埃德温拥有武士的灵魂，其他人没有。

“我观察过你，”老斯特法有一次对他说，“在暴风雨一样的拳头之下，你的眼睛仍然镇定，好像要记住每一拳。这样的眼睛，只有最好的武士冷漠地穿过激烈的战场时，我才见过。不久的将来，你会成为令人生畏的人物。”

现在，这已经开始了。这正在成为事实，就像斯特法预料的一样。

一阵大风吹过，树摇晃起来，埃德温换了一下手，抓住另一根树枝，再次努力回想早上发生的事情。他阿姨的脸扭曲变形，都认不出来了。她一直在尖叫着诅咒他，但艾弗长老没让她讲完，把她从谷仓门口推开，同时也挡住了埃德温的视线，让他看不见她。他阿姨对他一直不错，不过，就算她现在要诅咒他，他也不在乎。不久前，她还想让埃德温喊她“母亲”，可他从没喊过。因为他知道，他真正的母亲在路上。他真正的母亲不会那样冲他尖叫，还要艾弗长老把她拉走。今天早上，在谷仓里，他听到了真正的母亲的声音。

艾弗长老把他推了进去，里面漆黑一片，接着门关上了，他阿姨那张扭曲的脸——所有那些脸——都消失了。一开始，马车只是谷仓中央一团巨大的黑影。慢慢地，他看出了马车的形状，他伸出手，木头摸上去腐烂潮湿。外面，那些声音又开始叫嚷起来，然后又是噼里啪啦的声音，先零零散散，随后连续几声，伴随着木头破裂的声音，谷仓里似乎不那么黑了。

他知道，噪音是石头砸在薄板墙上发出来的，但他不予理会，注意力集中在面前的马车上。马车有多久没使用了？为什么歪歪倒倒地立在那里？如果没有用，为什么要保留在谷仓里呢？

这时候，他听见了她的声音：一开始很难辨别，因为外面很吵闹，还有石头砸墙的声音，但后来慢慢清晰起来。“这算不了什么，埃德温，”她说，“这算不了什么。你可以轻松地承受。”

“但是，长老们不一定能一直挡住他们，”他朝黑暗中说道。他的声音极低，一只手还在抚摸着马车的一侧。

“这算不了什么，埃德温。根本算不了什么。”

“石头可能会把这薄墙砸穿。”

“不要担心，埃德温。你难道不知道吗？石头是由你控制的。你看，你面前是什么？”

“一辆破烂的旧马车。”

“噢，这就对啦。围着马车走，埃德温。围着马车一圈一圈走，因为你是骡子，系在大转轮上。一圈一圈走，埃德温。你转，大转轮才会转，你转，石头才会不停地来。一圈一圈围着马车转，埃德温。一圈一圈围着马车转。”

“为什么我要转轮子呢，母亲？”就在他说话的时候，他的脚已经开始围着马车走了。

“因为你是骡子，埃德温。一圈一圈转吧。你听到了那尖锐的破裂声。你不转轮子，那声音就无法继续。转啊，埃德温，一圈一圈转。围着马车一圈一圈转。”

于是他听从她的命令，手放在马车挡板的上方，双手交替，以保持冲劲。他就这样转了多少圈？一百？两百？他不停地看到，一个角落里有一个神秘的土堆；另一个角落里，窄窄一线阳光落在谷仓的地板上，有一只死乌鸦侧身躺着，羽毛仍旧完好。在微弱的光亮中，这两个东西——土堆和死乌鸦——也一圈一圈地转。有一次，他大声问道：“我阿姨真的诅咒我了吗？”但没有回答，他想母亲是不是已经走了。可随后她的声音又回来了：“尽你的职责，埃德温。你是骡子。不要停。你控制着一切。如果你停下来，那些声音也会停。那为什么要害怕它们呢？”

有时候，他绕着马车连续转三四圈，也听不到一声尖锐的噼啪。随后，好像是要补足一样，一下子会传来好几声噼啪，外面的叫喊声也会上升到新的高度。

“你在哪里，母亲？”他问过一次。“你还在路上吗？”

没有回答。过了几圈之后，她说，“我本来会给你兄弟姐妹，埃德温，给你很多兄弟姐妹。可现在你只有一个人了。所以要为我找到你的力量。你已经十二岁，差不多成人了。你一个人要抵得上四五个强壮的儿子。找到你的力量吧，来救我。”

又一阵风摇动榆树，埃德温心想，他藏身的这个谷仓是不是狼群进村那天大家躲藏的地方？老斯特法经常跟他讲这个故事。

“孩子啊，你那时候还很小，可能都不记得。狼大白天就来了，三只，若无其事地直接走进了村子。”这时斯特法的声音会充满鄙夷。“全村人都害怕得躲藏起来。有些男人在外面的地里，这是真的。但村里还有很多。他们躲在打谷的谷仓里。不光是妇女和孩子，男人们也躲起来了。他们说，那些狼有奇怪的眼睛。最好还是不要去惹它们。所以狼群想干什么就干什么。它们咬死了母鸡。吃掉了山羊。而这时候全村人都躲起来了。有些躲在自己家里。大多躲在谷仓里。我是个跛子，他们把我丢在原地，坐在手推车上，这双烂腿伸在外面，就在明德里德夫人家外面那条沟旁边。狼朝我走过来。来吃了我吧，我说，我可不会因为一头狼而躲进谷仓。但狼群没理会我，我看着它们从身旁走过，皮毛几乎都擦到了这双没用的腿。它们想干什么就干什么，它们走了很久，那些勇敢的男人才从躲藏的地方爬出来。大白天来了三头狼，这儿却没有一个男人敢站出来。”

围着马车转圈的时候，他想到了斯特法的故事。“你还在路上吗，母亲？”他又问了一次，但同样没有回答。他的腿开始累了，而且他真的不愿意再看到那个土堆和那只死乌鸦，最后她终于说道：

“够啦，埃德温。你干得很卖力。现在，如果你愿意，召唤你的武士吧。把这事了结了。”

听到这话，埃德温感到宽慰，但他继续围着马车转圈。他知道，召唤维斯坦，需要巨大的努力。和头天晚上一样，他必须从内心深处发愿。

但他还是找到了力量，他一旦相信武士已在路上，便立即慢下了脚步——就算是骡子，一天快结束时也会赶得慢一些，他满意地发现，噼啪声越来越少了。等安静了好一阵子，他才停下来，靠在马车边上，慢慢调匀呼吸。接着，谷仓的门开了，武士站在耀眼的阳光里。

维斯坦走进来，没有随手关门，似乎是要表示他的鄙视，无论门外最近聚集过什么样的敌对力量。门开着，谷仓里便有一大块方形的阳光，埃德温看看周围，黑暗中很突兀的马车，这时候显得破烂得可怜。维斯坦当时就直接喊他“年轻的战友”了吗？埃德温不太确定，但他还记得武士领着自己走进那块阳光里，拉起他的衬衫，查看伤口。然后维斯坦直起身，回过头仔细看看身后，低声说道：

“我年轻的朋友，你遵守昨晚的承诺了吗？关于你的伤口？”

“是的，先生。我正是按你的话去做的。”

“你没告诉任何人，包括你好心的阿姨？”

“我没告诉任何人，先生。尽管他们相信那是食人兽的咬痕，并且因此恨我。”

“年轻的战友，让他们继续这样相信吧。如果他们知道你的伤口是怎么来的，那可要糟糕十倍。”

“那和你一起去的我那两个叔叔怎么办，先生？难道他们不知道真相吗？”

“你的叔叔们虽然勇敢，但当时很不舒服，没有进营地。所以只要我们两人保守秘密就行了，等伤口愈合，任何人都没必要怀疑了。尽量保持伤口干净，白天或晚上都不要抓。明白吗？”

“我明白，先生。”

早些时候，他们两人在爬山，埃德温停下来等候两位上了年纪的不列颠人时，曾努力回想与伤口有关的情况。当时他站在矮小的石楠丛里，拉着维斯坦那匹马的缰绳，脑子里没有清晰的印象。但是，现在埃德温在树上，看着桥上细小的人影，回想起了那潮湿的空气和那黑暗，回想起了小木笼子上盖的熊皮的强烈气味，以及笼子颠簸时小甲虫落在头上和肩上的感觉。他想起自己调整姿势，抓住面前摇摇晃晃的栅栏，以免笼子在地上拖的时候，自己被甩来甩去。然后一切又安静下来，他等着熊皮被拿开，等着新鲜的空气涌到他四周，等着借助火堆的光亮看一眼夜晚。这种情况当天晚上已经发生两次，因此他并不是特别害怕。他还记得其他事情：食人兽的臭味，还有那个邪恶的小东西往笼子松动的木柱上撞，迫使埃德温尽可能往后靠。

那个小东西动作很快，很难看清楚。他当时觉得，它形状和大小像个小公鸡，但没有喙和羽毛。它用牙齿和爪子攻击，而且一直发出粗哑尖锐的叫声。埃德温相信，木头柱子能够挡住牙齿和爪子，但那个小东西的尾巴不时会碰巧打到笼子上，那笼子就显得脆弱多了。幸好，这东西还小——埃德温猜测应该还处在幼年期——似乎并不知道它的尾巴有很大力量。

当时，小东西的攻击似乎没完没了，但现在埃德温觉得，实际上时间并不长，后来那个小东西就被用绳子拽走了。然后熊皮砰一声落下来，一切又漆黑一片，他又得抓住木柱，因为笼子被拖到另一个地方。

这样的情况，他经历过几遍？只有两三次吗？还是有十次，甚至十二次？尽管当时的情况糟糕，但是第一次之后他也许就睡着了，后面被小东西攻击，都是梦到的。

最后一次，熊皮很长时间都没有取下来。他等待着，听着那东西粗厉的叫声，有时候很远，有时候近得多，还有食人兽互相讲话时的咕哝声，他知道这次情况会不一样。正是在那焦虑等待的时刻，他请求有人拯救他。他是从灵魂深处提出这个请求的，因此几乎就等于祈祷，等这请求在他脑子里成形，他立即觉得能达成所愿。

那一刻，笼子开始颤抖，埃德温意识到，笼子整个前面的部分，包括防护栅栏，都被拉到了一边。这让他往回缩了缩，与此同时，熊皮被拉下来，那凶恶的东西冲他猛扑过来。他坐在那儿，本能地抬起脚踢出去，但那东西非常灵巧，埃德温只好用拳头和胳膊乱打。有一下子，他以为那东西已经抓住了自己，还瞬间闭上了眼睛，可等他再次睁开眼睛，却发现对手只在空气中乱抓，拴它的绳子正在往后拽。只有在类似的少数情况下，他才能清楚地看到那东西的模样，发现之前的印象还算准确：那东西看上去像一只被拔了毛的鸡，不过头长得像蛇。它又冲埃德温来了，他只好再次努力把它打开。接着，突然之间，笼子的前部又回到原位，熊皮又将他罩在黑暗之中。后来，他身体扭曲地挤在小笼子里，才感觉到左侧肋下疼痛，也感觉到那儿湿漉漉、黏糊糊的。

埃德温再次调整了一下他在树上的落脚点，右手伸下去轻轻摸了摸伤口。疼痛已经不厉害了。爬上来的时候，粗糙的衬衫有时候会摩擦伤口，痛得他直咧嘴，但如果像现在这样不动，伤口几乎没什么感觉。那天上午在谷仓里，武士在门口检查伤口时，那里看起来也不过是一簇细小的洞而已。伤口很浅——没他以前受过的很多次伤严重。然而，由于人们相信这是食人兽的咬痕，才引起了这么多麻烦。当时要是他更加坚定地面对那个东西，也许根本就不会受伤。

但他知道，面对考验，他并没有做出耻辱的事。他从没害怕得大声叫喊，也没有祈求食人兽发发慈悲。那个小东西开始冲过来的时候，他吓了一跳，但后来他都抬着头，与它对抗。实际上，他临危不乱、思路清晰，还能发现这个小东西处在幼年期，因此完全有可能让它感到害怕，就像我们可以让一条任性的狗心生畏惧一样。所以他一直睁着眼睛，努力瞪着它、吓退它。他知道，他真正的母亲会因为这件事而为他感到特别骄傲。没错，现在他想起来，那东西一开始的突袭结束之后，攻击就慢慢不怎么凶狠了，反而是埃德温渐渐控制着战斗。他再次回想那东西在空气中乱抓的情形，现在看来那似乎不是要继续战斗，而是被绳子勒住了喉咙，惊慌失措。实际上，食人兽很可能认为埃德温是打斗的胜利者，所以这个做法才被终止了。

“我观察过你，孩子，”老斯特法说过。“你有某种罕见的东西。

有一天，你会找到人教你本领，与你的武士灵魂匹配的本领。那时候你会真正成为令人畏惧的人物。你不会躲在谷仓里，听凭狼在村庄里大摇大摆地走。”

现在这一切都实现了。武士选择了他，他们要一起去完成一项任务。可他们的任务是什么呢？维斯坦没有讲清楚，只说他远在东方沼泽的国王现在正等着听任务完成的消息。为什么和这两个年老的不列颠人一起上路呢？他们到每个路口都要休息。

埃德温向下方凝视着他们。他们现在正和武士热烈地讨论着。老太太已经不再劝说他从树上下来了，三人在两棵大松树的掩护下，看着桥上的士兵。埃德温在树上，看到骑马的那位又上了马，正朝空中打着手势。然后，三位士兵似乎从他跟前走开了，骑马的人调转马头，离开桥，又下山回去了。

埃德温之前想过，武士为什么不愿意一直走山间的主路，坚持要走山谷一侧陡峭的小道；现在原因很明显，他是希望避开骑马的人，比如他们刚刚看到的那位。但是，现在看来，他们要继续往前走，就必须到下面的路上，从桥上经过瀑布，而士兵们仍旧在那儿。维斯坦在下面，能看到骑马的人已经离开了吗？埃德温想告诉他这一情况，可又觉得不能在树上喊，以免士兵们听到动静。他必须从树上爬下来，去告诉维斯坦。之前有四个潜在对手，也许武士不太愿意正面冲突，现在桥上只有三个人了，他可能会认为形势对自己有利。如果只有埃德温和武士两个人，他们肯定很早就下去直接面对士兵了，维斯坦之所以小心，肯定是因为这对上了年纪的夫妇。维斯坦带着他们，肯定有充足的理由，而且他们对埃德温一直很和善，但作为旅行的同伴，他们还是让人丧气。

他又想起了阿姨扭曲的面孔。她已经开始尖叫着诅咒他了，但那现在都不要紧了。因为他和武士在一起，他也在路上，就像他真正的母亲一样。他们也许能碰上她，谁知道呢？看到他站在那儿，和武士肩并肩，她一定会感到骄傲。和她一起的男人们一定会颤抖。

第五章

大半个上午，这队人都在艰难地爬山，然后发现一条湍急的河流挡住了去路。于是他们回头下山，穿过一片雾气弥漫的林地，寻找山间的主路，他们推测，主路上应该有过河的桥。

他们的推测是对的，路上有桥，但看到桥上的士兵之后，他们决定在松树下面休息，等那些人离开。因为一开始士兵们似乎不是驻扎在那儿的，只是在瀑布边让人和马休息一会儿。时间慢慢过去，士兵们没有继续前进的迹象。他们会轮流趴下来，从桥上伸手够水，洒在脸上；或者背靠木头栏杆坐着，玩色子。后来，第四个人骑着马来了，其他人站起身来，听他指示。

埃克索、比特丽丝和武士没有埃德温在树上那么好的视野，但他们藏在树后，也都看到了发生的事情。看见骑手又骑马走开，三人交换了一下眼色。

“他们可能还要待很久，”维斯坦说。“可你们都急着赶到修道院去。”

“先生，我们最好天黑前赶到，”埃克索说。“我们听说母龙魁瑞格在这个地方游荡，天黑以后只有傻瓜才会待在户外。你认为他们是什么样的士兵呢？”

“这么远的地方很难看清，先生，我对本地装束毫不了解。不过我猜他们应该是不列颠人，忠于布雷纳斯爵爷。也许该请比特丽丝夫人指点一下。”

“我眼睛不行，路太远了，”比特丽丝说。“不过，我想你是对的，维斯坦阁下。他们穿着黑色的军装，我常常看到布雷纳斯爵爷的手下是这副打扮。”

“我们没什么好躲的，”埃克索说。“可以解释一下，他们会让我们过去的，不会找麻烦。”

“我相信是这样。”武士说完，沉默了一会儿，眼睛望着桥。士兵们又坐了下来，好像在接着玩游戏。“但是，”武士继续说道，“如果我们要在他们的监视之下过桥，请允许我提个建议。埃克索阁下，你和比特丽丝先走，和那些人好好谈谈。这个男孩可以牵着马在后面跟着，我和他并肩走，我会下巴像傻瓜一样耷拉下来，眼神散乱。你们一定要告诉士兵们，我是个哑巴，脑子有点傻，男孩和我是兄弟，别人欠你们钱，所以把我们兄弟俩借给你抵债。我把剑和腰带藏到马背行李最里面。万一他们发现，你们要说是你们的。”

“这样演戏真的有必要吗，维斯坦阁下？”比特丽丝问道。“那些士兵虽然态度常常很粗鲁，但我们以前见过很多，都没什么麻烦。”

“那是当然，夫人。但带着武器的人一旦远离指挥官，便是很难信任的。我呢，是个陌生人，他们也许认为嘲笑或挑衅一下很有趣。我们把男孩从树上喊下来，按照我的提议做吧。”

* * *

他们从树林里出来，离桥还有不少路，但士兵们马上发现了他们，都站起身来。

“维斯坦阁下，”比特丽丝低声说，“我担心这事恐怕没这么顺利。你身上还是有某种东西，能让人看出你是名武士，无论你脸上的表情多么愚蠢。”

“我演戏可不熟练，夫人。如果你能帮助我改善伪装，我会很乐意听从你的意见。”

“是你走路的步伐，先生，”比特丽丝说。“你走路的样子像武士。先小步走几步，然后迈一大步，就像你随时都会打个趔趄一样。”

“这是很好的建议，夫人，谢谢你。现在我不说话了，否则他们就知道我不是哑巴。埃克索阁下，请用机智的话语，让这些家伙放我们过去吧。”

他们离桥越来越近，水冲下岩石，从三位等待着的士兵脚下流过，水声越来越响，在埃克索听来，似乎是不祥的预兆。他在前面带路，听着身后马蹄踩在苔藓地上的声音，等来到士兵近前，他便让大家停下。

士兵们没穿锁子甲，没戴头盔，穿着相同的黑色套袍，肩带从右肩斜挎到左臀，明白无误地宣示着他们的身份。他们的剑暂时没有出鞘，但两名士兵手放在剑柄上。一个矮小、粗壮，肌肉结实；另一个是年轻人，比埃德温大不了多少，身材也不高。两人都理着短平头。相比之下，第三位士兵个子很高，留着灰白的长发，梳理得很整齐，披到肩膀上，头上箍着一根黑色的绳子，将头发拢到脑后。不仅外貌，他连姿态也与其他士兵明显不同。其他人僵硬地站在桥头挡住去路，他却在后面，隔着几步远，懒洋洋地靠在一根桥柱上，双手抱胸，好像晚上在篝火旁听故事一样。

那位粗壮的士兵向前迈了一步，所以埃克索先对他说话。“你们好，各位。我们没有恶意，只想平平安安过桥。”

粗壮的士兵没有回答。他脸上疑惑不定，瞪着埃克索，既慌乱又鄙夷。他回头看了一眼身后的年轻士兵，没得到什么示意，于是又转过脸盯着埃克索。

埃克索意识到，这里头可能有误会：士兵们在等候另外一拨人，还没意识到自己弄错了。于是他说道：“先生，我们就是普通的农夫，要到儿子的村庄去。”

粗壮的士兵这时定了定神，回答埃克索的话，声音太大了点儿。“农夫，和你一起走路的是什么人？看长相是撒克逊人。”

“这兄弟俩刚刚归我们管理，我们要想办法训练呢。不过，你们看，这个还只是个孩子，另一个是有点傻的哑巴，看来他们也帮不上我们什么忙。”

埃克索说话的时候，那个头发灰白的高个子士兵好像突然想起了什么事一样，站直了身子，侧着脑袋，一副聚精会神的样子。同时，粗壮的士兵愤怒地盯着埃克索和比特丽丝身后。然后，他大步从两人身旁走过，仔细打量另外这两个人，一只手仍旧按在剑柄上。埃德温拉着马，茫然地看着走过来的士兵。维斯坦却一个人咯咯地笑着，眼珠乱转，嘴张得大大的。

粗壮的士兵看看这个，又看看那个，好像要寻找线索。然后，他好像再也无法克制自己的烦躁，一把抓住维斯坦的头发，愤怒地拽着。“没人给你剪头发吗，撒克逊人？”他对着武士的耳朵喊道，然后又拽他的头发，似乎是要维斯坦跪下来。维斯坦踉跄了一下，不过没有摔跤，同时发出了可怜的呜咽声。

“他不会说话，先生，”比特丽丝说。“你能看出来，他是个傻子。对他手脚重一点，他倒无所谓，但大家都知道他有犟脾气，我们还没来得及驯服呢。”

妻子说话的时候，埃克索感觉到身后有细微的动静，于是转身看着仍在桥上的两位士兵。他看到头发灰白的高个子士兵已经举起了一只手臂。他的手指快要做出指点的动作，却突然松弛下来，成了个没有意义的姿势。最后，他这条手臂全放下来了，但他的眼睛还在不满地看着。埃克索看着这一切，突然觉得能够理解头发灰白的士兵刚刚经历的内心感受，甚至有似曾相识之感：愤怒的批评都快到嘴边了，只是他及时想起来，他并没有正式的授权去指责这位粗壮的同事。埃克索肯定，自己在什么地方曾有过几乎相同的经历，不过他努力把这个念头抛开，用缓和的语气说道：

“先生们，你们肯定有公务要忙，对不起耽误了你们的时间。如果你让我们过桥，我们很快就不会给你们添麻烦啦。”

但粗壮的士兵还在折磨维斯坦。“跟我要犟脾气，可不明智啊，”他吼叫道。“让他耍脾气，看看有什么代价！”

最后，他总算放开了维斯坦，大步回到自己在桥上的位置。他什么也没说，满面怒容，像个生气的人，却完全忘了自己为什么要生气。

水流的声音似乎只是增加了气氛的紧张感。埃克索心想，如果他转过身，带着大家回到树林，不知道士兵们会怎么样。就在这时候，头发灰白的士兵走上前来，和另外两个人并排，第一次开口说道：

“大叔，桥上有几块木板断了。我们站在这儿，也许就是因为这个，为了提醒像你们这样的好人过桥小心，要不就跟着水流滚下山去了。”

“那你真是好心，先生。我们会小心过桥的。”

“你那边那匹马，大叔，刚才朝这边走的时候，我看到有点跛。”

“一条腿伤了，先生，我们希望不太严重，不过你能看到，我们不骑。”

“这些木板被水溅多了，烂了，所以我们才在这儿，不过我的战友们认为，我们到这儿来可能还有别的任务。所以我要问你一下，大叔，你和你好心的妻子路上看到陌生人了吗？”

“先生，在这儿我们自己就是陌生人，”比特丽丝说道，“所以就算看到陌生人，也不能马上认出来。不过，我们在路上走了两天，没看到什么特别的情况。”

头发灰白的士兵注意到了比特丽丝，眼睛似乎柔和起来，露出了笑意。“夫人，你这么大年纪的女人，要到儿子的村庄，可走了不少路啊。你和他一起住在那儿，不是很好吗，让他每天能够照顾你的生活？何必让你这样走，路上遇到危险又没人保护？”

“我希望你说得对，先生，等我们见到他，我和丈夫会跟他谈谈。可是，我们很久没见他了，心里不免有些疑虑，不知道他会怎样对待我们。”

头发灰白的士兵继续和善地打量着她。“夫人，”他说，“也许你什么也不用担心。我自己也离父亲母亲很远，很久没见他们了。也许以前曾讲过什么狠话，谁知道呢？但是，如果他们明天来找我，像你们现在这样，跋涉了很远的路程，那我一定会满心欢喜地迎接他们，这你们不会怀疑吧？我不知道你儿子是什么样的人，夫人，不过我敢打赌他和我也没什么大区别，他一看到你们，肯定就会流出幸福的泪水。”

“能这样说，先生，你真是好心，”比特丽丝说。“我想你说得对，我和丈夫也常常这样说，但是听别人说出来，还是一位远离家乡的儿子，真是令人欣慰。”

“平平安安上路吧，夫人。如果你们碰巧在路上遇到我的母亲和父亲从另外那个方向过来，请跟他们说点好心的话，让他们继续赶路，因为他们肯定会不虚此行。”头发灰白的士兵站在一旁，让他们过去。“请记住有些木板不牢固。大叔，最好你自己牵马过去。孩子或傻子可干不了这件事。”

粗壮的士兵一直不满地看着，这时似乎也服从了同事身上那股天然的权威。他转过身，背对着所有人，闷闷不乐地靠在栏杆上看水。年轻的士兵犹豫了一下，然后走过来，站在头发灰白的人身边，两人礼貌地点点头，埃克索又一次感谢他们，牵过马，不让马的眼睛看下面的急流，然后过了桥。

* * *

等士兵和桥都消失在视野中，维斯坦停下来，建议大家离开主路，走一条向上通往树林的小路。

“我对树林里的路有很好的直觉，”他说。“我觉得走这条路，能少绕一个大弯。而且，这条路上经常有士兵和强盗，我们离开更加安全。”

随后一段时间，武士在前面带路；他找了根棍子，拨开荆棘灌木。紧随其后的是埃德温，他拉着马笼头，不时低声和马说话。等埃克索和比特丽丝从后面跟上来，路已经好走多了。不过，这条捷径——如果算是捷径的话——越来越难走，周围的树越来越密，荆棘丛生、树根交错，每一步都要小心。一如既往，他们走路的时候都不说话，不过有一下子，埃克索和比特丽丝已经落后了不少，比特丽丝回头喊道：“你在那儿吗，埃克索？”

“还在呢，公主。”没错，埃克索就在她身后几步远。“别担心，没听说这儿的树林有什么特别的危险，离大平原也很远。”

“埃克索，我刚才在想。我们这位武士演戏可不差啊。他的伪装可能连我都会上当，那个野蛮的家伙拽他的头发，他都没有露出马脚。”

“没错，他演得很好。”

“埃克索，我刚才在想。我们要离开村庄很长时间。有很多庄稼要种，篱笆和大门需要修理，他们竟然让我们走了，你不觉得奇怪吗？你觉得他们会抱怨我们在需要咱俩的时候走了吗？”

“毫无疑问，公主，他们会想念我们的。但我们离开时间不长，牧师也理解我们希望看到儿子。”

“我希望是这样，埃克索。我可不希望他们说，我们在最需要的时候离开了。”

“总有人会这么说的，不过大部分人会理解我们的需要，换作他们，也会这么做。”

他们默默地继续走了一会儿。然后比特丽丝又说道：“你还在那儿吗，埃克索？”

“还在，公主。”

“他们那样是不对的。拿走我们的蜡烛。”

“现在谁在乎呢，公主？而且夏天就快到了。”

“这事我有点记忆了，埃克索。我在想，我身上痛，一开始也许就是因为没有蜡烛。”

“你在说什么呢，公主？这怎么可能呢？”

“我想，也许是因为晚上黑。”

“那儿有棵李子树，走过去小心一点。这儿可不能摔跤。”

“我会小心的，埃克索，你也小心点。”

“你身上痛，为什么会是因为晚上黑呢，公主？”

“去年冬天据说我们村子附近有个小精灵，埃克索，你还记得吗？我们自己没看见过，可他们说这个小精灵喜欢黑暗。我们长时间待在黑暗中，我在想小精灵也许到我们这儿来了，只是我们不知道，就在我们的屋子里，给我带来了这个麻烦。”

“如果它到我们这儿来了，无论屋子是不是黑的，我们应该都会知道，公主。就算漆黑一团，我们应该也能听到它在动，或者发出叹息声。”

“现在既然谈到，埃克索，我想起来了，去年冬天我晚上醒过来，你在旁边睡得很沉，我肯定屋子里有奇怪的声响，把我吵醒了。”

“可能是老鼠之类的东西，公主。”

“不是那种声音，我想我听到这声音也不止一次。现在想一想，我身上大概也就是从那时候开始痛的。”

“哦，如果是小精灵，那又怎么样呢，公主？你身上的痛不过是个小麻烦，这个家伙只是玩闹，没有恶意，类似于有一次某个捣蛋的孩子把老鼠头放在伊尼德夫人的编织篮里，就是为了看她吓得到处乱跑。”

“你这话说得对，埃克索。只是玩闹，没有恶意。我想你是对的。不过呢，丈夫……”她住了口，慢慢从两棵紧贴在一起的老树干中间走过去。然后她说道：“不过呢，等我们回家，我晚上要点蜡烛。我不想让那个小精灵或者别的东西给我们带来更大的麻烦。”

“我们会想办法的，不要担心，公主。我们一回去，就和牧师谈谈。但修道院的僧侣会给你明智的建议，治好你身上的痛，这点小麻烦也就没有啦。”

“这我知道，埃克索。这件事我也不是很担心。”

* * *

维斯坦说，他走的路要少绕一个大弯。很难判断他说得对不对，无论怎样，中午刚过，他们就走出了树林，回到了主路上。路上有车轮轧出的沟痕，有的地方有水坑，但他们可以走得更自在了，过了一会儿，路面就更干、更平了。温暖的阳光从低垂的树枝间洒下来，他们心情很好。

然后维斯坦又让大家停下来，指着他们面前的地面。“我们前面不远，有一名孤身一人的骑手，”他说。他们没走多久，便看到前面路旁有一块空地，有新鲜的脚印通过。他们交换个眼色，小心翼翼地向前走。

等到走近了，他们发现空地很大：也许以前更加繁华的日子里，有人曾打算在这儿建房子，周围再开辟一片果园。从主路通到这儿的小径，虽然杂草丛生，却挖得很用心，小径的尽头处是个巨大的圆形区域，头顶上方没有遮蔽，除了中央一棵茂盛的大橡树。从他们站立的地方，能看到一个人坐在树荫下，背靠着树干。这时他们看到的是他的侧影，似乎穿着盔甲：两条覆盖着铁甲的腿僵硬地在草地上伸着，像孩子一样。那张脸被橡树叶挡住了，看不清楚，不过他们能看到他没戴头盔。一匹上了鞍的马在一旁满足地吃草。

“来人通报身份！”那人从树下喊道。“若是强盗和小偷，我将站起身来持剑相迎。”

“回答他，埃克索，”维斯坦低声说道。“我们看看他是干什么的。”

“我们就是普通的路人，先生，”埃克索喊道。“我们只希望平安路过。”

“你们有几个人？那是马的声音吗？”

“一匹跛脚的马，先生。人有四个。我和我妻子是不列颠老人，带着一个还没长胡子的男孩，还有一个有点傻的哑巴，是他们的撒克逊亲戚最近给我们的。”

“那就到我这儿来吧，朋友们。我有面包可以分享，你们一定渴望休息，我也渴望有你们做个伴。”

“我们该到他那儿去吗，埃克索？”比特丽丝问。

“我看去吧，”埃克索还没回答，维斯坦便说道。“他对我们没危险，听起来像年纪不小了。同样，我们还是像之前那样表演。我再假装下巴耷拉着，眼睛傻兮兮的。”

“但这个人有盔甲、有武器，先生，”比特丽丝说。“你的武器放在马背上，与毯子和蜜罐放在一起，你确定这算是准备好了吗？”

“我的剑藏起来，不引人注意比较好，夫人。需要的时候，我会很快找到的。让年轻人埃德温拉着缰绳，不要让马离我太远。”

“过来吧，朋友们！”陌生人喊道，并没有调整那僵硬的姿势。“你们不会有什么麻烦！我是位骑士，也是不列颠人。带着武器，没错，但是你们走近点，就能看到我只是个上了年纪的老傻子。我带着剑、穿着盔甲，只是出于对我的国王的义务，就是受人爱戴的伟大的亚瑟王，现在已经上天堂很多年了，我几乎也有这么长时间没有愤怒地拔剑啦。那是我的老战马霍拉斯，你们看就在那儿。他一直要承受这金属盔甲的负担。看看他，腿也弯了，背也塌了。唉，我知道，每次我骑上去，他有多受罪。但是他心肠可好呢，我的霍拉斯，我知道他宁愿这样。我们就这样旅行，全副盔甲，以我们伟大国王的名义，一直就这样，直到我们俩都挪不动脚为止。来吧，朋友们，不要害怕我！”

他们转弯进入空地，大家走近橡树时，埃克索看到，这位骑士的确不是令人畏惧的人物。他看起来非常高，但埃克索觉得那盔甲下的身体肯定十分瘦削，虽说还挺结实。他的盔甲磨损上锈了，尽管他肯定花了最大的气力予以保护。他的短袍本来是白色的，现在打满了一层层的补丁。盔甲上伸出来的那张脸和善慈祥，长满了皱纹；脑袋上光秃秃的，只有几缕长长的白头发轻轻飘着。他坐在地上不动，双腿叉开，或许会让人觉得可怜，不过这时候阳光从头顶的树枝间洒落下来，在他身上画出光亮和阴影交替的图案，让他看上去如登王座、气象威严。

“可怜的霍拉斯今天没吃早饭，因为我们是在石头地上醒来的。然后我又一直急着赶路，我承认，我脾气不太好。我不肯让他停下来。他的脚步越来越慢，但他的把戏，我早已经熟悉了，绝不会让他得逞。我知道你不累！我跟他说，然后轻轻踢了他一下。他跟我玩的这些把戏，朋友们，我可不能容忍。但他走得越来越慢，我呢，是个心肠软的傻子，虽然知道他心里其实在笑呢，还是舍不得他，我说，好吧，霍拉斯，别走了，你去吃草吧。所以你们看，我就在这儿啦，又当了一回傻瓜。到我这儿来吧，朋友们。”他伸出手，盔甲吱吱作响，从身前草地上的一个包袱里拿出一块面包。“这是刚烤出来的，经过一家磨坊的时候，人家给我的，还不到一个小时呢。来吧，朋友们，到我旁边坐坐，我们一起吃。”

埃克索扶着比特丽丝的胳膊，让她坐到橡树盘结的树根上，然后他自己在妻子和老骑士中间坐下来。后背一靠上那生苔藓的树皮，他顿时感到舒服多了，会唱歌的鸟儿在树上窸窸窣窣，面包传过来，又软又新鲜。比特丽丝的头靠在他肩膀上，她胸口起伏了一阵子，然后也开始大口吃起来。

但维斯坦没有坐下来。他咯咯笑着，用各种方法向老骑士充分展示了自己的愚蠢，然后晃到了长满长草的地方，和牵着马的埃德温站在一起。比特丽丝吃完了面包，身体向前倾着，开始与陌生人说话。

“先生，我没有及时与你打招呼，请你务必原谅，”她说。“我们可不是经常能看见骑士的，想到能与骑士见面，我有些惶恐。希望你没有不高兴。”

“一点儿也没有，夫人，有你们陪着我非常高兴。你们还有很远的路要走吗？”

“我们儿子的村子还要走一天，我们希望拜见这山中修道院里一位睿智的僧侣，所以走的是山路。”

“啊，那些神圣的神父们。我肯定他们会好好招待你们。去年春天他们帮了霍拉斯一个大忙，他一只蹄子化了脓，我还担心他活不了了呢。我自己呢，几年前摔过一跤，休息期间也得到了他们的关照。但是，如果你们是要请人治疗这个哑巴的话，我恐怕只有上帝自己才能让他开口说话。”

骑士说这话时，朝维斯坦看了一眼，却发现维斯坦正朝他走来，脸上那愚蠢的模样消失了。

“先生，那就请允许我给你个意外吧，”他说。“我可以说话啦。”

老骑士吃了一惊，然后扭过身去，身上的盔甲吱吱作响，两眼瞪着埃克索，似乎在质问。

“骑士阁下，请不要责怪我的朋友们，”维斯坦说。“是我请求他们这么做的。但现在既然不用害怕你了，我就不要这伪装了。请你原谅。”

“我倒不在意，先生，”老骑士说，“在这个世界上还是小心一点好。但你告诉我，你是什么人，让我也不用害怕你。”

“我名叫维斯坦，先生，从东方的沼泽地来的，受我的国王差遣，到这个地方来。”

“啊。那离家真很远啦。”

“离家很远，先生，这些道路对我来说应该很陌生，可每个路口，我都觉得好像遥远的记忆复活了。”

“先生，那肯定是因为你以前来过。”

“肯定是这样，我听人说过，我不是在沼泽地生的，而是在从这儿往西的某个地方。那能够遇到你就更是幸运了，先生，我想你是高文骑士吧，也是从西边那儿来的，都知道你经常在这块地方。”

“没错，我就是高文，那位曾以巨大智慧与公正统治这片土地的国王——伟大的亚瑟王——是我的舅舅，我在西方待了很多年，不过这些日子里，我和霍拉斯是走到哪儿算哪儿。”

“如果我的时间自由，那我宁愿今天就往西走，呼吸那个地方的空气。但我要完成任务，快点赶回去报告。不过，能够遇到伟大的亚瑟王的骑士，真的非常荣幸，何况还是他的外甥呢。我虽然是个撒克逊人，却非常敬重他的大名。”

“很高兴听你这么说，先生。”

“高文爵士，我既然神奇地恢复了说话的能力，那我就想问你一个小问题。”

“随便问吧。”

“现在坐在你身边的这位先生，是好心的埃克索阁下，他是位农夫，来自一个信奉基督教的村庄，离这儿两天的路程。年纪和你差不多。高文爵士，现在我请问你，你转过头来仔细看看他。你以前见过他的脸吗，哪怕是很久以前？”

“我的天哪，维斯坦阁下！”埃克索以为比特丽丝已经睡着了，可这时她却再次坐直了身子。“你为什么要这么问？”

“我没有恶意，夫人。高文爵士是从西边来的，我猜他以前也许见过你丈夫。这能有什么坏处呢？”

“维斯坦阁下，”埃克索说，“我们第一次见面之后，我看你就不时奇怪地看着我，我也想知道原因。你究竟认为我是谁呢？”

维斯坦之前站在那儿，低头面对着三个并肩坐在橡树下的人，这时他蹲下来，屁股坐在脚后跟上。他这样做，或许是要显得谦和一些，但在埃克索看来，这位武士几乎就是要更加仔细地查看他的容貌。

“我们暂且请高文爵士照我的请求做吧，”维斯坦说，“只需要他稍稍转一下头。如果你愿意，可以看成是个孩子气的游戏。我请求你，先生，看看你身边这个人，告诉我们以前有没有见过他。”

高文爵士低声一笑，身体向前倾。他一副急着找乐子的模样，好像有人请他玩游戏一样。但是，他一凝视埃克索的脸，立即就露出了惊讶的表情——甚至是震惊。埃克索本能地转过脸去，与此同时，老骑士的身体又使劲靠回到树干上。

“怎么样，先生？”维斯坦饶有兴趣地看着，问道。

“我想我和这位先生之前没有见过，”高文爵士说。

“你确定吗？时间能改变相貌啊。”

“维斯坦阁下，”比特丽丝插了句话，“你在我丈夫脸上要找什么呢？为什么要这位好心的骑士做这件事，大家都不过刚刚才认识他？”

“请原谅，夫人。这块地方唤醒了很多记忆，都像焦躁不安的麻雀，我知道它们随时可能飞到风里去。我这一天都觉得，你丈夫的脸会唤醒某个重要的记忆。我真诚地希望你们两人安全经过这荒山野路，但是说实话吧，我提出与你们同行，也是有原因的。”

“可是，我丈夫一直住在这附近，你怎么可能在西方见过他呢？”

“不要管它了，公主。维斯坦阁下把我当成他以前认识的什么人了。”

“肯定是这样，朋友们！”高文爵士说。“我和霍拉斯常常认错脸，以为是过去某个人。霍拉斯，你看那位，我这样说。路上，在我们前面，那就是我们的老朋友蒂迪尔，我们还以为他在巴顿山之战中死了呢。等走近一看，霍拉斯会哼一声，好像是说，高文呐，你真是个老糊涂，这个人年纪很小，都够当他孙子啦，而且长得一点儿也不像！”

“维斯坦阁下，”比特丽丝说，“请告诉我。我丈夫让你想到的那个人，你小的时候爱他吗？还是害怕他？”

“现在，最好还是别说了，公主。”

但是，维斯坦屁股坐在脚后跟上，身体轻轻晃动，眼睛却一直盯着埃克索。“夫人，我相信那是我爱的人。因为今天早晨我们见面的时候，我的心高兴得都要跳出来了。然而，不久前……”他默默地看着埃克索，那眼神似乎在做梦一般。接着，这位武士突然脸一沉，站起来，转过身去。“我无法回答你，比特丽丝夫人，因为我也不了解我自己。本来我以为，与你们同行，一些记忆就会苏醒，但现在还没有。高文爵士，你身体还好吧？”

没错，这时候高文的身体已经向前耷拉下去。听了这话，他直起身，叹了口气。“还好，谢谢你关心。不过，我和霍拉斯很多个晚上没有柔软的床，没有遮风挡雨的地方，我们两个都累啦。没别的事情。”他抬起一只手，抚摸着额头上一处地方，不过在埃克索看来，他真正的目的也许是要挡住视线，不想看到身旁那张脸。

“维斯坦阁下，”埃克索说，“既然我们现在坦诚地交谈，那么，也许我可以来问问一些事情。你说，你到这方土地，是受你的国王所差。既然如此，在一个和平已久的地方旅行，为什么如此急迫地伪装自己呢？如果我妻子和那个可怜的男孩要与你同行，我们就希望知道同伴的真实身份，知道他可能有什么样的朋友和敌人。”

“你的话有道理，先生。正如你所说，这块土地安定和平。但我是个撒克逊人，要穿过不列颠人统治的领域，而且这附近的统治者是布雷纳斯爵爷，他的士兵四处巡查，征收谷物和牲口。我不希望因为误解而引起争吵。所以，我就需要伪装，先生，这样我们大家都更加安全。”

“也许你说得对，维斯坦阁下，”埃克索说，“但是，刚才我在桥上看到，布雷纳斯爵爷的士兵似乎不是在随意打发时间，而是有任务，驻守在桥上，要不是迷雾笼罩在他们心头，他们也许会更仔细地盘查你。先生，你有没有可能在与布雷纳斯爵爷为敌？”

有一刻，维斯坦似乎陷入了沉思，眼睛看着一根盘结的树根，那树根从橡树的树干伸出，经过他站立的地方，然后慢慢钻入地下。最后，他又回过神来，这次在草茬子上坐下。

“那好吧，先生，”他说，“我就都说出来。在你和这位好骑士面前，也没有关系。我们东方的人听到传言，说这块土地上，我们的撒克逊同胞正遭受不列颠人的欺凌。我的国王为他的族人担心，就派我前来查探真实的情况。我来就是为了这件事，先生，马脚受伤的时候，我正在和平地履行我的职责。”

“先生，我很理解你所处的位置，”高文说。“我和霍拉斯常去撒克逊人掌管的地方，也感到有必要小心行事。这种时候我倒宁愿丢掉盔甲，让人以为是个普通的农夫。可是，我们要是把这盔甲丢在什么地方，以后怎么还能找到呢？而且，虽然亚瑟已经离世多年，我们难道没有责任骄傲地佩戴他的徽记，让所有人都看到吗？于是我们就大胆往前走，我很高兴地告诉你们，大家看到我是亚瑟王的骑士，对我们都很友好。”

“高文爵士，你在这附近受到欢迎，这毫不奇怪，”维斯坦说。“但是，那些地方的人们曾把亚瑟当作可怕的敌人，情况真的也是一样的吗？”

“先生，我和霍拉斯发现我们国王的名字到处都受到欢迎，也包括你提到的那些地方。因为亚瑟对被他打败的人宽容大度，他们很快就爱上了他，把他当作自己人。”

一种焦虑与不安已经在埃克索心中萦绕了有一会儿了——至少从大家提到亚瑟的名字后，他就一直有这种感觉。这时候他听着维斯坦和老骑士的谈话，终于回想起了一些片段。能记起来的不多，不过有点儿东西能够抓住、能够思考，这让他感到欣慰。他想起自己站在一顶帐篷里面，那是一顶大帐篷，军队在战场附近搭建的那种。那是晚上，点着一根大蜡烛，烛光摇曳，外面的风鼓动着帐篷四壁。帐篷里还有其他人。或许有好几个人，但他记不起他们的面孔。他，埃克索，心里正在为什么事情生气，但他明白，隐藏自己的怒火很重要，至少不能马上发作。

“维斯坦阁下，”比特丽丝在他身旁说道，“我来跟你说，在我们自己的村子里，有几户撒克逊人家很受尊重。你自己也看到了我们今天离开的那个撒克逊村庄。那些人过得兴旺，虽然有时候要在妖魔手里遭点儿罪，比如你勇敢杀死的那些，但那可不是不列颠人干的。”

“这位好心的女士说的是真话，”高文爵士说。“我们爱着的亚瑟在这儿给不列颠人和撒克逊人带来了持久的和平，虽然我们仍能听到遥远的地方发生战争的消息，但我们这儿，大家长期以来都是朋友和亲人。”

“我所见到的一切，与你的话一致，”维斯坦说，“我也急着带一份令人高兴的报告回去，虽然我还要看看山那边的地方。高文爵士，我不知道以后还有没有机会向如此智慧的人提问，那么请允许我现在就问吧。你们伟大的国王用了什么神奇的本领，治愈了这片土地上的战争创伤，以至于今天在这儿旅行的人，几乎看不到任何伤疤或阴影？”

“这个问题值得你问，先生。我的回答是，我的舅舅作为统治者，从不认为自己比上帝更伟大，总是祈求指引。所以，被他征服的人，和与他并肩战斗的人一样，看到了他的公正，希望他当他们的国王。”

“尽管如此，先生，一个人孩子昨天被人屠杀，今天却称对方为兄弟，这难道不是奇怪的事情吗？而这似乎正是亚瑟完成的伟绩。”

“维斯坦阁下，你刚才的话触及了这件事情的核心。你说屠杀孩子。但亚瑟总是告诫我们放过卷入战乱的无辜者。还有，先生，他还命令我们尽最大努力去拯救和保护所有女人、孩子和老人，无论是不列颠人还是撒克逊人。虽然战事激烈，这些行动却打下了相互信任的基础。”

“你的话听起来很有道理，但对我来说，这似乎仍是个难以索解的奇迹，”维斯坦说。“埃克索阁下，你不觉得亚瑟统一这个国家是件神奇的事情吗？”

“维斯坦阁下，我再说一次，”比特丽丝喊道，“你把我丈夫当成什么人了？先生，他对战争一无所知！”

可是，突然之间，她的话没人听了。埃德温刚才晃到了路上，这时叫喊起来，紧接着传来急促的马蹄声，由远而近。埃克索后来回想起来，觉得维斯坦当时是真的全神贯注，忙着对过去做一些奇怪的猜测，因为骑马的人进入空地时，这位警觉的武士几乎都没站起身来。只见那人以高超的技巧让马放慢速度，小跑着朝大橡树而来。

埃克索立即认出了骑马的人，就是那位头发灰白的高个子士兵，在桥上曾礼貌地对比特丽丝说过话。他脸上仍带着淡淡的笑意，但走过来的时候剑已经拔出，不过剑尖朝下，剑柄贴在马鞍边上。就在马再跨几步就会撞到树上的时候，他勒住缰绳。“你好，高文爵士，”他说，同时微微点了点头。

老骑士坐在那儿，鄙夷地看着他。“你这是什么意思，先生，到这儿来拔剑？”

“请原谅我，高文爵士。我只想问一问和你同行的这几个人。”他低头看着维斯坦，维斯坦下巴又耷拉下来，正一个人咯咯傻笑。那士兵眼睛没离开维斯坦，口里喊道：“小男孩，那匹马不要再靠近了！”没错，在他身后，埃德温正牵着维斯坦的马慢慢走过来。“听我的话，孩子！放开缰绳，过来到我面前站好，和你的傻哥哥一起。我在等着呢，孩子。”

就算听不懂士兵的话，埃德温似乎也能够理解他的意思，他放开了马缰绳，走到维斯坦身边。这时候，士兵略微调整了一下马的位置。埃克索注意到了这一点，他立即明白，士兵是要在自己和对方之间保持特定的角度和距离，以便在突然发生冲突的情况下获得最大优势。之前，考虑到维斯坦站立的位置，士兵自己的马头和马脖子会临时阻挡他第一次挥剑，维斯坦就可能获得关键的那一点儿时间，要么去惊扰马，要么跑到马的另一侧，如果是后者，那么士兵的剑要越过马的身体，攻击力量和范围就会减小。现在马的位置略作调整，像维斯坦这样没有武器的人要突袭士兵，几乎等于自杀。士兵的新位置体现了高超技巧，看来同时还考虑到了维斯坦的马，那匹马没人看管，就在他身后不远。现在维斯坦如果要骑上自己的马，就必须绕个大弯子，避开士兵持剑的那一侧，那样他在跑过去之前，几乎肯定会被士兵的马从背后撞上。

埃克索注意到了这一切，他钦佩士兵的战术技巧，也惊讶于其复杂含义。以前某个时候，埃克索也曾催马向前，以与另一位同行骑手并辔而行，这个动作幅度很小，但实际上非常重要。那天他在干什么呢？他们两个人，他自己和另外那位骑手，一直在马背上等待，眼睛望着辽阔的灰色原野。此前，同伴的马一直在前面，因为埃克索记得马尾巴在他眼前摇晃、抖动，当时他心里想，这是因为动物的本能呢，还是因为空阔的土地上刮着狂风？

埃克索抛开这些令人困惑的念头，慢慢起身，然后帮助妻子也站起来。高文爵士仍旧坐着，像是粘在了橡树脚下，愤怒地看着新来的人。随后他低声对埃克索说，“先生，扶我站起来。”

埃克索和比特丽丝一起动手，各扶住一条胳膊，才让老骑士站起身来。不过，等他全副盔甲，站直了身子，挺起胸膛，可真是一副威风凛凛的模样。但高文爵士只是闷闷不乐地瞪着那位士兵，仅此而已，最后埃克索先开口说话。

“你为什么要这样对待我们呢，先生？我们不过是普通的路人。你刚在瀑布旁边盘问过我们，还不到一个小时，你就不记得了吗？”

“大叔，我清楚地记得你，”灰白头发的士兵说。“尽管刚才见面的时候，我们这些守桥的人遇到了一种奇怪的魔咒，以至于我们都忘记了守桥的目的。现在，我站岗结束，打算骑马到营地，才突然想了起来。后来我想到了你，大叔，以及你们这些人如何溜了过去，就掉转马头，追了上来。孩子！不要晃来晃去，听到没！待在你傻哥哥身边！”

埃德温闷闷不乐地回到维斯坦身边，眼睛望着武士，似乎是要问他的意见。武士仍旧傻笑着，但没发出声音，口水从一边嘴角挂下来。他眼珠乱转、东张西望，不过埃克索猜想，实际上武士是在仔细测算他和马之间有多远，还有对手的位置，他得出的结论很可能和埃克索一样。

“高文爵士，”埃克索低声说。“要是现在出事情，我请求你帮我保护我的好妻子。”

“那将是我的荣耀，先生。放心吧。”

埃克索点头表示感谢，这时灰白头发的士兵正从马上下来。埃克索又一次发现，自己非常钦佩他下马的技巧，等他站在维斯坦和男孩面前时，他和两人之间的距离和角度刚刚好；而且，他持剑的方法不会累着胳膊，他的马则能挡住身后的突袭。

“大叔，我告诉你，上次见面的时候我们忘了什么事情。我们之前刚收到消息，一名撒克逊武士离开了附近一个村庄，还带了一名受伤的男孩。”士兵冲埃德温点点头。“和那边那个男孩年纪差不多。好啦，大叔，我不知道你和这位好心的女士与这件事有什么关系。我要找的只是这个撒克逊人和他带的男孩。老老实实说话，你就不会受到伤害。”

“这儿没有什么武士，先生。我们和你没什么争执，和布雷纳斯爵爷也没有纠葛，我想你的主人是他吧。”

“大叔，你知道你这说的是什么话吗？帮我们的敌人遮掩，你就要对我们负责任，无论你年纪多大。和你同行的是什么人——这个哑巴和这个男孩？”

“我已经说过了，先生，他们是欠债的人给我们的，代替谷物和锡块。他们要干一年的活，帮他们家还债。”

“你肯定没弄错吗，大叔？”

“我不知道你们要找谁，先生，但肯定不会是这两个可怜的撒克逊人。你把时间花在我们身上，而你的敌人却在别的地方逍遥自在。”

士兵考虑着这句话——埃克索的声音有意想不到的权威——他的样子开始有些犹豫了。“高文爵士，”他问。“对于这些人，你了解多少？”

“我和霍拉斯在这儿休息，他们从这儿经过，和我们碰上了。我相信他们是老实人。”

士兵又一次仔细看着维斯坦的面孔。“一个不会说话的傻子，是吗？”他向前走了两步，举起剑，剑尖对着维斯坦的喉咙。“但他一定像我们一样害怕死亡吧。”

埃克索看得出来，士兵第一次犯了个错误。他离对手太近了，现在维斯坦有可能突然行动，在士兵的剑刺出之前，抓住他握剑的那条胳膊，尽管这样做仍然有很大危险。然而，维斯坦继续咯咯笑着，又冲身旁的埃德温傻笑。但是，这次士兵的行为，似乎引起了高文爵士的愤怒。

“先生，一个小时前我还不认识他们，”他喊道。“但我可不会眼睁睁看着他们受人欺负。”

“高文爵士，这和你没有关系。我希望你能够保持沉默。”

“先生，你好大的胆子，敢对亚瑟王的骑士这么说话？”

“这个傻子，”士兵继续说话，完全不理会高文爵士，“会不会是乔装改扮的武士？他手头没有武器，也就没什么区别。无论他是武士还是傻子，我的剑都够锋利。”

“他好大的胆子！”高文爵士自言自语道。

灰白头发的士兵也许突然意识到了自己的错误，往后退了两步，回到了之前站的地方，手里剑的位置也低下来，放到了腰部。“孩子，”他说，“往前走，到我这儿来。”

“他只说撒克逊话，先生，又是个害羞的孩子，”埃克索说。

“大叔，他不需要说话。只要拉起衣服，我们就知道他是不是和武士一起离开村庄的那个男孩。孩子，再走近一步。”

埃德温走到近前，士兵不拿剑的那只手伸了过来。埃德温想把他推开，两人扭打了一会儿，但随即男孩的上衣被拉起来，埃克索看到，他肋骨下方有一个肿块，周围一圈小点，那是干了的血迹。比特丽丝和高文一人一边，都探着身子去看个仔细，但士兵自己不愿意将目光从维斯坦身上移开。过了好长时间，他决定看看伤口，那就必须快速把脑袋转过来，就在这一刻，埃德温发出一声尖锐、刺耳的叫声——不能算是喊叫，那声音倒让埃克索想起一只绝望的狐狸。士兵愣了一下，埃德温抓住这个机会挣脱开来。这时候，埃克索才意识到，刚才的声音不是男孩发出的，而是维斯坦；武士的马之前在懒洋洋地啃草皮，听到这声音，突然转过头，朝他们冲过来。

士兵自己的马在他身后一阵乱动，让他更加疑惑，等他回过神来，维斯坦已经跑到了攻击范围之外。维斯坦的那匹母马以惊人的速度奔过来，维斯坦做了个朝一边跑的假动作，实际上跑向了另一边，同时又发出了一声尖锐的呼叫。母马放慢脚步，身体挡在维斯坦和他的对手之间，让维斯坦几乎可以悠闲地在离橡树几步远的地方站好位置。母马又转过头，聪明地在后面跟上主人。埃克索以为，维斯坦打算在母马从面前经过的时候骑上去，因为他这时正张开双臂等着。在母马遮住视线之前的那个短暂瞬间，埃克索甚至看到了他的手伸向马鞍。但是，那匹马随后小步跑开，回到了刚才啃草皮的地方，马背上没有人。维斯坦一直静静地站在那儿，不过一只手里多了一把剑。

比特丽丝不自觉地低声叫喊出来，埃克索一条胳膊揽住她，把她搂在身边。他另一侧的高文爵士嗯了一声，似乎是对维斯坦的动作表示赞赏。老骑士一只脚踩着凸起的橡树根，一只手搭在膝盖上，兴致勃勃地观看着。

现在，灰白头发的士兵背对着他们：当然，这也是没办法，因为他现在必须面对维斯坦。埃克索惊讶地看到，这位士兵刚才那么娴熟、那么镇定，现在已经有些不知所措了。他朝他的马望去——马受了惊，已经跑到远处了——似乎是想恢复信心，然后他举起剑，双手紧握着剑柄，剑尖略微高出肩膀。埃克索知道，这个姿势欠考虑，只会让胳膊上的肌肉疲乏。相比之下，维斯坦显得镇定，几乎有些漫不经心，就和头天晚上他们一开始看到他动身离开村庄时一样。他慢慢朝士兵走去，在他跟前几步远的地方停下来，一只手拿着剑，剑的位置很低。

"高文爵士，"士兵说话的语调不一样了，"我听见你在我背后走动。你是否和我站在一起，共同对付这个敌人？"

"我站在这儿保护这对好心的夫妇，先生。除此之外，这场争议和我没有关系，你刚才也这么说过。这位武士也许是你的敌人，但目前还不是我的敌人。"

"这人是撒克逊武士，高文爵士，到我们这儿来捣乱。帮助我面对他吧。我当然渴望履行职责，但如果他就是我们要找的人，那无论从哪个方面讲，他都是个可怕的家伙。"

"我有什么理由因为他是个陌生人就拿起武器对付他呢？先生，是你粗鲁地闯进了这个宁静的地方。"

一阵沉默。然后，士兵对维斯坦说："你要一直不说话吗，先生？现在我们俩面对面，你也该露出真实面目了吧！"

"我名叫维斯坦，先生，是从东方来的武士。你的布雷纳斯爵爷好像要对我不利，究竟是为了什么，我并不知道，我只是和平地旅行，执行国王的任务。我相信你要伤害那个无辜的男孩，我既然看到了，现在就必须阻止你。"

“高文爵士，”士兵喊道，“我再一次请求你，请你帮助你的不列颠同胞。如果这人是维斯坦的话，据说已经有五十多名海寇死在他一个人手里啦。”

“先生，如果五十名凶悍的海寇都被他杀死了，多一个虚弱的老骑士，结果又会有什么不同呢？”

“我请求你，高文爵士，不要开玩笑了。这是个无法无天的家伙，随时都会动手。从他眼睛里，我能看出来。告诉你，他可是到这儿来捣乱的。”

“我捣了什么乱，你说说看，”维斯坦说。“我和平地在你们国家旅行，包里只有一把剑，那是用来对付野兽和土匪的。如果你能说出我的罪行，现在就说吧，动手之前我愿意先听听你的指责。”

“先生，我不知道你究竟捣了什么乱，但布雷纳斯爵爷要除掉你，我相信他。”

“这么说，你说不出我做了什么坏事，却急匆匆地追上来要杀我。”

“高文爵士，我请求你帮助我！他虽然凶悍，我们两个人，加上谨慎的策略，也许可以打败他。”

“先生，我要提醒你，我是亚瑟王的骑士，不是你们布雷纳斯爵爷的走卒。我不会因为谣传或者对方是外国人，就对陌生人动武。在我看来，你拿不出对付他的充足理由。”

“那你是逼我说了，先生。这个消息，是布雷纳斯爵爷自己允许我听的，虽然这样的机密，像我这样职位低的人没有权利知道。这个人到我们国家，是要杀死巨龙魁瑞格。他来这儿，就是这个目的！”

“杀死魁瑞格？”高文爵士似乎真的给搞糊涂了。他从树下大步走过来，瞪着维斯坦，好像是第一次看到他一样。“这是真的吗，先生？”

“我不希望对亚瑟王的骑士撒谎，那就让我直截了当宣布吧。除了之前我说过的职责之外，我的国王还让我杀死那条在这个国家游荡的母龙。但是，这个任务有什么好反对的呢？那是条凶猛的龙，威胁到所有人。士兵，你告诉我，为什么因为这个任务，我就成了你的敌人呢？”

“杀死魁瑞格？！你是真的要杀死魁瑞格？！”高文爵士叫了起来。“可是，先生，这可是我的任务！你难道不知道吗？这是亚瑟王亲自授予我的任务！”

“高文爵士，这件事我们回头再谈。让我先对付这位士兵，我和朋友们本来打算和平地经过这儿，他却要把我们当成敌人。”

“高文爵士，如果你不来助我，恐怕这就是我的末日了！我恳求你啦，先生，想想布雷纳斯爵爷对亚瑟王的敬爱与怀念，拿起武器对付这个撒克逊人！”

“维斯坦阁下，杀死魁瑞格，是我的任务！我和霍拉斯已经制订了详尽的计划，要把她引出来，我们不要别人帮助！”

“先生，放下你的剑，”维斯坦对士兵说，“我还可以放过你。否则，你就要当场丧命了。”

士兵犹豫了片刻，然后说道：“之前我以为自己很强大，一个人就能对付你，但现在我看得出来，先生，那是愚蠢的想法。我狂妄自大，可能会因此受惩罚。但是，我绝不会像个懦夫一样放下武器。”

“你的国王有什么权利，”高文爵士喊道，“命令你从另一个国家跑来，篡夺亚瑟王骑士的任务？”

“请原谅，高文爵士，但是你要杀死魁瑞格已经很多年了，小孩子都长成了大人。如果我能够给这个国家帮个忙，解除这个苦难，为什么要生气呢？”

“为什么生气，先生？你根本不知道你在干什么！你以为杀魁瑞格是件容易的事？她不仅凶猛，还聪明着呢！过去这几年，大家几乎都没听说过她的事情了，一旦你鲁莽行事，只会激怒她，整个国家都跟着遭罪。先生，这件事需要巧妙地处理，否则灾难就会降到全国无辜民众的头上！我和霍拉斯等了这么久，你以为就没有原因么？一步走错，就会有严重后果啊，先生！”

“那就帮助我吧，高文爵士，”士兵喊道，他已经不去遮掩内心的恐惧了。“我们一起解除这个威胁！”

高文爵士疑惑地看着士兵，好像一下子忘了自己是谁一样。然后他语调更为平和地说：“我不会帮助你，先生。我不是你主人的朋友，因为我害怕他有邪恶动机。我也害怕你会伤害这儿的其他人，无论我们陷入了什么阴谋，他们都是无辜的。”

“高文爵士，现在我的生死存于一线，像落入蜘蛛网的苍蝇。我最后一次求助于你，虽然这件事情我并不完全明白，但我求你考虑一下，如果不是给我们添乱，那他到这个国家来干什么呢？”

“先生，他到这儿来的任务，他已经解释清楚了。虽然他计划草率、让我生气，但我不能因为这一点，就拿起武器和你一起对付他。”

“战斗吧，士兵，”维斯坦用近乎和解的口吻说道，“战斗吧，把这事给了结了。”

“维斯坦阁下，”比特丽丝突然说道，“让这位士兵放下剑，骑马离开，会有什么坏处吗？之前在桥上他跟我说话很和气，他可能不是坏人。”

“如果我按你说的做，比特丽丝夫人，他会把我们的消息告诉别人，肯定很快就会带着三十名士兵回来，甚至更多。那时候恐怕就不会有什么仁慈了。而且，请你注意，他要伤害那个男孩。”

“也许他愿意发个誓，不会出卖我们。”

“你的仁慈让我感动，夫人，”灰白头发的士兵接过话头，但眼睛仍旧盯着维斯坦。“但我不是恶棍，不会卑鄙地利用别人的好心。撒克逊人说得没错。放我走，我就会像他说的那样做，因为这是职责所在，我没有别的选择。但我感谢你说了这些好话，如果这是我生命最后的时刻，那么我离开这个世界时，心里也会因为你的话而更加平静。”

“还有，先生，”比特丽丝说，“你之前提出的关于你父母的请求，我并没有忘记。那时候你是开玩笑的，我知道，而且我们也不大可能碰到他们。但是，如果我们真的碰上了，我会让他们知道，你一直热切渴望与他们相见。”

“我再次感谢你，夫人。但这时候我不能让这种念头令自己心软。这个人名气很响，但在这场决斗中，命运仍然有可能眷顾我，到那时候，你也许会后悔曾为我发善心。”

“很有可能，”比特丽丝说着，叹了口气。“那么，维斯坦阁下，你要为我们尽力啊。我要转过脸去，杀人我可不喜欢。小先生埃德温最好也不要看，请你跟他说一下，我相信只有你下命令他才会当回事。”

“请原谅，夫人，”维斯坦说，“但我宁愿让男孩亲眼看着事情的进程，我那么大的时候，他们常常让我看。我知道他亲眼目睹武士们的战斗时不会退缩畏惧。”这时他用撒克逊语说了几句话，埃德温刚才在不远处独自站着，这时走到树旁，站到埃克索和比特丽丝身边。他目光警觉，似乎从不眨眼。

埃克索能听到灰发士兵的呼吸声，现在声音更响了，因为每次呼气，他都会发出一声低吼。向前冲时，他将剑高高举过头顶，这种攻击方式看起来简单草率，甚至是自寻死路；但是，到维斯坦跟前的那一刹那，他突然改变了路线，做出向左进攻的假动作，剑也放下来，和臀部一般高。埃克索心中一阵怜悯的刺痛，意识到这灰发士兵自己也明白，如果战斗持续，他根本没什么机会，所以把一切都压在这个近乎绝望的策略上。但维斯坦已经预料到了，或许他的本能使他足以察觉。撒克逊人侧身避开，拔出剑横着迎上冲过来的士兵，动作干净利落。士兵发出一声像水桶丢到井里撞击水面的声音，然后俯身跌倒在地。高文爵士低声祈祷，比特丽丝问：“现在结束了吗，埃克索？”

“结束了，公主。”

埃德温盯着倒在地上的人，表情和之前几乎没有变化。埃克索顺着男孩的目光望去，看到草丛里一条被倒地的士兵惊动的蛇正从他的身体下方滑出来。蛇是黑色的，但有黄色、白色的斑点，它灵巧地爬过去，慢慢露出整个身体，这时埃克索闻到了一股人的内脏的浓烈气息。他本能地搂着比特丽丝往旁边跨了一步，以免那东西跑到他们脚下。但那东西仍旧朝他们这边滑过来，遇到一丛蓟草时一分为二，像溪水遇到岩石分流一样，然后又合二为一，继续越滑越近。

“走远点，公主，”埃克索一边说，一边带着她走开。“结束了，这样也好。这个人要伤害我们，尽管原因还不清楚。”

“埃克索阁下，让我尽量来跟你说明白是怎么回事吧，”维斯坦说道。他刚刚在地上擦剑，现在站起身，朝他们走过来。“没错，在这个国家，我们的撒克逊同胞与你们和谐相处。但我们在家里听到消息，说布雷纳斯爵爷要征服这片土地，据为己有，然后向居住在这儿的所有撒克逊人开战。”

“我也听到了同样的消息，先生，”高文爵士说。“这可怜虫，此刻像鳟鱼一样被开了膛，刚才我不肯站到他那一边，这也是个原因。我担心布雷纳斯爵爷要破坏亚瑟王缔造的伟大和平。”

“我们在家里还听说了别的，先生，”维斯坦说。“说布雷纳斯的城堡里有一位危险的客人。一个挪威人，据说有驯龙的本领。我的国王担心布雷纳斯爵爷要抓住魁瑞格，放到军队里帮他打仗。这条母龙要是上了战场，那可是个凶猛的士兵啊，真要那样的话，布雷纳斯肯定会有所企图。所以国王派我来杀死这条龙，以免她的凶残发泄到所有反对布雷纳斯爵爷的人头上。高文爵士，你似乎很震惊，但我说的都是实话。”

“先生，如果我很震惊，那是因为你说的话还真有些依据。我年轻的时候，有一次我要面对对方军队里的一条龙，那可是个可怕的东西。我的战友们之前都渴望胜利，那一刻看到龙的样子，都吓得不能动弹，论力气和机智，那条龙还比不上魁瑞格一半。如果魁瑞格成了布雷纳斯爵爷的仆役，那她肯定会挑起新的战争。可我希望没人能驯服这条凶悍的龙。”他停下来，朝倒地的士兵那边望望，又摇了摇头。

维斯坦大步走到埃德温站立的地方，抓住他一条胳膊，慢慢领着他朝尸体走去。两人肩并肩在尸体旁站了一会儿，维斯坦低声说着话，不时用手指着，又盯着埃德温的脸，查看他的反应。有一下，埃克索看见维斯坦的指头在空中划出一条线，他可能在跟男孩解释剑刃的运动路线。在此过程中，埃德温一直眼神空洞地盯着倒在地上的人。

这时高文爵士来到埃克索身边，说道："这个安静的地方，肯定是上帝赐给所有疲惫旅行者的礼物，现在被血污染了，真让人伤心啊。我们尽快把这个人埋了吧，不久别的人就会到这边来，我把他的马带到布雷纳斯爵爷的兵营去，跟他们说，我遇到他的时候，他被强盗攻击了，并且把坟墓的位置告诉他的朋友们。与此同时，先生——”他转脸对维斯坦说道——“我敦促你立即回到东方。不要去想魁瑞格了，你放心吧，听到今天的这些情况之后，我和霍拉斯会加倍努力，把她杀死。来吧，朋友们，我们将这个人入土，让他平静地回归造物主吧。”

第二部

第六章

埃克索疲惫不堪，却无法入睡。僧侣们为他提供了一个楼上的房间，不需要抵御从泥土里冒上来的寒气，这令人宽慰，但是，在高出地面的楼上，他总是不太睡得着。哪怕是在谷仓或马厩里过夜，他爬上梯子，往往也难以入睡，担心着身体下方那个巨大的空洞。今晚他睡不着，也许是因为上方的黑暗中有鸟。现在，鸟儿基本上都沉寂下来，但不时会传来一阵窸窸窣窣的声响，或者是翅膀拍打的声音，他心里就想着要双臂抱住沉睡的比特丽丝，不让空中飘下来的难闻的羽毛落到她的身上。

当天早些时候，他们刚进入房间时，鸟就在那儿。那时候，他就已经感觉到，这些乌鸦、黑鸫、林鸽，都在椽子上低头看着他们，不是吗？还是他的记忆被后来的事件篡改了？

或许，睡不着觉是因为维斯坦一直在叮叮当当砍柴，那声音现在仍旧在修道院里回荡。比特丽丝很快就睡着了，没受这声音影响，房间中央有个黑影，他知道那是桌子，之前他们在那儿吃饭的，桌子那边，在房间的另一头，埃德温也已经入睡，发出了低低的鼾声。但是，就他所知，维斯坦根本没睡。这位武士一直坐在远处的角落里，等最后一位僧侣离开了下面的院子，他才起身，消失在夜色中。现在他又来了——尽管乔纳斯神父警告过——又在劈柴火。

僧侣们开完会后出了会场，过了很久才渐渐散去。有几次埃克索快睡着了，却被下面说话的声音吵醒了。有时候有四五个人的声音，都压得很低，往往带着愤怒或恐惧。现在，已经有一段时间没听到说话的声音了，可就在埃克索又一次慢慢进入梦乡时，他心里总觉得房间窗户下方还有僧侣，不止几个，而是几十个，穿着袍子，默默地站在月光下，听着维斯坦劈柴的声音在修道院中回响。

之前，下午的阳光洒满房间的时候，埃克索曾朝窗户外面看过，似乎修道院的所有人都在那儿——四十多名僧侣——三五成群在院子里等候。人群里有一种偷偷摸摸的氛围，好像他们都不希望谈话被别人听到，哪怕是他们自己人。埃克索看到，有些僧侣看对方的眼神中有敌意。他们穿的修士长袍都是同样的褐色布料，有的缺顶帽子，有的缺条袖子。他们似乎急着到对面那幢大石头建筑里面去，但有什么事情耽搁了，大家显然都很焦躁。

埃克索朝下方的院子里望了一会儿，这时传来一阵喧闹声，他身体探出窗外，朝正下方望去。他看到了建筑的外墙，白色的石头在阳光下显得发黄，外墙上凿有楼梯，从地面一直通到他跟前。楼梯半腰上有一位僧侣——埃克索能看到他的头顶——手里拿着托盘，上面放着食物和一罐牛奶。那人停下了脚步，以调整托盘的位置，埃克索看着他的动作，心里很紧张，他知道楼梯年深日久，磨得高低不平，外侧没有栏杆，人要紧贴着墙壁攀爬，否则一不小心，就会一头栽到下面的硬鹅卵石上。不仅如此，正在上楼的这位僧侣好像腿有些跛，可是他继续往上爬，很慢，但很稳。

埃克索走到门边，打算接过他手中的托盘，但这位僧侣——他们很快就知道他是布莱恩神父——坚持要自己把托盘放到桌上，还说："你是我们的客人，那就让我来招待客人吧。"

那时候维斯坦和男孩已经走了，也许空气中已经回响起了他们劈柴的声音。因此就只有他和比特丽丝肩并肩，在木头桌子旁坐下来，心怀感激地享用着面包、水果和牛奶。他们用餐时，布莱恩神父高兴地说着话，有时候好像梦呓一般，谈以前的客人、附近小河里能抓到的鱼，以及去年冬天死前一直和他们生活在一起的一条野狗。布莱恩神父上了年纪，但精力不错，有时候他从桌旁站起身来，拖着那条坏腿在房间里走来走去，嘴里不停地说着话，还不时到窗户前看看下面的同事。

与此同时，在他们头顶上方，那些鸟一直在屋顶下面来回穿梭，偶尔会有羽毛飘下来，落在牛奶上。埃克索本打算把鸟赶走，但他担心僧侣们也许喜欢这些鸟，所以没赶。后来，外面的楼梯上传来急促的脚步声，一个身材高大的僧侣，留着黑胡子，满面通红，闯进了房间，让埃克索吃了一惊。

“魔鬼！魔鬼！”僧侣仰面瞪着椽子，喊道。“我要把它们浸在血里！”

新来的僧侣拿着一个草袋子，这时他伸手进去，掏出一块石头，朝鸟群中扔去。“魔鬼！该死的魔鬼，魔鬼，魔鬼！”

第一块石头刚弹回地面，他又扔出第二块石头，接着是第三块。石头落地的地方离桌子有些距离，但比特丽丝已经用双臂抱住了脑袋，埃克索站起来，朝留着黑胡子的僧侣走去。但布莱恩神父先到，他抓住那人的两条胳膊，说道：

“伊拉斯谟兄弟，我求你啦！住手吧，安静一下！”

这时候，鸟儿发出尖叫声，四散乱飞，留胡子的僧侣高声喊道：“我知道它们！我知道它们！”

“安静下来，兄弟！”

“你不要拦着我，神父！它们是魔鬼派来的！”

“伊拉斯谟，它们也有可能是上帝派来的。我们还不知道啊。”

“我知道它们是魔鬼！看看它们的眼睛！如果是上帝派来的，怎么会用那样的眼睛看着我们呢？”

“伊拉斯谟，你安静一下。我们这儿还有客人。”

听到这话，留胡子的僧侣注意到了埃克索和比特丽丝。他愤怒地瞪着他们俩，然后对布莱恩神父说：“为什么这个时候带客人到这儿来？他们到这儿来干什么？”

“他们不过是路过的老实人，兄弟，我们很高兴招待他们，这是我们的传统。”

“布莱恩神父，你把我们的事情告诉陌生人，真是个傻瓜！你看，他们在监视我们！”

“他们没监视任何人，对我们的问题也没有兴趣。他们自己的问题够多了，我相信。”

突然，留胡子的僧侣又拿出一块石头，准备扔出去，不过布莱恩神父及时拦住了。“回去吧，伊拉斯谟，把袋子放下来。好啦，袋子留给我吧。你这样拿着袋子跑来跑去，是不行的。”

留胡子的僧侣甩开布莱恩神父，急切地把袋子抓在胸前。布莱恩神父听凭他获得这小小的胜利，带着他来到门口，就在他转脸怒视着屋顶时，轻轻地把他推到楼梯上。

“下去吧，伊拉斯谟。下面的人想你啦。回去吧，小心不要摔跤。”

那名僧侣终于走了。布莱恩神父回到房间里，一只手挥舞着，赶走空气中飘着的羽毛。

“我给两位道歉了。他是个好人，但这种生活已经不适合他了。请坐吧，安安静静把东西吃完。”

“不过呢，神父，”比特丽丝说，“那人说我们在不方便的时候打扰了你们，也许他说得对。我们绝对不想增加你们这儿的负担，乔纳斯神父的智慧大家都知道，只要你让我们快点儿请教他一下，我们马上就走。我们能见他吗，有没有消息？”

布莱恩神父摇摇头。“和我之前告诉你的一样，夫人。乔纳斯身体不好，院长下了严令，除非院长亲自许可，否则谁也不要去打扰他。我知道你们急着见乔纳斯，费了不少气力才到这儿，所以你们到了之后，我就一直在想办法跟院长说一下。但是，你们也看到了，这时候很忙，刚刚又来了一位重要人物，要见院长，我们的会议又推迟了。我们大家在等着呢，院长却回到书房里和客人谈话去了。”

比特丽丝一直站在窗前，看着留胡子的僧侣顺着石阶走下去，这时她手指着外面，说道："好心的神父啊，那是院长回来了吗？"

埃克索走到她身旁，看见一个瘦削的身形，神态威严，迈着大步走到院子中央。僧侣们停止谈话，纷纷朝他那儿聚拢过去。

"啊，没错，是院长回来了。现在，请你们安静地把东西吃完吧。乔纳斯的事情呢，耐心一点，恐怕要到会议结束，我才能告诉你们院长的决定。但我不会忘记，放心吧，还会帮你们说话。"

武士用斧头劈柴的声音，那时候肯定就在院子里回响，和现在一样。实际上，埃克索仍能清晰地回忆起来，当时他一边看着僧侣们列队进入对面的建筑，一边心里疑惑：从传来的声音看，这是一个人劈柴，还是两个人呢？因为第一声劈柴的声音刚传来，紧接着又响起了第二声，很难判断后者是劈柴发出的声音，还是前一声的回声。现在，埃克索在黑暗中躺着，回想这件事情，他相信当时埃德温也在那儿，一斧子一斧子跟着维斯坦劈柴。男孩很可能已经很会砍柴了。当天早些时候，在他们到修道院之前，男孩曾用随手找到的两块扁石头飞快地挖坑，让大家都很惊讶。

那时候埃克索已经停下来休息了，武士让他保存体力，因为等会儿还要爬山到修道院去。所以他站到士兵仍在流血的尸体旁边，以免在树枝上聚集的鸟儿下来糟蹋。埃克索记得，维斯坦一直用士兵的剑挖坟墓，还说他不愿意用自己的剑挖，以免弄钝了剑刃。但高文爵士却说，"无论士兵的主人有什么阴谋，士兵自己死得很有尊严，骑士的剑给他挖坑安葬，正是得其所哉。"不过，这两人都停了下来，惊讶地看着埃德温用原始工具挖得飞快。随后，两人继续干活的时候，维斯坦说道：

"高文爵士，我担心布雷纳斯爵爷不会相信这个说法。"

"他会相信的，先生，"高文爵士一边继续挖坑，一边回答。"我们两人关系有点儿冷淡，但他把我当做老实的傻子，编不出这样的奇怪故事。我甚至还可以跟他们说，士兵在我怀里流血而死的时候，还一直在谈论强盗呢。你可能认为，说这种谎话是一桩严重的罪行，但我知道，上帝会仁慈地看待这件事的，难道这不也是为了避免更多流血吗？先生，我会让布雷纳斯相信我的。不过，你仍旧有危险，应该早点回去。”

“高文爵士，我在这儿的任务一完成，就立即赶回去，绝不耽搁。如果我的马脚没有痊愈的话，我甚至可能拿它换另一匹马——到东方的沼泽地，可要骑很长时间呢。不过，那样做我会难过的，她可是一匹难得的马。”

“确实难得！我的霍拉斯，哎呀，已经没那么灵巧啦，但很多次紧要关头，他都在我身边，就像你的这匹母马刚刚赶到你身边一样。真是匹难得的马，失去她，你会伤心的。但话说回来，速度很关键，所以你还是上路吧，别管你的任务了。我和霍拉斯会对付那条母龙的，所以你没有理由还念念不忘她了。不管怎么说，我刚才抽空好好想了一下，布雷纳斯要让魁瑞格帮他作战，我看他不会成功。那是个最凶悍、最难驯服的家伙，说喷火就喷火，不管是布雷纳斯的敌人，还是她自己的队伍。这本身就是个荒谬的想法，先生。不要去想了，赶紧在被敌人包围之前回家吧。”维斯坦继续挖坑，没有回答，高文爵士又问：“这件事你可以答应吗，维斯坦阁下？”

“答应什么，高文爵士？”

“答应你不再去想母龙的事，赶紧回家。”

“你似乎急着要我答应嘛。”

“我不仅要考虑你的安全，先生，我还要考虑其他人的。如果你激怒魁瑞格，她会伤害那些人的。还有，和你一起旅行的这些人怎么办？”

“没错，这些朋友的安全让我担心。我会和他们同行，一直到修道院，我可不能把他们丢在这偏僻的路上，没人保护。然后呢，我们就该分道扬镳啦。”

“那么，到了修道院之后，你就要回家吧。”

“等我准备好回家了，自然会回的，骑士阁下。”

死者内脏发出的气味，让埃克索往后退了几步，这时他发现，这样看高文爵士更加清楚。骑士站在齐腰深的坑里，额头上大汗淋漓，也许因为这个原因，他脸上的表情不像平常那么和善。他正怒气冲冲地看着维斯坦，而维斯坦呢，似乎浑然不觉，在继续挖坑。

士兵的死，让比特丽丝心情沮丧。其他人把坑越挖越深，她慢慢走回到那棵大橡树下，又在树荫里坐了下来，头一直低着。埃克索本想去和她坐在一起，要不是那群乌鸦，他肯定去了。现在，他在黑暗中躺着，也开始为这位被杀的士兵感到难过。他想起士兵在那座小桥上对他们以礼相待，对比特丽丝讲话时轻声细语。埃克索又想起来，刚进入路边那块空地时，士兵将马的位置控制得非常精准。当时，这件事还让埃克索想起了什么往事；现在，夜晚万籁俱寂，他记起高沼地起起伏伏，天空低垂，一群羊从石楠间穿过。

那时他坐在马背上，前面骑马的人是他的同伴，一个名叫哈维的人，他粗壮的身体发出的气味，把马匹的气味都遮盖了。他们在大风呼啸的原野中间停了下来，因为他们发现远处有动静，等他们发现那没有威胁，埃克索伸了伸胳膊——他们骑了很长时间的马——看着哈维那匹马摆着尾巴，一左一右，好像是为了不让苍蝇落在屁股上。当时他看不见同伴的脸，但哈维背部的形状，以及他整个人的姿态，都表明他一看到前方有人靠近，心中便起了敌意。埃克索的目光越过哈维，朝前方望去，他能分辨出一些黑点，那都是绵羊的脸，黑点之中有四个人，一个骑着驴子，其他人步行。似乎没有狗。埃克索想，这几个牧羊人肯定早就发现了他们——天空下面两名骑手，轮廓分明——四人缓慢而坚定地向前走着，因此就算心中感到紧张，表面上也看不出来。反正荒野上只有一条长长的路，埃克索想，牧羊人如果想避开他们，那就只好掉头回去了。

对方慢慢走近，他看到四个人虽然年纪不算老，却都瘦弱憔悴。他心中一沉，因为他知道，这些人的虚弱模样只会刺激同伴，让他更加野蛮。埃克索等待着，四个人到了几乎可以打招呼致意的距离，他立即催马向前，小心地赶到哈维坐骑的一侧，他知道牧羊人和大部分羊肯定要从这边经过。他特别让自己的马落后一头，以便同伴能够维持优越感。但是，如果哈维挥动马鞭，或者拿起挂在马鞍上的棒子，对牧羊人发起突然攻击，那么埃克索正好挡在中间。同时，这一举动从表面上看，是亲密友好的表示，何况哈维也没有这么缜密的心思，不会去怀疑背后的真正动机。的确，埃克索还记得，他骑马上去的时候，同伴还漫不经心地点了点头，然后又转过脸去，神情抑郁地望着茫茫荒野。

迎面走来的牧羊人让埃克索特别担心，这是因为几天前在一个撒克逊村庄里发生了一件事情。那是个天气晴朗的上午，当时埃克索和村民们一样大吃一惊。事先毫无征兆，哈维突然催马向前，疯狂地殴打等待从井中汲水的人们。那次哈维用的是鞭子还是棒子？在荒野上骑马的那天，埃克索曾试图回想这一细节。如果哈维选择用鞭子打路过的牧羊人，那范围要大一些，胳膊也更省力些；他甚至可能冒险，将鞭子从埃克索的马头上方挥过去。但是，如果哈维选择用棒子的话，鉴于埃克索现在的位置，他就必须催马到埃克索前方，再拨转马头，然后才能攻击。对他的同伴来说，那样的举动就太刻意了：哈维这个人，喜欢让暴力行为看起来像兴致所至、不费气力。

他精心的举动有没有拯救那些牧羊人呢，他想不起来了。他朦朦胧胧地记得，绵羊从他们身旁若无其事地经过，但他脑海中关于牧羊人的记忆，和村民们挨打的场景混到了一起。那天上午，他们两人到那个村子里去干什么呢？埃克索记得有愤怒的叫喊、孩子的哭泣和仇恨的表情，记得他自己也很生气，与其说是发哈维的火，倒不如说是憎恨把他和这么个同伴安排到一起的人。他们的使命如果完成，将会是一项了不起的成就，至高无上、前所未有，上帝都会认为，使命完成的时刻，人类离他更近了。然而，和这么个野蛮的东西捆绑在一起，埃克索能做成什么事呢？

他又想起了那位头发灰白的士兵，还有他在桥上的那个小动作。就在他那位粗壮的同事一边叫喊一边拉扯维斯坦的头发时，这位头发灰白的士兵略微抬起了胳膊，手指几乎已经做出了指点的姿势，批评的话几乎要脱口而出。这时他的胳膊又放了下来。那一刻灰发士兵的心理感受，埃克索当时就明白了。后来士兵对比特丽丝说话特别温和，埃克索很感谢他。他记得，比特丽丝站在桥头时，表情庄重、警觉，后来却变得喜悦、柔和，那才是他最珍爱的模样。那画面让他心动，同时又让他害怕。一个陌生人——还是个有潜在危险的陌生人——只要说几句和善的话，她就欣然释怀，又对世界充满了信任。这想法让他不安，他一时冲动，想用手轻轻抚摸身旁比特丽丝的肩头。可她不是一直都这样吗？她对他如此宝贵，这不也是个原因吗？这么多年熬过来，她不是也没有受过重大伤害吗？

“那不可能是迷迭香，先生，”他想起比特丽丝急切地这样对他说。他蹲着，一只膝盖跪在地上，因为那天天气很好，地上是干的。比特丽丝肯定一直站在他身后，因为他还记得，他用双手分开地上的杂草时，她的影子就落在他面前的地面上。“那不可能是迷迭香，先生。谁见过有这样黄色花朵的迷迭香呢？”

“那就是我把名字搞错了，姑娘，”埃克索说道。“但是，我肯定这花很常见，不会有什么害处。”

“可你真的很懂植物吗，先生？这儿野生的东西，我母亲都教过我，但我们眼前的这种东西，我却不熟悉。”

“那么，它也许是刚刚从异乡来到这里的一种植物。为什么这么紧张呢，姑娘？”

“我很紧张，先生，是因为这有可能是我从小就害怕的一种野草。”

“为什么要害怕野草呢，除非有毒，那你不去碰它就好啦。但是，你呀，自己拿手去摸，现在还要我也去摸！”

“哎呀，没有毒，先生！至少没有你说的那种毒。但是，我母亲有一次详细地描述过一种植物，她警告说，年轻女孩子在石楠丛里看到这种植物，就会遭遇厄运。”

“什么样的厄运呢，姑娘？”

“我没胆子跟你说，先生。”

但是，就在她说这话的时候，这位年轻女人——比特丽丝那天就是个年轻女人——已经在他身旁蹲下来，两人的胳膊碰了一下，她迎着他的目光，充满信任地微微一笑。

“如果看到它就要遭厄运的话，”埃克索说，“让我从路上跑过来，就为了看一眼，又是出于什么好心呢？”

“哎呀，你又不会遭厄运，先生！只是说没结婚的女孩子。还有另外一种植物，肯定会给你这样的男人带来厄运。”

“那你最好跟我说说另外那种植物是什么样的，让我心里对它有些害怕，就像你害怕这种植物一样。”

“你就拿我开心吧，先生。有一天啊，你要摔个跟斗，发现那种草就在你鼻子旁边呢。到那时候，你就知道这是不是好笑的事情了。”

他仍旧记得手伸进石楠丛里的感觉，记得风从头顶的树枝间刮过，记得身边那位年轻的女人。那是不是他们第一次谈话呢？至少那时候他们肯定认识对方；比特丽丝肯定不会对一个完全不认识的人如此信任吧。

砍柴的声音刚才停了一会儿，现在又开始了，埃克索这才想起来，武士也许整个晚上都要待在外面。就算在战斗中，维斯坦也显得镇定、谨慎，但是头天晚上和今天白天的压力，可能累积在他身上，他需要通过干活缓解一下。尽管如此，他的行为还是很奇怪。乔纳斯神父说得很清楚，不要再去砍柴，可他呢，又去砍了，何况天已经这么黑了。之前，他们刚到的时候，武士这么做似乎是出于礼貌。不过，埃克索发现，就算是那时候，维斯坦要去砍柴，也有他自己的原因。

“柴火棚位置很好，”武士解释说。“我和男孩干活的时候，能清楚地看到周围的事情。更妙的是，我们把柴火送到需要的地方，就可以随意走动，查看周围环境，尽管有几扇门关着，我们进不去。”

说话的时候，两人在修道院的高墙旁边，俯瞰着周围的树林。那时候僧侣们早已去开会了，四下里很安静。此前不久，比特丽丝在房间里打盹睡着了，埃克索出了门，在半下午的阳光下溜达，他沿着破损的台阶爬上去，维斯坦正在上面，低头望着地上厚厚的树叶。

“可为什么要这么麻烦呢，维斯坦阁下？”埃克索问他。“难道你怀疑这些好心的僧侣？”

武士一只手举在额前，遮住眼睛，说道：“之前我们沿那条路上山的时候，我只想找个角落躺下来，做做美梦。但现在我们到了这儿，我总觉得这地方对我们有危险。”

“维斯坦阁下，你肯定是累了，所以才疑虑重重。这儿能有什么事让你不安心呢？”

“目前还没有确切的事情。可是，你想想啊。之前我到马厩去看我的马，听到后面的马棚里有声音。是这样的，先生，另外那个马棚和我这里隔着墙，但我能听到那边还有一匹马；我们刚到的时候，我牵马进去，那里可没有别的马。后来我走到另外一边，发现马棚的门关着，门上挂着一只大锁，没钥匙可进不去。”

“这件事能有很多解释，维斯坦阁下，未必有危险。那匹马也许之前在外面吃草，后来才牵进来。”

“这事我跟一名僧侣提过，他们这儿是不养马的，他们不希望用这种方法减轻负担。看来我们来之后，还有别的人来过，这个人不想让人知道他在这儿。”

“你这一说，维斯坦阁下，我倒想起来，布莱恩神父提到过，说有一名重要的客人来见院长，所以他们的大会才推迟了。我们不知道这儿发生了什么事，但这件事十有八九和我们没有任何关系。”

维斯坦若有所思地点点头。“也许你说得对，埃克索阁下。睡一会儿也许能打消我的疑心。不过，我还是派小男孩出去了，让他多逛逛，和成年人相比，说他天生好奇，人家更容易相信吧。刚才，他回来报告说，他在那块地方听到有人呻吟，那儿，”维斯坦转过身，用手指了指，“就是人有病痛时发出的声音。小先生埃德温跟着声音悄悄进了屋，发现有个房间门是关的，门外有血迹，有的时间久了，有的是新鲜的。”

“奇怪是奇怪，不过某个僧侣倒霉，遇到了意外，也算不得什么了不起的事情，也许是在这台阶上摔了一跤。”

“先生，我承认，我并没有确切的依据怀疑这儿有问题。也许是出于武士的本能吧，我真希望我腰带上挂着剑，不用再假装成农夫了。我感到担心，或许是因为这些墙壁在悄悄跟我说着以前的事情。”

“这是什么意思呢，先生？”

“这个地方不久之前肯定不是什么修道院，而是个山顶要塞，而且建造得很好，为的是抵御敌人。我们爬上山的那条累人的路，你还记得吧？绕来绕去，好像就是要让我们用尽气力一样？现在你往下看看，先生，你看那些路上方的防御工事。以前守军就从那儿用弓箭、石头和滚烫的水来对付入侵者。那时候，如果能到达大门口，就算是了不起的事情了。”

“我看到了。那要爬上来可真不容易。”

“还有呢，埃克索阁下，我敢打赌，这要塞以前肯定是在撒克逊人手里，因为我看到了我同族人的很多记号，也许你看不到。你看那儿——”维斯坦指着下面一个铺着鹅卵石的院子，院子四周有围墙——“我猜，就在那儿，以前有第二道大门，比第一道更加坚固，但从那条路爬上来的入侵者却看不见。他们只看到第一道门，于是拼命攻打，但其实那是我们撒克逊人说的水闸门，就像控制河水的水闸一样。守军可以先计算好，有意把一部分敌人放进来，然后关上水闸门，把后面跟上来的敌人挡在外面。这时候，放进来的敌人就在两道门之间，被孤立了，就在那个地方。他们人数不够，会再次受到来自上面的攻击。先将他们杀光，然后再放下一拨人进来。你明白这个道理了吧，先生。今天，这是个和平而虔诚的地方，但用不着太费力，你就能看到流血和恐怖。”

“你观察得很好，维斯坦阁下，你教我看到的东西，让我震惊。”

“我也可以打赌，这儿曾有过撒克逊家庭，从很远的地方逃过来的，到这个要塞里寻求庇护。女人、孩子、伤员、老人、病人。你看那边，之前僧侣们聚集的那个院子。以前，除了极度虚弱的人之外，所有人都会出来，在那儿站着，亲眼看着入侵者在两道门之间哀嚎，像落入陷阱的老鼠一样。”

“先生，这我就没法相信了。他们肯定会在下面什么地方躲起来，祈祷上帝救他们脱难。”

“只有最胆小的才会这么做。大部分人都会站在那个院子里，甚至爬上来，就是我们现在站的地方，宁愿冒着被箭或矛伤到的风险，也要享受享受下面敌人的痛苦模样。”

埃克索摇着头。“你说的那些人，肯定不会因为流血而感到快乐吧，哪怕流血的是敌人。”

“恰恰相反，先生。我说的那些人走过了一条残暴之路，亲眼见过自己的孩子和亲人残肢断臂、惨遭蹂躏。他们经历了漫长的苦难，一路上死神就在身后，不过数步之遥，最终才到达这个地方，找到了他们的避难所。这时候来了一支入侵的军队，人数众多。要塞或许能支撑几天，甚至一两个星期。但他们知道，他们终将面对自己的末日。他们知道，现在抱在怀里的婴儿，不久将成为血淋淋的玩具，在这鹅卵石上被踢来踢去。他们知道，因为他们已经见过，他们是从那儿逃出来的。他们见过敌人烧杀劫掠，见过已经受伤、即将死去的年轻女孩，惨遭敌人轮奸。他们知道这迟早要来，所以必须珍惜要塞被围的头几天，这时候敌人要为后来的猖狂先付出代价。埃克索阁下，换句话说，对那些无法复仇的人来说，这是提前享受复仇之乐。所以啊，先生，我才会说，我的那些撒克逊同胞会站在这儿，鼓掌欢呼，敌人死得越惨，他们就会越高兴。”

“我无法相信，先生。尚未做出的行径怎么可能激起如此之深的恨呢？曾在此避难的那些好心的人们，应该到最后一刻还坚守着希望，看到有人受苦，无论敌人还是朋友，肯定都会感到怜悯、震惊。”

“你年纪比我大不少，埃克索阁下，但说到流血的事情，恐怕我是老人，你是青年。我见过年长的女人和年幼的孩子，脸上写着深仇大恨，像深不见底的海，有时候我自己也会感觉到那样的仇恨。”

“这我无法接受，先生，而且，我们谈的是一段野蛮的过去，希望它一去不复返。感谢上帝，我们的争论永远不需要拿到现实中检验。”

武士用奇怪的眼光看着埃克索。他似乎想说什么，然后改变了主意。他转身去看身后的那些石头建筑，说：“之前我抱着一大堆柴火，在这一带走动，在每个拐弯的地方，我都看到了过去的痕迹，真令人着迷。实际上啊，先生，就算第二道门被攻破，这个要塞也还有很多陷阱等着敌人，有些设计得非常狡猾。这儿的僧侣根本不知道自己每天经过的是什么地方。不过，这个就不多说啦。既然我们俩这会儿安安静静在一起，埃克索阁下，我要为之前曾让你不快道歉，请你原谅。我是说，我不该盘问那位好心的骑士关于你的情况。”

“这事就不要去想啦，先生。就算你的做法让我和我妻子感到意外，也谈不上冒犯。你把我当成别人了，很常见的错误。”

“那我谢谢你的理解。我把你当成了另外一个人，那人的脸我永远不会忘记，虽然最后一次看到他的时候，我还是个小孩。”

“那是在西方吧。”

“没错，先生，在我被带走之前。我说的那个人不是武士，但佩着剑，骑一匹漂亮的种马。他常到我们村子里来，我们这些男孩子只见过农民和船夫，所以对我们来说，他可是个神奇的人物。”

“没错。这一点我能理解。”

“我还记得，他到村子的任何地方，我们都跟着，不过总有些羞怯，不敢跟得太近。有时候他很急，跟长老们说话，或者召唤大家到广场上集合。有时候他悠闲地逛着，跟这个说说话，跟那个聊聊天，好像要打发时光似的。他不怎么懂我们的话，不过我们的村子在河边，河上有船来来往往，村里很多人都会说他的语言，所以他从不缺少伙伴。有时候他会回头看看我们，脸上带着微笑，但我们那时候还小，他一回头，我们就四下里散开，躲藏起来。”

“我们的语言，你学得那么好，就是在这个村子里？”

“不是，那是后来的事。我被抓走之后。”

“被抓走，维斯坦阁下？”

“士兵们把我从村子里抓走，从很小开始训练，一直到今天成为武士。抓走我的是不列颠人，所以我很快学会了像他们那样讲话，像他们那样战斗。那是很久以前了，事情在脑海里变成了奇怪的样子。今天在那个村庄里，我第一次看到你，也许是因为早晨的光亮吧，我觉得自己又成了那个小男孩，羞怯地看着那个伟大的人物，他的披风在风中飘舞，他从村中走过，像猪群和牛群中的狮子。我猜这可能是因为你微笑时一侧嘴角的样子，或者是你与陌生人微微点头打招呼的方式。不过，现在我知道了，是我搞错了，你不可能是那个人。这事就不说了。你好心的妻子怎么样啦，先生？没累坏吧，我希望？”

“她算是喘了口气啦，谢谢你关心，不过我刚让她再休息一会儿。反正我们还要等僧侣们开完会，等院长允许我们去见那位睿智的乔纳斯医生。”

“真是一位坚强的女士，先生。她能一路走到这儿，毫无怨言，我很钦佩。啊，小男孩又回来啦。”

“你看他捂着伤口，维斯坦阁下。我们也要带他去见乔纳斯神父。”

维斯坦似乎没听见这句话。他离开墙边，走下几级台阶迎接埃德温，两人脑袋碰在一起，低声交谈了一会儿。男孩的样子有些激动，武士则皱着眉头听着，不时点点头。埃克索也走下来，维斯坦轻声说：

“小先生埃德温发现了一件奇怪的事情，我们最好去亲眼看看。让他带路，我们跟着，不过走路时要摆出无所事事的样子，说不定那边那位老僧侣是有意留下来监视我们的。”

没错，一位孤零零的僧侣，正在扫院子。他们走到近前，埃克索发现他嘴里喃喃自语，沉浸在自己的世界里。埃德温带着大家穿过院子，进入两幢建筑中间的狭窄过道，那位僧侣几乎都没抬眼朝他们这边看。他们从过道里走出来，前面是个高低不平的斜坡，稀稀落落长着草，沿着一排不过一人高的枯树，有一条小路，通到修道院外面。在黄昏的天空下，众人跟在埃德温身后，维斯坦低声说：

“我很喜欢这个男孩。埃克索阁下，我们可以调整原来的计划，不一定要把他留在你儿子的村子里。让他在我身边多待一段时间，对我来说很合适。”

“先生，听你这么说，我感到不安。”

“为什么呢？他可不太向往挖冻土、喂猪食的生活。”

“可是，在你身边，他会做什么呢？”

“等我的使命完成了，我就带他回东方沼地去。”

“你打算让他到那儿干什么呢，先生？天天跟挪威人作战？”

“你皱着眉头，先生，但这个男孩性情特殊。他能成为优秀的武士。嘘，我们看看他发现了什么。”

路旁有三间木头棚屋，都破旧不堪，每间看上去似乎都要靠旁边的那间支撑着。潮湿的地面上有车轮的痕迹，埃德温停下来指给大家看。然后他带着众人到了最远的那间棚屋。

棚屋没有门，一大块屋顶破了，能看到天空。他们一进来，几只鸟慌乱地飞走了，埃克索看到，在这个阴森森、空荡荡的地方，有一辆制作粗糙的马车——也许是僧侣们自己做的——两只车轮陷在泥里。引人注意的是，马车车厢的顶上，有一个巨大的笼子。埃克索走到近前，发现笼子本身是铁的，后背上有一根粗木柱，将笼子牢牢固定在下面的木板上。木柱上挂满了铁链镣铐，在脑袋那么高的地方还有个东西，好像是个黑色的铁面具，不过眼睛的地方没有洞，只在嘴巴处开了个小孔。车上以及车子周围，落满了羽毛和粪便。埃德温拉开笼子的门，又把门推来推去，铰链发出吱吱呀呀的声音。他又开始激动地说了起来，维斯坦的目光在棚子里搜索着，不时冲埃德温点点头。

“真奇怪，”埃克索说道，“这些僧侣竟然需要这么个东西。毫无疑问，这是某种礼拜仪式上用的。”

武士迈步围着马车走，小心翼翼避开脚下的泥坑。“我以前见过一次类似的东西，”他说。“你可能以为，这个设备是让关在笼子里的人经受自然的严酷考验。但是，看看吧，这些栅栏之间的缝隙很大，我的肩膀都能过去。这儿，你们看，这些羽毛上沾了血，都硬了，粘在铁笼子上。所以，人锁在这里，是送给山上的鸟的。他被这些镣铐锁住，根本没法赶走那些饥饿的鸟。这个铁面具看起来很可怕，其实是仁慈的体现，因为戴上面具，至少眼睛不会被啄瞎。”

“也许有什么更加温和的用途吧，”埃克索说道，但埃德温又开始说话了，维斯坦转过头，望着棚子外面。

“男孩说，他跟着车轮的痕迹走，到了附近悬崖边上的一个地方，”武士过了好久，才开口说道。“他说，那儿的地上车辙很深，表明马车经常停在那个地方。换句话说，这些迹象都证明我的猜测是对的，而且我也能看出来，这辆车不久前还被拉出去过。”

“我不明白这是什么意思，维斯坦阁下，但我承认，现在我开始和你一样感到不安了。这个东西让我脊背发凉，让我想回到妻子身边。”

“那我们就回去吧，先生。不要再待在这儿了。”

他们走出棚屋，埃德温又一次在前面领路。他突然停了下来。在前方昏暗的暮色中，埃克索看到一个穿僧袍的身影，站在长草之中，离他们不远。

“我看就是刚才扫院子的那个僧侣，”武士对埃克索说。

“他看见我们了吗？”

“我认为他看到我们了，也知道我们看到了他。可他仍旧站在那儿一动不动，像棵树一样。好吧，我们过去。”

僧侣站在路旁一个地方，草有他膝盖那么高。他们走近时，他仍旧一动不动，只有袍子和长长的白头发随风飘动。他身材瘦削，简直瘦骨嶙峋，两只鼓起来的眼睛空洞无神地瞪着他们。

“你在看着我们，先生，”维斯坦停下脚步，说道，“你知道我们刚才发现了什么。所以呢，也许你可以告诉我们，那个东西是拿来干什么的。”

僧侣一言不发，用手指了指修道院。

“也许他起过誓，不能言语，”埃克索说。“或者像你最近假装的那样，是个哑巴，维斯坦阁下。”

僧侣走出草丛，来到路上。他奇怪的眼睛依次凝视着大家，然后他又指了指修道院，便迈步出发了。大家跟在他身后，只保持着很短的距离，僧侣不停地回过头来看看他们。

现在，在黄昏的天空下，修道院的建筑成了黑影。他们走近时，僧侣停下脚步，食指放到嘴唇上，然后更加谨慎地向前走。他似乎很担心被人看到，要避开中央的院子。他领着大家走过建筑背后的狭窄过道，泥地上要么坑坑洼洼，要么是陡坡。有一次，他们要低着头，贴着一堵墙走，头顶上传来了僧侣们开会的声音。一片混乱之中，有个声音在叫喊，接着另一个声音——可能是院长——让大家保持秩序。众人没有时间停留，不久他们在一个拱廊下陆续聚齐，穿过拱廊就是主庭院。僧侣急切地打着手势，让大家尽可能安静、尽可能快地过去。

实际上，他们并不需要从点着火把的院子中央经过，只要沿着一条石柱回廊的阴影，从庭院的一个角落穿过去。僧侣又停下了脚步，埃克索悄声对他说：

“好心的先生啊，你肯定是要带我们到什么地方去，那我请你允许我带上我妻子，丢下她一个人，我心中不安。”

僧侣立即转过头来，牢牢盯着埃克索，然后摇摇头，用手指着昏暗处。这时候，埃克索才发现，比特丽丝就站在回廊远处的一个通道口上。他心中一宽，挥了挥手，大家都朝她那边走去，僧侣们的会场中响起一阵愤怒的声音，从他们身后传来。

“你怎么样啊，公主？”比特丽丝已经伸出手来，他伸手握住。

“安安静静地休息呢，埃克索，这位不说话的僧侣突然出现在我面前，我还以为他是幽灵。但他急着带我们去什么地方，我们最好跟上。”

僧侣又做了那个让大家噤声的动作，然后打手势让大家继续走。比特丽丝站在门槛边等着，大家相继从她跟前走过，进了通道。

通道变得像隧道一样，和他们家乡的巢穴村差不多，小壁龛里的灯摇曳不定，无法驱散黑暗。比特丽丝挽着埃克索的胳膊，埃克索则把一只手伸在前面。有一下子他们又回到了户外，穿过一个泥泞的院子，两侧是耕耘过的一块块田地，然后进入了另一幢低矮的石头建筑。这儿通道更宽，灯火也更亮，僧侣似乎终于放松了下来。他喘了口气，又一次打量着大家，然后打手势让他们等着，自己走进一道拱门，消失了。过了一会儿，僧侣出来，带大家往里走。里面一个虚弱的声音说道，“进来吧，客人们。这个房间招待客人过于简陋，但欢迎你们。”

* * *

埃克索一边等着睡意降临，一边又回想起他们四个人和那位沉默的僧侣一起，挤进了那个小小的房间。床边点着一根蜡烛，他感到比特丽丝往后缩了一下，因为她看到了躺在床上的那个人。然后她吸了口气，朝房间里面又迈了两步。屋里几乎挤不下，但很快大家就围着床找到了自己的位置，武士和男孩待在最远处的角落里。埃克索的后背紧贴着冰冷的石头墙，比特丽丝就站在他跟前，紧靠在他身上，好像这样心里踏实一点一样——她都快挤到病床上去了。隐约有呕吐和小便的气味。那位沉默的僧侣正围着床上的人忙活，帮助他坐起身来。

房间的主人头发雪白，年纪很大了。他身材高大，不久之前应该精神很好，但现在坐起来这么简单的事情，似乎都给他带来很多痛苦。他起身的时候，一条粗糙的毯子滑下来，露出睡衣，上面有一块块血迹。但是，让比特丽丝缩回去的，是床头昏暗的烛光下这个人的脖子和脸。他下巴一侧有个肿块，由深紫色慢慢变成了黄色，所以他的脑袋要稍微歪着。肿块中间裂开，上面覆盖着脓和凝固的血。脸上，从颧骨下方到下颌，有一个洞，口腔内部和牙龈都露了出来。这个人要微笑一下，恐怕非常困难，不过，等他坐起来、安顿好，他还是笑了笑。

“欢迎，欢迎。我是乔纳斯，我知道你们走了很远的路要来见我。我亲爱的客人们，不要这么怜悯地看着我。这伤口也有段日子了，已经不像以前那么痛啦。”

“乔纳斯神父，”比特丽丝说，“我们现在明白了，为什么你好心的院长不愿意让陌生人来打扰你。我们本想等待他许可，不过这位善良的僧侣把我们带过来了。”

“尼尼安是我最信任的朋友，虽然他发过静默的誓言，但是我们完全明白对方的心意。你们来了之后，他一直观察你们每个人，经常向我报告。院长还毫不知情，但我想我们该见面了。”

“可是，神父，你怎么会受这样的伤呢？”比特丽丝问。“你可是个出了名的善良、睿智之人啊。”

“这个话题我们就不谈了，夫人，因为我力气虚弱，不能长时间说话。我知道你们两人——你以及这位勇敢的男孩——都需要我看看。让我先看看男孩吧，我知道他身上有伤。小伙子，靠近点，到有光的地方来。”

他声音轻柔，但有种自然的威严。埃德温正打算迈步过去，维斯坦却伸出手，抓住了男孩的胳膊。也许是因为摇曳的烛光，或者是因为武士颤抖的影子落在他身后的墙上，有一刻埃克索觉得，维斯坦盯着那位受伤的僧侣，目光特别凶狠，甚至充满仇恨。武士把男孩拉回到墙边，自己向前迈了一步，似乎是要挡住对方的进攻。

“有什么问题吗，牧羊人？”乔纳斯神父问。“你担心我伤口的毒会传给你的兄弟吗？我并不需要用手去碰他。让他靠近点，我用眼睛就可以查看他的伤口。”

“男孩的伤口是干净的，”维斯坦说。“这位好心的女人才需要你的帮助。”

“维斯坦阁下，”比特丽丝说，“你怎么能说这种话？干净的伤口也随时都会发炎，这你肯定很清楚吧。这个男孩必须听听这位睿智僧侣的指引。”

维斯坦似乎没听见比特丽丝的话，仍旧瞪着床上的僧侣。乔纳斯神父也打量着武士，好像他是个非常有趣的物件一样。过了一会儿，乔纳斯神父说：

“对一个普通的牧羊人来说，你站的样子，可真够大胆啊。”

“那肯定是因为我的职业习惯。放羊的人要站很久，提防夜晚聚集的狼。”

“当然是这样啦。我还想，牧羊人还要做出快速判断，听到黑暗中的声响，要知道那是危险，还是朋友到访。快速准确做出决定的能力肯定关系重大。”

“听到树枝折断的声音，或者看到黑暗中的人影，只有愚蠢的牧羊人才会以为那是同伴前来帮忙。我们放羊的都很谨慎，还有啊，先生，我们刚刚亲眼见到了你们谷仓里的器具。”

“哦。我就想你迟早要谈到这件事的。牧羊人，你怎么看这一发现？”

“它让我感到愤怒。”

“愤怒？”乔纳斯神父说这话用了不少力气，好像他自己突然感到愤怒了一样。“为什么让你感到愤怒呢？”

“那好吧，先生，如果我说的不对，你尽管告诉我。我的猜测是，这儿有个传统：僧侣们轮流到那个笼子里去，让野鸟啄食身体，希望这样能够补偿这个国家早已犯下却未受惩罚的罪行。连我眼前这恶心的伤口，也是这样造成的，据我所知，虔诚的感觉会减轻你们的痛苦。但是，我要说，看到你的伤口，我并不感到同情。给最邪恶的行为罩上面纱，先生，怎么就可以称之为忏悔呢？难道你们基督教的神，用自我施加的痛苦和几句祈祷词，就能轻易收买了吗？正义未曾伸张，难道他一点儿也不关心？”

“牧羊人，我们侍奉的，是一位仁慈之神，你是个异教徒，也许难以理解。无论罪行多重，向这样的神祈求宽恕，都算不得愚蠢。我主的仁慈是无限的。”

“无限仁慈的神有什么用呢，先生？你嘲笑我是异教徒，可我们祖祖辈辈信奉的众神，明确宣布他们的规则，我们一旦破坏他们的律法，即受到严厉惩罚。你们基督徒信奉的仁慈之神，许可人们满足贪欲，觊觎土地和鲜血，他们知道，几句祈祷的话加上一点儿忏悔，就能换回宽恕和祝福。”

“你说得没错，牧羊人，在这个修道院里，仍然有人相信这种事情。但我向你保证，我和尼尼安很久以前就放弃了这种妄想，而且我们并不孤单。我们知道，上帝的仁慈不可滥用，然而我很多修道的弟兄，包括院长，目前还不能接受这一点。他们仍然相信，那个笼子，再加上经常祈祷，就够了。但这些黑乌鸦、黑老鸹，是上帝发怒的兆头。以前没有过。去年冬天，我们当中最强健的弟兄，都被风吹得流泪，但那时候的鸟儿不过是调皮的孩子，嘴巴只会造成微小的伤害。抖抖锁链，或者叫一声，它们就不敢靠近。但是，现在一种新的鸟来了，体型更大，胆子更大，眼睛里有愤怒。它们带着不动声色的怒火，撕扯我们的身体，不管我们如何挣扎或叫喊。过去这几个月，我们已经失去了三位亲爱的朋友，还有很多受了重伤。这些肯定是预兆吧。”

维斯坦的模样缓和了一些，但他一直坚定地站在男孩身前。“你是说，”他问道，“这个修道院里有我的朋友？”

“没错，牧羊人，在这个房间里。在其他地方，我们仍有不同意见，此时此刻，他们正在激烈争论下一步该怎么办。院长会坚持说，我们该一如既往。和我们观点相同的人会说，该停止了。我们沿着这条路走，不会获得宽恕。我们必须揭开隐藏的事情，直面过去。但是，恐怕这样的声音不多，也不会占上风。牧羊人，现在你信任我了吗，愿意让我看看男孩的伤口吗？”

维斯坦站着不动，但过了一会儿，他让到一边，示意埃德温过去。不说话的僧侣立即扶着乔纳斯神父，让他坐得更直一点——两位僧侣突然都忙碌起来——然后他抓起床边的烛台，把埃德温拉到近前，不耐烦地撩起男孩的衣衫，给乔纳斯神父看。似乎过了很久，两位僧侣一直看着男孩的伤口——尼尼安将那一团光亮移来移去——好像那是一池水，里面包含着一个小小的世界。最后，两位僧侣交换了一个眼神，在埃克索看来，那似乎是表示大功告成，但紧接着乔纳斯神父身体颤抖着，又倒回到枕头上，表情近乎无奈，甚至是悲伤。尼尼安急忙放下蜡烛去照顾他，埃德温则悄悄回到黑暗中，站在维斯坦身旁。

“乔纳斯神父，”比特丽丝说，“你看过了小男孩的伤口，告诉我们伤口干净吗，能不能自行愈合。”

乔纳斯神父闭着眼睛，仍旧在喘着粗气，不过他平静地说：“我相信，只要他小心，伤口能自行愈合。他离开之前，尼尼安神父会为他准备好药膏。”

“神父，”比特丽丝继续说，“你和维斯坦阁下的谈话，我不能完全理解。但我很感兴趣。”

“是吗，夫人？”乔纳斯神父仍在喘气，但他睁开了眼睛，看着她。

“昨天晚上，在山下的一个村庄里，”比特丽丝说，“我和一位精通医药的女士谈过。她很了解我的病，但是，我一问起她这迷雾是怎么回事，为什么我们会眨眼便忘记一个小时之前的事，就像忘记多年前某个上午的事一样，她就坦白说，她根本不知道这是怎么回事，也不知是何人所为。不过，她说如果有睿智的人知道，那就肯定是你了，就是住在山上修道院里的乔纳斯神父。所以，我和丈夫就到这儿来了，尽管到儿子的村庄去，这条路更难走，而且他还在那儿焦急地等着呢。我希望你能给我们说说这迷雾，我和埃克索用什么办法可以摆脱。也许我是个愚蠢的女人，但我觉得，你和维斯坦阁下张口闭口牧羊人，实际上说的就是这迷雾，过去的事情我们忘记了不少，你们也很担心。所以，请允许我问问你，也问问维斯坦阁下。为什么迷雾会降临到我们头上，你们两人知道吗？”

乔纳斯神父和维斯坦互相看了一眼。然后维斯坦低声说：

“比特丽丝夫人，那是因为魁瑞格，在这山间游荡的那条龙。

你说的迷雾，就是她引起的。但这儿的僧侣们庇护她，而且庇护了很多年。现在我就敢打赌，他们要是知道了我的身份，肯定会派人来杀我。”

“乔纳斯神父，这是真的吗？”比特丽丝问。“迷雾是那条母龙造出来的？”

僧侣似乎走了一下神，然后他转脸对比特丽丝说：“牧羊人说的是真话，夫人。是魁瑞格的气息填满了这片土地，夺去了我们的记忆。”

“埃克索，你听到了吗？迷雾是那条母龙造成的！维斯坦阁下，或者其他人，甚至是路上遇到的那位老骑士，只要有人能杀掉它，那我们的记忆就可以恢复啦！埃克索，你怎么这么安静呢？”

没错，埃克索刚才陷入了沉思，他听见了妻子的话，注意到了她的激动情绪，但他只朝她伸出了一只手，并没有别的表示。他还没开口，乔纳斯神父对维斯坦说道：

“牧羊人，既然你知道有危险，为什么还在此逗留？为什么不带着这位男孩上路呢？”

“男孩需要休息，我也一样。”

“但你没有休息啊，牧羊人。你在劈柴，像恶狼一样晃来晃去。”

“我们来的时候，你们的柴火不多了。这山里晚上又很冷。”

“还有别的事让我疑惑，牧羊人。布雷纳斯爵爷为什么要抓你？他的士兵在全国追查你，有很多天了。去年，有个从东方来的人要找魁瑞格，布雷纳斯认为那可能是你，就派人出来追查。他们到山上来询问你的踪迹。牧羊人，你和布雷纳斯是什么关系？”

“我们还是小伙子的时候就认识，那时我俩比这位男孩还小呢。”

“你到这个国家来是有任务的，牧羊人。为什么要去算旧账，给自己找麻烦呢？我跟你说，你带上这个男孩走吧，僧侣们会议结束之前就走。”

“既然布雷纳斯爵爷如此看重，今晚就来找我，那我就应该站在这儿，与他会面。”

“维斯坦阁下，”比特丽丝说，“我不知道你和布雷纳斯爵爷之间是怎么回事。但是，如果你的使命是杀死大龙魁瑞格，那么我请求你，不要为别的事情分心。算账以后还有时间。”

“这位夫人说得对，牧羊人。劈柴的目的，恐怕我也知道。听我们的话吧，先生。这个男孩给了你一个独一无二的机会，以后可能就没有这样的机会了。带上他，走吧。”

维斯坦若有所思地看着乔纳斯神父，然后礼貌地点点头。“今天见到你我很高兴，神父。如果之前我对你不够尊重，那我向你道歉。但现在请允许我和这个男孩向你告别。我知道比特丽丝夫人还需要你看一看，她是个勇敢而善良的女人。我请你留些力气给她看病。感谢你的忠告，告辞了。”

埃克索躺在黑暗中，一边期盼着睡神降临，一边努力回想，当时在乔纳斯神父的小房间里，为什么自己大多时候都没怎么说话。总该有什么原因。比特丽丝发现了迷雾的源头，兴高采烈地转过脸来跟他说，但他仍旧没说话，只是伸出手去握住了她的手。当时某种强烈而奇怪的情感在他胸中翻腾，几乎让他如临梦境，尽管周围的人说的每个字都清清楚楚传入了他耳中。他感觉好像站在冬天河面上的一艘船里，在浓雾中眺望，心里知道大雾随时会分开，露出前方陆地的清晰轮廓来。而且，当时他有一种恐惧感，与此同时却又感到好奇——或者是种比好奇更强烈、更阴暗的感觉——他心里坚定地告诉自己：“无论前方是什么，让我看看，让我看看。”

这话他当时真的说出来了吗？也许吧，而且就在那一刻，比特丽丝兴奋地转脸对他喊道：“埃克索，你听见了吗？迷雾是那条母龙造成的！”

维斯坦和男孩离开了乔纳斯神父的房间，之后发生的事情，他记不清楚。那位不说话的僧侣尼尼安肯定也一起走了，可能要给男孩拿治伤口的膏药，也可能就是领着他们出去，不让别人发现。反正最后只有他和比特丽丝留在乔纳斯神父身边，神父虽然受了伤，非常疲劳，还是给妻子做了仔细的检查。他没让她脱衣服——这让埃克索放了心——当时的情况他记得很模糊，不过他脑海里留下了一幅画面：乔纳斯把耳朵贴在比特丽丝的腰部，闭着眼睛、聚精会神，好像能听到身体里发出的微弱信号一样。埃克索也记得，僧侣眨着眼睛，问了比特丽丝一连串的问题。喝水后感到恶心吗？脖子后面痛过吗？还有些问题埃克索记不住了，不过每个问题，比特丽丝的回答都是否定的，她说的“不”越多，埃克索就越高兴。只有一次，乔纳斯问她小便里有没有血，她回答说是，有时候有，埃克索紧张起来。但僧侣只是点了点头，好像这是意料之中的正常现象一样，然后就接着问下一个问题了。后来检查是怎么结束的呢？他记得乔纳斯微笑着说：“看来你可以安心去找你儿子了。”埃克索自己说，“你看，公主，我就说没什么事嘛。”然后僧侣小心翼翼地慢慢躺下去，在床上喘气休息。尼尼安不在，埃克索赶紧跑过去，用水罐把僧侣的杯子加满水。他把杯子送到病人嘴边，看到小小的血珠从他下嘴唇上滑落，在水中散开。然后乔纳斯神父抬眼看着比特丽丝，说道：

“夫人，你称作迷雾的这个东西——现在知道了它背后的真相，你好像很高兴。”

“真的高兴，神父，因为现在我们有个方向了。”

“小心一点，这是个有人迫切守护的秘密，虽然现在公开也许更好。”

“是不是秘密，也不是我要小心的事情，神父，我高兴的是，埃克索和我既然知道了，现在行动就有了依据。”

“可是，好心的夫人啊，你这么确定不要这迷雾吗？有些事情藏起来，不放在心里，难道不是更好吗？”

“对有些人来说也许是这样，神父，但对我们不是。我和埃克索都希望再次拥有我们共同度过的美好时光。被人夺走那些记忆的感觉就像一个小偷晚上进来，拿走了我们最宝贵的东西。”

“可迷雾笼罩着所有的记忆啊，好的坏的都包括。不是吗，夫人？”

“我们也愿意让坏的记忆回来，哪怕会让我们哭泣，或者气得发抖。因为，那不就是我们共同度过的一生吗？”

“这么说，夫人，你不怕坏的记忆？”

“有什么可怕的呢，神父？我和埃克索现在对对方的感情，说明我们走过的路虽然被迷雾遮住，但是一路上不会有危险。这就像一个结局幸福的故事，连孩子都知道，过去经历的曲折不必害怕。无论我们这一生是什么样子，我和埃克索会一起回忆，因为这是我们两人都很珍视的。”

肯定有一只鸟从房间屋顶下飞过。那声音吓了他一跳，埃克索这才意识到，刚才有一下他是真的睡着了。他还意识到，劈柴的声音停了，周围安静下来。武士回到他们的房间了吗？埃克索什么也没听到。隔着桌子的黑影，在房间另一头埃德温睡觉的地方，似乎也没有别人。乔纳斯神父给比特丽丝做完检查、问过问题，然后又说了什么呢？是的，她回答说，她小便里有过血，可他只是笑笑，又问了别的事情。埃克索说，你看，公主，我就说没什么事嘛。乔纳斯神父笑了，他受了伤，很疲惫，可他还是说，你可以安心去找你儿子了。但是，这些问题，比特丽丝都不害怕。他知道，比特丽丝害怕的是船夫的问题，比乔纳斯神父的问题更难回答，所以知道迷雾的根源之后，她才那么高兴。埃克索，你听见了吗？她兴高采烈。埃克索，你听见了吗？她说道，脸上容光焕发。

第七章

一只手在推埃克索，可等他坐起来，那人影已经到了房间另一头，正弯着腰低声对埃德温说，“快点，孩子，快点！不要发出声音！”身旁的比特丽丝已经醒了，冰冷的空气让他惊颤。埃克索摇摇晃晃站起身来，然后弯腰抓住妻子的双手。

还是深夜，但外面有人叫喊，下面的院子里肯定点了火把，因为窗户对面的墙上有一块块光亮。喊醒他们的僧侣把睡意朦胧的男孩拉到他们这边来，他的脸还在黑暗中，可埃克索已经认出了那一瘸一拐的步态是布莱恩神父的。

“朋友们，我会想办法救你们，”布莱恩神父的声音仍然很低。“但你们动作要快点，按我说的做。来了士兵，二十个，甚至有三十，要抓你们。他们已经围住了年纪大一点的那位撒克逊兄弟，但他很敏捷，牵着他们团团转，给你们创造逃跑的机会。不要动，孩子，待在我身边！”埃德温要朝窗户旁边走，但布莱恩神父伸手抓住了他的胳膊。“我要带你们去个安全的地方，但我们先得离开这房间，不能让人看见。士兵们在下面的广场上来回巡逻，但他们眼睛都望着塔上，那个撒克逊人还在塔上坚持着呢。如果上帝眷顾，他们也许不会注意到我们走下外面的台阶，那最困难的一关就算过去了。但是，不要发出声响，否则他们就会朝这边看，下台阶要小心，不要绊着。我先下去，等我打手势，你们就跟上。不，夫人，你的行囊只能留在这里。保住性命就不错了！”

他们缩在门边，听着布莱恩神父下楼的脚步声，他走得极慢，对大家简直是煎熬。最后，埃克索小心翼翼朝门外望去，看见火把在院子较远的那一边移动；他还没来得及仔细看看是怎么回事，布莱恩神父先吸引了他的注意力，他就站在正下方，拼命打着手势。

楼梯顺着墙壁一路斜下，台阶大多在黑暗中，只有接近地面的地方有块亮光，一轮满月明晃晃地照在上面。

“在我后面跟紧点儿，公主，”埃克索说道。“别看院子那边，眼睛一直盯着下一步落脚的地方，否则摔下去可够呛，而且下面都是敌人。把我刚讲的话告诉男孩，我们出发吧。”

埃克索虽然发了指令，自己下楼的时候却忍不住朝院子那边望。院子较远的那一侧有一座圆柱形的石塔，俯瞰僧侣们之前开会的那幢建筑，士兵聚集在石塔周围，明亮的火把晃动着，队伍中似乎有些混乱。埃克索下了一半台阶的时候，两名士兵突然离开队伍，往广场这边跑，他觉得这下子肯定要被发现。不过，那两名士兵从一个门里进去，消失了；埃克索心里谢天谢地，领着比特丽丝和埃德温进入回廊的阴影之中，布莱恩神父在那儿等着。

他们跟在僧侣后面，沿着狭窄的通道走，其中有些通道，静默的尼尼安神父之前可能带他们走过。路上常常漆黑一片，向导拖着一只脚，发出簌簌声，大家只能跟着这声音走。然后他们来到一个房间，一部分屋顶已经塌了。月光洒进来，照着一堆堆的木头箱子和破旧家具。埃克索闻到了霉菌和死水潭的气味。

“振作一点，朋友们，”布莱恩神父说，这次他不再压低声音了。他到了房间一个角落里，正在把东西搬开。“你们快安全啦。”

“神父，”埃克索说，“感谢你救了我们，但请你告诉我们发生了什么事。”

布莱恩神父继续清理那个角落，眼睛也没抬，口中回答道：“先生，这对我们也是个谜。他们今晚不请自来，拥进大门，拥进我们家里，好像这是他们的地方一样。他们说，要抓刚到的这两个撒克逊年轻人，没提到你和你妻子，但我不相信他们会友好地对待你们。这个男孩呢，他们显然是想要他的命，就像他们现在追杀他哥哥一样。你们先要脱离危险，以后有时间慢慢去寻思这些士兵的行为。”

“我们是今天早晨才认识维斯坦阁下的，”比特丽丝说，“但是，在他面临着可怕命运的时候，我们自行逃走，心里感到不安。”

“士兵们还是有可能追上来的，夫人，因为我们身后的门都没有上锁。如果那个人勇敢地为你们争取逃跑的时间，甚至要牺牲自己的性命，那么你们应该心怀感激去抓住这个机会。这道暗门下面，有条隧道，是古时候挖的。顺着隧道，可以从地下走到树林里，你们从树林里出来，追赶你们的人就被甩远了。先生，请你帮我抬一下，太重了，我两只手不够。”

两人一起动手，也花了不少力气才把门拉开，门在他们面前立起来，露出一个方形的黑洞。

“让男孩先下去，”僧侣说，“我们很多年没用这条通道了，谁知道台阶有没有塌掉。他脚下灵活，摔一跤不会太严重。”

但埃德温跟比特丽丝说了些什么，比特丽丝对大家说：“埃德温阁下要去帮助维斯坦阁下。”

“公主，跟他说，我们从通道里逃出去，就是帮维斯坦的忙。随便你怎么跟他说，但是要说服他快点来。”

比特丽丝跟男孩说话的时候，男孩身上似乎发生了什么变化。他一直盯着地板上那个洞，月光反射在他眼睛里，那一刻在埃克索看来，男孩的眼睛里有种奇怪的东西，好像他慢慢进入了魔咒之中一样。比特丽丝还在说话，埃德温便迈步朝暗门走去，没有回头看大家，直接进了那个黑洞，消失了。他的脚步声渐渐远去，埃克索拉住比特丽丝的手，说道：

“我们也下去吧，公主。跟紧点儿啊。”

通向地下的台阶很平缓——扁平的石块嵌在泥土中——踩上去也比较牢固。头顶的暗门开着，有一些光亮，他们能看到一点前方的路。但是，就在埃克索转身对布莱恩神父说话的时候，暗门关上了，传来轰隆一声巨响，如同雷鸣。

三人都停下脚步，站在那儿一动不动。空气不像埃克索想象的那样污浊；实际上，他似乎还能感觉到一点儿微风。埃德温在前面什么地方开口说话，比特丽丝低声回答。然后她轻声说道：

“男孩问，为什么布莱恩神父在后面把门给关上了。我跟他说，他很可能是急着把洞口藏起来，也许现在那些士兵已经进了房间。可是啊，埃克索，这事我也觉得有些奇怪。你听，那肯定是他吧，在搬东西把门压住？神父自己说，通道很多年没人走了，如果前面有泥土或者水挡路，我们回去怎么开门呢？门那么重，现在上面又压了东西？”

“是有些奇怪。但修道院里来了士兵，这一点确定无疑，我们刚才不是都看到了吗？我看我们也没别的选择了，只能继续往前走，希望这条路能安全地通到树林。告诉男孩继续往前走，但是要慢一点，一只手要一直扶着这长满青苔的墙，我担心前面只会越来越暗。”

但是，他们再往前走，发现有一线微弱的光，有时甚至还能分辨出彼此的轮廓。脚下不时会有水坑，吓人一跳，而且在这段路上，埃克索不止一次感觉头顶上有声音，但埃德温和比特丽丝都没什么反应，他也就当作是自己想象出来的，不去理睬了。后来埃德温突然停下脚步，埃克索差点都撞到了他身上。他感到身后的比特丽丝捏紧了他的手，有一刻，他们就这样静静地在黑暗中站着。比特丽丝贴得更紧了，他的脖子能感觉到她的气息，她用极低的声音说：“你听到了没，埃克索？”

“听到什么，公主？”

埃德温用手碰碰他，以示警告，他们又沉默下来。最后，比特丽丝对着他的耳朵说：“这里面有什么东西，埃克索。”

“也许是只蝙蝠，公主。或者老鼠。”

“不是，埃克索。我现在能听到。是人的呼吸声。”

埃克索再次倾听。这时候传来一个尖锐的声音，是敲打发出的声响，重复了三次，四次，就在他们前面。一道亮光闪过，接着亮起一团微弱的火焰，火光下现出一个坐在地上的人影，随即又是一片黑暗。

“不要害怕，朋友们，”一个声音说。“是高文啊，亚瑟王的骑士。等这火绒点起来，我们就能看清楚对方啦。”

又是一通击打火石的声音，最后一根蜡烛终于亮起来，火焰慢慢稳定。

高文爵士坐在一个黑黑的土堆上。这个座位显然不太理想，因为他身体角度奇怪，像个随时会滚下来的巨大玩偶。他手里的蜡烛光影摇曳，照亮了他的脸和上半身，他在喘着粗气。和往常一样，他穿着盔甲，剑出了鞘，斜插在脚下的土里。他目光凶狠地瞪着大家，蜡烛从一张脸照到另一张脸。

“看来你们都到了，”他终于开口说道。“我放心了。”

“你吓了我们一跳，高文爵士，”埃克索说。“你躲在这儿，要干什么？”

“我下来有一会儿了，在你们前面走，朋友们。我带着剑，穿着盔甲，个子又高，走得跌跌撞撞，还要低着头，所以走不快，你们就发现我啦。”

“你这不算解释啊，先生。你为什么在我们前面走？”

“保护你们啊，先生！那些僧侣欺骗了你们，这令人难过，但是真的。这下面有一头野兽，他们想让你们在野兽嘴里送命。令人高兴的是，不是每个僧侣都这么想。尼尼安，那个不讲话的，把我领到这下面来，没被人发现，我要带着你们到安全的地方。”

“你这消息真让人回不过神来，高文爵士，”埃克索说。“不过，你先给我们说说这头野兽吧。是什么样的兽呢？我们现在站在这儿，有没有危险？”

“做有危险的打算吧，先生。僧侣们如果不想你们碰到野兽，是不会让你们下来的。这就是他们用的办法。他们是信基督的人，不能用剑，甚至也不能下毒。他们希望谁死，就让谁下来，过一两天，他们就会忘记做过这件事。啊，没错，这就是他们的办法，尤其是院长。到星期天，他甚至还会相信，是他救了你们，否则你们就被士兵抓走了。这隧道里潜伏的野兽干了什么，他就算想起来，也不会承认，甚至还会说这是上帝的意愿。好啦，今晚一位亚瑟王的骑士在前面开路，我们看看上帝的意愿是什么。”

“高文爵士，”比特丽丝问，“你是说，那些僧侣要我们死？”

“夫人，他们当然希望这个男孩死。我试图让他们明白，这没有必要，甚至还庄重地发了誓，带他远离这个国家，但都不行，他们不听我的话！就算维斯坦阁下被捕或被杀，他们也不愿意冒险放走男孩，因为说不定哪天又会来个什么人，要找这个男孩。我说，我带他走得远远的，但他们担心以后的事情，所以要他死。本来他们也许会饶了你和你丈夫的性命，但他们做的事，你们肯定会看到。如果我提前知道这一切，还会不会到这个修道院来呢？谁知道啊？这似乎是我的职责吧，是不是呢？可他们要这样对付一个男孩，还有一对虔诚、无辜的夫妻，这我可不答应！幸运的是，不是所有僧侣都这么想，你们知道，尼尼安，那位不说话的僧侣，是他带着我悄悄下来的。我打算在你们前面走得更远一些，但这身盔甲，还有这麻烦的大个头——这么多年，这大个头让我诅咒过多少次！一个人长这么高，有什么好处呢？能摘到挂在高处的梨子，可是一支箭射来，从矮一点的人头顶飞过去，却差点要了我的命。我看威胁我性命的箭，不比我摘的梨子少！”

“高文爵士，”埃克索说，“你说住在这下面的兽，究竟是什么东西？”

“我从没见过，先生，只知道有些人被僧侣们送下来，被它咬死了。”

"一个凡人拿一把剑，能杀死它吗？"

"你说什么呢，先生？我是个凡人，这我不否认，可我是个训练有素的骑士啊，年轻的时候跟随伟大的亚瑟很多年，他教我要快乐地面对一切挑战，哪怕恐惧渗入骨髓，因为就算我们是凡人，趁着还活在人世，就该绽放光彩，让上帝看到！先生，和所有与亚瑟并肩作战的人一样，我对付过魔鬼妖怪，也对付过最阴险的人，哪怕在最激烈的战斗之中，也总是效仿我伟大的国王。你这是什么意思呢，先生？你怎么敢这么说？你那时候在场吗？我可在场啊，先生，现在盯着你的这双眼睛，当时可什么都见过！可是，又怎么样呢，又怎样呢，朋友们，这事以后什么时间再讨论吧。原谅我，我们有别的事要做，当然有啦。你刚才问什么来着，先生？哎呀，对啦，这头兽，没错，我知道它很凶猛，但不是什么魔鬼精灵，这把剑足以杀死它。"

"可是，高文爵士，"比特丽丝说，"现在我们知道了这些情况，你还认为我们该沿着隧道继续往前走吗？"

"我们有什么办法呢，夫人？如果我没弄错的话，退路已经封起来了，我们回不去，但那扇门却随时会打开，把一批士兵放进隧道。没有别的办法，只能往前走，路上只有一头野兽，我们很快就能到树林，把追赶你们的人甩得远远的，因为尼尼安跟我说过，这条隧道是通的，没有损坏。所以，在蜡烛熄灭之前，我们还是动身吧，只有这条道啦。"

"我们该相信他吗，埃克索？"比特丽丝问。她毫不遮掩，不在乎高文爵士也能听到。"我脑子有点乱，也不愿意相信好心的布莱恩神父会背叛我们。可这位骑士说的话也有道理。"

"我们跟他走吧，公主。高文爵士，我们感谢你花这么大功夫。请带领我们到安全的地方吧，希望这头野兽已经睡着，或者潜到其他地方去了。"

"恐怕我们没这么好运吧。走吧，朋友们，我们要勇敢地往前走。”老骑士慢慢站起身来，拿蜡烛的那只手伸到前面。“埃克索阁下，也许你能帮我们拿着蜡烛，因为我需要两只手，随时准备用剑。”

他们往隧道深处走，高文爵士在最前面，埃克索拿着蜡烛跟着，比特丽丝在后面拉着埃克索的手，埃德温在最后。没别的办法，只能排成单列，因为隧道还是很窄，上面挂着苔藓，露出粗壮的树根，顶部越来越低，最后连比特丽丝都要弯着腰走路。埃克索尽量举高蜡烛，但这时隧道里的风大了，他经常要把蜡烛放下来，用另一只手罩住火焰。不过高文爵士没有一句怨言，他的身影在大家前方，举剑过肩，似乎一直就保持着这个样子。比特丽丝突然叫了一声，拉住了埃克索的胳膊。

“什么事，公主？”

“噢，埃克索，停下来！我的脚刚才碰到了什么东西，但你的蜡烛移得太快了。”

“那有什么关系，公主？我们还要继续走。”

“埃克索，我觉得那是个孩子！我的脚碰了一下，我看了一眼，然后你的蜡烛就移走了。哎呀，我相信那是个死了很久的孩子！”

“好啦，公主，别难过。你在哪儿看到的？”

“走吧，走吧，朋友们，”高文爵士在黑暗中说道。“这地方的很多东西，最好还是不要看。”

比特丽丝似乎没听见骑士的话。“在那边，埃克索。蜡烛往那边照。就是那儿，埃克索，往那地上照，我可不敢再看那可怜的脸！”

高文爵士建议大家不要看，但他自己还是折回来，埃德温也来到了比特丽丝身边。埃克索弓着腰，拿着蜡烛到处照，看到了潮湿的泥土、树根以及石块。接着火光下出现了一只大蝙蝠，伸展双翅，仰面躺着，好像在安睡。蝙蝠的毛看起来又湿又黏，面孔像猪，没有毛发，伸展的翅膀上的凹陷处，已经积了水。要不是胸口上有些特殊，这东西真像是在睡觉。埃克索把蜡烛移得更近一些，大家都瞪大了眼睛：蝙蝠身前有个圆洞，从胸口下方一直到肚子，包括两侧胸腔的一部分。伤口特别整齐，好像有人在一只脆苹果上咬了一口。

“这样的伤口，可能是谁干的呢？”埃克索问。

蜡烛可能是移得太快了，烛火晃了一下，灭了。

“别担心，朋友们，”高文爵士说。“我会再找到火绒的。”

“我不是跟你说过吗，埃克索？”听声音，比特丽丝好像都要哭出来了。“脚一碰到，我就知道那是个孩子。”

“你说什么呢，公主？那不是孩子。你说什么呢？”

“这可怜的孩子发生什么事了呢？他的父母呢？”

“公主，那就是个蝙蝠，黑暗的地方经常有这种东西。”

“哎呀，埃克索，那是个孩子，我肯定！”

“蜡烛灭了，公主，否则我可以再给你看一下。就是个蝙蝠，不是别的，不过我自己倒想看看蝙蝠下面是什么东西。高文爵士，你注意到蝙蝠躺的地方了吗？”

“我不明白你说什么，先生。”

“我觉得那东西好像是躺在骨头堆上，我好像看到了一两个头骨，只能是人的骨头。”

“先生，你这是说什么呢？”高文的声音不经意间高了起来。“什么头骨？我可没看到头骨，先生！只有一只倒霉的蝙蝠！”

这时比特丽丝在默默地抽泣，埃克索直起身去抱她。

“那不是孩子，公主，”他更加轻柔地说。“不要难过。”

“死得孤零零的。他父母在哪儿呢，埃克索？”

“你这是说什么呢，先生？头骨？我可没看到头骨！就是有几根老骨头，那又怎么样？又怎么样啊，有什么好大惊小怪的？我们不是在地下吗？但我没看到骨头堆，我不知道你这是说什么，埃克索阁下。那时候你在场吗？你站在伟大的亚瑟身边吗？我要骄傲地说，我在啊，先生，他是个又勇猛又仁慈的统帅。是啊，没错，是我去跟院长说的，让他留意维斯坦阁下的身份和动机，可我有什么办法？修道的人心会这么黑，难道我能猜到？你的说法根本没有依据，先生！这是对所有曾与伟大的亚瑟王并肩战斗的人的侮辱！这里没有什么骨头堆！现在我不是要救你们吗？”

“高文爵士，你的声音太高了，谁知道那些士兵这时候在哪儿呢。”

“我知道了情况，还能怎么办，先生？没错，我骑马到这儿来，和院长说了话，可我怎么知道他的心有这么黑呢？还有那个好人，可怜的乔纳斯，肝都被鸟啄过，恐怕活不久了，可院长却活得好好的，皮都没给鸟碰过……”

高文爵士住了口，隧道更深处传来一个声音，打断了他的话。声音的远近很难判断，但那肯定是野兽的叫声；听起来像狼嚎，不过也有点儿像熊发出的低吼声。叫声延续的时间很短，但足以让埃克索一把拉过比特丽丝，高文爵士快速从地上拔起剑。他们站在那儿，一句话也不说，等着那声音再次响起。过了一会儿，没有声音传来，高文爵士突然笑了，他没发出什么声响，却笑得几乎喘不过气来。他还在笑的时候，比特丽丝在埃克索耳边说：“我们离开这个地方吧，丈夫。我不愿意再想起这个孤零零的坟地。”

高文爵士不笑了。他说道：“也许我们刚才听到了野兽的叫声，但我们没有选择，只能继续前进。好啦，朋友们，让我们结束争吵。我们很快就能把蜡烛点起来，不过我们先摸黑走一会儿，以免蜡烛把野兽马上引来。看，这儿有一点点光，可以走路。来吧，朋友们，不要再争吵了。我的剑准备好了，我们继续前进。”

隧道更加曲折，大家也更加小心，每到拐弯的地方都害怕会冒出什么东西。但他们没遇到什么，也没有听到之前的野兽叫声。然后隧道突然下降，走过一段长长的陡坡后，他们来到一间很大的地下房间。

大家都停下来喘口气，打量周围的新环境。他们脑袋贴着隧道顶部的泥土走了那么长时间，看到这儿屋顶很高、材料坚固，都感到欣慰。等高文爵士再次点亮蜡烛，埃克索意识到，这似乎是个陵墓，四周的墙上有壁画和罗马字母的痕迹。他们前面有两根结实的柱子，形成一道门，通向另一个大小相仿的房间，房间门口有一块明亮的月光。看不出来月光来自哪里——也许两根柱子上的拱门背后有个通风口，这时机缘巧合，月光刚好能从那儿射进来，照亮了柱子上的霉菌青苔，以及另外那个房间的一部分。乍一看，房间地板上似乎铺着碎石，但埃克索很快发现，那其实是厚厚的一层骨头。这时候他才意识到，自己脚下也是破碎的骸骨，两个房间的地面上全是骨头。

“这肯定是个古老的墓地，”他大声说。“埋葬的人真不少啊。”

“墓地，”高文爵士喃喃地说，“没错，是个墓地。”他刚才一手拿剑，一手拿蜡烛，绕着房间缓缓走了一圈。现在他正朝拱门走去，在第二个房间前面，他突然停了下来，好像被那明亮的月光镇住了一样。他把剑插到地上，埃克索看着他的剪影靠在剑上，手里的蜡烛上下移动着，颇有些厌倦的模样。

“我们不用吵啦，埃克索阁下。这都是人的头骨，我不否认。这儿一条胳膊，那儿一条腿，现在都是骨头啦。一个古老的墓地。也许是吧。先生，我敢说我们整个国家都是这样。翠绿的山谷。春天里怡人的小灌木丛。可是，你往土里挖，雏菊毛莨下面，就是死者的尸骨。先生，我说的不仅仅是举行了基督教葬礼的那些人。我们的土地下面，埋着过去屠杀留下的遗骸。我和霍拉斯啊，我们已经厌倦了。厌倦了，也都老了。”

“高文爵士，”埃克索说，“我们这儿只有一把剑。我请你不要沮丧，也不要忘记野兽就在附近。”

“我没有忘记野兽，先生。我只是在考虑我们面前的这道门。你抬头看看，看见没？”高文爵士举起蜡烛，照着拱门下沿，那儿似乎有一排矛头，对着地面。

“一道闸门，”埃克索说。

“没错，先生。这道门可没那么老。比我们俩都年轻，我敢打赌。有人把闸门打开了，希望我们进去。你看那边，那是拉住闸门的绳索。还有那边，那是滑轮。有人经常到这儿来，开门关门，也许是喂野兽。”高文爵士朝一根柱子走去，脚下踩着骨头，发出咯吱咯吱的声音。“如果我砍断这根绳索，闸门肯定会落下来，挡住我们出去的路。但如果野兽在那边，这闸门就能把它挡住。这是那个撒克逊男孩发出的声音吗，还是偷偷进来了什么精灵？”

正是埃德温。他回到黑暗中，唱了起来；一开始声音很轻，埃克索以为他只是在安抚紧张情绪，但随后他的声音越来越高。那似乎是首舒缓的摇篮曲，唱的时候，他脸对着墙，身体轻轻摇晃着。

“这男孩像着了魔似的，”高文爵士说。“别管他，现在我们要做决定，埃克索阁下。我们该继续走吗？还是该砍断绳索，无论门那边有什么东西，至少可以挡一阵子？”

“先生，依我看，我们砍断绳索吧。想开门的时候，我们肯定还能打开。等门放下来，我们先看看要对付的是什么东西。”

“明智的建议，先生。我就按你说的办。”

高文爵士把蜡烛递给埃克索，向前迈了一步，举起剑，砍在柱子上，发出金属撞击石头的声音，大门的下半部分晃了晃，但没有落下来。高文爵士叹了口气，有点儿不好意思。然后他重新站好位置，再次举起剑，又砍了一下。

这一次，啪嗒一声，大门轰隆隆落下，在月光下扬起一片灰尘。那声音惊天动地——埃德温突然停止了歌唱——埃克索瞪大眼睛，盯着面前的铁栅栏，看那边会出现什么东西。但没有野兽的迹象，过了一会儿，大家都松了口气。

他们现在被困住了，但是闸门落下，大家都感到一阵轻松，四个人开始在陵墓里四处走动。高文爵士把剑插入剑鞘，走到闸门前，轻轻摸了摸栅栏。

“好铁，”他说。“货真价实的东西。”

比特丽丝之前安静了很长时间。这时她走到埃克索跟前，把脑袋贴在他胸口。他一条胳膊把她揽住，发现她脸上都是眼泪。

“好啦，公主，”他说，“振作一点。我们很快就能出去呼吸夜晚的空气啦。”

“这些头骨，埃克索。这么多！这头野兽真的能杀死这么多人？”

她声音不大，可高文爵士转过头来说：“你这是什么意思，夫人？难道是说人是我杀的？”他的声音很疲惫，没有之前在隧道里说话时的怒气，但有一种特别强烈的情绪。“你说，这么多头骨。可我们不是在地下吗？你这是什么意思呢？一名亚瑟王的骑士，能杀得了这么多？”他转过身，对着闸门，一根指头从上到下摸着一根铁条。“过去，很多年前，我在梦里看到自己杀敌人。那是在梦里，很久以前的事了。敌人呢，有好几百，也许和这儿的人数差不多。我就一直拼杀、拼杀。不过是个愚蠢的梦，但我现在还能想起来。”他叹了口气，然后看看比特丽丝。“我都不知道该怎么回答你，夫人。我以为这样做，会令上帝喜悦。我怎么能猜到，这些卑鄙的僧侣竟然心黑到这个地步？我和霍拉斯到修道院时，太阳还没落山，你们也刚到不久，因为那时候我想，我必须尽快告诉院长。后来我发现他要对付你们，就假装出得意的样子。我跟他告别，他们都以为我走了，实际上我把霍拉斯丢在树林里，趁着夜色又走上了山。感谢上帝，不是所有僧侣都那么想。我知道好心的乔纳斯会接待我。我从他那儿知道了院长的计划，就让尼尼安悄悄带我到这儿来，等着你们。该死，这男孩又来了！”

没错，埃德温又在唱歌了，这次他没之前那么大声，但姿势很奇怪。他身体向前倾着，两手握成拳头，放在太阳穴上，在黑暗中走来走去，步伐很慢，像一个人在扮演动物跳舞。

“最近发生了很多事情，他肯定承受不了，”埃克索说。“他表现得非常坚韧，已经很了不起了，我们一离开这儿，一定要好好照顾他。高文爵士，你跟我们说说，那些僧侣为什么要杀死这样一个无辜少年呢？”

“先生，无论我怎么争辩，院长都要杀掉这个男孩。所以我才把霍拉斯丢在树林里，回到了……”

“高文爵士，请你解释。这和他身上的食人兽伤口有没有关系？那些可都是有学识的基督徒啊。”

“男孩身上没有食人兽咬的伤口。那个伤口是龙咬的。昨天，那个士兵拉起他衣服的时候，我当场就看出来了。他怎么遇上了龙，这谁知道呢？但那肯定是龙咬的，现在他的血液里会充满欲望，要去找条母龙。同样，附近任何母龙只要闻到他的气息，也会来找他。所以维斯坦阁下才会急于保护他，先生。他认为埃德温阁下能带他找到魁瑞格。出于同样的原因，这些僧侣和士兵要杀死他。你们看，这男孩更疯了！”

“那这些头骨呢，先生，”比特丽丝突然问骑士。“为什么有这么多？都是孩子吗？有些很小，都能放到你手掌里。”

“公主，不要难过了。这是个墓地而已。”

“你这是什么意思，夫人？婴儿的头骨？我斗过男人、魔鬼和龙。但是屠杀婴儿？夫人，你怎么敢这么说！”

突然，仍在唱歌的埃德温从他们身旁挤过去，跑到闸门边，紧紧贴在栅栏上。

“回来，孩子，”高文爵士抓住他的肩膀，说道。“这儿有危险。还有，不要唱歌了！”

埃德温双手紧抓着栅栏，和老骑士拉扯了一会儿。随后，两人分开，都从闸门前往后退。比特丽丝靠在埃克索胸前，发出一声低呼，但这时埃克索的视线被埃德温和高文爵士挡住了。接着，那头野兽出现在月光之下，埃克索能看得更清楚了。

“上帝保佑我们，”比特丽丝说。“这东西就是从大平原上直接跑过来的，连空气都变冷了。”

“不要担心，公主。它打不破铁栅栏。”

高文爵士的剑立即拔了出来，他低声笑了。“没我担心的那么糟糕，”他说，忍不住又笑了几声。

“够糟糕了吧，先生，”埃克索说。“看起来它能够一个一个把我们给吞了。”

他们所看到的，很像一只剥了皮的大动物：肌肉和关节上，紧紧裹着一层不透明的膜，像翻过来的羊肚。野兽现在裹在月光下，大小与外形看起来都像一头公牛，但它的脑袋很特殊，像狼，颜色要深一些——尽管给人的感觉是被火烧过之后的焦黑色，而不是自然的黑色毛发或皮肉。它的嘴巴很大，眼睛像蛇。

高文爵士仍旧一个人笑着。“从那个阴暗的隧道里走出来，我连最奇怪的东西都想象到了，早做好了准备。先生，有一次啊，我在杜玛姆沼泽上见到的狼，脑袋像可怕的老巫婆一样！在库尔维奇山，见过双头食人兽，战斗中发出吼叫时，能朝你喷血！这东西嘛，也不过是条生气的狗而已。”

“但它却拦住了我们获得自由的路，高文爵士。”

“没错，它的确挡了路。所以，我们可以瞪着它，过一个小时士兵们就会从隧道里追上来。或者打开闸门，与它战斗。”

“高文爵士，我倒觉得这是个比疯狗更加凶狠的敌人。我请你不要大意。”

“我是个老头子，先生，已经很多年没有愤怒地拔剑了。但我仍旧是个受过良好训练的骑士，只要这头野兽不是来自另一个世界，我就会占上风。”

“你看，埃克索，”比特丽丝说，“它的眼睛一直跟着埃德温阁下。”

奇怪的是，埃德温现在很平静，他一直在试探性地走着，先朝左边，然后是右边，总是要回头看看那头野兽，而野兽的目光从未离开过他。

"狗急着要这个男孩哪，"高文爵士若有所思地说。"也许这个妖怪身体里有龙的卵。"

"不管是什么妖怪，"埃克索说，"它在等着我们的下一步行动，耐心不同寻常啊。"

"那么，我来提个办法，朋友们，"高文爵士说。"我讨厌利用这个男孩，像绑个小山羊引诱狼一样。但他似乎是个勇敢的少年，在这儿走来走去，没有武器，同样有危险。让他拿着蜡烛，到房间后面去站着。你呢，埃克索阁下，可以想办法再打开闸门，可能还需要你好心的妻子帮忙，门一开，野兽就能过来。我猜它会直接朝男孩冲过去。我知道它冲过去的路线，就站在这儿，在它经过的时候劈死它。你同意这个计划吗，先生？"

"这个计划很疯狂。但我也担心士兵们很快就会发现隧道。我们试一下吧，先生，我和妻子会尽力的，哪怕我们俩要一起吊到绳子上，也要把门打开。公主啊，你跟埃德温阁下解释一下我们的计划，看他愿不愿意。"

可是，埃德温似乎不用听任何人讲，就已经明白了高文爵士的策略。男孩从骑士手里接过蜡烛，斟酌好距离，在骨头堆上走了十步，回到了黑暗之中。他转过身来，面前的蜡烛几乎毫不颤动，一双亮闪闪的眼睛紧紧盯着栅栏后的野兽。

"那就快点，公主，"埃克索说。"爬到我背上，抓住绳头。晃来晃去的那个，看见了吧。"

一开始，他们俩差点一起滚倒在地。随后两人扶着柱子站稳了，又摸索了一会儿，他听见她说，"我抓住啦，埃克索。让我下来，绳子也会跟着下来。把我抓住啊，要不然我就一下子跌下来了。"

"高文爵士，"埃克索低声喊道。"你准备好了吗，先生？"

"准备好了。"

"要是野兽从你身边跑过去，那这个勇敢的男孩就死定啦。"

"这我知道，先生。不会让它跑过去的。"

“慢慢放我下来，埃克索。如果我抓着绳子吊在半空中，你就把我拉下来。”

埃克索放开比特丽丝，有一下子她悬挂在空中，她身体的重量不够，拉不起闸门。随后埃克索抓住了她双手附近的另一段绳子，两人一起向下拉。一开始没什么动静，接着有什么东西动了，闸门颤抖着升了起来。埃克索继续拉，他看不见门，于是喊道：“够高了吗，先生？”

停顿了一会儿，高文爵士的声音传回来。“这条狗正等着我们呢，中间没有障碍啦。”

埃克索扭过身体，头从柱子旁边探出去，刚好看到那野兽向前跳了出来。老骑士的脸在月光下，看起来他似乎惊呆了。他挥动宝剑，但太晚了，那野兽从他身边经过，径直朝埃德温冲去。

男孩瞪大了眼睛，但手里的蜡烛没有掉下来。他朝旁边跨了一步，让野兽过去，几乎像是礼貌谦让。让埃克索惊讶的是，那野兽真的就过去了，继续朝他们刚走出来的黑暗隧道中跑去。

“我拉着门，”埃克索喊道。“到门里去，逃命吧！”

但是，无论是他身旁的比特丽丝，还是已经放下剑的高文爵士，似乎都没听到。那可怕的野兽刚从埃德温身边冲过去，肯定随时都会回来，可他好像毫不关心。男孩拿着蜡烛，来到老骑士站的地方，两人一起瞪大眼睛看着地上。

“把门放下来吧，埃克索阁下，”高文爵士没有抬头。“我们等一下再拉起来。”

埃克索发现，老骑士和男孩正认真观察着地上正在动的什么东西。他放下闸门，这时比特丽丝说：

“是个可怕的东西，埃克索，我就没必要去看了。你想看就去吧，然后告诉我。”

“野兽不是跑进隧道了吗，公主？”

“一部分吧，我听见它的脚步停了下来。好啦，埃克索，去吧，看看骑士脚下的另外那一部分。”

埃克索走了过去，高文爵士和埃德温都吓了一跳，好像恍惚中突然被人摇醒一样。然后两人让到一旁，埃克索看见了月光下野兽的脑袋。

“嘴巴就是动个不停，”高文爵士不安地说。“我想拿出剑来再劈它几下，又担心那是亵渎，会给我们带来更多厄运。希望它停下来不要动就好了。”

的确，很难相信这砍下的脑袋不是个活东西。野兽的头侧面着地，能看到一只眼睛，仍旧亮闪闪的，像海里的动物那样。上下颚有节奏地动着，似乎有罕见的力气，舌头因此在嘴巴里一起一落，好像是活的。

“我们都要感谢你，高文爵士，”埃克索说。

“不过是一条狗罢了，先生，就是更糟糕的东西，我也乐意奉陪。不过，这个撒克逊男孩勇气罕见呐，我很高兴帮了他一点儿忙。但我们现在要快点走了，而且还要小心，谁知道上面在发生什么事呢，说不定房间那边还有头野兽。”

这时他们在一根柱子后面发现了一个摇柄，把绳子系上去，很快就轻松地拉起了闸门。大家让野兽的脑袋留在原来的地方，从闸门下穿过，高文爵士又一次举着剑走在前面，埃德温走在最后。

陵墓的第二个房间，显然是野兽的巢穴：古老的骨头之中，有新近的羊和鹿的骨架，还有一些骨架是黑色的，气味难闻，他们无法辨认。随后他们又必须弯着腰、屏着气，走过一条曲折的通道。他们没有遇到野兽，最后终于听到了鸟鸣声。远处出现一块光亮，不久大家来到一片树林中，四下里晨曦初亮。

埃克索有点恍惚，两棵大树之间有一堆树根，他拉着比特丽丝的手，扶她坐到树根上。一开始比特丽丝气喘吁吁，没法开口，过了一会儿，她抬起头来，说道：

“我这旁边还有地方，丈夫。如果我们现在安全了，那就坐下来，一起看看最后的星星吧。谢天谢地，我们俩都没事，那邪恶的隧道总算走出来了。”接着她说：“埃德温阁下呢，埃克索？我没看到他。”

在清晨的微光中，埃克索四下张望，看到高文爵士就在附近，在晨光的映衬下显出剪影，脑袋低着，一只手扶着树干，正在调匀呼吸。可男孩却不见踪影。

“刚才还在我们后面，”埃克索说。“我们走出隧道的时候，我听见他喊了一声。”

“我看着他加快速度走了，先生，”高文爵士说道。他没有转身，仍旧气喘吁吁的。“他不像我们这些老人，不用靠在橡树上喘个不停。我猜他是急着回到修道院去救维斯坦。”

“你没想过拦住他吗，先生？他这急匆匆地去，肯定有很大危险，维斯坦阁下这时候已经被杀或者被抓啦。”

“你想要我干什么呢，先生？我能做的都做了。躲在那个连空气都没有的地方。那头野兽之前吞噬了很多勇敢的人，我把它杀了。可是，到头来，那个男孩却跑回到了修道院！难道要我穿着这沉重的盔甲，带着剑，跟在后面追？我都累垮了，先生。累垮啦。现在我的职责是什么？我要歇一下，好好想想。如果亚瑟在，会让我干什么呢？”

“高文爵士，”比特丽丝问，“我们该不该认为，是你最先去告诉院长，说维斯坦阁下的真实身份是东方来的撒克逊武士？”

“为什么又要提这件事呢，夫人？我不是带着你们到安全的地方了吗？踩过那么多头骨，才步入这美好的清晨？那么多。不用低头看，每踩一脚，都能听到咔嚓声。死了多少，先生？一百？一千？你数过吗，埃克索阁下？莫非你不在场，先生？”他仍旧是树边的一个剪影，他的话有时候听不清楚，鸟儿们已经开始了清晨的合唱。

“无论今晚发生了什么，”埃克索说，“我们都该好好感谢你，高文爵士。显然，你的勇气和本领都不减当年。不过，我也有个问题要问你。”

“放过我吧，先生，够了。这山坡上长满了树，我怎么能去追一个灵巧的年轻人呢？我已经垮掉啦，先生，不仅仅是喘不上气。”

“高文爵士，很久以前我们曾是战友，是不是？”

“放过我吧，先生。我今晚尽了我的职责。难道还不够吗？现在，我必须去找我可怜的霍拉斯了，我把他拴在一根树枝上，不让他乱跑，要是狼或熊来攻击他怎么办？”

“这迷雾遮住了我的过去，”埃克索说。“但最近我发现，我慢慢想起了某个任务，一项重要的任务，交给我去完成的。是不是一项法律呢？让所有人更接近上帝的伟大法律？高文爵士，看到你，听你谈起亚瑟，我想起了一些遗忘已久的事情。”

“我可怜的霍拉斯啊，先生，那么厌恶夜晚的树林。猫头鹰或狐狸一叫，他都会吓得够呛，尽管面对箭雨他毫不畏缩。我要去找他了，也提醒一下你们两位好人，不要在这儿休息太久。忘掉那两个撒克逊年轻人吧。现在多想想在村里等着你们的宝贝儿子。依我看，你们现在毯子和食物都没了，最好快点上路。和货船的船夫讲句好话，你们就能搭船顺水而下。不要在这儿停留，谁知道士兵们什么时候到这儿来？朋友们，上帝保佑你们。”

一阵沙沙的声响，几声咚咚的脚步声，高文爵士的身形消失在黑暗的树林中。过了一会儿，比特丽丝说道：

“我们没跟他道别，埃克索，我感觉很糟糕。可是，他跟我们的告别很奇怪啊，也很突然。”

“我也这么想，公主。但他给我们的建议也许很明智。我们该快点去找儿子，不去管最近碰到的那些伙伴。我有点担心可怜的埃德温阁下，但既然他急着回修道院去，我们能帮上什么忙呢？”

“我们再休息一会儿吧，埃克索。很快我们就上路，就我们俩，去找艘货船加快速度也很不错。儿子肯定在担心，我们怎么还没到。”

第八章

那名年轻的僧侣是个身形瘦削、面色憔悴的皮克特人，能流利地说埃德温的语言。有个年纪差不多的人陪着，他显然很高兴。两人在清晨的雾霭中走着，一开始，他兴致勃勃地说个不停。但是，进入树林之后，年轻僧侣就默不作声，埃德温甚至想，自己是不是什么地方得罪了这位领路人。更有可能的是，树林中藏匿着东西，僧侣担心会引起它们的注意；在悦耳的鸟鸣声中，不时传来奇怪的呲呲声和沙沙声。埃德温又一次问道："我哥哥的伤口不致命吧？"这次他不是为了放心，而是为了打破沉默。但对方的回答简短，似乎不耐烦。

"乔纳斯神父说没事。他最明智。"

这么说，维斯坦受伤不会很重。他肯定是不久前走这同一条路下山的，那时候天还没亮。他要靠在领路人的胳膊上吗？或者他还能够骑马，可能由一名僧侣牵着缰绳？

"把男孩领到山下箍桶匠的屋里。不要让人看见你离开修道院。"根据年轻僧侣的说法，乔纳斯神父是这么吩咐的。看来埃德温很快就能和武士团聚，但他能期待什么样的欢迎呢？第一次遇到挑战，他就让维斯坦失望了。埃德温没能在战斗一开始时就赶到他身旁，而是跑进了那条长长的隧道。但他母亲不在那下面，最后隧道的出口终于出现，在遥远的前方，黑暗中如同月亮，这时候梦的阴云才从他心头散去，他回过神来，想起发生的事，感到非常震惊。

至少，他走入清晨的寒冷空气之后，是尽了力的。他几乎是一路跑回到了山上的修道院，遇到最陡的坡才会慢下来。有时候，他要穿过密林，感觉走错了路，但随后树木变稀，修道院又出现在灰色的天空之下。于是他接着往上爬，到大门的时候，双腿酸痛、气喘吁吁。

大门旁的那扇小门没锁，他打起精神，偷偷摸摸溜了进去。山路走了一半的时候，他就意识到了烟味儿，这时候烟熏得他胸口疼，忍不住要大声咳嗽。他知道，这时候去移干草车，肯定太迟了，顿时感到心里空荡荡的，没有着落。但他还是把这种感觉放到了一边，继续朝里面走。

一开始，他没有碰到僧侣，也没遇上士兵。他沿着高墙走，脑袋低着，以免被远处某扇窗户里的人看到，这时他看到下面大门内的小院子里，挤满了士兵们的马。马鞍没下，四周都是高墙，所以马儿都在焦虑地转圈，地方很小，有时候会互相撞上。他继续朝僧侣的住处走去，换作别的孩子，肯定就直接跑到中央的院子里去了，他却心思周密，想了一下修道院的布局之后，他走了一条绕弯子的路，利用了他记忆中的那些隐秘路径。就是快到目的地的时候，他还是要躲在一根石柱后面，先小心翼翼地看看周围。

中央的院子简直认不出来了。三个人穿着僧袍，懒洋洋地扫着地，在他看的时候，又来了一个人，拿着桶往鹅卵石上泼水，躲在一旁的几只乌鸦受了惊吓，飞走了。地面上零零散散撒了干草和沙，他注意到有几个人形的东西，用麻布盖着，他猜可能是尸体。他知道维斯坦曾在那儿负隅抗敌的古老石塔，这时依然巍巍耸立，但连塔也发生了变化：塔身很多地方成了焦黑色，尤其是入门的拱廊和每一扇窄窗的周围。在埃德温看来，整个石塔似乎一下子缩小了。他从柱子后面伸长脖子，想确定一下，麻布覆盖的人形周围那一摊摊潮湿的地方，究竟是血还是水，这时一双瘦骨嶙峋的手从背后抓住了他的肩膀。

他扭过身子，发现尼尼安神父——那个不说话的僧侣——正盯着自己的眼睛。埃德温没有喊叫，而是指着尸体，低声说道：“维斯坦阁下，我的撒克逊兄弟。他也躺在那儿？”

沉默的僧侣似乎能听懂他的话，用力摇了摇头。他抬起一根手指，放在嘴唇上，但就在做这个熟悉的动作时，他仍在瞪着埃德温的脸，似乎是要警告对方。然后，尼尼安偷眼望了望四周，把埃德温拉走了。

“我们能确定吗，武士，”头一天他曾问维斯坦，“那些当兵的真的会来？谁会告诉他们，我们在这儿呢？这些僧侣显然都相信，我们不过是牧羊人。”

“谁知道呢，孩子。也许没人会来打扰我们吧。但是，我觉得有个人可能会说出我们的行踪，此时此刻，说不定好心的布雷纳斯正在发命令呢。用心检查，年轻的战友。不列颠人喜欢往干草垛里插木条，把草分成一份份的。从上到下，我们都需要不掺杂物的干草。”

当时，他和维斯坦在古老石塔后面的谷仓里。武士这下子不去劈柴了，却又急不可耐地要把马棚后面储藏的干草搬过来，堆到那辆摇摇晃晃的推车上。他们动手干这件事的时候，他又不时让埃德温爬上草垛，用棒子往里捅。武士站在地上认真看着，有时候会让他到某个地方重新捅一遍，或者命令他把腿伸进某个具体的位置，越深越好。

“这些修道的人有些马虎大意，”维斯坦解释道。“也许会把铁锹或草叉丢在干草堆里。如果是这样的话，把东西拿出来可是帮他们的忙，这儿工具不多。”

当时武士没有透露准备干草的目的，但埃德温立即知道，这与眼前的冲突有关，所以等干草摞好了，他问了个关于士兵的问题。

“谁会背叛我们呢，武士？僧侣们没怀疑我们。他们忙着神圣的争辩，几乎都不看我们。”

“也许吧，孩子。那儿也捅一捅。就那儿。”

“武士，有没有可能那对年老的夫妇会背叛我们？他们显然很傻、很老实。”

“尽管他们是不列颠人，我却不担心他们会背叛。但是，孩子，你要以为他们傻，那就错了。至少，埃克索阁下是个有城府的人。”

“武士，我们为什么跟他们一起走呢？他们总是拖慢我们。”

“他们拖慢我们，没错，很快我们就会分手。但今天早晨我们出发的时候，我很希望有埃克索阁下的陪伴。也许我还希望他能多陪一会儿。我说过，他是个有城府的人。我和他也许还有更多事情可以讨论。但是，我们还是专心做好眼前的事情吧。我们要把车子装得稳稳当当的。我们需要不掺杂物的干草。那儿不能有木头或铁。孩子，你看我要指望你呢。”

可埃德温却让他失望了。他怎么会睡了那么久呢？躺下来本身就是个错误。他就该直挺挺地坐在角落里，偶尔闭闭眼睛，像维斯坦那样，一听到声音立即就能站起身来。可他呢，像个婴儿一样，喝了老太太递来的一杯牛奶，就在房间那一头沉睡不醒。

他真正的母亲在梦里喊他了吗？也许是这个原因，他才睡了那么久，被跛脚的僧侣叫醒之后，他没有冲到武士身旁，而是跟在其他人后面，进了那条奇怪的长隧道，好像他仍旧在梦境深处一样。

那毫无疑问是他母亲的声音，同一个声音在谷仓里也曾向他呼喊。“埃德温，为了我，找到力量吧。找到力量，来救我。来救我。来救我。”与头天早晨相比，这时的声音里有一种急迫感。还有别的：站在打开的暗门前、盯着通向黑暗的台阶时，他曾感到有东西在拉他，力气很大，让他头晕目眩，几乎要呕吐。

年轻的僧侣用手杖挡住李树的枝桠，等待埃德温走到前面去。这时候他终于说话了，不过声音很低。

“抄小路。我们很快就能看到箍桶匠小屋的屋顶。”

他们走出树林，眼前大地开阔，斜斜没入退却的迷雾之中，但埃德温仍然能够听见，附近蕨丛中有东西在动，并发出咝咝声。他想起了夏末那个霞光灿烂的傍晚，他和那位女孩谈过话。

那天，一开始他没看见池塘，因为池塘很小，隐藏在灯芯草中。一片颜色鲜艳的昆虫在他面前飞了起来，一般情况下，他会关注昆虫，但这次水边传来的声音吸引了他的注意力。动物落入了陷阱？声音又来了，夹在鸟鸣声和风声之中。这声音有个规律：一阵剧烈的摩擦声，好像在挣扎，然后是寂静。不久，又传来摩擦声。他小心翼翼地走到近前，听见了吃力的呼吸声。然后，他眼前就出现了那个女孩。

她仰面躺在野草中，身体扭到了一边。她比他要大几岁，十五或十六，她的眼睛盯着他，毫无惧色。他打量了一会儿才意识到，她姿势奇怪，是因为她双手被绑住了，压在身体下面。四周有一片地方，野草是平的，那是她挣扎时靠腿的力量滑动身体碾压出来的。她穿着布罩衣，在腰间系住，衣服一侧已经变了颜色——或许是浸泡了水，她的腿肤色特别黑，两条腿上都有蓟草划出来的新鲜伤痕。

他想，这可能是个鬼魂或精灵，但她开口说话时，却没有回声。

“你想要干什么？你为什么要来？”

埃德温定定神，说道：“你要是愿意，我可以帮你。”

“这些绳结不难解。他们就是绑得比平时紧一点。”

这时候他才注意到，她脸上、脖子上全是汗。连说话的时候，她双手仍在背后不停地挣扎着。

“你受伤了吗？”他问。

“没有。但一只甲壳虫刚落在我膝盖上，趴在那儿咬了我一口。现在肿起来了。我能看出来，你自己还是个孩子，帮不了我。没关系，我自己能行。”

她绷紧了脸，扭动着，将身体从地面抬起了一点点，但她的眼睛一直盯着他。他看着，呆住了，以为她那双手随时会从身后拿出来。但是，她泄了气，身体松软下来，躺在草上，嘴里大口喘着气，眼睛愤怒地盯着他。

“我可以帮忙，”埃德温说。“我擅长解绳结。”

“你还是个孩子。”

“不是。我都快十二了。”

“他们很快就会回来。如果他们发现你解开了绳子，会打你的。”

“他们是大人吗？”

“他们自己以为是，但其实不过是男孩子。不过，比你大点儿，而且有三个。要是打你一顿，他们肯定会很高兴。他们会把你的脑袋摁到那边的泥水里，直到你晕过去。我看他们以前干过。”

“他们是村子里的吗？”

“村子？”她鄙夷地看着他。“你的村子？我们每天都经过不同的村子。我们才不会管你的村子呢！他们可能很快就会回来，那你就麻烦了。”

“我不害怕。如果你愿意，我可以帮你脱身。”

“我总是自己脱身。”她又扭动起来。

“他们为什么要绑住你？”

“为什么？我想是为了看吧。看我想办法脱身。现在他们走了，偷吃的去了。”然后她说：“我还以为你们这些村民整天都要干活呢。你母亲为什么让你到处乱逛？”

“我得到了允许，因为今天我一个人已经完成了三个角。”然后他又说道：“我真正的母亲已经不在这个村子里了。”

“她去哪儿啦？”

“我不知道。她是被人抓走的。我现在和阿姨住。”

“我像你这么大，还是个孩子的时候，”她说，“也住在一个村子里。现在我到处旅行。”

“和谁一起旅行呢？”

“噢……和他们。我们经常经过这条路。我记得他们以前在这个地方绑过我，把我丢在这儿，就是同一个地方，去年春天的时候。”

“我来把你放开，”他突然说。“如果他们回来，我也不怕他们。”

但是，有什么东西拦住了他。他本来以为她的眼睛会避开，身体要调整一下，因为他要走过来了。但她却一直瞪大眼睛看着他，与此同时，她的双手仍在背后挣扎着。她发出一声长长的叹息声，这时他才意识到，她刚才一直屏着呼吸，时间挺长。

“我一般是能解开的，”她说。“如果你不在，我现在都已经解开了。”

“他们绑你，是不想让你逃走吗？”

“逃走？我能逃到哪里？我和他们旅行呢。”然后她说，“你到我这儿来干吗？为什么不去帮助你母亲？”

“我母亲？”他是真的吃了一惊。“我母亲为什么要我去帮她？”

“你说她是被抓走的，不是吗？”

“是啊，但那是很久以前的事。她现在很开心。”

“她怎么能开心呢？你不是说她在旅行吗？难道你不觉得她想有人来帮助她吗？”

“她就是在旅行。她不会要我去……”

“她不会要你去，因为以前你还是个孩子。可你现在都快是个男人了。”她不说话了，弓起背，又一次攒足了力气挣扎。然后她又松软下来。“有时候，”她说，“他们回来，我还没有解开，他们也不来解。他们就看，一句话也不说，一直到我自己解开绳子，双手挣脱出来。他们就一直坐在那儿看哪、看哪，裤裆里那魔鬼角也一直变大。他们要是说话，我会觉得好一点儿。但他们就一直瞪着眼睛看啊、看啊，一句话也不说。”然后她又说：“看到你的时候，我以为你也会这么做。我以为你会坐下来，睁大眼睛看着，不说话。”

“要我帮你解吗？我不怕他们，而且我擅长解绳子。”

“你还是个孩子。”眼泪突然流出来了。事情发生得太快，而且她脸上没有情绪改变的迹象，所以埃德温一开始以为那只是汗水。随即他意识到，那是眼泪，她半仰着脸，所以眼泪流得很奇怪，经过鼻梁，然后从另一边的脸颊上流下去。在这过程中，她眼睛一直盯着他。她的眼泪让他疑惑，他当时就愣了。

“那来吧，”她说。她第一次侧过身体，目光也侧过去，看着水里的芦苇。

埃德温匆忙上来，像发现了机会的小偷一样，蹲在草地上开始解绳结。绳子又细又粗糙，无情地勒进了她的手腕；两只手掌叠在一起，相比之下，显得又小又脆弱。一开始，绳结解不开，他强迫自己镇定下来，仔细观察绳子缠绕的路径。然后他又试了一次，一个绳结解开了。这下他更加自信，继续解其他的绳结，不时看一眼那柔软的手掌，像一对温驯的小动物一样等待着。

他把绳子拉开之后，她转过身来，坐在他面前，两人之间的距离突然近得有些尴尬。他发现，她不像大多数人那样发出干粪便的气味：她的味道，像用湿柴生出来的火。

“如果他们回来，”她轻声说，“会把你拖过芦苇，然后把你淹个半死。你最好走。回到你的村子。”她试探着伸出一只手来——似乎还不太确定现在这只手能不能动——在他胸口推了一把。“走吧。快。”

“我不怕他们。”

“你是不怕。但他们还是会那么干。你帮了我，但你现在必须走了。走吧。快。”

太阳落山之前，他回来了，她躺过的地方，草还是平的，但看不到她留下的其他痕迹。不过，那地方感觉安静得出奇，他在草丛里坐了一会儿，看芦苇在风里摇摆。

女孩的事，他从没告诉过别人，包括他的阿姨——她当时就会下结论说女孩是个魔鬼——也没告诉其他男孩子。但在随后的几个星期里，他脑海里常常突然出现她鲜活的样子；有时候是在晚上，在他的梦里；更多是在白天，在他挖地或帮忙修房顶的时候，然后他两腿之间的魔鬼角就会变大。最后魔鬼角会退回去，留给他一种羞耻感，然后他又会想起女孩的话："你到我这儿来干吗？为什么不去帮助你母亲？"

可他怎么去找母亲呢？女孩自己说过，他"还是个孩子"。但话又说回来，她也说他很快就会成为男人。他一想起这些话，就会重新体验一遍羞耻感，但前面的路该怎么走，他一直看不清。

然而，维斯坦推开谷仓门的那一刻，这一切都变了。那一刻，刺眼的光射进来，维斯坦宣布，他——埃德温——被选中参与这一使命。现在，他们两个人，埃德温和武士，要穿越这个国家，不久他们必然会与她相遇。到那时候，与她一起旅行的那些人就要颤抖。

可是，引领他离开的，真的是她的声音吗？难道不是对士兵们的畏惧？一条小溪沿山坡而下，溪边有一条几乎没人走过的路，他跟在年轻僧侣后面，脑海里想起了这些问题。被人喊起来，从窗户里看到士兵们围着古老的石塔乱跑，他确定当时没有惊慌失措吗？现在，仔细考虑之后，他确信当时心里并未感到恐惧。之前，白天的时候，武士领着他进入石塔，两人谈了话，那时候埃德温也只觉得很想和维斯坦并肩战斗，对付即将到来的敌人。

从他们来到修道院之后，维斯坦就念念不忘石塔。埃德温还记得，他们在柴火棚里劈柴的时候，维斯坦不时抬头望着石塔。他们推着车到处送柴火时，有两次都特别绕道，就为了从塔边经过。所以后来的那一幕也就不奇怪了：僧侣们一进去开会，中央的院子里没人了，武士立即把斧头靠在柴堆上，说："等一会儿吧，小战友，这位又高又老的朋友一直盯着我们，我们去看个仔细。我觉得，我们到哪儿，它都一直看着，我们到现在还没去拜访它，它生气了。"

他们穿过低矮的拱廊，进入又冷又暗的石塔内部。武士对他说："小心啊。你以为进了塔，可你看看脚下。"

埃德温低下头，看到眼前似乎有条壕沟，围着圆形的石墙形成一个圆圈。沟太宽了，跳不过去，两块木板搭成一个简单的桥，只有从桥上走，才能到达塔中央的夯土地面。他迈步走上木板，眼睛望着黑漆漆的桥下，武士在他身后说：

"注意到了吧，年轻的战友，那下面没有水。如果你径直摔下去，我敢说，那也不过你腰那么深。奇怪，你不觉得吗？为什么在里面挖条壕沟？这样的小塔，为什么要壕沟？能有什么用呢？"维斯坦从木板上走过来，用脚后跟试了试塔中央的地面，然后继续说道："古人建这个塔，也许是用来屠杀动物的。也许这儿就是以前的屠宰场。动物杀死之后，没有用的东西，他们就直接推进旁边的沟里。你觉得呢，孩子？"

"有可能，武士，"埃德温说。"但是，要把牲口领过那么窄的木板，可不是容易的事情。"

"也许以前这儿有更好的桥，"维斯坦说。"很结实，一头牛都能站上去。领过桥之后，如果牲口猜到了自己的命运，或者第一击没能让牲口跪下来，那么这样的布置就能保证牲口不会轻易逃掉。想象一下，动物扭过头，想冲出去，却发现四面都是沟。一座小桥急切之间是很难找到的。以前这儿是个屠宰场，看来这个想法不算傻。跟我说说，孩子，你抬头看看，能发现什么？"

埃德温望着高高的头顶上那一圈天空，说道："顶上是开口的，武士。像烟囱一样。"

"这话很有意思。你再说一遍。"

"像个烟囱，武士。"

"你认为是怎么回事呢？"

"如果古代的人用这个地方来屠宰，武士，那么他们应该在我们现在站的地方生火。他们也许能剥骨头、烤肉，烟可以直接飘出去。"

“有可能，孩子，就像你说的那样。以前这儿曾发生过什么事，恐怕这些基督教僧侣一点儿也不知道吧？我猜，这些先生们到塔里来，是因为这里偏僻、安静。你看这环形的墙有多厚。我们进来的时候，乌鸦在乱叫，但一点儿声音也透不出去。还有，光从上面那样射进来。肯定会让僧侣们想起上帝的荣光。你说呢，孩子？”

“没错，那些先生们可以进来祈祷，武士。不过，要跪下来，这地上可太湿了。”

“也许他们是站着祈祷的，他们不可能猜到，这儿曾经是屠杀和焚烧的场所。孩子，上面你还看到了什么？”

“没了，先生。”

“没了？”

“只有台阶，先生。”

“对啦，台阶。你跟我说说台阶。”

“一圈一圈的，顺着环形的墙走。一直延伸到顶上的天空。”

“观察得很好。现在，你听仔细了。”维斯坦走近了点儿，压低了声音。“这个地方，不仅是这座古塔，而是整个地方，今天大家称作修道院的整个地方，以前是我们的撒克逊祖先在战争时期修建的要塞，我敢打赌。所以有很多聪明的陷阱，来迎接入侵的不列颠人。”武士走到一旁，一边看着壕沟，一边绕着圈慢慢走。最后他又抬头向上望，说道：“把这儿想象成要塞，孩子。过了很多天，要塞被攻破了，敌人拥进来。每个院子里，每堵墙壁上，都在搏斗。现在，你想象这个场景。我们的两个撒克逊兄弟，在外面的院子里，抵挡着一大群不列颠人。他们勇敢地战斗，但敌人太多，我们的英雄们必须撤退。我们假设他们退到这儿，就退到这座古塔里。他们跳过小桥，转过身来，就在这儿面对敌人。不列颠人信心更足了。他们把我们的兄弟逼入了死角。他们拿着剑和斧头逼近，冲过桥，来杀我们的英雄。我们勇敢的兄弟砍倒前面几个，但很快就要继续撤退。孩子，你看那边。他们沿着墙上盘旋的台阶撤退。更多的不列颠人跨过壕沟，最后我们站的地方都挤满了人。但是，不列颠人数量多，却不能发挥优势。因为我们勇敢的兄弟两人并肩，站在台阶上作战，入侵者一次只能上去两个人。我们的英雄本领高强，他们必须步步撤退，越撤越高，但入侵者却不能以数量压倒他们。不列颠人一倒下，后面的就跟上来，然后又倒下。但是，我们的兄弟肯定会累。他们越撤越高，入侵者在台阶上步步紧逼。这可怎么办呢？怎么办，埃德温？我们的族人最后胆怯了吗？他们转过身，跑上最后几圈台阶，偶尔才会回身打斗几下。这肯定完了。不列颠人胜利在握。站在下面看的那些人笑了，像饥饿的人看见了大餐。但是，你仔细看着，孩子。看到什么了？我们的撒克逊兄弟走近头顶那片光晕一样的天空，你看到什么啦？”维斯坦抓住埃德温的肩膀，调整他的位置，指着天上的出口。“说啊，孩子。你看到什么了？”

“我们的兄弟设了一个陷阱，先生。他们往上撤退，就是为了把不列颠人引过来，像把蚂蚁引到蜜罐里一样。”

“说得好，孩子！那么，陷阱是怎么设的呢？”

埃德温想了想，说道：“在台阶抵达最高点的地方，武士，我看到了，从这儿看好像是个壁龛。或者是个门道？”

“很好。那你认为那里藏着什么东西呢？”

“会不会藏着十几名我们最优秀的武士？然后他们和我们两位兄弟一起，一路杀下来，一直杀到下面的不列颠人当中。”

“再想想，孩子。”

“那，一头凶猛的熊，武士。或者一头狮子。”

“孩子，你上次见到狮子是什么时候？”

“是火，武士。壁龛后面是火。”

“说得好，孩子。那么久远的事情，我们难以确定。但我敢打赌，上面藏的就是火。那个小壁龛，站在下面几乎看不到，里面藏着一根火把，也许有两三根，点亮了，在那堵墙后面。剩下的，你来跟我说吧，孩子。”

“我们的兄弟们把火把扔下来。”

“什么，扔到敌人头上？”

“不是，武士。扔到壕沟里。”

“壕沟？里面全是水？”

“不是，武士。壕沟里全是木柴。像我们卖力劈的那种木柴。”

“就是这样，孩子。月亮上来之前，我们还要多劈点柴。我们还要弄很多干草呢。像个烟囱，孩子，你说的。你说得对。我们现在就站在烟囱里。我们的祖先造塔，就是为了这个目的。否则这儿要塔干什么呢？站在外面的墙上，和站在塔顶，视野是一样的。但是你想想，孩子，一根火把扔进这道所谓的壕沟里。然后又扔进一根。之前我们在周围看的时候，我看到塔背上离地面很近的地方有好几个口子。也就是说，像今天晚上这样的强东风，会把火苗扇得更高。不列颠人怎么能逃出这地狱的火海呢？四周是坚固的墙，只有一个窄窄的桥通向自由，而整道壕沟都大火熊熊。不过，孩子，我们离开这个地方吧。我们猜出了这么多秘密，这座古塔可能会不高兴。”

维斯坦转身准备过桥，但埃德温还在盯着塔顶看。

“但是，武士，”他说。“我们那两个勇敢的兄弟。他们也要和敌人一起，在火里烧死吗？”

“就算烧死了，难道不是很辉煌、很划算的事情吗？不过，也许不会到那一步。在下面的热浪升上来时，我们的两个兄弟也许能冲到洞开的塔顶边上，然后从上面跳下去。他们能这么做吗，孩子？虽然他们没有翅膀？”

“他们没有翅膀，”埃德温说，“但他们的战友可能推了一辆车在塔后面。车上装满了厚厚的干草。”

“有可能，孩子。谁知道古时候这儿发生了什么事呢？现在，我们不要再做梦啦，还去劈点柴火吧。夏天到来之前，这些好心的僧侣还要熬过很多个寒冷的夜晚呢。”

在战斗中，没有时间进行复杂的信息交换。飞快地看一眼，挥一下手臂，在吵闹声中喊一句话：真正的武士靠这些，就能够传递自己的想法。那天下午在塔里，维斯坦带着这样的气度说明自己的想法，而埃德温让他彻底失望。

可是，武士是不是期望太高？连老斯特法也只说过埃德温的巨大潜力，只说一旦他学会了武士之道，前途不可限量。维斯坦对他的训练还没结束呢，埃德温怎么能表现出那样的默契？现在武士似乎是受了伤，但这肯定不是埃德温一个人的错吧。

年轻的僧侣在溪边停下来，脱下鞋子。“我们在这儿过河，”他说。“桥还在小溪下游，而且那儿土地开阔，没什么遮挡。隔座山，从山顶上都可能看到我们。”然后他指着埃德温的鞋子，说道：“你的鞋好像做工很不错啊。你自己做的吗？”

“鲍德温阁下给我做的。他是村里技术最高的鞋匠，不过每到月圆的时候，他都要发狂。”

“脱下来。泡了水肯定就毁了。你看见垫脚石了吗？头再低一点，尽量往水面以下看。那儿，看到了没？那就是我们的路。眼睛一直看着路，就不会掉进水里。”

和之前一样，年轻僧侣的语气又有些不礼貌。有没有可能，他们出发之后，他利用路上的时间，心里慢慢想明白了，知道了埃德温在事情中的角色？刚开始的时候，年轻僧侣不仅态度更加热情，而且话很多，几乎停不下来。

他们在乔纳斯神父房间外面那条阴冷的走廊里见面，之前埃德温在外面等了一会儿，里面有几个人在争论，声音很低，但都很激动。埃德温不知道接下来他们会说什么，心里慢慢害怕起来，令他宽慰的是，他们没喊他进房间，却有一名年轻僧侣走了出来，脸上笑容灿烂。

“他们选了我当你的向导，”他喜气洋洋地用埃德温的语言说。

“乔纳斯神父说，我们要马上出发，悄悄出去，不能让人看到。勇敢点，我年轻的兄弟，很快你就到你哥哥身边啦。”

年轻僧侣走路的样子很奇怪，他整个人缩起来，像很冷一样，两只手都藏在袍子里，埃德温跟着他下山，心里想，他是不是天生就没有胳膊。等两人离开修道院，进入安全地带，年轻僧侣放慢脚步，与埃德温并肩，这时他从袍子里伸出一条又瘦又长的胳膊，用力搂住了埃德温的肩膀。

“你都已经逃走了，这样跑回来很傻。听到这事，乔纳斯神父很生气。但是，你看看你，现在又安全地离开啦，运气好的话，还没人知道你回来过呢。不过，这都是什么事啊！你哥哥总是这么喜欢吵架吗？还是某个士兵经过的时候，狠狠地羞辱过他？也许等你到他床边，我的小兄弟，你可以问问他，事情是怎么开始的，我们可都搞不清楚前因后果。如果是他冒犯了士兵，那他的话肯定是非常难听，因为来见院长要干什么，那帮人统统忘记了，大家都跟疯了一样，要惩罚你哥哥的胆大妄为。我自己是被他们的喊叫声吵醒的，虽然我的房间离院子很远。我紧张地跑到那儿，什么也做不了，只能和其他僧侣一起，无助地站在那儿，惊讶地看着事情发生。不久他们告诉我，你哥哥跑进了那座古塔，以躲避愤怒的士兵，士兵们跟在后面也冲了进去，要把他撕成碎片，后来你哥哥好像奋力和他们打了起来。还势均力敌呢，真让人觉得意外，士兵有三十多人，他不过是个放羊的撒克逊人。我们在外面，以为随时都会看到他被大卸八块，血淋淋地被人抬出来，可实际上呢，倒是士兵们一个接一个惊慌失措地从塔里跑出来，有的踉踉跄跄，抬着受伤的战友。我们简直不相信自己的眼睛！我们都祈祷争执快点结束，无论原来谁侮辱了谁，这样的暴力肯定都不好。可打斗却一直进行，后来啊，小兄弟，可怕的事故就发生啦。谁知道呢，说不定上帝看到自己的神圣建筑里发生这样恶劣的争执，生气了，伸出手指来降了天火？也可能是哪个士兵，拿着火把跑来跑去，摔了一跤，铸成了大错。多可怕啊！突然之间，塔就烧着了！谁能想到，一座潮湿的古塔竟然这么能烧？可塔真的燃起了熊熊大火，布雷纳斯的手下和你哥哥都困在里面。他们要是立即抛开双方的争执，尽可能快地跑出来，那倒还好，但我猜他们肯定是想扑灭大火，等到发现四下里全是火海，就已经来不及了。真是场极其可怕的事故，几个人跑出来，倒在地上扭动挣扎，最后也都死了。但是，小兄弟，奇迹中的奇迹是，你哥哥竟然逃出来了！尼尼安神父发现他在黑暗中乱走，有点迷糊，受了伤，但还活着，而这时候其他人还在看着大火熊熊的古塔，为里面的人祈祷。你哥哥活下来了，乔纳斯神父亲自给他治了伤，只有我们几个人知道这件事，乔纳斯神父让我们严格保密，连院长也不能说。他担心如果消息传出去，布雷纳斯爵爷会派更多士兵过来复仇，实际上大多士兵死于事故，不是你哥哥杀的，但这一点他可不管。你一个字也不要说出去，对你有好处，至少要等到你们俩远远离开这个国家。乔纳斯神父很生气，你竟然冒着生命危险回到修道院，但他也很高兴，因为让你和哥哥团聚就更容易了。'他们必须一起离开这个国家，'他说。乔纳斯神父真是最善良的人，就算被那些鸟啄成重伤，他仍然是我们当中最有智慧的。我敢说，你哥哥这条命可多亏了他和尼尼安神父。"

但是，他说这些话，是之前的事情。现在，年轻的僧侣疏远了，两只手又紧紧缩回到袍子里。埃德温跟在他身后过河，眼睛尽量看清楚激流之下的石头。这时他想到，他应该向武士坦白一切，跟他说母亲的事，说她在召唤。如果他诚恳、坦白地把一切从头解释清楚，维斯坦也许能够理解，再给他一次机会。

想到这儿，埃德温心情有些好转。他一手拎着一只鞋子，轻快地跳向下一块石头。

第三部

高文的第一次浮想

那些讨厌的寡妇。上帝把她们放在我面前，放在这山路上，有什么用意呢？他想考验我的谦卑吗？他看着我救了那对柔弱的夫妻，还有那个受伤的男孩，看着我杀死一条魔鬼一样的狗，在沾满露水的树叶上还没睡到一个小时，又要起身，牵挂着我还没有完成的任务，我和霍拉斯又要出发，不是下山找个遮风挡雨的村子，而是又要在灰色的天空下，走一条陡峭的山路，难道这一切还不够吗？但是，他还是让那些寡妇挡着我的路，毫无疑问，我做得也不错，客客气气地跟她们说话。她们说了些侮辱人的蠢话，用土块砸霍拉斯的后腿——好像霍拉斯会惊慌失措，难看地撒腿乱跑一样——我呢，几乎都没有回头看她们，而是对着霍拉斯的耳朵说话，提醒他我们必须承受这样的考验，因为在那遥远的山巅，在风暴云聚集的地方，还有一场更严峻的考验等着我们。而且，那些衣衫破烂、饱经风霜的妇人，以前也都是清纯的少女，有些容貌美丽、举止优雅，或者至少清新活泼——在男人眼里，这一点并不逊于美丽与优雅。她不也是这样吗？我有时候会想起她来，在抑郁的秋天，眼前大地一望无垠，空阔、孤寂，骑马一天都走不到头。她不是什么美人，但我觉得够让人欢喜了。我只看过她一眼，年轻的时候，我那时候跟她说过话没有呢？可她有时候会回到我脑海里，我相信我睡觉的时候她也来过，因为我一觉醒来，梦境渐渐远去，我却常常还有一种神秘的满足感。

今天早上霍拉斯把我喊醒的时候，我就有这种感觉，醒来还感到快乐。我累了一晚上，就睡在树林里松软的地上，霍拉斯踩踏着地面，要把我喊醒。他很清楚，我已经没有以前的精力啦，折腾了一个晚上，睡一个小时就爬起来继续赶路，对我可不是容易的事情。但是，看到太阳已经高挂在阴凉的树林上方，他就不能让我继续睡觉了。他不停地踏脚，最后我只好起来，锁子甲都喀喀作响，好像不愿意。我越来越讨厌这盔甲了。它真的帮我挡过什么吗？最多少受一两次小伤而已。我身体一直健康，要感谢的是这把剑，不是盔甲。我站起身，观察周围的树叶。夏天还没过去，怎么落了这么多呢？这些树为我们遮风挡雨，难道生病了吗？一缕阳光从高高的枝叶间穿透下来，落在霍拉斯的鼻子上，我看着他鼻子晃来晃去，好像那缕光是只苍蝇，飞下来要折磨他。他晚上过得也不好，一直听着周围树林里的声音，心里担心他的骑士不知道上哪儿冒险去了。他那么早叫醒我，我有点不开心，但我还是走过去，双手轻轻抱住他的脖子，把头贴在他的鬃毛上歇了一会儿。他这个主人心狠着呢，这我知道。我知道他累了，可还是逼他继续走；他什么错误也没犯，可我还要骂他。还有这一大堆铁家伙，我穿着累，他驮着也累。我们还要一起走多久呢？我轻轻拍着他，说："我们很快就能找到一个友好的村子，你就能吃顿早餐，比你刚才吃的好。"

我这样说，是因为我相信维斯坦阁下的问题已经解决了。但是，我们没走多少路，还没出树林呢，就碰上了那名衣衫破烂的僧侣，鞋子都破了，在我们前面匆匆忙忙赶往布雷纳斯爵爷的营地，他还能告诉我们什么消息呢，无非是维斯坦阁下逃出了修道院，晚上来抓他的人都死了，很多都成了焦黑的骨头。真是个人物啊！奇怪的是，听到这个消息，我心里很高兴，尽管我原以为不必完成的那项艰巨任务，现在又要去完成了。所以，我和霍拉斯也不去想什么干草、烤肉和友好的伙伴啦，现在又在这儿爬山。谢天谢地，至少我们离那该死的修道院越来越远。没错，那些僧侣和令人憎恶的布雷纳斯没杀死维斯坦阁下，我心里感到欣慰。但是，他可真是个人物啊！每天他手上流的血，都要让塞文河泛滥啦！那个穿着破烂的僧侣说，他受伤了，但谁能指望像维斯坦阁下这样的人物会轻易倒下来，说死就死呢？让那个男孩埃德温就那样跑走，我真傻啊，现在，谁敢说他们两人会找不到对方呢？真傻，可我当时很累，而且，也没想到维斯坦阁下竟能逃掉。真是个人物啊！他要是生在我们那个年代，虽然是个撒克逊人，也能赢得亚瑟的赞赏。我们当中最优秀的，也不愿意与他正面为敌。不过，昨天他和布雷纳斯的士兵战斗时，我发现他左侧也许有个小小的弱点。或者是他当时卖了个破绽？如果再看他战斗一次，我就能搞清楚。不过他仍旧是个本领很高的武士，也只有亚瑟王的骑士才能看出问题来。看他战斗的时候，我的确是这么想的，我对自己说，你看那儿，左侧有个小小的弱点。聪明的对手可以利用。但是，我们哪个会不尊重他呢？

可这些讨厌的寡妇，她们怎么跑到我们的路上了呢？我们这一天难道还不够忙吗？耐心还没有耗尽？我们到下一个山顶停一下吧，上坡的时候我对霍拉斯说。我们要停一下，休息一会儿，虽然天上起了乌云，可能有风暴。如果没树，我也要在那矮石楠上坐下来，我们还是要休息休息。可等路平坦下来，我们看到了什么呢？一群大鸟蹲在石头上，都一起飞起来，不是飞到越来越暗的天空，而是朝我们飞。后来我才看明白，那不是鸟，而是一帮上了年纪的女人，披着大斗篷，聚到我们面前的路上。

为什么要在这么个荒凉的地方聚会？没有石头堆，没有干枯的井，什么标记也没有。没有一棵小树，没有一片灌木丛，不能给行路的人遮太阳挡雨。只有她们从上面起身的那些白石头，嵌在路两边的土里。我们要确定一下，我对霍拉斯说，我们要确定一下，我老眼昏花，有没有看错，是不是土匪朝我们扑过来了。但是，没有必要拔剑——剑刃上还有那只恶魔狗的黏液的气味，尽管睡觉前我把剑深深插在地里——因为她们肯定是上了年纪的女人，不过，如果有一两面盾牌抵挡一下，倒是很不错的。女士们——霍拉斯，既然我们终于甩开了她们，就称她们为女士吧，她们不也值得同情吗？我们不要称她们为泼妇吧，虽然她们极不礼貌，让人真想这么称呼。让我们再提醒一下自己，至少她们中的有些曾经容貌美丽、举止优雅。

“他来啦，”其中一个喊道，“那个假骑士！”我走近的时候，其他人也跟着喊起来，本来我们可以从她们当中直接走过去，但我可不是一遇到逆境就躲开的那种人。于是我让霍拉斯停下来，就在她们当中，但我的眼睛却凝视着下一座山峰，好像在打量那聚集的云一样。她们的破衣服在我们身边扇动，我能感觉到她们的叫喊声扑面而来，这时候我才从马上低头看着她们。有十五个吗？二十？有人伸手去碰霍拉斯的肚腹，我低声让他不要烦躁。然后我挺直身体，说道，“女士们，如果我们要说话，你们就必须停止叫嚷！”听到这话，她们安静下来，但她们的目光仍然很愤怒。我说：“你们想要怎么样，女士们？为什么要这样拦住我？”一个女人喊道：“我们认识你，你就是那个愚蠢的骑士，胆小如鼠，不敢完成交给你的任务。”另一个说，“如果你很早以前就完成了上帝交给你的任务，我们这时候还会痛苦地到处流浪吗？”又有一个说，“他害怕他的职责！你们看他的脸色。他害怕他的职责！”

我强忍住怒火，要求她们解释。有一个比其他人稍微礼貌一点儿，她走上前来。“原谅我们，骑士。我们在这天空下流浪很多天了，看到你大胆地骑着马往我们这边走，我们就忍不住要你听听我们的悲痛。”

“夫人，”我对她说，“也许我看起来年老体弱。但我仍然是伟大的亚瑟的骑士。如果你们告诉我有什么麻烦，我将很高兴尽力帮助。”

让我疑惑不解的是，那些女人——包括那个懂礼貌的——都讽刺地大笑起来，然后一个声音说：“你要是很早以前履行了职责，杀死了母龙，那我们就不必这么痛苦地流浪啦。”

这让我震惊，我喊道："你们知道什么？魁瑞格，你们知道什么？"但我及时意识到，必须克制。于是我平静地说："请解释一下，女士们，是什么迫使你们在路上流浪？"人群后面有个干涩的声音说，"你问我们为什么流浪，骑士，我很高兴跟你说说。那个船夫问我问题，我的爱人已经在船里了，正伸手扶我上船呢，可这时候我发现，我最宝贵的记忆都被夺走了。当时我不知道，但现在我知道了，偷走我记忆的贼，就是魁瑞格的呼吸，你很久以前就该杀死她。"

"这你怎么知道呢，夫人？"我质问道。我没法隐藏内心的惊恐。这样一个流浪者，怎么可能知道如此严守的秘密呢？那个礼貌的女人奇怪地笑了笑，说道："我们是寡妇，骑士。现在能瞒住我们的事情不多了。"

这时候我才感觉到霍拉斯颤抖了一下，我听见自己问，"女士们，你们是什么？是人还是鬼？"她们又一次大笑起来，那嘲讽的声音让霍拉斯不安地挪动着一只蹄子。我轻轻拍着他，说："女士们，你们为什么笑？这个问题很傻吗？"人群后面那个嘶哑的声音说道："看他有多害怕！现在他害怕我们，就像害怕龙一样！"

"女士，这是什么废话？"我更加用力地喊道，霍拉斯却违背我的意愿，往后退了一步，我使劲拉缰绳才让他稳住。"我不害怕龙。虽然魁瑞格很凶悍，但是我这辈子也面对过更加邪恶的东西。如果说我没有早点杀死她，那是因为她非常狡猾，躲在那些高山的岩石里面。你谴责我，女士，但是现在我们还听得到魁瑞格的风声吗？有段时间，人们只知道她每个月至少都要攻击一个村庄，但是我们已经很久没有听说过类似的事情了吧，小男孩都长成了大人。她知道被我盯住了，所以不敢出来，只躲在那些山里。"

我还在说话的时候，有个女人掀开她的破斗篷，一团泥土砸在霍拉斯的脖子上。我无法忍受，对霍拉斯说，我们得走。我们的使命，这些老娘儿们能知道什么？我催他向前走，奇怪的是，他一动不动，我只好用马刺踢他，他这才迈步。幸好那些黑色的人影在我们前面分开，我又一次抬眼去看远方的山峰。想到那荒凉的高山，我的心沉了下来。我想，就算是这些不知天高地厚的老太婆陪着我，也比那刺骨的风好。但是，那些女人似乎是要提醒我，这样的感受是错误的，竟然在我身后齐声唱了起来，我感到有更多泥巴朝我们这儿飞。她们唱的是什么呢？她们敢喊“懦夫”吗？我真想转过身去，发泄怒火，但及时忍住了。懦夫，懦夫。她们知道什么？她们在场吗？很久以前的那一天，我们出发去面对魁瑞格，那时候她们在场吗？那时候她们会说我是懦夫吗，或者我们五个人中随便哪一个？那是个伟大的任务，最后只有三个人回来了。任务完成之后，女士们，我几乎都没休息，不是又急忙赶到山谷边，兑现了我对那位年轻姑娘的承诺吗？

厄德拉，她后来跟我说了她的名字。她不是什么美人，穿的也是最简单的衣服，但和我有时候梦到的另外那一位一样，她脸上红霞灿烂，让我心动。我看见她在路边，双手拿着锄头。她刚刚才成为女人，身材娇小柔弱。我要去完成那项艰难的任务，但是，看到这样天真的人儿，独自游荡，离我刚抛在身后的恐怖之地又那么近，我无法从她身旁骑马而过，不予理睬。

“回来，姑娘，”我骑在公马上向下喊道，那时候还没有霍拉斯呢，连我自己都很年轻。“你这是犯了什么傻，要往那边走？这山谷里正在打仗，难道你不知道吗？”

“我很清楚，先生，”她说，毫不胆怯地看着我。“我已经走了很远的路，很快我就要到山谷里去，加入战斗。”

“你是受了精灵的蛊惑吗，姑娘？我刚从谷底来，久经沙场的武士都害怕得呕吐不止。我都不愿意你从远处听到一丁点儿回声。为什么扛那么大一个锄头呢？”

“我认识一个撒克逊领主，就在下面的山谷里，我全心全意祈祷，希望他没死，希望上帝保护好他。他对我亲爱的母亲和姐妹们做了那样的事情，我一定要他死在我手里，我扛锄头就是为了这个。这把锄头能刨冬天早晨的冻土，同样也能刨这个撒克逊人的骨头。”

这时候我只好下马，抓住她的胳膊，虽然她想挣脱开。如果她今天还活着——厄德拉，她后来跟我说了她的名字——应该和你们的年纪差不多，女士们。她甚至有可能刚才就在你们当中，谁知道呢？不算了不起的美人，但和另外那位一样，她的天真打动了我。“让我去，先生！”她喊道。我回答说：“你不能进入山谷。站在边上看一眼你都会晕倒。”“我不是懦夫，先生，”她喊道。“让我去！”我们就那样站在路边，像两个吵架的孩子，为了让她安静下来，我只好说：

“姑娘，我不知道该怎么打消你的念头。但是，你想一想，你一个人去找那个人报仇，能有多大机会呢？如果我帮助你，你的机会就会增加很多倍。所以你要耐心一些，到荫凉的地方坐一会儿。你看那边，到那棵接骨木下面坐着，等我回来。我去和四位战友一起完成一项任务，很危险，但时间不会很长。如果我死了，你还能看到我再次从这里经过，绑在这同一匹马的马鞍上，那你就知道，我无法履行我的承诺了。否则，我发誓一定会回来，我们一起下去，实现你复仇的梦想。耐心点，姑娘，我相信你的所求是正当的，既然这样，上帝一定会让这位领主活着，等我们去找他。”

这是懦夫的话吗，女士们，就在那天说的，就在我骑马去对付魁瑞格那天？任务完成了，我知道自己侥幸活了下来——我们五个人，有两个没回来——便立即往回赶，虽然我很疲惫，我要回到山谷边缘，回到那棵接骨木下，姑娘还在那儿等着，双手抱着锄头。她跳了起来，再次看到她，又让我心动。我又一次试图说服她不要去，因为我害怕看到她进入山谷，她却愤怒地说：“先生，难道你是骗人的？你不履行对我的承诺？”于是我把她放到马鞍上——她拉着缰绳，怀里还抱着锄头——我在前面步行，领着马和姑娘往山谷里走。她脸色变白了吗，当我们刚听到那喧闹声的时候？还是当我们在战场外围遇到被人紧紧追赶、走投无路的撒克逊人的时候？那些筋疲力尽的武士，从我们前面爬过，伤口的血一路洒在地上，她畏缩了吗？她眼里有泪花，我看见她的锄头在抖动，但她没有扭过头去。她的眼睛忙个不停，在血淋淋的战场上前后左右搜索。然后我自己上了马，把她放在我身前，好像她是只温驯的羊羔一样，我们一起骑马进了战场最深处。那时候我有过怯懦之色吗？我挥舞着剑，用盾牌遮挡她，骑着马东奔西突，直到最后两人都摔在泥浆里？她马上站起身来，找回了锄头，开始在一堆堆残肢断臂之间辟出一条路来。我们耳里全是奇怪的叫喊声，但她似乎没有听到，就像一位信奉基督教的正经好姑娘，只管自己走路，不理会粗俗男人们的下流叫喊。我那时候年轻，脚下灵活，拿着剑在她周围跑来跑去，砍倒所有想伤害她的人，用盾牌遮挡不时飞过来的箭。最后，她终于看到了她要找的人，然而，我们好像漂浮在惊涛骇浪中一样，虽然岛屿就在眼前，却总被浪推开，无法靠近。我们两人那天就是这样。我战斗着、砍杀着，保护着她，但是过了很久我们才来到那人跟前，而且有三个人专门守卫着他。我把盾牌交给那姑娘，说："挡好自己，他就快是你的了。"我以一对三，也知道他们都是本领很高的武士，但我还是一个一个打败了他们，最后我直接面对她恨之入骨的那位撒克逊领主。他在血流成河的战场上走，腿上全是血，但我能看出来，他不是武士，我把他打倒，他躺在地上喘着气，腿已经没用了，眼睛充满仇恨地瞪着天空。这时候她来了，站到他跟前，盾牌丢在一边，她的眼神让我脊背发凉，超过那可怕战场上的一切。然后她的锄头下来了，不是抡起胳膊甩下来，而是轻轻地锄一下，接着是第二下，好像她是在地里刨庄稼一样。我看不下去，喊道："了结了吧，姑娘，要不我自己来啦！"她说："别管我了，先生。我谢谢你帮忙，但现在结束了。""才结束一半呢，姑娘，"我喊道，"我还要让你安全地离开山谷。"但她不再听我说话，又去做她那可怕的事。我本来会继续争辩下去，可就在这时候，他从人群中出来了。我说的是埃克索阁下，这是他现在的身份，那天他当然更年轻，但那时候他就有一副智慧的样子，我一看到他，好像战场的喧闹立即退去，成了我们周围低低的背景声音一样。

“为什么毫不遮挡地站着呢，先生？”我对他说。“剑还在鞘里？至少从地上捡个盾牌吧，把自己遮起来。”

但他目光悠远，仿佛在一个花香扑鼻的清晨，站在雏菊盛开的草地上。“如果上帝决定引一支箭到这边来，”他说，“我也不会去拦。高文爵士，很高兴看到你平安无事。你是刚到吗，还是一开始就在这儿？”

这话说的，好像我们俩是在夏季集市上聊天一样，我不得不又一次喊道：“遮挡一下，先生！战场上还有很多敌人。”他仍旧像看风景一样，我想起了他的问题，说道：“战斗开始的时候我就在，后来亚瑟选了我和其他四个人去完成一项有重要意义的任务。我刚刚才回来。”

这话总算引起了他的注意。“有重要意义的任务？顺利吗？”

“伤心的是，我们失去了两位战友，但任务完成了，梅林很满意。”

“梅林阁下，”他说。“那个老人家也许是智者，但他让我不寒而栗。”然后他又看了看周围，说道，“很遗憾你失去了朋友。今天，将会有更多的人离去。”

“但胜利肯定属于我们，”我说。“这些该死的撒克逊人。为什么要这样继续打下去呢？只有死神才会感谢他们拼命。”

“我相信，他们这样做，完全是因为对我们的愤怒和仇恨，”他说。“因为这时候他们肯定已经获得了消息，知道我们对留在他们村子里的那些无辜的人做过什么。我自己刚从那儿回来，那些撒克逊士兵怎么可能不知道这消息呢？”

“你说的是什么消息，埃克索阁下？”

“我们正式允诺不伤害他们的妇女、儿童和老人，所以他们留在村子里，没人保护。但是，现在他们都被我们的人杀了，包括最小的婴儿。如果有人刚刚对我们干过这种事，我们的仇恨能消除吗？难道我们不会像他们这样拼死战斗，每一道伤口都是一个慰藉？”

“为什么老谈这件事呢，埃克索阁下？今天，我们胜利在握，而且会名垂后世。”

“我为什么老谈这件事？先生，我以亚瑟的名义，与这些村庄友好相处。有个村子里，大家说我是和平骑士。今天，我看着我们的十几个士兵长驱直入，毫无怜悯之心，唯一能抵抗他们的，是一帮还没我们肩膀那么高的男孩子。”

“听到这消息，我很难过。但我再次敦促你，先生，至少捡起一面盾牌吧。”

“我经过的每一个村庄都是这样，而我们的人还为此洋洋得意。”

“不要责怪自己，先生，也不要责怪我舅舅。你曾宣扬的那伟大法律，在其生效之时，是一件真正了不起的事情。这么多年来，多少无辜的不列颠人和撒克逊人，因为这部法律而保住了性命？法律后来没能维持下去，但那并不是你的错。”

“可他们直到今天仍然相信我们的协议。一开始他们只有畏惧和仇恨，是我赢得了他们的信任。我们今天的所作所为，让我成了骗子和刽子手，亚瑟的胜利，我一点儿也不感到高兴。”

“你说这种胡话是想干什么呢，先生？如果你这是要背叛，那我们不要耽搁，现在就来见个分晓吧！”

“我不会去伤害你舅舅，先生。可是，高文爵士，用这么大的代价赢来的胜利，你怎么能这么高兴呢？”

“埃克索阁下，今天下令对那些撒克逊村庄动手时，我舅舅肯定心情沉重，他不知道除此之外，还有什么别的方法获得持久的和平。想想吧，先生。你怜悯的那些撒克逊男孩，很快就会成为武士，迫不及待地要为今天丧生的父亲报仇。那些小女孩的子宫里很快会生长出更多的武士，这屠杀的魔咒永远不会破解。你看看复仇的欲望有多么强烈！你现在就看，看看这位漂亮的姑娘，我自己护送过来的，你看她还没停手呢！然而，今天的伟大胜利，就是个难得的机会。我们也许能一劳永逸地破解这个邪恶的魔咒，而一位伟大的君王应当果断行动、抓住机会。埃克索阁下，希望这一天名垂青史，从今往后我们的土地能获得多年的和平。”

“我不明白你的意思，先生。今天我们的确杀了无数撒克逊人，无论是武士还是婴儿，但是穿过这片土地，那边还有更多的撒克逊人。他们从东方来，坐船登上我们的海岸，每天都在建起新的村庄。这仇恨的循环根本没有打破，先生，反而因为今天的屠杀而更加牢固。现在我去见你舅舅了，汇报我看到的情况。他相信上帝会微笑着看待今天的行为吗？我去看看他脸上的表情就知道了。”

屠杀婴儿的刽子手。这就是我们那天干的事？那我护送的那位呢，后来她怎么样了？刚才她也在你们当中吗，女士们？我骑马去履行职责，为什么要这样围住我？让一个老人安安静静地去吧。屠杀婴儿的刽子手。但我当时不在场啊，就算在，我和一位伟大的君王争辩，能有什么作用？他还是我舅舅呢。那时候我不过是个年轻的骑士，而且，这么多年过去了，事实不是证明他是正确的吗？你们不是在和平之中慢慢变老的吗？那就让我们上路吧，不要在背后侮辱我们。‘无辜者保护法’真是一部了不起的律法，让人更亲近上帝——亚瑟自己总是这么说，抑或是埃克索阁下说的？那时候我们称他为埃克索勒姆或者埃克索勒斯，可现在他叫埃克索，还有个好妻子。为什么要奚落我呢，女士们？你们悲伤，是我的错吗？我的日子就快到了，我不会回头，像你们那样在大地上流浪。我将心满意足去见船夫，踏上他那艘摇晃的小船，水在四周拍打着，耳朵里传来他划桨的声音，我也许能睡一会儿。我将由熟睡而半醒，看见太阳落在水面，岸越来越远，然后又打盹，回到梦境，直到船夫的声音再次将我轻轻唤醒。如果他要提问——有人说他会这样——那我就诚实回答，我有什么好隐藏的呢？我没有妻子，虽然有时候我渴望有。但我是个好骑士，将自己的职责执行到底。我就这么说吧，他会明白我没有撒谎。我也不会在意他。那温柔的落日，他从船的一边走到另一边，影子落在我身上。但是，这一切还要等一等。今天，我和霍拉斯要在这灰色的天空下上山，爬上那荒凉的山坡，攀上下一座山峰，因为我们的事情还没完成，魁瑞格在等着我们。

第十章

他从未想过要欺骗武士。好像是欺骗自行悄悄降在原野上，将两人裹在其中。

箍桶匠的小屋似乎建在一道深沟里，茅草屋顶离地面很近，埃德温低下头进去的时候，感觉像是爬进了一个洞。他预料到屋里会很黑，但那令人窒息的闷热——以及木头发出的浓烟——让他措手不及，他咳嗽起来，用这种方式通知屋里的人他到了。

“看到你平安无事，我很高兴，年轻的战友。”

维斯坦的声音从暗火那边的黑暗中传来，接着埃德温在一张铺着草皮的床上分辨出了武士的身形。

“你受伤严重吗，武士？”

维斯坦坐起来，慢慢挪到火光下，埃德温看见他的脸、脖子和肩膀上全是汗。但伸向火堆的那双手却颤抖着，好像很冷一样。

“伤口是小事。但伤口引起了发热。之前更加严重，我都不记得是怎么到这儿的了。好心的僧侣们说，他们把我绑在马背上，我猜我大概一直在喃喃不休吧，就像在树林里扮演咧着嘴的傻瓜时一样。你怎么样呢，战友？我相信，除了之前那个伤口之外，你没有别的伤了吧。”

“我非常好，武士，但此刻站在你面前却很羞愧。我可不是你的好战友，你战斗的时候我在睡觉。骂我吧，把我赶走，那也是我应得的惩罚。”

“不用这么急，埃德温阁下。如果说你昨天晚上让我失望了，我马上就会告诉你，怎么弥补你对我的亏欠。”

武士小心翼翼地把双脚挪到泥土地面上，弯下腰来，朝火里扔了一根木柴。埃德温发现，他左臂上紧紧地缠着绷带，一边脸上有一大片瘀伤，一只眼睛几乎没法睁开。

“没错，”维斯坦说，“当时我从熊熊燃烧的塔顶往下看，我们精心准备的推车却不在那儿，我的确想骂你。从高塔上跳下，摔到石头地上？我已经被热浪裹住了。我听着下面敌人痛苦的叫声，我问自己，就算我们一起化为灰烬，我们能合得来吗？在夜空下独自摔下去，是不是更好？但是，我还没拿定主意，那辆车竟然来了，是我自己的马拉来的，由一名僧侣牵着缰绳。我不去管这名僧侣是敌是友，立即从烟囱口上跳了下去。我们之前的工作做得很好，我的战友，我整个人都扎了进去，好像车上的干草是水一样，但草里并没有什么东西把我刺穿。醒来的时候，我躺在餐桌上，对乔纳斯神父忠心耿耿的一些僧侣在周围照顾我，好像我是他们的晚餐一样。那时候，我肯定烧发得很厉害了，不知道是因为受了伤，还是因为被火烤的，他们说只好把我嘴巴堵住，以免我胡言乱语，然后把我送到山下安全的地方。但是，如果众神眷顾，这烧很快就会过去，那我们就出发，完成我们的任务。”

“武士，我仍然很羞愧。就是醒来之后，看到士兵围住了塔，我仍然让精灵迷了心窍，跟在那些不列颠老人后面逃出了修道院。我祈求你现在骂我吧，或者打我，但你刚才说了，我还可以弥补昨天晚上的耻辱行为。告诉我怎么弥补，武士，无论你给我什么任务，我都马上去完成。”

就在他说这话的时候，母亲已经在召唤他，她的声音在这小茅屋里回响，以至于埃德温都不确定，这些话究竟有没有说出来。不过，他应该说出来了，因为他听到维斯坦说：

“你以为我选了你，只是因为你的勇气吗，年轻的战友？你有非常出色的精神，如果我们能完成这项任务，全身而退，我会让你学习本领，使你成为真正的武士。但是，你现在只是一块粗铁，还算不得刀刃。埃德温阁下，我选择你，首先是因为我看到你有猎人的禀赋，与你的武士精神匹配。两者都有，可真是很罕见的事情。”

“这怎么可能呢，武士？我对打猎一无所知。”

“一头喝母狼奶水的小狼，能够在荒野里捕捉到猎物的气息。我相信这是天生的禀赋。等我发烧好了，我们再往山里面走，我敢打赌，你会发现天空本身将向你低语，告诉你选择哪条路，才能让我们站到母龙的巢穴跟前。”

“武士，恐怕你的信任放错了地方，最后没法兑现。我们家族没人拥有这种技能，也没人说过我可能有。斯特法看出我有武士的灵魂，但他也没提到过这种能力。”

“那好吧，年轻的战友，那就让我一个人相信你的能力吧。我绝不会说你自夸有这个本事。等我发烧好了，我们立即出发，到东边的山里去。大家都说魁瑞格的巢穴在那儿，每到路口，我就会跟着你的脚步走。”

欺骗，就是在这个时候开始的。他此前没有欺骗的打算，现在也不喜欢。然而，欺骗悄悄来到两人之间，像个小妖精，从黑暗的角落迈步出场。他母亲仍在召唤。“为我找到你的力量吧，埃德温。你几乎长大成人了。找到你的力量，来救我。”他希望安慰母亲，也渴望挽回武士对自己的印象，于是说道：

“真奇怪，武士。你这一说起来，我就已经感觉到母龙的吸引力啦。不像是气息，更像是风里的某种味道。我们该马上就走，因为我是不是能一直感觉到，谁也说不清楚。”

他说这话的时候，脑海中快速闪过一幕幕场景：那些人围成半圆静静地坐着，看着他母亲试图挣脱束缚，他走进营地，让那些人大吃一惊。这时候他们都该是成年人了，很可能留着胡子、腆着肚子，再也不是那天大摇大摆走进村庄的那群身材挺拔的小青年了。都是壮实、粗鄙的男人，他们伸手去拿斧头，看到埃德温身后跟着的武士，眼睛里会流露出恐惧。

可他怎么能欺骗武士呢？这是他的老师，又是他最崇拜的人。而维斯坦却点着头，满意地说："我一见到你就知道啦，埃德温阁下。在河边把你从食人兽那儿救回来的时候就知道了。"他将进入他们的营地。他将释放母亲。那些壮实的男人将被杀掉，或许会让他们逃入山间的雾霭之中。然后呢？他们要匆忙赶去完成一项紧急任务，同时埃德温必须解释，他为什么要欺骗武士。

或许是为了让自己尽量不去想这些念头——因为他感觉到，现在已经没有退路了——他说道："武士，我有个问题想问你。不过也许你会觉得不礼貌。"

维斯坦又躺了下去，没入了黑暗中。现在，埃德温只能看到一只裸露的膝盖，缓慢地摇来摇去。

"问吧，小战友。"

"我在寻思啊，武士，本来我们可以逃离修道院，早半天去找魁瑞格的，你和布雷纳斯爵爷之间是不是有什么特别的仇恨，所以你才留下来与他的士兵战斗？你连任务都暂时放到一边，肯定有什么重要的理由吧。"

接下来的沉默很长，以至于埃德温以为，武士在令人窒息的空气中晕过去了。但是，那只膝盖仍旧在缓缓晃动，当他的声音终于从黑暗中传来时，发烧引起的微微颤抖似乎已经消失了。

"我没有借口，小战友。我只能承认自己很傻，而且好心的神父还刚提醒过我不要忘记职责呢！你看，你师傅的意志力多么脆弱。不过，我首先是一名武士，面对战斗，如果我明知道能够打赢，要我逃走可不容易。你说得对，说不定我们本可以现在就站在母龙的巢穴旁，喊她出来迎接。但我知道他们是布雷纳斯的人，也许他自己还会来，不留下来与他们会面，我可做不到。"

"那我猜得没错，武士。你和布雷纳斯爵爷之间有什么旧仇。"

"没有真正的仇恨。我们小的时候就认识，和你现在差不多大。

那是在西方的一个遥远国家，我们住在一个守卫森严的要塞里，二十多个男孩，从早到晚接受训练，要成为不列颠军队中的武士。我慢慢喜欢上了那些伙伴，他们都很优秀，我们像兄弟一样生活在一起。大家都很要好，只有布雷纳斯例外，他是爵爷的儿子，不屑于和我们打成一片。但他经常和我们一起训练，他的本领很弱，可是如果我们要与他用木剑格斗，或者在沙坑里摔跤，我们都必须让他赢。爵爷的儿子如果不能取得辉煌的胜利，那我们大家都要受罚。你能想象吗，小战友？我们那时候都是骄傲的少年，可每天都要让那么弱的对手征服我们，那是什么感受？更糟糕的是，我们假装被打败的时候，布雷纳斯还很喜欢羞辱对手。踩住我们的脖子，或者在我们已经躺倒在地的时候再踢上几脚，他都很高兴。我的战友，想想我们当时是什么感受吧！”

“我能理解，武士。”

“但是，今天我有理由感谢布雷纳斯爵爷，因为他让我避免了可悲的命运。我刚才说过，埃德温阁下，我已经爱上了要塞里的伙伴们，把他们当成兄弟，虽然他们是不列颠人，我是撒克逊人。”

“可是，武士啊，你和他们一起长大，一起面对艰巨的任务，爱上他们有什么可耻的吗？”

“当然可耻，孩子。现在连想起以前对他们的感情，我都会感到耻辱。是布雷纳斯让我明白了这个错误。可能是因为我的本领技巧比较出色吧，他喜欢选我当格斗对手，最厉害的羞辱手段，都要留着，用在我身上。他很快发现我是撒克逊人，于是以此为理由，让我的所有伙伴都来反对我。连以前和我最亲密的伙伴，也加入了反对我的行列，在我的食物里吐口水，或者在寒冷的冬天早晨，在我们一边担心教官生气一边急匆匆赶往训练场时，把我的衣服藏起来。那时候布雷纳斯给我上了一堂重要的课，我明白了，像兄弟一样去爱不列颠人，是一件耻辱的事情，于是我下定决心离开要塞，虽然在要塞之外，我没有亲人、没有朋友。”

维斯坦停了一会儿，粗重的喘气声从火堆那边传过来。

“那么，在你离开之前，武士，你找布雷纳斯爵爷报仇了吗？”

“我的战友，你来判断一下，我这算不算报了仇，我自己还没拿定主意呢。根据要塞的规定，我们这些学徒一天训练结束，晚饭后有一个小时的时间，可以自由活动。我们会在院子里生个火，围坐在周围，像其他男孩子一样聊天、开玩笑。当然，布雷纳斯不和我们一起，他有专门的地方，但是那天晚上，我看见他从一旁走过，不知道是干什么。我起身离开人群，伙伴们并没有生疑。和别的要塞一样，那儿也有很多秘密通道，我都很熟悉。不久，我来到一个没人守卫的角落，城垛的黑影落在地面上。布雷纳斯优哉游哉朝我这边走来，一个人，我从黑暗中现身，他停下脚步，惊恐地看着我。他立即明白，这绝不是偶然碰上，而且他平日里的力量都失效了。真是奇怪的事啊，埃德温阁下，这位平时趾高气扬的爵爷，一下子变成了婴儿，在我面前害怕得简直要尿裤子。我真想跟他说：‘我的爵爷，我看到你的剑背在身后。你知道你的剑术比我们高明得多，拔出剑来和我比一比，你肯定不会胆怯吧。’但我没说这种话，因为如果我在那个黑暗的角落里伤了他，那我还能逃出要塞开始新的生活吗？我什么都没说，就默默地站在他身前，让时间在我们两人之间慢慢过去，因为我希望这一刻永生难忘。他往后退缩，之所以没有大喊救命，是因为残存的一点儿自尊告诉他，如果喊出来，那肯定一辈子都得忍受羞辱。我们都没有跟对方说话。等时间差不多了，我就走了，你看，埃德温阁下，我们之间没发生什么事，也可以说什么都发生了。我知道，我当天晚上就应该离开了，那不是战争时期，守卫并不严。我悄悄避开卫兵们，也没跟人告别，很快我就来到了外面的月光之下，孤零零一个少年，离开了我亲爱的伙伴们，我的亲人们很久以前就被杀了，只有依靠自己的勇气和新近学到的本领才能继续走下去。”

“武士，布雷纳斯今天还要抓你，是害怕你报以前的仇吗？”

“谁知道哪些魔鬼在那个傻瓜耳朵里说悄悄话？现在他是个了不起的爵爷啦，在这个国家和邻国声威显赫，但他一直害怕有撒克逊人从东方来，从他的地盘上经过。他是不是一遍遍重温那天晚上的场景，以至于恐惧在他身上生了根，像肚子里盘了一条大虫子呢？或者母龙的气息让他忘了害怕我的原因，恐惧感却因为没有原因反而更加可怕？有个从东方沼泽来的撒克逊武士，我很熟悉，去年在这个国家和平旅行，被杀了。不过，我仍然要感谢布雷纳斯爵爷给我的教训，否则我现在还把不列颠人当作兄弟呢。小战友，你怎么啦？你两只脚动来动去，好像我这儿发烧传给你了一样。”

看来，他的焦虑没有隐藏好，但维斯坦肯定不会怀疑自己骗了他吧。有没有可能武士也能听见他母亲的声音？刚才武士说话的时候，她一直在呼喊。“你没有力量来救我吗，埃德温？难道你还是太小了？你不到我这儿来吗，埃德温？那天你不是答应我一定要来吗？”

“对不起，武士。猎人的本能让我有些急躁，因为我担心那气味会消失，外面太阳快起山了。”

“等我能爬上马背，我们立即出发。再给我一点儿时间吧，战友，如果我发烧，剑都举不起来，我们俩怎么能面对母龙这么凶悍的对手呢？”

第十一章

他渴望有一块阳光，让比特丽丝暖和起来。可是，虽然对面的河岸沐浴在早晨的阳光之中，他们这边却又暗又冷。他们俩走路的时候，埃克索能感觉到她渐渐朝自己身上靠过来，颤抖得越来越厉害。他正准备提议再休息一次，这时他们看到了柳树后面的屋顶，伸到了水面之上。

他们花了不少工夫，才走下那道泥泞的山坡，来到船屋跟前。他们迈步走进低矮的门廊，里面几乎漆黑一片，河水近在咫尺，在脚下拍打着，让比特丽丝颤抖得更厉害。他们踏着潮湿的木板，继续往里走。透过屋顶上挂下来的长草，他们看到了远处的灯芯草丛，还有一大片河水。接着，一个男人的身影从左侧的黑暗中站起来，说道："朋友们，你们是什么人啊？"

"愿上帝与你同在，先生，"埃克索说。"很抱歉，可能吵醒你了。我们就是两个疲惫的路人，想到下游我们儿子的村庄去。"

那人走到亮处，打量着他们。他是个身材魁梧的中年人，留着胡子，身上披着几层兽皮。最后，他开口问话，语气倒也友好。

"这位女士病了？"

"她只是累了，先生，不过剩下的路走不动了。我们在想，不知道你有没有货船或者小筏子，可以载我们一程。我们只能靠你发发善心了，最近遇到了不幸的事情，我们的行囊都没了，本来能用来答谢你的锡块也丢了。先生，我能看出来，你这儿下水的只有一条船。如果你允许我们用这条船的话，所有交予我们看管的货物，我们一定保证安全。”

船夫看看那艘在棚顶下轻轻摇晃的船，然后又看看埃克索。“这条船要下河，还要等一等呢，朋友，我在等同伴运麦子过来，装到船上。看来你们两人都很累，最近又遇上了不幸的事情。那么，请你们听听我的主意吧。朋友们，你们看那儿。看到那些筐子了吧。”

“筐子，先生？”

“它们也许看起来不结实，但在水里浮得好，能承受你们的重量，不过得一人坐一只筐子。我们常常用筐子装整袋整袋的麦子，有时候甚至还装屠宰好的猪，绑在船后面，就是河上风浪大，也很安全。今天，你们看，河上很平静，所以不用担心。”

“你真是好心，先生。不过，你没有大一点的筐子，能装下我们两个人吗？”

“你们得一人坐一只，朋友们，否则可能会落水。但我很愿意把两只筐子绑到一起，你们坐进去，和一只筐子差不多。如果看到河这边有一个矮一点儿的船屋，那么你们就到啦，请你们把筐子系好，丢在那儿。”

“埃克索，”比特丽丝低声说，“我们不要分开。我们还是一起步行吧，慢一点也没关系。”

“公主啊，我们已经走不了啦。我们两人都需要取暖、吃东西，顺着这条河走，我们很快就能到儿子那儿啦。”

“拜托啦，埃克索。我不想分开。”

“可这位好心人说，要把两只筐子绑在一起，就像我们手挽着手一样。”接着，他转身对船夫说：“我非常感激，先生。我们就按照你的建议办。请帮忙把筐子绑紧一点，水流再急，也不会把我们分开。”

“朋友，水流得急不危险，流得慢才危险。筐子容易在岸边的野草里缠住，那就走不动了。不过，我会借你一根粗棍子，用来推筐子，所以你们不用害怕。”

船夫走到小码头的边上，拿着绳子开始忙活起来。比特丽丝低声说：

“埃克索，不要让我们分开。”

“我们不会分开，公主。你看他绳结打得多牢，我们会一直在一起。”

“水流会把我们分开，埃克索，别去管这个人跟我们说的话。”

“我们会没事的，公主，很快就能到儿子的村里。”

船夫在喊他们，他们小心翼翼踩着几块小石头走下去，两只筐子在水中一上一下，船夫用一根长竿把筐子稳住。“里面铺好了兽皮，”他说，“你们几乎感觉不到河上的冷气。”

埃克索发现蹲下来身上很疼，但他还是一直双手扶着比特丽丝，直到她在第一个筐子里蹲下来，安全地坐好。

“不要站起来啊，公主，要不然筐子就危险了。”

“你自己不进来吗，埃克索？”

“现在就进来，就在你旁边。你看，这位好心人把我们俩紧紧绑在一起啦。”

“别丢下我一个人，埃克索。”

但是，她一边说着，一边似乎已经定下心来，在筐子里躺好，像个即将入睡的孩子。

“好心的先生，”埃克索说。“你看，我妻子冷得发抖。你有没有东西，可以借给她盖一盖？”

船夫也在看着比特丽丝，她侧身蜷缩着，闭上了眼睛。突然，船夫脱下身上的一件兽皮衣服，弯下腰，把衣服盖在她身上。她似乎没有注意——眼睛仍然是闭的——于是埃克索代妻子向他表示感谢。

“不客气，朋友。把所有东西都留在矮船屋那儿就行了。”他用长竿将他们推到河中心。“坐低点儿，棍子放在手边，防止野草。”

河面上冷得刺骨。破碎的冰块东一片西一片，不过他们的两个筐子能轻松通过，有时候还会轻轻碰一下。筐子的外形和船差不多，有船头船尾，不过容易打转，所以有时候埃克索一抬眼，又能望到上游岸边的船屋。

他们身边长草摇曳，晨曦从草间漫过来；正如船夫所说，河水平稳地流淌着，无风无浪。不过，埃克索仍旧一直望着比特丽丝的筐子，筐子里似乎全被兽皮衣服塞满了，只能看到一小撮头发，让人知道她还在里面。有一次他喊道："公主，我们马上就能到啦，"她没有回答，于是他伸出手，把她的筐子拉近一点儿。

"公主，你在睡觉吗？"

"埃克索，你还在那儿？"

"当然啦，我在这儿。"

"埃克索。我还以为，可能你又离开我了呢。"

"我为什么要离开你呢，公主？而且那个人把我们俩的筐子紧紧绑在一起啊。"

"我不知道这是做梦还是回忆。可我刚才看到，我自己深夜站在我们的屋子里。那是很久以前，我身上紧紧裹着那件獾皮斗篷，是你好心做的，送给我当礼物。我就那样站着，还在我们以前住的屋子，不是现在那间，因为墙上从左到右编着山毛榉枝条，我看着一只毛毛虫沿着墙慢慢爬，心里想，夜这么深了，这只毛毛虫为什么不睡觉呢。"

"别管毛毛虫啦，你自己为什么半夜不睡觉，盯着墙看呢？"

"我想啊，埃克索，我站在那儿，是因为你走了，离开我了。也许那人给我盖的这件兽皮衣服，让我想起了以前那件，因为站在墙边的时候，我把那件衣服抓得紧紧的，那件你用獾皮给我做的衣服，后来在那场大火里烧掉了。我看着毛毛虫，问它为什么不睡觉，那样一个小动物知道白天和黑夜的分别吗？不过，我相信真正的原因是你走了，埃克索。"

“一个离奇的梦，公主，可能还要发烧呢。但我们很快就能烤上暖和的火啦。”

“你还在那儿吗，埃克索？”

“当然啦，我在这儿，船屋已经早就看不见啦。”

“那天晚上你不在我身边，埃克索。还有我们宝贝的儿子。他一两天前走的，他说等你回来的时候，他不愿意在家里。所以就只有我一个人，在我们原来的屋子里，深更半夜。但那时候我们还有蜡烛，所以我能看见那只毛毛虫。”

“你说的可真是个离奇的梦，公主，肯定是发烧受凉引起的。我真希望太阳别这么慢悠悠的，早点出来才好。”

“你说的对，埃克索。这儿很冷，盖着兽皮也冷。”

“我愿意把你抱在怀里暖和一下，可在这河上没办法。”

“埃克索。我们自己的儿子是不是某一天生气离开了我们，我们关上门，让他永远都不要回来？”

“公主，我看到前面水里有什么东西，也许是艘船，卡在芦苇丛里了。”

“你漂远了，埃克索。说话我都快听不见了。”

“我就在你身边，公主。”

他矮着身子坐在筐子里，双腿朝前伸着，这时候他两手扶着筐子的边缘，小心翼翼换成了蹲的姿势。

“现在看得更清楚了。是艘小船，卡在芦苇丛里了，在前面河岸拐弯的地方。正好在我们的路上，我们要小心，要不然也会卡住。”

“埃克索，不要离开我。”

“我就在你身边，公主。不过，我得抓住这根棍子，要避开这草丛。”

现在筐子越来越慢，朝河岸拐弯处那泥浆一样的河水里漂去。埃克索把棍子伸进河水，发现一下子就碰到了河底，他想把筐子往河中心推，但是棍子似乎被河底吸住了，没法用力气。这时，长满深草的田野上，天已经亮了，他看清楚了两只筐子四周都缠着厚厚的水草，好像要把他们牢牢绑在这片静止的泥水中一样。那艘船就在他们跟前，他们极其缓慢地漂过去，埃克索伸出棍子抵住船尾，两人的筐子停了下来。

“丈夫，这是另外那个船屋吗？”

“还没到。”埃克索抬眼望望另一边正在流动的河水。“很抱歉，公主。我们卡在芦苇丛里了。不过我们前面有艘桨划的小船，如果还没坏的话，后面的路我们可以自己划船。”埃克索再次将棍子伸进水里，慢慢把筐子撑到小船附近。

他们位置较低，抬头仰望，船显得很高大，埃克索能清楚地看到粗糙、破旧的木板，以及船舷上缘的底部，那上面挂着一排细小的冰柱，像蜡烛油一样。他把棍子插在水中，在筐子里小心翼翼站起身来，朝小船中望去。

船首有一片橘色的光，他仔细一看，才发现堆在船板上的那一堆破旧衣服，原来是位上了年纪的女人。她衣服比较特殊——是由很多黑色的小布片拼缀而成的，而且脸上满是污垢，让埃克索一时没认出来。她坐的姿势也很奇怪，脑袋朝一边歪着，几乎碰到了船舱的地板。这个女人的衣服似乎让他想起了什么，这时她睁开了眼睛，看着他。

“陌生人啊，救救我，”她人没动，嘴里低声说道。

“你生病了吗，夫人？”

“我一只胳膊不能动了，否则我就站起来划桨了。救救我，陌生人。”

“你在跟谁说话呢，埃克索？”比特丽丝的声音从身后传来。“小心啊，会不会是魔鬼？”

“就是个可怜的女人而已，可能比我们年纪还大，在船里受了伤。”

“不要忘了我，埃克索。”

“忘了你？我怎么会忘了你呢，公主？”

“这迷雾让我们忘记了很多东西。为什么不会让我们忘记对方呢？”

“那种事永远不会发生，公主。现在，我要帮这个可怜的女人啦，如果运气好的话，也许我们三个人都能坐她的船到下游去。”

“陌生人，我听见你说的话了。非常欢迎你们乘我的船。不过先帮帮我吧，我摔了跤，受伤了。”

“埃克索，不要把我丢在这儿。不要忘了我。”

“我就是到我们身边这艘船上去一下，公主。我要帮一帮这位可怜的陌生人。”

冷气让他四肢僵硬，爬上船的时候，他差点跌倒，不过他及时稳住了身子，四下里看看。

船看上去简单结实，没有明显的漏水痕迹。靠近船尾的地方堆着货物，但埃克索没怎么注意，因为那个女人又说话了。早晨的阳光仍旧照在她身上，他能看出来，她的眼睛盯着自己脚下，目光非常专注——以至于他自己也忍不住低头看看。他没注意到什么特别的东西，于是小心跨过船的龙骨，继续朝她走去。

“陌生人。我看得出来，你年纪不小了，但你还有力气。摆一副凶狠的模样给它们看。摆一副凶狠的模样，把它们吓走。”

“来吧，夫人。你能坐起来吗？”他这样问，是因为她奇怪的姿势让他担心，她松散的灰白头发披下来，都碰到了潮湿的地板。“来，我来帮你。尽量坐起来一点儿。”

他弯下身子，手碰到了她，这时一把上锈的刀从她手里掉下来，落在地板上。与此同时，什么小动物从她那堆衣服里窜出来，匆匆忙忙跑进了黑暗中。

“那些老鼠给你添麻烦了吗，夫人？”

“到处都是，陌生人。听我的，摆副凶狠的模样给它们看。”

这时候他才想起来，刚才她不是看他的脚，而是看他脚后面的什么东西，在船的尾部。他转过身，阳光斜射过来，照得他眼花，无法看清楚那儿有什么东西在动。

“是老鼠吗，夫人？”

“它们怕你，陌生人。有一下子也怕我，但最后一点一点耗尽了我的气力。要不是你来，这时候它们肯定全在我身上了。”

“等一等，夫人。”

他举起一只手遮着太阳，迈步朝船尾走去，眼睛盯着黑暗中那一堆东西。缠在一起的网，一条堆成一团的水淋淋的毯子，一件类似于锄头的长柄工具横放在湿毯子上。还有一个没有盖子的木箱——渔夫用这种箱子来装抓到的鱼，以保持新鲜。他朝里面一看，却发现箱子里装的不是鱼，而是剥了皮的兔子，数量不少，密密匝匝堆着，细小的腿好像都缠在一起一样。就在他看着的时候，那一大堆肌肉、手肘、脚踝突然动了起来。埃克索往后退了一步，同时看到一只眼睛睁开了，接着又一只也睁开了。后面有声响，他转过身去，船的另一边仍然沐浴在橘色光亮之中，老太太缩在船头，浑身上下爬满了小妖精，多得数不清。初看之下，她似乎颇为享受，那些又瘦又小的家伙在她的破衣服里、脸上、肩膀上跑来跑去，好像都急着表达对她的喜爱。这时候越来越多的小精灵从河里冒出来，纷纷往船上爬。

埃克索弯腰去拿那件长柄工具，但他也被一种静谧感包裹住了，发现自己从乱糟糟的渔网中抽出工具时，悠闲自在得出奇。他知道越来越多的精灵从水里冒出来——多少已经上船了呢？三十？四十？——它们的声音合在一起，在他听来，好像是孩子们在远处玩耍。他并非完全心不在焉，还知道把那个长柄工具举起来——是把锄头，肯定没错，朝上的那一端不是有上了锈的刃口吗？抑或是又一个精灵趴在上面？——然后挥下来，砸在正朝船边上爬的那些小手指、小膝盖上。接着，又挥了第二下，这次砸向有剥皮兔子的那只箱子，更多精灵正从里面往外跑。不过，他一直算不得什么剑客，他所擅长的是外交，如果有必要的话，还有阴谋。但是，外交为他赢来的信任，他又何曾背叛过？恰恰相反，是他自己被人背叛了，可他总还能挥动两下武器吧，现在他就要挥起锄头，东打西砸——他不是该保护比特丽丝，不让这群东西侵犯她吗？可是它们不停地拥过来，越来越多——还是从那个箱子里出来的吗？或者是从浅水里爬上来的？现在它们是不是已经围住了在筐子里睡觉的比特丽丝？锄头最后那一下子起了点效果，有几只掉进了水里，接着又是一下子，有两只甚至三只飞了出去，那位老太太只是个陌生人，与自己妻子相比，他对她能有什么义务呢？但她就在那儿，这个陌生女人，被一堆蠕动的精灵覆盖着，几乎看不见。埃克索走到船的另一头，举起锄头，在空中抡了一圈，在不伤害陌生人的情况下，尽可能扫开一些。可它们却不肯轻易放手！现在呢，它们竟然胆敢对他说话了——抑或说话的是被它们覆盖着的老太太本人？

“别管她，陌生人。把她交给我们。别管她，陌生人。”

埃克索再次挥动锄头，锄头在空气中划过，好像划过浓稠的水，不过还是命中了目标，有几只被打散了，但更多的又赶了过来。

“把她交给我们，陌生人，”老太太又说道。这次埃克索突然想到，说话的人指的不是生命垂危的陌生人，而是比特丽丝。恐惧感扎进他心里，像深不见底的洞，他转头去看芦苇丛中妻子乘坐的那只筐子，发现筐子周围的水中纷纷扰扰，尽是手臂和肩膀。同时，一大群精灵从一侧往他自己乘坐的筐子上爬，差点把筐子掀翻，幸好筐子里已经有很多精灵，起到了压舱的作用。但是，它们爬上来，只是为了由此进入旁边的筐子。埃克索看见其他精灵正聚集到比特丽丝盖的兽皮上，他喊了一声，从船舷爬出去，落在水里。水比他想象的更深，直到腰部，但他只是打了个冷颤，便立即发出一声武士的吼叫，那声音似乎来自遥远的记忆。他把锄头高高举在头顶，摇摇晃晃朝筐子走去。精灵在拉他的衣服，而且水感觉像蜜一样稠，他一锄头砸在自己的筐子上，武器在空中划过的速度慢得让人心急，但一旦落下，精灵纷纷落水，比他想象的还多。接下来的一锄头，产生了更大的破坏——这次锄头的刃口肯定是朝外的，那被他砸飞到阳光之中的，难道不是带血的肉吗？然而，比特丽丝仍然遥不可及。她怡然自得地在水上漂着，精灵在她周围越积越多，有的来自陆地，从河岸的草丛中拥出来。有些甚至黏附在他的锄头上，他手一松，让锄头落在水里。突然之间，他只希望能赶到比特丽丝身边。

他踩着泥巴涉水而行，穿过野草，穿过折断的香蒲丛，但比特丽丝显得更加遥远。接着又传来了陌生人的声音。这时埃克索在水里，位置较低，看不见她，但他能想象出老太太的样子，清清楚楚印在脑海里，令人惊讶：她瘫倒在自己的船上，早晨的阳光照着，精灵们在她身上自由自在、到处乱跑，这时她的话传入他耳中：

"别管她，陌生人。把她交给我们。"

"诅咒你，"埃克索一边咬牙骂着，一边艰难地往前走。"我绝不会丢开她，绝不会。"

"你可是个明智的人啊，陌生人。你很早就知道，她的病已经没救啦。你到时候怎么能承受呢，那即将发生在她身上的事情？你希望这一天快快到来吗？好让你看着最爱的人痛苦地抽搐，而你除了在她耳边说几句好话，毫无其他办法？把她交给我们吧，我们会减轻她的痛苦，和之前我们为很多人做的一样。"

"诅咒你！我不会把她交给你们！"

"把她交给我们，我们保证，她将不再感到疼痛。我们将在河水中把她洗净，岁月的痕迹会从她身上消退，她就像在一场愉快的梦里。要留着她干什么呢，先生？除了动物被杀那样的痛苦，你还能给她什么呢？"

"我不会理你的。走开。离她远点。"

他把双手紧紧握在一起，两条胳膊伸直形成一根棍棒，摆过来，又摆过去，在水中开出一条路，最后终于来到比特丽丝跟前，她还在筐子里沉沉地睡着。精灵在她盖的兽皮上聚集，他用手一个个把它们拉下来、甩开。

“你为什么不把她留给我们？你这样可不是对她好。”

他在水里推着筐子往岸上走，河底渐高，筐子搁浅在湿泥上，周围是野草和香蒲。他弯下腰，双手把妻子从筐子里抱出来。幸好，她多少苏醒了一些，知道抱住他的脖子。两人踉踉跄跄往前走，先上了岸，然后又走了一会儿，来到田野上。埃克索感觉脚下的地面又干又硬，这才把妻子放下来，两人坐在草丛里，他喘着气，她则慢慢清醒过来。

“埃克索，我们这是到了什么地方？”

“公主，你感觉怎么样？我们必须离开这个地方。我来背着你。”

“埃克索，你身上都湿透啦！你掉进水里了吗？”

“这是个邪恶的地方，公主，我们必须马上离开。我很愿意背着你，年轻的时候我们俩傻兮兮的，春天暖和的日子里，我就是这样背着你玩儿的。”

“我们要离开这条河吗？高文爵士说得对啊，我们顺着河走，要快一些。这地方看起来很高，我们可没爬过这么高的山呢。”

“我们没别的办法，公主。我们必须离这儿远远的。来吧，我来背着你。来吧，公主，扶住我的肩膀。”

第十二章

埃德温听到武士的声音在下面喊，要他爬得慢一些，但他不予理会。维斯坦太慢了，而且似乎不明白当前情况的紧迫性。两人山崖还没爬到一半时，他曾问埃德温：“年轻的战友啊，刚从我们头顶飞过的，是一头鹰吗？”那究竟是什么，有什么关系呢？武士发了烧，所以脆弱了，身体上、意志上都脆弱了。

再爬一会儿就到了，至少他就翻过了山崖，能站到结实的地面上。那他就能奔跑了——他多么渴望奔跑啊！——可朝哪儿跑呢？这一下子，他们的目的地好像从脑海中飘走了一样。何况，还有更重要的事情要跟维斯坦说：他欺骗过维斯坦，现在差不多是坦白的时候了。他们把那匹筋疲力尽的母马系在山路旁一株小灌木上，然后开始爬山，那时候他就下定了决心，等到了山顶，就把一切和盘托出。可现在他就快到那儿了，脑海中却空空如也，思绪纷乱，像一团团烟雾。

他攀过最后几块岩石，起身站在悬崖的边缘。眼前的土地空阔荒凉，缓缓向上与地平线上灰白的山峰相连。附近有一块块的石楠地和野草地，不过成人的脚踝那么高。奇怪的是，在不远不近的某个地方，似乎有一片树林，树木葱翠，在大风中静静地立着。难道是某位神仙一时兴起，从密林中抓出一小撮来，放在这块荒凉的土地上？

埃德温气喘吁吁，但还是发力向前跑去。那片树林，肯定就是他该去的地方，一到那儿，他什么都会记起来。维斯坦的声音又在身后什么地方叫喊——武士肯定也爬上了崖顶——但埃德温不回头，跑得更快了。他要到那树林之中才开始坦白。在大树的遮掩之下，他会记得更清楚，两人谈话时也不会有呼啸的大风。

大地突然立起，迎面而来，撞得他差点儿闭过气去。这来得太突然，他头晕目眩，只能在地上躺一会儿，等他想跳起来的时候，背后却有个柔软而有力的东西摁住了他。这时他意识到，维斯坦用膝盖抵住了自己的后背，正在捆绑自己的双手。

“之前你问我们为什么带绳子，”维斯坦说。“现在你看多有作用。”

埃德温想起了两人在山下路上的谈话。他急着开始上山，看见武士小心翼翼地把东西从马鞍上放进两只口袋，他觉得很不耐烦。

“我们要快点儿，武士！要这些东西有什么用呢？”

“来，背着这个，战友。母龙已经够厉害了，我们犯不着又冻又饿，把自己弄垮，帮她的忙。”

“可气味会消失的！我们要绳子有什么用呢？”

“小战友，我们也许用得上啊，那时候要找，树枝上可长不出绳子来。”

现在，绳子不仅绑住了他的手，还缠住了他的腰，等他最后站起来，身后已经被绳子拽住，很难再向前走。

“武士，你不再是我的朋友和老师了吗？”

“都是，而且还是你的保护人。从现在开始，你可不能走得那么急啦。”

他发现自己并不在意绳子。受绳子所限，他只能像骡子那样走路，这让他想起了不久之前，他不得不扮演骡子的角色，围着马车不停地转圈。现在他又成了那头骡子吗，虽然被绳子拽着，却仍旧固执地往山坡上走？

他走着、走着，偶尔一口气能迈出好几步，然后绳子就把他拉停了。他耳朵里有一个声音——熟悉的声音——半是歌唱，半是吟诵，那是一首童谣，他从小就很熟悉。这声音令人又舒心又担忧，而且他发现，如果一边拽绳子，一边跟着唱，那声音就不再那么令人心烦。于是他就跟着唱，一开始声音很低，然后他嗓子逐渐放开，迎风而歌："谁打翻了麦酒杯？谁砍断了龙的尾？谁把蛇留在桶内？是你的表兄艾德尼？"还有一些词他记不起来了，但让他惊讶的是，他只要跟着那声音吟唱，正确的歌词就会自动出来。

树林很近了，武士又一次把他拉住。

"慢点儿啊，小战友。进入这片奇怪的树林，光靠勇气是不够的。你看那边。这么高的山上有松树倒也没什么，但是旁边的难道不是橡树和榆树吗？"

"别去管这儿长着什么树啦，武士，也别管天空上飞的是什么鸟！我们剩下的时间很少，要快点！"

他们进了树林，脚下的地变了：有柔软的苔藓、荨麻甚至蕨类。头顶树叶浓密，像屋顶一样，所以他们在半明半暗之中走了一会儿。但是，这却不是真正意义上的森林，因为不久他们就看到一处空地，上方露出圆形的天空来。埃德温想，如果这真是某位神祇的杰作，那么他肯定是想用树来隐藏前方的什么东西。他愤怒地拉着绳子，说道：

"磨蹭什么呢，武士？难道你是害怕了吗？"

"看看这个地方，小战友。你猎人的本能看来发挥了作用。我们前方肯定就是龙的巢穴。"

"我们两人中，我才是猎人，武士。我告诉你，那空地里没有龙。我们要快点从旁边过去，然后继续向前，还有更多路要走呢！"

"你的伤口，小战友。让我看看，伤口是不是还那么干净。"

"别管我的伤口啦！我告诉你，这气味会消失的！松开绳子，武士。就算你不跑，我也要继续跑！"

这次，维斯坦放开了他，埃德温从蓟草和交错的树根上跑过去。他绊了几跤，因为他被绑着，不能伸出手去保持平衡。不过，到达空地的时候，他并没有受伤。他在空地边缘停下脚步，看着眼前的景象。

空地中央有个池塘。水面冻住了，如果有人很勇敢或很愚蠢的话，可以在上面走，二十来步就能到对岸。冰面平滑如镜，只在靠近对岸的地方，一棵死树树干中空，从上面冒出来。岸上，离枯树不远的地方，有一只巨大的食人兽，手肘和膝盖着地，蹲在水边，脑袋全部没在水中。也许这野兽正在喝水——或者在找水面下方的什么东西——后来水突然结冰，把他冻在里面了。如果不注意看，那食人兽像具无头尸体，爬到池塘边喝水的时候被人砍掉了脑袋。

池塘上方那块天空，将奇怪的光射在那食人兽身上，埃德温盯着它看了一会儿，简直觉得这食人兽会活过来，突然抬起一张可怖、涨红的脸。然后，他吃惊地发现，池塘右手边远处，还有一头野兽，姿势一模一样。那儿还有！——第三只，就在他面前不远，在这边的岸上，身体被蕨类遮住了一部分。

一般情况下，食人兽只会让他感到厌恶，但这些食人兽，以及那令人伤心的离奇姿势，让埃德温感到有些同情。是什么让它们遭遇了这种命运呢？他迈步朝它们走去，可身上的绳子又拉紧了，维斯坦的声音就在身后：

“战友，你仍然不承认这是龙的巢穴吗？”

“不是这儿，武士。我们要继续往前走。”

“可这地方在跟我说话呢。就算不是巢穴，难道不是她来喝水洗澡的地方吗？”

“我看这个地方受到了诅咒，武士，不该在这儿跟她战斗。在这儿我们只会遭到厄运。你看看那些可怜的食人兽。简直和你那天晚上杀死的魔鬼一样大。”

“你在说什么呢，孩子？”

“你没看到吗？你看，那儿！还有那儿！”

“埃德温阁下，你太疲惫了，我之前就担心这事。我们休息一会儿吧。就算这个地方阴森森的，至少可以避避风。”

“你怎么能想到休息呢，武士？这些可怜的家伙不就是这么倒霉的吗，在这中了魔咒的地方待得太久了？它们这可是在发出危险信号啊，武士，你要留意！”

“我只需要留意一个危险信号，那就是让你休息，可不能让你把自己的心脏给跑炸了。”

他感到被人向后拽，后背撞上了一棵树。然后武士围着他转圈，他胸部和肩部被绳子捆住，几乎一点儿也动不了。

“这棵树可没害你，小战友。”武士一只手轻轻地搭在他肩膀上。“干吗要这样浪费力气，把树拔起来呢？依我看，你还是安静下来休息休息吧，让我来仔细看看这地方。”

他看着维斯坦小心地穿过荨麻丛，朝池塘走去。到了水边，武士先来来回回慢慢走了几趟，眼睛盯着地面，有时候如果发现了特别的东西，还会蹲下来查看。然后他直起身子，似乎陷入了长时间的冥想之中，目光越过树梢，落在池塘的对岸。在埃德温看来，武士现在近乎成了一个剪影，背景是冰封的水面。他为什么都不去看那些食人兽呢？

维斯坦身体一动，突然之间手里已经多了把剑，拿剑的胳膊伸着，在空气中纹丝不动。然后剑又回到了鞘中，武士转过身来，迈步往回走。

“我们可不是最早到这儿来的，”他说。“过去一小时内，有其他人来过这儿，而且不是那条母龙。埃德温阁下，你平静了一些，我很高兴。”

“武士，我有事情要向你坦白。一说出来，你也许当场就要把我杀掉，哪怕我现在绑在这棵树上。”

“说吧，孩子，不要害怕我。”

“武士，你说我有猎人的天赋，在你说那话的时候，我感觉到一股强烈的力量吸引着我，于是就让你相信，我鼻子里闻到了魁瑞格的气息。但是，我一直在骗你。”

维斯坦走过来，站到他跟前。

“接着说，战友。”

“我没法接着说，武士。”

“你应该更加害怕自己的沉默，而不是我的愤怒。说！”

“我说不了，武士。我们俩刚开始爬山的时候，我知道该怎么跟你说。可是现在……我究竟对你隐瞒了什么，我都不太确定了。”

“是那条母龙的气息，没别的了。它以前对你没什么影响，可现在已经控制你了。我们离它很近了，这是个明确的信号。”

“我担心，这个受诅咒的池塘让我着了魔，武士，可能也让你着了魔，让你心满意足地晃来晃去，都懒得看那些被淹死的食人兽。不过，我知道我有事情该向你坦白，就是想不起来是什么事，要是能想起来就好了。”

“只要带我找到母龙的巢穴，无论你跟我撒过什么小谎，我都可以原谅。”

“可问题就在这里啊，武士。我们拼命赶路，马累得心脏都差点炸了，然后又爬上了这座陡峭的山，可我压根儿就没带你去找母龙。”

维斯坦靠得那么近，埃德温都能感觉到他的呼吸。

“那你带着我，埃德温阁下，是要上哪儿呢？”

“是我母亲，武士，现在我想起来了。我阿姨不是我母亲。我真正的母亲被抓走了，那时候我还是个小孩，但我看在眼里。我答应过她，总有一天我会带她回来。现在我快成人了，还有你在身边，就是那些人看到我们也会颤抖的。我骗了你，武士，但是请你理解我的感受，既然我们离她这么近了，就帮帮我吧。”

“你母亲。你是说她在这附近？”

“是的，武士。但不在这儿。不是这个受诅咒的地方。”

“抓走她的那些人，你还有印象吗？”

“他们样子很凶恶，武士，而且好像是杀人的老手。那天，村里谁也不敢站出来。”

“撒克逊人还是不列颠人？”

“是不列颠人，武士。三个人，斯特法说他们不久之前肯定当过兵，因为他能看出来，他们身上有士兵的样子。我还不到五岁，否则我就要为她战斗。”

“我自己的母亲也是被抓走的，小战友，所以我很理解你的想法。而且，她被抓的时候，我也是个没有力量的孩子。那是战争年月，我很傻，我看过那些家伙杀死、绞死了很多人，所以看到他们对我母亲笑，我还以为他们会善待她，对她好。也许你也是这样吧，埃德温阁下，你那时候还小，还不了解男人。”

“我母亲是和平时期被抓走的，武士，所以没有遭遇大的伤害。她一直在各个国家之间到处游荡，这种日子也许不算差。可她一直想回到我身边，而且和她一起游荡的那些人，有时候很残酷。武士，接受我的坦白吧，回头再来惩罚我，现在请你帮助我面对抓我母亲的人，她已经等了我很多年了。”

维斯坦用奇怪的目光瞪着他。他似乎张口要说什么，却摇了摇头，往旁边走开几步，简直像做错了事一样。埃德温从没见过武士这副模样，很吃惊地看着。

“我可以原谅你这次的欺骗，埃德温阁下，”维斯坦终于转过脸来，开口说道。“也原谅你可能说过的其他小谎话。而且，我很快就会把你从树上解开，无论你带我去见什么敌人，我们两人都一起去。但是，作为条件，我要你答应我一件事。”

“说吧，武士。”

“如果我死了，你还活着，那么你要答应我这件事。答应我，你要在心里仇恨不列颠人。”

“这是什么意思呢，武士？哪些不列颠人？”

“小战友，是所有的不列颠人。包括对你友好的那些人。”

“我不明白，武士。与我分享面包的不列颠人，我也要仇恨吗？如果有人救了我的命呢，比如最近救了我的高文爵士？”

“有些不列颠人似乎值得我们尊敬甚至爱戴，这一点我最了解。但是，与个人的感受相比，现在有更大的事情要我们承担。屠杀我们族人的，是亚瑟领导的不列颠人。抓走你母亲和我母亲的，是不列颠人。我们有义务去仇恨每一个不列颠男人、女人和孩子。所以你要答应我。如果我在传授你本领之前就倒下去，你答应我，要保护好你心中的仇恨。如果这火变弱或者可能熄灭，那你要小心照料，让火焰再燃烧起来。这你能答应吗，埃德温阁下？”

“很好，武士，我答应。可是现在我听见了母亲的召唤，我们在这个阴暗的地方也待了很久了。”

“那么，我们去找她吧。但你要有心理准备，也许我们太迟了，不一定救得了她。”

“这是什么意思呢，武士？那怎么可能呢，她现在还在召唤我呢。”

“那我们就抓紧时间去吧。记住一件事情就行了，小战友。救援未必来得及，但报仇的机会多得是。让我再听一遍你的承诺。答应我，你要一直仇恨不列颠人，直到你受伤倒下，或者年老死去。”

“我很高兴地再次承诺，武士。把我从树上解下来吧，现在我能清楚地感觉到我们该走哪条路了。”

第十三章

埃克索能看出来，那只山羊在这山里过得悠闲自在。山风很大，而且羊的左边两条腿位置高，右边两条腿位置低，但它统统不理会，正开心地啃着草皮和石楠。这羊力气很大——上山的时候，埃克索已经领教了——他和比特丽丝需要休息，要找个地方把羊拴牢，也很不容易。最后他发现了一个死树根，从山坡的地面上突出来，于是把绳子仔细拴在树根上。

从他们现在坐的地方，能清楚地看到山羊。那两块大岩石相互依靠着，像一对老夫妻，他们还没爬上来的时候就已经看到了，不过埃克索并不想到岩石那儿休息，他希望能提前找个地方避避风。山坡上光秃秃的，什么也没有，他们只好继续坚持，沿着窄窄的山路往上爬，山风猛烈，那头羊也和山风一样任性。等他们最后来到这两块岩石旁，才发现这似乎是上帝为他们准备好的避难所，周围大风呼号，他们却只感觉到空气微微拂动。不过，两人还是紧紧依偎着，好像是害怕头顶的岩石一样。

“埃克索，这整片旷野还在我们下方啊。我们不是顺着那条河下去的吗？”

“没走多远，后来上了岸，公主。”

“现在我们又爬上了山。”

“没错，公主。上山究竟有多难，恐怕那个小姑娘没跟我们说。”

“这是肯定的，埃克索，她说得好像散步一样轻松。但谁又能责怪她呢？还是个孩子，却比同龄人多出那么多操心事。埃克索，你看那边。下面那个山谷里，看见他们了吗？”

埃克索抬起一只手挡住阳光，使劲朝他妻子指的方向看，但最后他还是摇了摇头。“公主，我的眼睛没你好。下面一座座山连着，一个山谷接着一个山谷，但我看不到什么特殊的东西。”

“那边，埃克索，顺着我的指头看。那不是一排士兵吗？”

“现在我看到了，没错。但他们不在动吧。”

“在动啊，埃克索，可能是士兵，走路排着长队。”

“我眼睛不好，公主，我看一点儿也没动。就算是士兵，离我们那么远，也不会给我们添麻烦。我更担心西边的风暴云啊，要说添麻烦，那比远处的士兵可要快得多。”

“你说得对，丈夫，不知道我们还要走多远的路。那个小姑娘没说实话，她一直说像散步一样轻松。可我们能责怪她吗？她父母不在，还要操心弟弟们呢。她让我们来做这件事，肯定也是被逼无奈，没别的办法了。”

“我看得更清楚了，公主，云后面露出来了一点儿太阳。那不是士兵，也不是人，是一排鸟。”

“真是傻话，埃克索。如果是鸟，我们从这儿怎么能看得见呢？”

“公主，它们没你想的那么远。黑色的鸟，排成一排坐着，山里的鸟是这样。”

“那么，我们看的时候，怎么没有一只鸟飞起来呢？”

“等会儿也许就有鸟飞起来了，公主。至少我呢，是不会责怪那个小姑娘的，她的处境不是也很艰难吗？我们刚看到她的时候，浑身都是湿的，冻得发抖，要不是她帮忙，我们还不知道怎么样呢？而且啊，公主，我记得，急着要把这山羊牵到巨人冢的，可不止她一个人呢。你刚才不也是同样焦急吗？还不到一个小时。”

“我现在还很焦急，埃克索。杀掉魁瑞格，这迷雾就没了，难道不是好事吗？只不过刚才我看着山羊那样悠闲地啃草皮，很难相信这样一个傻家伙，竟然能够对付巨大的母龙。”

之前他们初次看到那个石头小屋的时候，那只山羊也和现在一样，正心满意足地啃着草。小屋隐藏在一道隐隐耸现的山崖脚下的阴暗处，很容易错过，比特丽丝指给埃克索看，埃克索还以为那是个入口，里面是居住区，和家乡的房子差不多，是山腰上挖出来的。他们走近之后，才发现那是个独立的房子，墙和屋顶都是一块块的深灰色岩石。水从高处淌下来，像一条细线，落在崖壁前，聚在离石屋不远的一个池子里，然后顺着坡地流走。石屋前方不远处，有一个很小的牧场，用篱笆围着，被初升的太阳照得明晃晃的，整个牧场里只有一只山羊。它和往常一样正忙着吃草，看到埃克索和比特丽丝，惊讶地瞪大眼睛看着。

不过，孩子们还没注意到他们。女孩和她两个弟弟站在一条沟的边上，背对着他们，正全神贯注看着脚下什么东西。有一次，其中一个小男孩朝沟里扔了什么东西，女孩一急，拉住他的胳膊往后拽。

“他们这是在干什么呢，埃克索？”比特丽丝说。“看起来像是调皮捣蛋，可最小的那个太小啦，一不小心会滚下去。”

他们从山羊旁经过，孩子们还没注意到，埃克索尽量轻柔地喊了一声：“愿上帝与你们同在。”三个孩子都警觉地转过身来。

三人脸上都有内疚的表情，佐证了比特丽丝的想法，他们可能在顽皮。女孩比两个男孩要高出一头，她迅速缓过神来，脸带微笑。

“老人家！欢迎你们！昨天晚上我们还祈祷呢，请上帝让你们来，看看，你们这就来了！欢迎，欢迎！”

她踩着水汪汪的草地走过来，两个弟弟在后面跟着。

“你认错人啦，孩子，”埃克索说。“我们就是两个迷路的行人，又冷又累，刚刚在河里被野精灵攻击，衣服全湿了。能不能喊一声你的母亲或父亲，允许我们取取暖，借个火烤烤衣服？”

“我们没弄错，先生！昨晚我们向上帝耶稣祈祷，现在你们就到啦！请吧，老人家，到屋里来，火都生好了。”

“但是，你的父母呢，孩子？”比特丽丝问。“我们虽然很疲惫，但也不愿意闯进人家，要等房子的女主人或男主人召唤才能进门吧。”

“现在就我们三个人啦，夫人，所以你可以称呼我为房子的女主人！请进去，取取暖吧。梁上挂的袋子里有食物，火旁边有木柴。进去吧，老人家，我们先不打扰你们休息了，我们要看着山羊。”

“我们感谢你的好意，孩子，”埃克索说。“但请你告诉我们，最近的村庄离这儿远吗？”

女孩脸上掠过一层阴云，她看了看已经在两旁站好的弟弟。然后，她再次微笑道：“先生，我们这是住在很高的山上。离其他村子都很远，所以请你们留在我们这儿，享受我们提供的火和食物吧。你们肯定很累了，我也能看出来，这风吹得你们发抖。所以呢，离开的话，就不要再说啦。进屋去休息吧，老人家，我们已经等了你们很久啦！”

“那沟里面有什么东西，让你们这么关心啊？”比特丽丝突然问。

“噢，没什么，夫人！什么也没有！你看你们还站在风里，衣服都是湿的！难道你们不愿意接受我们的招待，不愿意到我们的火边休息吗？你们看，火堆的烟都从屋顶上冒出来了呢！”

* * *

“那儿！”埃克索从岩石上起身，用手指着。“一只鸟飞上天啦。我不是跟你说过嘛，公主，那是鸟排成了一排。它在空中越飞越高，看见没？”

比特丽丝刚才也站起来了，这时她往外迈了一步，走出两块岩石形成的避难所，埃克索看到风立即把她的衣服吹了起来。

“没错，是一只鸟，”她说。“但不是从那一排里面飞出来的。也许你还没看到我手指的东西，埃克索。我说的是那儿，在更远的那道山梁上，那些黑色的东西，几乎都贴着天空。”

“我能看见，公主。别站在风里，回来吧。”

“无论是不是士兵，他们都在慢慢移动。那只鸟不是从那儿飞起来的。”

“别站在风里，公主，坐下来吧。我们要尽量留些力气。谁知道我们还要拉着这只羊走多远呢？”

比特丽丝回到栖身的地方，把从孩子们那儿借来的斗篷裹得紧紧的。她再次挨着丈夫坐下来，说道：“埃克索，你真的相信吗？有那么多了不起的骑士、武士，倒是我们这对没有气力的老夫妻，在自家村子里连蜡烛都不许点，竟然能杀死这条母龙？靠这头脾气倔犟的山羊帮我们就够啦？”

“谁知道是不是这样呢，公主。也许这都是那个小姑娘的痴心妄想，没有根据。但我们感谢她的热情招待，按她说的做也是应该的。也许她说得对，谁知道呢，说不定这样能杀了魁瑞格呢。”

“埃克索，你跟我说说。如果母龙真被杀死了，这迷雾也散了，我们会记起很多事来。埃克索啊，你有没有害怕过呢？”

“你自己不是说过了吗，公主？我们一起的日子，就像一个结局美好的故事，无论这过程中有什么曲折。”

“我之前说过这话，埃克索。可是，现在我们真的可能亲手杀死魁瑞格了，我还是有点儿害怕迷雾会散掉。你也是这样吗，埃克索？”

“也许是吧，公主。也许我一直就有些担心。但我最害怕你之前说过的话。就是我们在火堆旁休息的时候说的。”

“我那时候说什么啦，埃克索？”

“你不记得啦，公主？”

“我们是不是愚蠢地争吵啦？我现在不记得了，只知道当时又冷又累，大脑都不转了。”

“既然你不记得了，公主，那就这样忘了这事吧。”

“可是，埃克索，自从离开孩子们以后，我就有种感觉。好像你在疏远我，我们一起走路的时候都是这样，可不仅仅是因为那头难拉的山羊。我现在不记得了，会不会是因为我们之前吵架了呢？”

“我可不是有意要疏远你，公主。请原谅。如果不是因为山羊拽来拽去的话，那肯定是因为我在想我们俩说过的什么傻话。相信我，还是忘记了好。”

* * *

他把房间中央的火烧旺，小屋里的其他地方都暗下来。埃克索把衣服一件一件拿到火堆旁烘干，比特丽丝垫着几块小毯子，在一旁安稳地睡着。可是，突然之间，她坐起身来，四周张望着。

“火太热了吗，公主？”

有一下子，她脸上仍然很迷茫，然后她又疲惫地躺在毯子上。不过，她眼睛仍然睁着，埃克索正打算再问一遍，她却低声说道：

“丈夫啊，我是在想很久以前的一个晚上。你走了，留下我一个人在床上，心里不知道你还会不会回来。”

“公主，虽然我们躲开了河上那些精灵，但我担心你身上的咒还没完全解除，所以才会做这些梦。”

“不是梦，丈夫。就是记忆中的一两件事情又回想起来了。那个晚上特别黑，我就在那儿，一个人在床上，我心里清楚，你去找更年轻、更漂亮的女人去了。”

“你还不相信我吗，公主？这都是那些精灵，还在我们俩之间捣蛋。”

“也许你说得对，埃克索。就算那真是记忆，也是很久以前了。不过呢……”她没说话了，埃克索以为她又打盹睡着了。可她又接着说道：“不过呢，丈夫，那些回忆让我不敢亲近你。等我们休息好了，再次上路的时候，让我走在前面一点儿，你在后面。我们就这样走吧，丈夫，因为我将不欢迎你在我身旁。”

听到这话，一开始他没说什么。然后他把衣服从火边拿开，放下来，转头看着她。她的眼睛又闭上了，但他肯定她没有睡着。过了很久，埃克索终于能说出话来，不过声音很轻。

“那将是最令我伤心的事，公主。当地面够宽时，却和你分开走路——我们以前总是一起走的。”

比特丽丝似乎并没有听到，功夫不大，她的呼吸变得悠长均匀。他穿上刚烘好的衣服，在一块毯子上躺下来，离他妻子不远，但没有碰到她。他从骨子里感到疲惫，然而他又一次看到那些精灵在他面前的河水中挤作一团，还有他在空中挥下的锄头，落在它们中间，他想起了那像孩子们在远处玩耍一般的声音，想起了自己如何打斗，简直像个武士一样，声音里充满愤怒。现在呢，她说了这话。他脑海里浮现出一幅画面，清晰、逼真：他和比特丽丝走在山路上，头顶是空阔的灰色天空，她走在前面，离他有几步远，他心里涌起一股深深的凄凉感。他们就那样走着，一对老夫妻，低着头，隔着五六步的距离。

醒来的时候，他发现火已经熄了，火堆冒着烟，比特丽丝站在那儿，隔着石头间的一道小缝向外望，这样的屋子，石头间的缝隙也就成了窗户。他又想起了两人最近的谈话，可比特丽丝转过身来，一块三角形的阳光照在她的脸上，她兴高采烈地说道：

“刚才看到外面日头高了，埃克索啊，我打算喊醒你。可我一直想着你在河里泡了那么久，恐怕还要多休息，不是打个盹就行了的。”

他没有回答，她这才问道：“怎么啦，埃克索？为什么这样看着我？”

“我感到欣慰、高兴，才一直盯着你，公主。”

“我感觉好多啦，埃克索。休息一下就好了。”

“这我现在能看出来。那么，我们就快点上路吧，你说的，我们睡觉的时候，日头已经高啦。”

“我一直在看那几个孩子，埃克索。这时候还站在那条沟旁边呢，和我们刚到的时候一样。下面有什么东西把他们吸引住了，我敢打赌，肯定是在顽皮，因为他们经常往后面看，好像担心被大人发现挨批评一样。他们的亲人都上哪儿去了呢，埃克索？”

“那不干我们的事，而且他们好像也能吃饱穿暖。我们去告别，然后上路吧。”

“埃克索，我和你之前争吵了吗？我感觉我们俩之间好像有点事儿。”

“没什么不能放下的，公主。不过也许等会儿我们就会谈起来，谁知道呢？我们还是赶紧动身吧，否则等会儿又要又冷又饿啦。”

他们走进清冷的阳光下，埃克索看到草上结着一块块的冰，天空辽阔，重峦叠嶂，绵延到天际。山羊在那边的围栏里吃东西，脚边有一只满是泥浆、倒扣的桶。

三个孩子仍然在沟边，朝沟里望着，背对着小屋，似乎在争吵。女孩最先发觉埃克索和比特丽丝，人还没有完全转过身来，脸上已经绽出灿烂的微笑。

“亲爱的老人家！”她拉着弟弟，迅速从沟边离开。“我们家很简陋，希望你们休息得还算舒服！”

“的确很舒服，孩子，我们非常感激。现在我们休息好了，可以动身啦。你们的家人呢，为什么把你们丢下不管？”

女孩和站在她两边的弟弟们互相看了看。然后，她有些犹豫地说道：“我们自己过，先生，”说着用两条胳膊分别挽住了两个弟弟。

“沟里有什么东西，你们那么关心？”比特丽丝问。

“是我们的山羊，夫人。那是我们最好的羊呢，可是死了。”

“山羊怎么死了呢，孩子？”埃克索轻声问。“那边那一只看起来很好嘛。”

孩子们又互相看了看，眼神来去之间似乎做好了决定。

“你去看看吧，先生，”说着，女孩放开两个弟弟，迈步让到一边。

他朝沟边走去，比特丽丝与他并肩走着。走了一半，埃克索停下来，低声说道：“公主啊，让我一个人先去吧。”

“难道你以为死山羊我以前都没见过，埃克索？”

“虽然见过，公主啊，你还是在这儿等一下。”

沟有一人深。这时候太阳几乎直射进沟里，里面有什么，应该很容易看清楚；但是，阳光却形成了重重晦暗难辨的阴影，有水洼的地方结了冰，冰面上光影交错、令人眩晕。那山羊原来似乎非常大，现在却碎成很多块，散落在各处。那儿一条后腿，这儿是脖子和脑袋——脸上的表情似乎颇为平静。过了一会儿，他才辨认出山羊柔软的腹部，向上袒露着，黑色的泥浆中慢慢显出一只大手来，按在山羊的肚子上。这时候埃克索才意识到，一开始他以为那就是一只死山羊，但实际上大部分属于另外一个东西，与山羊缠在一起。那边突起的部分是它的肩膀；那儿是僵硬的膝盖。接着，他发现有动静，这才意识到沟里那个东西是活的。

“你看见什么啦，埃克索？”

“不要上前，公主。这可不是让你开心的东西。我猜是个可怜的食人兽吧，要死了，但一时又死不了，也许这些孩子犯傻，扔了个山羊给它，以为它吃点东西就能好起来。”

就在他说话的时候，一个没有毛发的大脑袋在泥浆中慢慢旋转，一只眼睛瞪得大大的，也跟着转动。然后泥浆快速下陷，形成一个漩涡，那个脑袋不见了。

“我们没有喂食人兽，先生，”女孩在他身后说。“我们知道决不能给食人兽喂食物，它们来了，我们就该躲进屋子关好门。这个食人兽来了，我们就是这么做的，先生，我们从窗户里看着它拉倒篱笆，抓走了我们最好的羊。然后它就坐在那儿，先生，就是你站的地方，两条腿挂在沟边，像小婴儿那样，开心地吃着山羊，生吃的，食人兽都这样。我们知道不能开门，太阳都快下山了，那个食人兽还在吃我们的山羊，但我们能看出来，它越来越虚弱。最后它终于站起身来，手里拿着剩下的山羊，然后它就摔倒了，先是跪着，接着就侧着身子倒下去。再后来呢，它就滚进沟里了，还拿着山羊呢，在沟里待两天了，还没死。”

“我们走远一点儿吧，孩子，”埃克索说。“你和你弟弟最好别看。可是，这可怜的食人兽怎么会病成这样呢？难道你家的山羊生病了？”

“不是生病了，先生，是有毒！我们按照布朗温教的方法，喂了它整整一个多礼拜。每天喂六次叶子。”

“你为什么要这么做呢，孩子？”

“哎呀，先生，让山羊有毒，给母龙吃啊。这可怜的食人兽又不知道，所以把自己给毒了。但这不是我们的错，先生，因为它本来就不该抢东西！”

“等一下，孩子，”埃克索说。“你是说你们是有意这么喂羊的，让它身上带毒？”

“为母龙准备的毒，先生，但布朗温说，不会伤害我们。你看，我们怎么知道这毒会伤害食人兽呢？不是我们的错，先生，我们也没有恶意！”

“孩子啊，谁也不会责怪你们。不过，请你告诉我，你们为什么想要毒死魁瑞格呢？你们说的母龙就是它吧。”

“哎呀，先生！我们早上晚上都祈祷，有时候白天也祈祷。今天早上你们来的时候，我们就知道，上帝派你们来了。拜托啦，你们就是来帮助我们的，是吧！我们不过是可怜的孩子，被我们的父母遗忘了！我们就只剩下这只羊了，你们能把羊带过去吗，沿着那条路牵上山，到巨人冢去？路很容易走的，先生，来回要不了半天，我不能丢下这两个小的，要不然我就自己去了。我们喂这只羊的方法，和被食人兽吃掉的那只一样，这只还多吃了三天叶子呢。先生，你只要把羊牵到巨人冢，拴好丢在那儿，让母龙来吃就行了，而且路很好走，像散步一样轻松。答应我们吧，老人家，因为除此之外，我们担心再也没有别的办法能让我们亲爱的父母回来了。”

“你总算谈到父母了，”比特丽丝说。“要怎么做，才能让父母回到你们身边呢？”

“我们刚才不是说过了吗，夫人？你们只要把山羊带上山，丢在巨人冢就行了，大家都知道经常有人留食物在那儿给母龙。然后呢，谁知道，她会消失吧，就像那可怜的食人兽一样，吃山羊之前，那食人兽看起来可是很强壮的！以前我们一直害怕布朗温，因为她会巫术，但是她看到就我们住在这儿，父母把我们给忘记了，就同情我们。所以，老人家，请你们帮助我们，谁知道以后什么时候有人会来这儿呢？就算有士兵或者陌生人经过，我们也害怕露面，但你们就是我们求上帝耶稣派来的人。”

“可是，这个世界，你们这样的小孩子知道什么呢，”埃克索问，“竟会相信一只有毒的山羊就能把你们的父母带回到身边？”

“这是布朗温跟我们说的，先生，虽然她是个可怕的老太太，但是她从不撒谎。她说，我们的父母把我们忘了，是因为那条母龙住在这里。我们经常调皮，让母亲生气，但是布朗温说，她只要一记起我们，就会急忙赶来，一个一个抱住我们，就像这样。”女孩突然做出把小孩抱在胸前的样子，眼睛闭着，轻轻摇晃了一会儿。然后，她睁开眼睛，继续说道：“但是，现在母龙下了咒，让我们的父母把我们忘了，所以他们不会回家。布朗温说，受母龙诅咒的不仅仅是我们，而是所有人，它消失得越早越好。所以呢，先生啊，我们就卖力干活，两只羊都完全按她说的那样喂，一天喂六次。拜托答应我们的请求吧，否则我们就永远也见不到母亲和父亲啦。我们只请求你们，把山羊带到巨人冢拴好就行了，然后你们想去哪儿就去哪儿。”

比特丽丝正准备讲话，但埃克索抢先说道：“对不起啊，孩子。我们也希望能帮忙，但爬那么高，到山里去，我们已经不行啦。我们老啦，你也看得出来，又在路上走了好多天，没力气啦。我们也没办法，只好快点上路，以免又遇到不幸的事情。”

“可是，先生啊，是上帝亲自把你们送到我们面前的！而且路很短，很轻松，从这儿开始没有一个陡坡。”

“亲爱的孩子啊，”埃克索说，“我们心里都向着你，到下一个村庄，我们就请人帮忙。但是我们太虚弱了，你让我们做的事情，我们做不了，肯定还会有人从这儿经过，愿意帮你把羊牵过去。我们这些老人可不行，但我们会祈祷你们父母归来，祈祷上帝保佑，让你们永远平安无事。”

“不要走，老人家！食人兽中了毒，不是我们的错。”

埃克索拉着妻子的胳膊，转身离开孩子们。两人经过山羊圈的时候，他才回头看，孩子们仍旧站在那儿，三人排成一排，默默地看着，身后就是直插云霄的崖壁。埃克索挥挥手表示鼓励，但他心里感到有些羞愧——也许还有遥远记忆的痕迹，一次类似的告别——于是加快了脚步。

他们没走多远——泥泞的地面刚开始下降，眼前出现了宽阔的谷地——比特丽丝拉拉他的胳膊，让他慢下来。

“丈夫啊，刚才孩子们在场，我不想绕开你跟他们说话，”她说。“可是，我们真的没能力帮他们做这件事吗？”

“他们目前没有危险，公主，我们有我们的事情。你身上的痛怎么样啦？”

“我身上的痛没有加重。埃克索，看看那些孩子，我们走了，他们还一直看着，我们在他们眼里都变成小点了吧。我们至少可以在这块石头这儿歇一下，再谈谈这件事吧？我们不要不加考虑就急忙离开。”

“不要回头看他们，公主，那样只会勾起他们的希望。我们不能回去，也不去牵羊，我们要往下走，到这个山谷里，烤烤火，吃点好心的陌生人给的食物。”

“可是，埃克索，想想他们的请求吧。”比特丽丝这时让两人停下了脚步。“我们还有可能碰上这样的机会吗？想一想！我们碰巧到了这个地方，离魁瑞格的巢穴这么近。那些孩子又有一头有毒的山羊，虽然我们又老又弱，但有了山羊，说不定我们两个人就能杀死母龙呢！想一想吧，埃克索！如果魁瑞格死了，迷雾很快就会散掉。也许那些孩子说得对，也许真的是上帝把我们领到了这儿，谁知道呢？”

埃克索又沉默了一会儿，努力克制回头看那座石屋的冲动。“山羊能不能伤害到魁瑞格，还很难说呢，”他开口说道。“一头倒霉的食人兽是一回事。这头母龙，可是个连军队都能打散的家伙。我们这样一对老傻瓜，晃到离她巢穴那么近的地方，恐怕不明智吧？”

“我们不用去面对她，埃克索，只要拴好山羊，然后快点走。魁瑞格可能要过好几天才会到那个地方，到那时候，我们已经安全地到了儿子的村庄啦。埃克索，我俩在一起这么久的记忆，难道我们都不想要回来吗？难道我们要变得像某个晚上一起遮风避雨的陌生人？来吧，丈夫，你点个头吧，我们回去，照孩子们的请求做。”

* * *

就这样，他们到了这儿，越爬越高，山风也越来越大。两块岩石能临时遮挡一下，可他们不能一直待在这儿。埃克索又开始怀疑，自己让了步，答应做这件事，也许是个愚蠢的决定。

“公主啊，”最后他说道，“假如我们真的做了这件事。假如上帝眷顾，我们成功了，杀死了母龙。那我希望你能答应我一件事。”

现在她挨在他身边坐着，不过眼睛仍旧望着远方那一排细小的身影。

“答应什么呢，埃克索？”

“是这样的，公主。如果魁瑞格真的死了，迷雾开始消散。如果记忆恢复，你发现我曾经让你多次失望。或者你想起我做过不好的事情，再来看我，看到的已经不是现在你眼中的这同一个人了。那么，请你至少答应我。请你答应我，公主，你不会忘记这一刻你心里对我的感情。如果迷雾消退，只会将我们两人分开，那记忆恢复又有什么好处呢？这你能答应我吗，公主？答应我，无论迷雾消散之后你看到的是个什么样的人，你要永远记着这一刻你心里对我的感情。”

“我答应你，埃克索，要做到也不难。”

“公主啊，听你这么说，我感到无比宽慰，都无法用语言表达了。”

“你的情绪很奇怪啊，埃克索。但是，谁知道巨人冢还有多远呢？我们不要再坐在这两块石头下面耽误时间啦。我们离开的时候，那些孩子很焦虑，他们还等着我们回去呢。”

高文的第二次浮想

这该死的风。我们这是要遇到风暴吗？是风是雨，霍拉斯都不会在意，只是现在坐在他身上的，是个陌生人，不是他的老主人。“就是个疲惫的女人，”我告诉他，“比我更需要骑马。所以你好好驮着她吧。”可她还在这儿干什么呢？她有多么虚弱，难道埃克索阁下看不出来吗？带她到这苦寒的高山上来，难道他疯了吗？可她自己要往前走，和他一样倔强，无论我怎么说，他们都不回头。所以，我只好踉踉跄跄地步行，一只手扶着霍拉斯的鞍子，拖着这上锈的盔甲。“我们以前对女士不都很有礼貌吗？”我低声对霍拉斯说。“难道我们自己走自己的路，丢下这对拉着羊的老夫妻不管？”

一开始，我看到他们在山下，显得很小，还以为是那两个人来了呢。“你看山下，霍拉斯，”我说。“他们都已经碰头啦。他们都已经来啦，好像和布雷纳斯的人打了一架，那家伙一点儿也没受伤。”霍拉斯呢，朝我这边若有所思地看了一眼，好像是问，“那么，高文啊，这是我们最后一次一起爬这陡坡了吗？”我没有回答，只是轻轻摸摸他的脖子，可我心里想，“那武士是个年轻而可怕的家伙。不过，也许我斗得过他呢，谁知道？他打倒布雷纳斯的手下时，我就看出来了。换作别人是看不出来的，但我看出来了。左侧有个小破绽，聪明的对手可以抓住。”

但是，如果亚瑟在，现在会希望我怎么做呢？他的影子仍旧笼罩着这块土地，也包围着我。他会让我蹲伏下来，像野兽一样等待猎物吗？可这些山光秃秃的，能藏到哪儿呢？只有风，能把一个人遮住吗？也许，我该找个悬崖，守在上面朝他们扔石头？那可不是亚瑟王骑士的风范。我宁愿公开露面，迎上去，再游说一次试试看。“回去吧，先生。你不仅给你自己和年轻的伙伴带来了危险，还危及到了这个国家所有善良的人们。让一个了解魁瑞格的人来对付魁瑞格。你都看见啦，我这已经准备去杀她了。”但是，类似的请求，他之前并没有理会，现在为什么还要听呢？毕竟他已经到了附近，还有那个被咬过的男孩给他领路，直奔魁瑞格的老巢。救那个男孩，是不是个错误？但是院长真让我震惊，我知道上帝会因此感谢我。

“他们的路线准确无误，好像有地图一样，”我对霍拉斯说。“那我们该在哪儿等呢？我们该在哪儿面对他们呢？”

那片小树林。我想起来了。奇怪的是，那儿的树长得很茂盛，其他地方都被风刮得光溜溜的。小树林容得下一名骑士和他的坐骑。我不会像土匪一样突然跳出来，但是，为什么要提前一个小时就让对方看到我们呢？

于是我轻轻踢了霍拉斯一下，现在他对此已经没什么反应了，我们穿过了最高的山脊，那儿地面平坦、没有坡度，四面都是冽冽寒风。好不容易到了那树林中，我们俩都谢天谢地，不过那些树长得可真奇怪，让人怀疑是不是梅林亲自在这儿下了咒。梅林阁下真是个人物啊！有一度我以为他给死神都下了咒，可是，现在连梅林也上路啦。他现在住在天堂呢，还是地狱？埃克索阁下也许认为梅林是魔鬼的仆人，但是他却常常用他的本领，去做让上帝微笑的事。也不要说他没有勇气。很多次他和我们并肩战斗，面对飞矢和乱斧。这能算作是梅林的树林吧，长在这儿就为了一个目的：让我有一天能在此歇息，等待那个人，阻止他破坏我们那天成就的伟大事业。我们五个人，两个死在母龙手中，然而梅林阁下站在我们身边，在魁瑞格尾巴的扫击范围内镇定地走着，否则他的功夫怎么能施展呢？

我和霍拉斯到的时候，树林里安静平和。甚至还有一两只鸟在树上唱着歌，虽然头顶上的树枝动个不停，但下面却安安静静，如同平和的春天；在这儿，一个老人终于可以定定神，慢慢理一理脑海里的思绪，而不会满脑子念头像暴风骤雨一样！我和霍拉斯上一次到这树林里来，该是好几年前了吧。地上的野草都长疯了，荨麻叶本来不过小孩手掌摊开那么大，现在却足以把一个成年人裹上两层。我把霍拉斯丢在一个开阔一点的地方，让他去找点儿吃的，自己到浓密的枝叶下走了一会儿。我为什么不歇息在这儿呢，靠着这棵漂亮的橡树？等他们来到这个地方——他们一定会来的，到那时候，我和他要会面啦，武士对武士。

我穿过巨大的荨麻——我穿着这咯吱作响的金属盔甲，难道是为了这个目的？让小腿不被这柔软的刺扎伤？——最后，我到了那片空地，还有那个池塘，头顶上露出了灰色的天空。周围有三棵大树，但每棵树都从腰间裂开，上半截栽在水里。我们上次来的时候，这些树还站得直挺挺的吧？被雷电击中了吗？或者是树太老了，渴望池塘的滋养？它们离水那么近，却又喝不到？现在，它们想怎么喝就能怎么喝啦，山上的鸟在它们破裂的树干上做了窝。我就要在这样的地方面对那个撒克逊人吗？如果被他打败，我也许还剩点儿力气，能爬到水边。就算那冰不拦着我，我也不愿意滚进水里，穿着这盔甲泡在水里发胀可不是开心的事情；还有霍拉斯呢，他会不会想念主人，小心翼翼跨过盘根错节的树根，把我的尸体拖上来？不过，我见过战场上的战友们，受伤了躺在那儿，渴望喝水；也亲眼见过一些人爬到河边或湖边，尽管这样做让他们备感痛苦。有没有某种大秘密，只有将死的人才知道？我的老战友，比埃尔阁下，那天躺在那座山的红土上，就渴望有水。我的葫芦里还有点水，我对他说，不是，他要的是湖或者河。但我们离得太远了，我说。“我诅咒你，高文，”他叫道。“这是我最后的心愿，你都不答应我，我们还是战友，一起打过那么多仗呢！”“可这母龙把你都撕成两半了，”我对他说。“如果要带你去水边的话，我就要在这夏天的日头下走，一条胳膊夹住你的一半身体，否则到不了那种地方。”可他对我说，“高文啊，我心里不会迎接死亡，除非你把我放在水边，我要听着水轻轻拍打的声音，慢慢闭上眼睛。”他一定要这么做，也不去管我们的任务有没有完成，他为此牺牲值不值得。我弯下腰去抱他的时候，他才问：“还有谁活下来了？”我告诉他，米勒斯阁下牺牲了，但有三个活着，还有梅林阁下。可他还是不问任务有没有完成，只是不停地谈河啊湖啊，甚至还说起了大海，我别的也做不了，只知道这是我的老战友，一位勇士，和我一样，被亚瑟选中来执行这项伟大的任务，虽然山谷里正在开战。他忘记自己的职责了吗？我把他抱起来，他喊得惊天动地，这时候才明白哪怕走几小步，都要付出巨大代价，我们就那样，站在红色的山上，在夏天的烈日下，就是骑马到最近的河也要一个小时。我把他放下来，那时候他嘴里只谈大海啦。他眼睛已经闭上了，我把葫芦里的水洒在他脸上，他感谢我，那样子让我觉得，在他心里，他已经站在了岸边。“结果我的，是剑哪，还是斧子？”他问。我说：“你这是说什么呢，战友？是母龙的尾巴打中了你，但是我们的任务完成了，你带着尊严与荣耀离开。”“母龙，”他说。“母龙怎么啦？”“除了一根之外，所有的矛全扎在她肋部，”我说，“现在她睡着了。”可他又忘了我们的任务，开始谈起大海来，说他小时候就有一条船，晚上如果平静，他父亲就带他到大海深处。

等我自己的时候到了，我也会渴望大海吗？我想，有泥土我就满足了。我也不会要求某个具体的地方，不过还是在这个国度内吧，我和霍拉斯在这儿开心地游荡了很多年。之前那些黑寡妇要是听我这样说，会笑话我的，会迫不及待地提醒我，我会和谁分享我那抔黄土呢。“愚蠢的骑士！你倒真是要好好挑选安息的地方，否则你会发现，你亲手屠杀的那些人成了你的邻居！”她们朝霍拉斯屁股上扔泥巴的时候，不是也这样嘲笑过吗？她们真是大胆！她们在场吗？现在坐在我马鞍上的这个女人，如果能听到我的内心想法，会不会也那样说呢？她在那个空气污浊的地道里曾说起过婴儿被屠杀，虽然我救了她，僧侣们的阴谋没有得逞。她怎么敢那么说呢？现在她坐在我的马鞍上，骑着我亲爱的战马，我和霍拉斯在一起的旅程，谁知道今后还有没有呢？

有一下子，我们以为这就是我们的最后一程，但我们搞错了，把这对好心的夫妻当成了其他人，所以我们又安安静静地多走了一会儿。不过，我一边牵着霍拉斯的缰绳，一边还要回头望，因为他们肯定会来，虽然我们领先了不少路。埃克索阁下在我身边走，因为那只羊，他走得不稳。他猜到了我为什么经常往回看吗？“高文爵士，我们以前不是战友吗？”走出隧道那天清晨，我听他这么问，我让他去找条船，顺河而下。可他还在这儿，仍然在山里，还带着他好心的妻子。我不愿与他目光相对。我们俩都老了，都为年月所遮盖，就像草遮盖着我们曾经战斗过、屠杀过的大地。你想干什么呢，先生？你带着这只羊是怎么回事？

“回去吧，朋友们，”他们在树林里碰到我的时候，我说。“你们这样上了年纪的人，不该朝这儿走。你看看，好心的夫人还捂着腰呢。从这儿到巨人冢，至少还有一英里，只有小石头可以藏身，还得低着头蜷缩在后面。趁你们还有力气，回去吧，我保证把羊带到冢上拴好。”但是，两人都半信半疑地看着我，埃克索阁下拉着羊不放。头顶的树枝瑟瑟作响，他妻子坐在一棵橡树的树根上，眼睛望着池塘，以及那几棵俯身水面的断树。我轻声说：“这路不适合你的好妻子，先生。为什么不接受我的建议，顺着河走，离开山里呢？”“我们必须把羊牵到我们承诺的地方，”埃克索阁下说。“我们答应过一个孩子。”说这话的时候，他有没有奇怪地看着我呢？还是我做梦？“我和霍拉斯可以把羊送去，”我说。“这任务交给我们，你不放心吗？这羊就算被魁瑞格一口吞下去，我也不相信能把她怎么样，也许能耽搁她一会儿，给我制造个机会。所以呢，把这羊给我们吧，你们回头下山，要不你们两人走着走着，说不定就要摔倒啦。”

他们走到一旁的树丛中，避开我，我能听到他们压低了声音在说话，但听不见说的是什么。然后埃克索阁下走到我跟前，说：“我妻子再休息一会儿，然后我们就继续走，先生，到巨人冢去。”我明白再争辩已经没有用了，而且我自己也急着上路，维斯坦阁下和他那个被咬的孩子在后面还有多远，谁知道呢？

第四部

第十五章

你们有些人会有隆重的纪念碑，让活着的人记住你们受的罪。有些人只会有粗糙的木头十字架或者彩色石块，其他的人呢，就只能藏匿在历史的阴影中。无论如何，你们都是一个古老进程的一部分，所以当初立巨人冢，有可能就是为了纪念这个地方很久以前发生过的类似悲剧——年轻的无辜者在战争中遭到屠杀。除此之外，很难想到立此巨冢的其他原因。如果建在低一点的地方，我们的祖先也许是为了纪念一场胜利或一位国王。但是，为什么要选一个这么高、这么远的地方，把沉重的大石头堆得比一个人还高呢？

我敢肯定，埃克索疲惫地走上山坡时，同样也为这个问题感到疑惑。那个小姑娘第一次提到巨人冢时，他想到的是一个东西立在大土堆上。但这个石冢却在山坡上突然出现，周围没有任何其他东西提醒人们它的存在。不过，山羊似乎立即意识到这是个特殊的地方，石冢刚一出现，像一根黑色的手指指向天空时，它就马上疯狂地挣扎起来。“它明白自己的命，”高文爵士说道。他拉着马往山上走，比特丽丝坐在马背上。

现在呢，山羊似乎忘记了之前的恐惧，正心满意足地啃着草。

“有没有可能是因为魁瑞格的气息，对人和山羊都能起作用？”

问这话的是比特丽丝，她正用双手抓着拴羊的绳子。埃克索这下子把羊交给她，自己正用石头把一根木桩砸进土里，拴羊的绳子绑在木桩上。

“谁知道啊，公主。但是如果上帝真关心山羊的话，那就该快点把母龙引来，否则这可怜的东西孤零零地要等很久啊。”

“如果羊先死了，埃克索，你觉得母龙会吃死动物身上不新鲜的肉吗？”

“母龙喜欢什么肉，谁知道呢？不过这里有些草，公主，虽然不怎么样，但能让山羊活一阵子。”

“你看那儿，埃克索。我们两人都累了，我还以为骑士会帮忙呢。可他已经忘记了他平常的礼貌。”

的确如此，到了石冢之后，高文爵士就异常沉默。“这就是你们要找的地方，”他几乎有些生气地说，然后就转身走开了。现在，他背对着他们站着，盯着天上的云。

“高文爵士，”埃克索停下手头的活儿，喊道。“你能帮忙拉着这头羊吗？我可怜的妻子已经拉不动了。”

老骑士没有反应，埃克索以为他没听见，正准备再说一遍，高文却突然转过身来，脸上庄重得可怕，以至于他们两人都瞪大了眼睛。

“我看到他们在下面，”老骑士说。“现在，谁也拦不住他们啦。”

“你看到谁了呢，先生？”埃克索问。骑士没有说话，他又问：“是士兵吗？之前我们看到过，很远的地平线上有个长长的队伍，但我们以为他们是朝另一边走，离我们越来越远。”

“我说的是你最近的伙伴们，先生。昨天我们见面的时候，你和他们一起走的。他们从下面的树林里出来了，现在谁能拦住他们呢？有一下子，我还希望那只是两名黑寡妇，离开了那个该死的队伍。但那只是天上的云耍的把戏，是他们俩，没错。”

“这么说，维斯坦阁下还是从修道院里逃了出来，”埃克索说。

“是逃出来了，先生。现在他来了，也拉着绳子，绑的不是山羊，而是那个给他当向导的撒克逊男孩。”

最后，高文爵士终于注意到比特丽丝正在拼命拽住山羊，赶紧从悬崖边上赶过来，抓住了绳子。但比特丽丝并没有放手，有一下子，好像她和骑士两人在争夺这只羊。过了一会儿，两人都站稳了，都抓着绳子，老骑士在比特丽丝前方，隔着一两步的距离。

“我们的朋友也看见我们了吗，高文爵士？”埃克索问道，转身继续干活。

“我敢打赌，武士眼睛很尖，现在就能看到我们站在高处，背后就是天空，正在和山羊拔河比力气呢！”他笑了一声，但声音中仍然有一丝忧郁。“是的，”他又说道。“我想他能清楚地看到我们。”

“那他就会和我们联手，”比特丽丝说，“一起杀死母龙。”

高文爵士不安地轮流打量着他们俩。然后他说道：“埃克索阁下，你现在仍然相信这一点？”

“相信什么，高文爵士？”

“在这个偏僻的地方相聚，我们俩是战友？”

“请把意思说清楚，骑士阁下。”

高文牵着羊来到埃克索跪着的地方，他没察觉到比特丽丝在后面跟着，手里还抓着绳子的另一端。

“埃克索阁下，我们多年前不就已经分道扬镳了吗？我仍然跟着亚瑟，而你呢……”这时候，他似乎意识到比特丽丝在身后，于是他转过身，礼貌地鞠了个躬。“亲爱的女士，我请你放开绳子，休息吧。我不会让羊跑掉的。到那边的石冢旁坐下来。至少可以挡一挡风。”

“谢谢你，高文爵士，”比特丽丝说。“那我就把羊交给你啦，它对我们可很宝贵啊。”

她迈步朝石冢走去，身体前倾、肩膀缩着，以抵挡大风，那样子让埃克索隐隐约约回想起了什么往事。这在他心中激起了特殊的情感，还没来得及压制，就已经让他备感意外，甚至感到震惊，因为他一方面强烈渴望立即走到她身边，为她遮风挡雨，另一方面却又清晰地感受到了愤怒与怨恨。她说起过，某一个漫长的夜晚，她独自一人，因为他不在而备受煎熬。然而，有没有可能，他自己也曾有过某个同样痛苦的夜晚，甚至几个这样的夜晚？比特丽丝在石冢前停下来，对着那些石块低下头，好像道歉一样，这时他感到记忆更加清晰，愤怒也更加强烈了，一种恐惧感袭来，让他转过脸去不再看她。这时候他才注意到，高文爵士也在凝望着比特丽丝，眼里露出温柔的神情，似乎陷入了沉思。随后骑士回过神来，靠到埃克索身旁，弯下腰来，似乎是要排除一切被比特丽丝听到的可能。

“你选的道路也许更加神圣，谁又敢说不是呢？”他说道。“丢开战争与和平的大事。丢开那条让人更亲近上帝的好法律。永远丢开亚瑟，一心去……”他又朝比特丽丝那边望了一眼，她仍旧站着，为了避开大风，额头几乎都要碰到那些堆砌起来的石块了。“一心去陪伴你的好妻子，先生。我注意到了，她在你身边走着，像一个温暖的影子。我当初也该这样做吗？可是，上帝将我们引上了不同的道路。我有职责。哈哈！现在我害怕他吗？不怕，先生，从没怕过。我对你没有任何指责。你帮助推行的那条伟大律法被撕碎了，沾满了血！但是，有一段时间，那法律的确生了效。撕碎了，沾满了血！现在谁为这事责怪我们呢？我害怕年轻吗？单凭年轻就能打败对手吗？让他来吧，让他来。这一点你记住，先生！那一天我亲眼见到了你，你说耳朵里有孩子和婴儿的哭声。我也听到啦，先生，可是那与医生帐篷里传出来的病人的哭声，有什么不同吗？治疗虽然带来痛苦，却能让一个人保住性命。但是，这一点我承认。有些日子里，我也希望有个温暖的影子跟着我。现在我一转身，还希望能看到一个呢。地上的每个动物、天上的每只鸟，不都渴望有温柔的伴侣吗？有那么一两个，为了她们，我倒愿意舍弃大好年华。我现在为什么要怕他？我斗过长着獠牙的挪威人，鼻子像驯鹿一样——那不是面具！给你，先生，把你的山羊拴好吧。你还要把那根桩砸多深啊？你这是要拴山羊还是拴狮子？”

高文把绳子递给埃克索，大步走开了，一直走到大地边缘似乎与天空相接的地方，才停下脚步。埃克索单膝跪在草上，把绳子紧紧绕在木桩的槽口上，然后又一次望着妻子。她站在石冢旁，和之前差不多，她那姿势又让他心中一动，但让他欣慰的是，之前那种怨恨的感觉，这次没有了。相反，他感到一股极其强烈的冲动，要去保护她，不仅是要遮挡猛烈的风，而且是要挡住另一种又大又暗，正在他们周围聚集的东西。他站起身，急忙朝她走去。

“羊拴牢了，公主，”他说。“等你准备好了，我们就沿着这山坡离开吧。对孩子们和我们自己承诺的任务，不是已经完成了吗？”

“噢，埃克索，我不想回到那树林里去。”

“你说什么呢，公主？”

“埃克索，你没到池塘边，你在忙着和这位骑士说话。你没朝那冰冷的水里看。”

“风太大，公主，你是累了。”

“我看见他们的脸仰着，好像躺在床上睡觉一样。”

“谁啊，公主？”

“那些婴儿，就在水面之下不远。一开始我以为他们在微笑，有些在招手，等走近一看，才发现他们躺在那儿，一动不动。”

“这就是你刚才靠着树休息时做的一个梦。我记得看到你睡着啦，当时心里还觉得宽慰呢，尽管我在和老骑士谈话。”

“我真的看见了他们，埃克索。在绿色的水草里。我们不要回到树林去，因为我肯定，那儿有恶魔。”

高文爵士凝视着山下，一条胳膊已经举在空中，这时他并没有转身，但嘴里喊了起来，声音随着风传过来。“他们很快就到了！正急匆匆上坡。”

“我们到他那儿去吧，公主，但你把斗篷裹紧点。我真是傻，不该带你走这么远，但我们很快又能找到遮风的地方。不过，我们先看看这好心的骑士究竟在担心什么。”

他们走过去的时候，那只山羊在拉绳子，不过木桩并没有动。

埃克索很想看看山下来的人离这儿还有多远，可这时老骑士转身朝他们走过来，在离山羊不远的地方，三人都停下了脚步。

“高文爵士，”埃克索说，“我妻子身体虚弱，必须回去找个地方休息，吃点东西。我们能像上山的时候一样，让你的马驮着她吗？”

“你这提的是什么要求？太过分啦，先生！在梅林的树林中见面的时候，我不是告诉你们不要再往山上爬了吗？是你们两人坚持要到这儿来。”

“也许我们是傻，先生，但我们是怀着一个目标的，如果我们自个儿下山的话，你必须答应我们，不要把山羊放掉，把羊拉上山可花了我们很多气力。”

“把羊放掉？我为什么要在乎你的羊呢，先生？那个撒克逊武士很快就要来了，他可不是等闲之辈！去吧，不相信的话自己去看看！我为什么要在乎你的羊呢？埃克索阁下，看到你在我面前，让我想起了那个晚上。风也很猛，和现在一样。你呢，当着亚瑟的面骂他，而我们其他人都低着头站着！把你打倒的任务，谁愿意接受呢？我们每个人都避开国王的眼睛，害怕他以目光示意，下令将你打倒，虽然你没带武器。可是，你看啊，先生，亚瑟是位伟大的国王，这又多了一项证明！你当着他最优秀的骑士的面咒骂他，可他却温和地回答你的话。你还记得吧，先生？”

“我一点儿也不记得，高文爵士。你们那条母龙的气息，把这一切全挡住了。”

“我像其他人一样低着头，眼睛看着脚，心里却担心你的头随时可能会从我脚旁滚过！可是，亚瑟却温和地与你说话！你一点儿都想不起来了？那天晚上的风几乎和现在一样猛烈，我们的帐篷随时会飞到黑暗的天空中。可是，亚瑟却用温和的言语来回应咒骂。他感谢你的贡献。感谢你的友谊。他要求我们记住你的荣耀。你大怒离开，冲进狂风暴雨之中，先生，我自己则低声跟你告了别。你没有听见，因为我说得很轻，但那也是真诚的告别，而且这样做的也不止我一个。我们多少也都理解你的愤怒，先生，虽然你犯了大错，不该咒骂亚瑟，还是在他取得伟大胜利的日子！现在你说魁瑞格的气息挡住了记忆，或者只是因为上了年纪，甚至是这足以将最明智的僧侣变成傻瓜的山风？”

“我不在乎那些记忆，高文爵士。今天我要找的记忆，是我妻子提到的另外一个风雨交加的夜晚。”

“我给了你一个真诚的告别，先生，让我坦白吧，你骂亚瑟的时候，也说出了我一部分心里话。因为你帮助推行的是一项伟大的约定，而且遵守了很多年。因为这项约定，哪怕是在战斗的前夕，所有的人不都睡得更好吗，无论基督徒还是异教徒？作战的时候知道我们的无辜老幼在村子里很安全？可是呢，先生，战争没有结束啊。以前我们为土地、为上帝而战，现在我们又要作战，为死去的战友们报仇，而那些人本身也是在复仇之中被杀害的。什么时候才能结束呢？婴儿长成大人，只知道年年打仗。而你的伟大法律已经遭到破坏……”

“高文爵士，那天之前，双方没有人破坏过法律，”埃克索说。“破坏法律是亵渎神明的事情。”

“啊，现在你记起来了！”

“我的记忆是，上帝被背叛了，先生。如果迷雾把我的记忆全部带走，我也不感到遗憾。”

“有一阵子，埃克索阁下，我也希望这样。但很快我就理解了一位真正伟大的国王的战略。因为战争终于停止了，难道不是吗，先生？那天之后，我们不一直处于和平之中吗？”

“不要再提醒我了，高文爵士。我并不领情。让我看着和亲爱的妻子一起度过的日子吧，她在我身旁发抖呢。你不愿意把马借给我们吗，先生？至少到我们见面的那个树林。我们会把马安全地留在那儿等着你。”

“噢，埃克索，我不愿意回到树林！为什么一定要我们现在离开，下山到那个地方去呢？丈夫啊，你是不是仍然害怕迷雾消散，尽管我对你作了承诺？”

“我的马，先生？你这是暗示说，我已经用不着我的霍拉斯了？这你说得太轻率啦，先生！我可不害怕他，尽管他年轻，占了便宜！”

“我没有暗示什么，高文爵士，只请求你这匹好马帮忙，驮我妻子下山休息……”

“我的马，先生？你要坚持把他的眼睛蒙起来，不让他看着主人倒下？那是匹战马，先生！可不是在毛茛丛里撒欢的小矮马！战马啊，先生，无论上帝旨意如何，让我倒下还是获胜，他都敢看！”

“如果我妻子只能由我自己背下山的话，骑士阁下，那就这样吧。我还以为你能让我们用一下你的马，至少到树林那么多路……”

“我要待在这儿，埃克索，别管这残酷的山风了，如果维斯坦阁下马上要来，我们就留下来，看看能活过今天的，是他还是母龙。丈夫啊，难道你还是不愿意这迷雾消退吗？”

“我以前见过很多次啦，先生！急不可待的年轻人，被经验丰富的老家伙打倒。很多次啦！”

“先生，我再次请求你回想一下你的绅士风度。这风把我妻子的气力都耗尽了。”

“我已经向你发过誓了，就在今天早上，无论迷雾消散之后出现什么情况，我都不会忘记我今天心里对你的感情，丈夫啊，难道这还不够吗？”

“难道你无法理解一位伟大国王的行动吗，先生？我们只能看着，只能赞赏。一位伟大的国王，像上帝本人一样，必须做出令常人畏缩的行动！你以为我的眼睛就看不见吗？路上看到一两朵娇柔的花儿，我难道就不想放在胸口？难道床上就只能让这身铁衣裳给我作伴？谁说我是个懦夫，先生？谁说我屠杀婴儿？那天你上哪儿去啦？和我们在一起吗？我的头盔！我丢在树林里啦！可现在要头盔有什么用呢？这身盔甲我都想脱掉，只是这盔甲下面的身体，像只剥了皮的狐狸，我担心你们看到了会笑话！”

有一下子，三个人都在相互叫喊，大风呼号，成了与他们抗衡的第四个声音，但现在埃克索突然意识到，高文和妻子都已经住了口，盯着他身后看。他一转身，看见武士和那名撒克逊男孩站在悬崖边上，高文爵士之前也曾站在同一地点，若有所思地眺望着远方。这时天上阴云密布，所以在埃克索看来，这两位似乎是驾着云凌空而降的。他们的剪影，看起来特别像一幅定格的图画：武士双手紧紧拉着缰绳，像驾驶战车一样；男孩身体向前倾着，与地面形成一定角度，双臂向前伸展，似乎是为了平衡身体。风里传来了一个新的声音，接着埃克索听见高文说：“啊！这孩子又唱起来了！你就不能让他停下来吗，先生？”

维斯坦笑了一声，两个身影都动了起来，男孩在前面拉着，两人走了过来。

“很抱歉，”武士说道。“我只能想出这个办法来阻止他，否则他要踩着石头一路跳过来，把自己折腾死为止。”

“这男孩是怎么了，埃克索？”比特丽丝在他耳边说道，听到她声音里又恢复了往日的温柔亲密，埃克索心生感激。“那条狗出现之前，他就是这个样子。”

“他一定要唱得这么难听吗？”高文爵士又对武士说，“我倒想打他几耳光，但是恐怕他都感觉不到！”

武士越走越近，又笑了起来，然后他高兴地看了一眼埃克索和比特丽丝。“我的朋友们，这可没想到啊。我还以为这时候你们早到儿子的村庄了。怎么到这个偏僻的地方来了呢？”

“和你一样，维斯坦阁下。这条母龙夺走了我们宝贵的记忆，我们渴望看到她的末日。你看，先生，我们带来了一头有毒的山羊，让它帮我们达成心愿。”

维斯坦打量着山羊，然后摇了摇头。“朋友们，我们要面对的，肯定是个庞大而狡猾的家伙。恐怕你们的山羊对她没什么作用，最多打一两个嗝而已。”

“把羊牵到这儿来，可花了我们不少力气，维斯坦阁下，”比特丽丝说，“尽管上山的时候又遇到了这位好心的骑士，得到了他的帮助。但是在这儿看到你，我很高兴，因为看来我们不用完全指望这头山羊啦。”

但是，这时候埃德温的歌声让大家很难听见对方的话，而且他在拼命拉绳子，目标显然是下一道山坡坡顶的某个地方。维斯坦狠狠拉了一下绳子，然后说道：

“埃德温阁下似乎急于赶到那边山上去。高文爵士，那山里有什么？我看到石头叠在一起，好像是要隐藏一个坑洞或巢穴啊。”

“为什么问我呢，先生？”高文爵士说。“问你年轻的同伴吧，他也许连歌都可以不唱了呢！”

“我用绳子拉着他，先生，但我没法控制他——简直和发疯的小妖精一样。”

“维斯坦阁下，”埃克索说，“我们都有责任不让这个男孩受到伤害。在这么高的地方，我们要仔细盯着他。”

“说得好，先生。如果可以的话，我就把他绑在你拴山羊的那根木桩上。”

武士牵着埃德温，来到埃克索钉的木桩旁，蹲下身子，开始把捆男孩的绳子系上去。的确，在埃克索看来，维斯坦这件事似乎做得特别仔细，每个结紧不紧，埃克索的木桩是否牢靠，都要反复测试。同时，男孩自己仍旧对周围浑然不觉。他多少安静了一些，但目光一直盯着坡顶的岩石，而且仍旧在安静而执拗地拽着绳子。他的歌声远没有刚才那么尖锐，但有一种绝不放弃的味道，让埃克索想起疲惫的士兵唱着歌以继续行军。山羊呢，在绳子许可的范围内，已经走到了最远的地方，不过眼睛仍然在傻傻地盯着前方，好像很感兴趣一样。

至于高文爵士，他一直仔细地观察着维斯坦的每一个动作，而且——在埃克索看来——他的眼睛里慢慢露出了某种狡黠的神色。撒克逊武士专心做着手头的事情，骑士则悄悄走到近前，拔出剑，插在泥土里，然后将两条胳膊放在宽大的剑柄上，让剑支撑着身体。现在，他保持着这个姿势，正在观察维斯坦，埃克索想到，他也许在回忆关于武士的各种细节：身高、攻击范围、小腿的力量、绑着绷带的左臂。

维斯坦满意地系好了绳子，站起身来，转身面对着高文爵士。两人互相看着，短短一瞬间，他们的眼神中有种奇怪的焦虑感，随后维斯坦便热情地笑了。

“这个习惯呢，就能看出不列颠人和撒克逊人的不同了，”他用手指着，说道。“你看那儿，先生。你的剑拔出来了，你用它来支撑身体，好像那是椅子或板凳之类的东西。虽然教我的是不列颠人，但对任何撒克逊武士来说，这都是个奇怪的做法。”

“活到我这把风烛残年吧，先生，你就知道是不是那么奇怪了！这是和平年代，我想一把好剑能起点作用总是高兴的吧，哪怕是用来给主人歇歇这把老骨头。有什么奇怪的呢，先生？”

“可是，高文爵士，你仔细看看，剑都插进土里了。对我们撒克逊人来说，剑的刃口是连睡觉都要关心的事情。我们甚至都不让刃口接触到空气，担心它失去哪怕一丁点儿锋刃。”

“是这样吗？锋利的剑刃很重要，维斯坦阁下，这我不打算争辩。不过，也不是什么都靠剑刃吧？好的步伐，可靠的战略，镇定自若的勇气。还要有那么一点儿野路子，让人难以捉摸。先生，这些才是决定竞技的要素。还要相信获胜是上帝的旨意。所以呢，还是让老人家歇歇脚吧。而且，剑插在剑鞘里，有时候不是来不及拔吗？我在很多战场上都是这么站着喘气的，心里很踏实，因为我的剑已经拔出来了，随时可以出击，绝不会等我要用它的时候，它却揉着眼睛，迷迷糊糊地问我，这是下午呢，还是早晨啊。”

“看来我们撒克逊人对剑更狠心一些。因为我们根本不许它睡觉，哪怕在黑暗的剑鞘中休息时也不许睡。看看我自己的剑吧，先生。它很了解我的脾气。它知道，一旦呼吸了空气，很快就会碰上皮肉和骨头。”

“看来是风俗不同吧，先生。这让我想起以前认识的一个撒克逊人，一个不错的家伙，我和他在一个寒冷的夜晚搜集柴火。我忙着用剑砍一棵死树，而他就在我旁边，只用双手，有时候用块钝石头。‘你忘记你的剑了吗，我的朋友？’我问他。‘为什么要空手，像头有利爪的熊呢？’但他不听我的。当时我以为他疯了，现在呢，你让我明白道理啦。就是活到我这么大年纪，还是有功课要学习啊！”

两人都笑了笑，然后维斯坦说：

“高文爵士，站在我这边的也许不仅仅是风俗。他们总是教我，哪怕在我的剑刃穿过对手身体时，我的脑子里也必须为接下来的那一剑做准备。如果我的剑刃不够锋利，先生，剑的运行哪怕只慢一丁点儿，碰上骨头时顿了一下，或者在对手缠结的内脏中耽搁了，那么我的下一剑必然会慢，胜负也许就在这一瞬间。”

“你说得对，先生。我相信我是年纪大了，而且多年没有打仗，才这么粗心。从现在开始我要以你为榜样，可是我的膝盖因为爬山没了力气，求你给我这份小小的安慰吧。”

“当然啦，先生，你舒服就行。看见你这么休息，我想起了这一点而已。”

突然，埃德温停止歌唱，开始叫喊起来。他一遍一遍喊着相同的话，埃克索转过脸，低声问身旁的比特丽丝：“他说什么呢，公主？”

“他说，那山上有什么土匪的营地。要我们都跟他去。”

维斯坦和高文两人瞪大眼睛看着这男孩，神色都有些尴尬。埃德温一边喊叫，一边拽着绳子，过了一会儿，他安静下来，瘫软在地上，好像马上就要哭出来似的。时间过得很慢，大家很久都没说话，只有大风呼号。

“高文爵士，”最后埃克索说道。“现在我们都看着你啦，先生。我们之间就不要遮遮掩掩了。你是母龙的守护人，不是吗？”

“是的，先生。”高文神色傲慢，轮流盯着大家，包括埃德温。“她的守护人，最近也是她唯一的朋友。僧侣们喂了她很多年，和你们一样，把动物拴在这个地方。但是现在他们自己吵了起来，魁瑞格察觉到了他们的背叛。不过她知道，我依然忠心耿耿。”

“那么，高文爵士，”维斯坦说，“你能不能告诉大家，我们现在站的地方，就在这母龙附近吗？”

“她就在附近，先生。你能找到这儿来，很不容易，尽管你运气好，碰到了这个男孩给你当向导。”

埃德温已经站起身，又开始唱起来，不过声音很低，像吟诵经文一样。

“埃德温阁下以后可能运气更好呢，”武士说。“因为我有直觉，这个学生很快就会超过他可怜的老师，总有一天会为他的同胞做出了不起的事情。也许和你们的亚瑟王差不多呢。”

“先生，你说什么？就这个像傻子一样又拉绳子又唱歌的男孩？”

“高文爵士，”比特丽丝插了一句，“能说的话，就跟我这个疲惫的老太太说说吧。你是位优秀的骑士，还是伟大的亚瑟王的外甥，怎么成了母龙的守护人呢？”

“夫人，也许维斯坦阁下很想解释这件事。”

“恰恰相反，我和比特丽丝夫人一样，很想听听你的说法。不过，以后还有时间。首先，我们要解决一个问题。我该放开埃德温阁下，看看他往哪儿跑吗？还是你，高文爵士，领我们去魁瑞格的巢穴？”

男孩正在挣扎，高文爵士瞪大眼睛看着，眼神空洞，然后他叹了口气。“把他留在这儿吧，”他语气沉重地说。“我来带路。”他挺直了身子，从地上拔起剑来，小心地插回剑鞘。

“我谢谢你啦，先生，”维斯坦说。“我们不让这孩子涉险，我很感谢。不过，现在就算没有向导，我或许也能猜出路来。我们要去的地方，就是下一道山坡顶上那些石头那儿，是不是啊？”

高文爵士又叹了口气，望了一眼埃克索，好像是要求助一样，然后又伤心地摇了摇头。“非常对，先生，”他说。“那些石头围成一圈，中间是个坑，可不是小坑哪，有采石场那么大。你们会发现魁瑞格在那儿睡觉。维斯坦阁下，如果你真想要斗它，那就必须爬到坑下面去。现在我问你，先生，你真打算做这么疯狂的事情吗？”

“先生，我走了这么远的路来，就是为了做这件事。”

“维斯坦阁下，”比特丽丝说，“我这个老太太要插句嘴，请你原谅。你刚才嘲笑我们的山羊，但你现在面临的是一场大战。如果这位骑士不愿帮助你，至少允许我们把山羊牵上这最后的山坡，然后把它赶进坑里去。如果你要一个人与母龙战斗的话，中毒的母龙行动总要慢一点。”

“谢谢你，夫人，你的建议非常周到。不过，我也许会利用她正在睡觉的机会，下毒这种武器我就不想使用了。何况我现在也没什么耐心，不想再等半天或者更久，看看母龙吃了晚餐之后会不会生病。”

“那我们就做个了结吧，”高文爵士说。“来吧，先生，我来带路。”然后他对埃克索和比特丽丝说：“在山下等着吧，朋友们，在石冢旁边避避风。你们不用等很久的。”

“可是，高文爵士，”比特丽丝说，“我和丈夫用尽了气力才走了这么远。我们愿意和你一起走完这最后的山坡，如果没什么危险的话。”

高文爵士又一次无奈地摇摇头。“那我们就一起走吧，朋友们。我敢说你们不会受到伤害，而且你们在场，我自己也轻松一些。走吧，朋友们，到魁瑞格的巢穴去，说话声音轻一点啊，不要把她惊醒。”

* * *

他们沿着下一条道往上走，山风没那么猛烈了，尽管大家都觉得离天空更近，几乎触手可及。骑士和武士大步走在前面，像两位老伙伴一起散步，不久他们俩和这对老夫妻之间就拉开了距离。

“这是傻事，公主，”两人走着，埃克索说道。“我们跟着他们走干什么呢？谁知道前面还有什么危险？我们回去吧，和那个小男孩一起等着。”

但比特丽丝仍然坚定地向前走。“我希望我们继续走，”她说。“来吧，埃克索，抓住我的手，帮助我不要泄气。因为现在我在想，最担心迷雾消散的人应该是我，不是你。刚才站在那堆石头那儿，我想起来了，丈夫啊，我曾对你做过不好的事情。想起那些事情可能回到我们脑海中，你看看，你握的这只手都在颤抖！到时候你会对我说什么呢？你会不会转身就走，把我丢在这荒山上？这勇敢的武士现在就在我们前面走，我心里有个声音，希望他倒下去，但是我又不愿意我们躲躲藏藏。是的，不愿意，埃克索，你不也这样想吗？我们一起走过的路，无论阴云密布还是阳光明媚，我们都坦坦荡荡地面对吧！如果这位武士真要在母龙自己的巢穴里与她战斗，让我们尽力帮他提升斗志吧。有危险的时候喊一声，或者在对手发起猛烈攻击的时候提醒一下，说不定结果就不一样了呢。”

埃克索任凭她絮絮叨叨，一边走路一边心不在焉地听着，因为他又意识到，在遥远的记忆边缘藏着什么事情：一个风雨交加的夜晚，一次深深的伤害，一种孤独感在他面前裂开，如同深不见底的海水。孤身一人在屋里站着，无法入睡，手里拿着一根点亮的小蜡烛——那个人真的是他，而不是比特丽丝吗？

“我们的儿子后来怎么啦，公主？”他突然问道，随即感觉她的手抓紧了。“他真的在村里等我们吗？会不会我们在全国找上一年都没有他的踪影？”

“这我也想过，但我不敢说出来。现在还是别说了吧，埃克索，人家会听到的。”

的确，高文爵士和维斯坦已经停了下来，在前面的路上等着，看来两人正在愉快地交谈。埃克索走上来，听见高文爵士正笑着说道：

“我说实话吧，维斯坦阁下，我希望这时候魁瑞格的气息夺走你的记忆，让你忘记为什么和我走在一起。我就等着你问，我这是要把你领到哪儿呢？可是，从你的眼睛和步伐上看，你可一点儿也没忘记啊！”

维斯坦微笑着。“我有抵抗奇怪魔咒的天赋，先生，我相信国王把这件任务交给我，正是因为这个原因。在东方的沼泽地，我们从没有过像魁瑞格那样的家伙，但是有神奇魔力的动物，我们却知道很多，大家发现我的战友们晕倒了，在梦里游荡，我却不怎么受影响。我想国王选择我，这是唯一的原因吧。我国内的所有战友，几乎都比你身边走的这位更加优秀。”

“这让人很难相信，维斯坦阁下！传言和现场观察，都证明你有罕见的本领。”

“这你过奖啦，先生。昨天，我不得不在你的注视之下打倒那名士兵，我小小的造诣，在你这样才能卓越的人眼里算不了什么，我心里很清楚。打败一名胆怯的卫兵够了，但要获得你的赞赏，恐怕还差得远呢。”

“这真是胡说，先生！你是个了不起的人物，这种话就不要再说啦！好啦，朋友们”——高文转过脸来看着埃克索和比特丽丝——“现在路不远啦。我们趁她还在睡觉，继续走吧。”

他们默默地继续走路。这次埃克索和比特丽丝没有落后，高文和维斯坦似乎被某种庄重的氛围包裹，在前面走路时一步一顿，如同参加重大礼仪。而且地面平缓下来，有点像高原，走起来也不那么累。他们在下面谈论过的那些石块，现在就矗立在前方。他们逐渐走近，埃克索看到，路边有个小山丘，石块在山丘顶部大致排列成半圆形。他还看到一排小石头，像阶梯一样，一直向上通到山丘顶部，看来那上面肯定是个很深的坑。他们现在所到的地方，周围的草或黑或焦，四下里本来就没有树或灌木，这时更增添了荒凉衰败的气氛。到了那粗糙的石头台阶下面，高文让大家停下来，面色郑重地对维斯坦说道：

“先生，你就不最后再考虑一下放弃这个危险的计划吗？为什么不现在回头，去找你那位绑在木桩上的孤儿呢？这时候风里还有他的声音呢。”

武士回头望望他们走过的路，然后又看着高文爵士。“你知道的，先生。我无法回头。带我去看龙吧。”

老骑士若有所思地点点头，好像维斯坦刚刚随口发表了一个非常有趣的观点一样。

“好吧，朋友们，”他说。“那你们不要大声说话，我们吵醒她干什么呢？”

高文爵士在前面带路，爬上山丘，快到那圈岩石的时候，他打了个手势，让大家停下。他小心翼翼地探头张望，过了一会儿，他招手让他们上来，低声说：“站到这儿来，朋友们，你们能看得很清楚。”

埃克索扶着妻子站到身旁一块突出的地方，然后俯身到岩石上看。下面的坑比他想象的更宽、更浅——不像是真正从地上挖出来的，更像一个干枯的水塘。大半个坑被暗淡的阳光照着，似乎全是灰色的石头和沙砾——到边缘兀然变成了焦黑的草——因此除了龙之外，眼睛能看见的唯一的活东西，是一片孤零零的山楂树丛，从坑内深处正中央的那块石头里冒出来，非常惹眼。

至于龙呢，一开始几乎很难判断是死是活。她俯身卧着，脑袋扭在一边，四肢伸开，这姿势让人觉得是具尸体，被人从高处扔进了坑里。实际上，要确定这是条龙，都要花点时间：她瘦弱不堪，看起来更像个虫子一样的爬行动物，习惯了水里的生活，却阴差阳错爬上了岸，现在正脱水呢。她的皮肤本该油滑光亮，有着青铜一样的色泽，现在却白得发黄，让人想起某种鱼的肚子。残剩的翅膀不过是一层层耷拉着的皮，不仔细看的话，会以为是龙身体两侧堆积的树叶。龙的脑袋扭向与灰色砾石相对的那一侧，所以埃克索只能看到一只眼睛，上面有海龟那样的眼皮罩着，无精打采地一睁一闭，遵循着某种内在节奏。这一动作，加上脊背的微微起伏，是魁瑞格仍旧活着的仅有迹象。

“这真的是她吗，埃克索？”比特丽丝低声说。“这可怜的东西，不过是一条有点肉的细绳子罢了，真是她？”

“可是，公主啊，你看那儿，”高文的声音从他们身后传来。“只要她还有气息，她的影响就还在。”

“她生病了吗，或者已经中毒了？”埃克索问。

“她就是老了，先生，就像我们所有人都会老一样。但她还在呼吸，所以梅林的办法仍然有效。”

“这事我开始有点儿想起来了，”埃克索说。“我记得这是梅林的办法，而且是个阴险的办法。”

“阴险，先生？”高文说。“为什么阴险呢？这是唯一的办法。那场战斗还没有真正获胜，我就和四位好战友骑马出发，去驯服这个家伙，那时候她又凶猛又暴躁，驯服之后，梅林才能够在她的气息里种下这伟大的魔咒。他也许是个阴险的人，但这件事他遵从的不仅是亚瑟的命令，还有上帝的旨意。如果没有这条母龙的气息，和平会来吗？先生，看看我们现在的生活！老仇敌变成了兄弟，每个村都是。维斯坦阁下，你看到这儿的情况之后，就没有说过话。我再问一次。难道你不能让这可怜的家伙寿终正寝吗？她的气息不如以前，但即使现在也仍然有魔力。想想吧，先生，一旦这呼吸停止，这片土地上沉睡多年的东西将被唤醒！是啊，我们屠杀了很多人，这我承认，也不去管什么强者弱者。上帝也许不会冲我们微笑，但我们让这片土地免于战争。离开这儿吧，先生，我求你啦。我们信奉的神也许不一样，但你的神肯定也和我的一样，会保佑这条龙吧。”

维斯坦转过脸，目光从坑中落到老骑士身上。

“希望过错被人遗忘，犯错者逍遥法外，这是什么样的神呢，先生？”

“你问得好，维斯坦阁下，我知道我的神为我们那天的行为感到不安。但事情过去很久了，死者安息于地下，地上早已覆盖着怡人的绿草。年轻一代对他们一无所知。我求你离开这个地方，让魁瑞格的作用再发挥一段时间。她还能活一两个季节吧，最多了。可是，那么长时间也许就足以让旧伤口永远愈合，让永久的和平降临在我们中间。你看她多么希望活下去，先生！发发慈悲，离开这个地方吧。让这个国家在遗忘中平复。”

“愚蠢啊，先生。蛆虫越活越肥，旧伤口怎么可能愈合？和平建立在屠杀与魔法师的骗术之上，怎么能够持久？我明白这是你虔诚的渴望，渴望你那些恐怖的往事像尘土一样消于无形。但是，它们却在泥土中蛰伏，像死者的白骨一样，等着人们发掘。高文爵士，我的答复没有更改。我必须到下面的坑里去。”

高文爵士庄重地点点头。“我理解，先生。”

“那么我要反过来请求你了，骑士阁下。你愿意把这个地方留给我，回到现在正在山下等着的那匹忠实的老马那儿去吗？”

“你知道我做不到，维斯坦阁下。”

“我也是这么想的。那好吧。”

维斯坦从埃克索和比特丽丝身边走过，走下粗糙的台阶。他又一次到了山丘脚下，四下里看看，然后说话了，声音与原来完全不同：“高文爵士，这儿的泥土看起来很奇怪。是不是母龙在精力旺盛的时候喷火烧成这个样子的？还是这儿经常遭受雷击，新草长出来之前，地上被焚烧过？”

高文跟着他也下了山丘，这时他走下台阶，两人四下里随便逛了一会儿，像同伴在寻找搭帐篷的地方一样。

“这事儿我也弄不明白，维斯坦阁下，”高文说道。“就算年轻的时候，她也一直在上面，我想地面应该不是魁瑞格烧焦的。也许一直就是这样，我们把她移到这儿放进巢穴的时候，就是这样的。”高文跺跺脚，用脚后跟试一试地面。“不过，地面很不错啊，先生。”

“是啊。”维斯坦背对着高文，也在用脚测试地面。

“不过，也许还不够宽？”骑士说道。“你看那条边到了悬崖上。人在这儿倒下，肯定能在友好的土地上安息，但他的血也许会很快流过烧焦的草地，从那边淌到崖下去。我可不是说你的啊，先生，但我可不希望自己的内脏挂在崖壁上，像白色的海鸥粪便一样！”

两人都大笑起来，接着维斯坦说：

“这是不必要的担心，先生。你看，那边悬崖前的地面要略微高一些。至于另外那一边嘛，距离很远，而且还要先经过一大片干渴的泥土呢。”

“观察很细致。那好吧，这个地方不错！”高文爵士仰头看着埃克索和比特丽丝，他们俩仍旧站在那块突出的地方，不过现在都背对着坑。“埃克索阁下，”他兴冲冲地喊道，“你一直是个外交高手。现在，你还愿意用你的雄辩之术，让我们两人像朋友一样离开这个地方吗？”

“对不起，高文爵士。你多次帮助我们，我们感谢你。但是，我们到这儿来，是要看着魁瑞格死，如果你要守护她，那我和我妻子就不能帮你说话了。在这件事情上，我们站在维斯坦阁下一边。”

“这我明白了，先生。那么，至少让我提个要求。我并不害怕面前这个人。但是，如果倒下去的是我，你们能不能把我的好霍拉斯带下山去？他肯定会欢迎两个好心的不列颠人骑在背上。你们也许会以为，他可能会哼哼唧唧发牢骚，但你们两人对他来说不会太重。带着我亲爱的霍拉斯离开这里，等你们用不上他了，给他找块上好的绿草地，让他一边尽情地吃，一边想想过去的事情吧。你们可以帮我这个忙吗，朋友？”

“我们将很高兴帮忙，先生，而且你的马还是我们的救星呢，这下山的路可不容易。”

“说起这件事，先生。”高文这时候已经到了山丘脚下。“之前我曾劝你们利用那条河，我现在再说一次。让霍拉斯驮着你们下山，你们一到河边，就找艘船往东走。马鞍里有锡块和金币，可以支付船费。”

“我们感谢你，先生。你慷慨大方，令我们感动。”

“但是，高文爵士，”比特丽丝说。“如果你的马驮我们两人下山，那么你倒下去之后，尸体怎么下山呢？你太好心了，忘记考虑自己的尸体啦。把你埋葬在这么个孤零零的地方，我们会很难过的。”

有一刻，老骑士的面色变得庄重起来，几乎有些悲怆。但是，那张脸上随即绽出笑容来，他说：“好啦，夫人。我还指望能获胜呢，我们就不要讨论怎么埋葬了吧！反正现在对我来说，这座山也不见得比其他地方更加孤单，就算这场战斗不顺利，我还担心我的鬼魂在低地上要看着不想看的场景呢。所以不要谈论尸体啦，夫人！维斯坦阁下，如果运气不在你那边，你有没有什么事要请这两位朋友帮忙呢？”

“和你一样，先生，我也宁愿不去考虑失败。然而，你虽然年纪大了，却是个令人生畏的对手，这一点只有大傻瓜才会否认。所以我也要麻烦这对好心的夫妻，请你们帮个忙。如果我不在了，请你们把埃德温阁下送到一个好心的村子里去，并请转告他，我把他看作我最优秀的徒弟。”

“我们答应你，先生，”埃克索说。“我们会为他找到最好的村子，尽管他身上带着特殊的伤，前途不容乐观。”

“说得好。这提醒了我，我应该更加努力，不能在这次较量中倒下。好啦，高文爵士，我们可以开始了吧？”

“还有一个请求，”老骑士说，“这次是向你提的，维斯坦阁下。这事我提起来有些不好意思，因为与刚才我们愉快讨论的话题有关。先生，我说的是拔剑的问题。我年纪大了，要把这件旧武器从剑鞘里拔出来，我发现要花很长时间，愚蠢得很。如果我们两人面对面，剑都不拔的话，恐怕我就只能供你戏耍了，我知道你拔剑有多快。哎呀，先生，我还在跳来跳去，一边咒骂一边不停地拽这个铁家伙，而你却优哉游哉，心里想是该砍下我的脑袋呢，还是该唱首颂歌慢慢等着！不过，如果我们同意先各自把剑拔出来……哎呀，这可真让我难为情，先生！”

“不用再说了，高文爵士。靠拔剑快占对手便宜的武士，我看也没什么了不起。我们就听你的建议，先把剑拔出来再斗吧。”

“谢谢你，先生。作为回报，虽然我看你的胳膊绑了绷带，但我发誓绝不占这个便宜。”

“我很感谢，先生，虽然这只是个小伤。”

“那好吧，先生。承蒙俯允。”

老骑士拔出了剑——真的花了不少时间——将剑插在地上，像他之前在巨人冢时那样。但这次他没有靠在剑上，而是站在那儿，上上下下打量着这件武器，似乎既喜爱又厌倦。然后他双手握住剑，举在空中——高文的姿势，有一种无上的威仪。

“我要转过脸去了，埃克索，”比特丽丝说。“结束了跟我说，最好干净利落，不要受长罪。”

一开始，两人都将剑尖朝下，这样胳膊不会疲惫。埃克索身在高处，能清楚地看到两个人的位置：在最多五步开外的地方，维斯坦的身体略略向左斜，并非直接面对着对手。这样的姿势，两人保持了一会儿，然后维斯坦向右边缓缓跨了三步，所以从表面上看，他朝外的那侧肩膀已不在剑所能保护的范围之内。但是，要利用这一点，高文就必须快速拉近两人的距离。骑士盯着武士，目光中含有指责的意味，同时也跟着小心迈步向右边移动，埃克索看在眼里，并不感到奇怪。与此同时，维斯坦改变了双手握剑的位置，埃克索不太确定高文是否注意到了这一变化——维斯坦的身体有可能挡住了骑士的视线。但现在高文也在改变握剑姿势，让剑的重量从右臂落到左臂。然后两人保持着新的姿势，在不知情的旁观者眼里，他们两人的姿势、距离，可能与之前完全一样。但是，埃克索能感觉到，新的位置有不一样的含义。他已经很久没有如此细致地观察战斗了，但仍然有一种沮丧的感觉，好像眼前发生的一切，自己所能看到的，连一半都不到。不过，他知道，两人之间的角斗已经到了关键时刻；不可能这样一直持续下去，很快其中一方就必须出击。

尽管如此，高文和维斯坦交手之突然还是让埃克索吃了一惊。好像有人对他们同时发出了信号一样，两人之间的距离消失了，刹那之间，他们已紧紧抱在一起。事情在电光火石之间发生，在埃克索看来，两人似乎抛开了剑，张开臂膀以复杂的动作锁住了对方。与此同时，两人略微旋转了一下，像跳舞一样，这时候埃克索看到，两人的剑似乎融在了一起，也许是因为两柄剑撞击的力量太大吧。这让两人都觉得尴尬，正尽最大努力，要把武器拉开。但这可不是容易的事情，老骑士拼尽气力，脸上表情都扭曲了。维斯坦的脸这时看不见，但埃克索看到他的脖子和肩膀都在颤抖，显然他也在尽全力扭转这一僵局。可是，他们的努力似乎都白费了：时间越久，两柄剑似乎就粘得更牢，看来没别的办法，只好抛开武器，重新开始战斗了。不过，两人好像都不愿意放弃，尽管这样拼命，简直要把力气耗光。接着，某根弦崩断，两柄剑瞬间分开。剑刃分开时，黑色的尘埃——让剑刃紧紧粘在一起的，也许就是这种物质——从中间腾起，飞向空中。高文脸上露出惊讶而又欣慰的表情，他身体转了半个圈子，单膝跪在地上。维斯坦被这股大力推动，几乎转了整整一圈，停下来的时候，用重获自由的剑指着悬崖之外的云，背部正好对着骑士。

“上帝保佑他，”比特丽丝在身旁说道，埃克索这才意识到，她一直也在观看。等他低头再看时，高文另一只膝盖也跪在了地上。接着，骑士巨大的身躯扭曲着，慢慢倒下，摔在黑色的草地上。他又挣扎了一会儿，像睡梦中的人扭动身体，让姿势更舒服一些，等他脸朝着天空，脸上便显出满足的表情，尽管他的腿仍在身体下面别扭地蜷缩着。维斯坦谨慎地走过去，老骑士似乎在说什么，但埃克索离得太远了，听不见。武士在对手身前站了一会儿，忘了自己手里还拿着剑，埃克索能看见黑色的液体，滴滴答答由剑尖落入泥土。

比特丽丝贴在他身上。“他是母龙的守护人，”她说，“可他对我们很好。要不是他，谁知道我们这时候在哪儿呢，埃克索，看着他倒下去，我很难过。”

他把比特丽丝抱紧。过了一会儿，他放开她，向下爬了一点儿，能更清楚地看看躺在地上的高文。维斯坦说得对：地面在悬崖边上略微隆起，血流到那儿便聚集起来，不会洒下崖壁。他看在眼里，感到无比凄凉，但与此同时，他也觉得——虽然只是一种隐隐约约的感受——心中某种强烈的愤怒，埋藏已久，现在终于平息了。

“了不起啊，先生，”埃克索朝下面喊道。“现在，你和母龙之间没有阻碍啦。”

维斯坦一直低头看着倒在地上的骑士，这时他走到山丘脚下，步伐缓慢，多少有些摇晃，他抬头向上望着，脸上神情迷茫，如在梦中。

“很久以前，”他说，“我就学会了在战斗中不畏惧死神。但是，面对这位骑士的时候，我想我听到了死神的脚步声，在我身后轻轻传来。他年纪很大，但差点占了上风。”

这时候，武士似乎意识到，自己手里还拿着剑，他似乎打算把剑插进山丘脚下的松软泥土里，但在最后一刻住了手，剑尖几乎都碰到泥土了。他直起身子，说道："这时候把剑擦干净干什么？为什么不让骑士的血和母龙的血合在一起呢？"

他沿着山丘一侧走上来，脚步仍然不稳，像喝醉了酒。他从他们两人身旁走过，靠着一块石头探出身体，眼睛盯着下面的坑，肩膀随着呼吸起伏。

"维斯坦阁下，"比特丽丝轻声说。"我们现在都急于看你杀死魁瑞格。不过，结束之后，你能埋葬这位可怜的骑士吗？我丈夫很疲惫，还要留点儿力气赶路呢。"

"亚瑟令人憎恨，他是亚瑟的亲戚，"维斯坦转脸对她说，"不过，我也不会把他的尸体丢给乌鸦。放心吧，夫人，我会照顾他，甚至可能把他葬到这坑里，让他与守护了很久的龙待在一起。"

"那就快点，先生，"比特丽丝说，"结束任务吧。龙虽然很虚弱，但不杀了它，我们心里就不踏实。"

然而，维斯坦似乎听不见她的话了，因为他正盯着埃克索，脸上有种悠远的神情。

"你没事吧，先生？"埃克索开口问道。

"埃克索阁下，"武士说，"我们以后也许就不会见面了。所以请允许我最后再问一次。有个温和的不列颠人，我小时候就认识，像智慧的王子一样经过我们的村庄，让人们梦想着各种办法，使无辜者免受战争的灾祸，那个人是你吗？如果你还记得，我请求你在我们分手之前告诉我。"

"就算我是那个人，先生，今天我也只能透过这条龙的气息，才能看到他，我看到的是个做着梦的傻瓜，但他的用心是善良的，还要亲眼看着庄重的誓言毁于残酷的屠杀。在撒克逊村庄中传播协议的，还有其他人；但是，如果你能多少回忆起我的面孔，又何必去假设那是旁人呢？"

"先生，我们刚见面的时候，我想到过，但不能确定。感谢你坦诚相告。”

“那么，也请你对我坦言，因为从昨天见面开始，这件事就在我心里记挂着，说实话，也许在此之前我早就想着这事了。你想起来的这个人，维斯坦阁下，你想找他报仇吗？”

“你在说什么呢，丈夫？”比特丽丝挤到前面来，站在埃克索和武士之间。“你和这位武士之间，能有什么争执呢？如果有，那他得先把我打倒。”

“公主啊，维斯坦阁下谈的是我很久以前蜕去的一层皮，那时候我们还没见面呢。我曾希望那层皮丢在被人遗忘的路上，早就碎成齑粉。”然后又对维斯坦说：“你怎么说呢，先生？你的剑上仍然滴着血。如果你渴望的是复仇，那这件事很容易，不过我请求你保护我亲爱的妻子，她在这儿为我发抖呢。”

“我曾远远地倾慕着那个人，后来，有时候我的确希望他遭到残酷惩罚，为他在背叛中所起的作用负责。但是，今天我看到，他当初的行为并非欺诈，他对自己的同胞和我的族人都怀有善意。如果我再遇到他，先生，我会请他和平地离开，虽然我知道，现在和平不会持久了。现在请让一让吧，朋友们，让我下去完成我的任务。”

在下方的坑中，龙的位置、姿势仍然和原来一样：就算魁瑞格的感官在警告她，附近来了陌生人——尤其是沿着陡峭的坑壁下来的那个人——从外表上也看不出任何迹象。她脊骨的一起一伏，也许比原来更明显一点？那眼睛一睁一闭，是不是也比原来急一些？埃克索不确定。但是，就在盯着下面那条龙的时候，他想到一个念头：那片山楂树丛——坑里除了母龙之外的唯一活物——已经成了母龙的巨大慰藉，此时此刻，她在心里仍然想爬过去。埃克索知道，这个念头有些异想天开，可是他越看越觉得有道理。否则这样的地方怎么能长出一片孤零零的树丛呢？难道不是梅林自己让树长在这儿，给母龙做个伴儿的吗？

维斯坦继续往下走，剑没有插入剑鞘。他的目光一直没有离开躺在地上的龙，好像她会突然起身，变成一个可怕的魔鬼一样。有一下他脚下没站稳，把剑插到地里，以免背部着地一直往下滑。石头和沙砾沿着土坡纷纷落下，但魁瑞格仍然没有反应。

接着，维斯坦安全地到了地面。他擦擦额头，望望上面的埃克索和比特丽丝，然后朝母龙走去，在几步开外的地方停下来。他举起剑，开始检查剑刃，发现刃口上有一条条的血迹，他似乎吃了一惊。维斯坦一动不动，就保持着这个样子，以至于埃克索心里想，自从取胜之后，武士就有一种奇怪的情绪，难道因此一时忘了自己到坑里的目的了？

但是，与之前和老骑士战斗时一样，维斯坦突然开始向前移动。他没有跑，而是快步走，人从龙的身体上越过，但步伐并没有紊乱，然后他加快了脚步，好像急着赶到坑的另一侧一样。但是，在此过程中，他的剑划了一道又急又低的弧线，埃克索看见母龙的脑袋飞到空中，滚了几下，最后在石头地上停住不动了。不过，脑袋并没有在地上停多久，汹涌的血液先在脑袋两侧分开流过，随后脑袋便浮了起来，在坑底快速漂过去，到山楂树丛那儿停了下来，卡住不动了，喉咙朝上向着天空。这场景让埃克索想起了高文在地道里砍下来的那条狗怪的脑袋，心中又感到一阵凄凉。他强迫自己扭过头去，不看母龙，而去看维斯坦的身形：他一直在走，从没停下脚步。这时候武士一边避开漫延的血池，一边绕路回来，到了坑边，开始往上爬，手里的剑仍然没有放回剑鞘。

“结束了，埃克索，”比特丽丝说。

“是的，公主。不过，我还有个问题想问武士。”

* * *

维斯坦从坑里爬出来，花了很长时间，令人感到意外。最后，他终于来到两人面前，显得垂头丧气，一点儿凯旋的模样也没有。

他一言不发，在坑口边缘的黑色地面上坐下，终于把手里的剑深深插进土里。他眼神空洞，但他没有看坑里，而是望着远处，望着天上的云和淡灰色的山峦。

过了一会儿，比特丽丝走过去，轻轻碰了碰他的胳膊。“我们感谢你这一举动，维斯坦阁下，”她说。“这块土地上还有很多人，如果在场的话，也会感谢你。为什么这么沮丧呢？”

“沮丧？没关系，夫人，我的精神很快就会好起来。就是这下子……”维斯坦转过脸去，又一次凝视着天边的云。然后他说道：“也许我和你们不列颠人相处太久了。鄙视你们当中的懦弱者，钦佩、热爱你们当中的优秀者，而且从我很小的时候起，就一直是这样。现在我坐在这儿发抖，不是因为疲惫，而是因为想起了我自己亲手做过的事情。我必须快点狠下心来，否则就只能成为国王的软弱武士，不能在以后的事情中尽力。”

“你这说的是什么呢，先生？”比特丽丝问。“现在还有什么别的任务等着你吗？”

“等着我的是公正与复仇，夫人。两者都耽搁很久了，所以很快就会到来。可是，现在时候快到了，我发现自己心里却颤抖起来，像个姑娘一样。这只能是因为我在你们当中待得太久了。”

“你之前对我说过的话，先生，”埃克索说，“我也不是没有留意。你说，你会希望我在和平中离开，虽然和平不会持久了。当时我就想，你这是什么意思呢，连你下坑的时候我还在想。现在你可以给我们解释解释吗？”

“看得出来，埃克索阁下，你已经开始明白了。我的国王派我来杀死这条母龙，不仅是为了纪念很久以前被屠杀的同胞。你开始明白了，先生，这条龙一死，就为即将到来的征服铺平了道路。”

“征服，先生？”埃克索靠到他身边。“这怎么可能呢，维斯坦阁下？难道你们的撒克逊军队壮大了，增加了很多海外的兄弟？或者是你们的武士异常勇猛，所以打算征服和平已久的土地？”

“没错，我们的军队在数量上还很单薄，连东方的沼泽地也不例外。但是，你看看这片土地。每个山谷、每条河流，现在都有撒克逊人的村庄，每个村庄都有强壮的汉子和即将长大的男孩。我们的军队横扫西方之时，这些村庄的人会壮大我们的力量。”

“你说这话，大概是刚才取得了胜利，昏了头吧，维斯坦阁下，”比特丽丝说。“这怎么可能呢？你自己亲眼看到了，这儿的每个村庄，你的同胞和我的同胞都生活在一起。从小就爱着的邻居，他们怎么可能去下手呢？”

“夫人，你看看你丈夫的脸。我坐在这儿，好像面前有让人无法睁眼的强光一样，为什么呢？你丈夫已经开始明白了。”

“没错，公主，武士的话让我不寒而栗。我和你希望魁瑞格死掉，我们只想着自己的宝贵记忆。可是，多少古老的仇恨将在这块土地上复活，谁又知道呢？我们只好希望上帝能找到办法，维系两族之间的纽带，可习俗与猜忌一直让我们难以团结。如果对土地和征服的新欲望，被巧舌之辈嫁接到古老的怨恨之上，谁知道会带来什么灾祸呢？”

“惧怕就对啦，先生，”维斯坦说。“巨人，以前埋在地下，现在动起来啦。他肯定很快就会起来，到那时候，我们之间的友好纽带，就会像小女孩用细细的花茎打的结一样，脆弱不堪。人们会在夜间烧掉邻居的房子。清晨将孩子们吊死在树上。河水发臭，河上漂着泡了很多天的肿胀尸体。我们的军队一面推进，一面会因为愤怒和复仇的渴望而继续壮大。对你们不列颠人来说，那将是向你们滚去的一个大火球。你们要么逃跑，要么毁灭。一个个国家会相继沦陷，这儿会成为一块全新的土地，撒克逊人的土地，没有痕迹表明你们曾在这儿生活过，除了一两群无人照看的绵羊，在山里游荡。”

“他说得对吗，埃克索？他肯定是头脑发热，才这么说的吧？”

“他有可能说错了，公主，但这不是头脑发热。母龙死了，亚瑟的影子也会慢慢消失。”然后他对维斯坦说：“我感到欣慰，先生，你描述的这些可怕景象，至少你自己没有引以为乐。”

“如果我能够的话，埃克索阁下，我会引以为乐的，因为那将是正当的复仇。但是，我在你们当中生活得太久，变得软弱了，就算我努力，心中也有个声音反对这仇恨的火焰。这是个弱点，让我感到羞耻，但我很快会用我亲手训练出来的人代替我的位置，他的意志比我要纯粹得多。”

“你说的是埃德温阁下，先生？”

“是的，现在母龙被杀，对他的影响也就没了，我敢说他很快就会更加镇定。那个男孩有真正的武士精神，这样的人很少。其余的他很快就能学会，我会锻炼他的心，不允许他像我这样，被柔弱的情感侵入。在我们未来的事业中，他将毫不留情。”

“维斯坦阁下，”比特丽丝说，“我还是不知道，你这究竟是不是头脑发热的疯话。但我和我丈夫体力越来越弱，我们必须回到下面去找地方休息了。你能记住你的承诺，好好埋葬这位好心的骑士吗？”

“我承诺，夫人，不过我担心那些鸟现在就找到了他。好朋友们，你们提前获得了警告，有足够的时间逃走。坐上骑士的马，快点离开这儿吧。如果一定要去，那就去找你们儿子的村庄吧，但最多逗留一两天，在我们的军队到来之前，谁知道村子里什么时候会烧起战火呢？你们的儿子如果不肯听从你们的警告，那就丢下他，尽可能往西边跑。你们还有可能跑在屠杀前头。现在就去吧，找到骑士的马。如果你们发现埃德温阁下镇定多了，奇怪的烧退去了，那就把他放开，让他上来找我。他未来要经历大风大浪，我希望他看看这个地方，看看倒下的骑士和死掉的母龙，统统在他脚下。而且，现在我想起来了，他能用一两块石头挖坟呢！好啦，快点走吧，好心的朋友们，就此别过。”

第十六章

那头山羊一直在埃德温脑袋旁边的草地上踩着，已经有一会儿了。为什么它一定要靠得这么近呢？虽然他们两个绑在同一根木桩上，但是互不相扰的地方还是有的吧。

埃德温本来可以站起身来，把山羊赶走，但他感觉太累了。刚才疲惫感突然袭来，势不可挡，以至于他一头栽倒在地，一侧脸颊贴在草上。他迷迷糊糊快睡着了，脑海里却突然闪过一个念头：母亲已经走了，于是又被惊醒过来。他身体没动，眼睛也一直闭着，但他对着地面说："母亲。我们来啦。就是现在要耽搁一会儿。"

没有回答，他感觉到巨大的空虚在心里漫延开来。后来他一直半睡半醒，期间曾向她呼喊了好几次，回答他的只有沉寂。现在，这头山羊却在啃噬他耳朵旁边的草。

"原谅我，母亲，"他轻声对着土地说。"他们绑住了我。我无法脱身。"

上方有人的声音。这时他才意识到，周围的脚步声不是山羊发出的。有人在解开他的双手，绳子从身体下面抽出去。一只温柔的手托起他的头，他睁开眼睛，看见那位老太太——比特丽丝夫人——正低头看着自己。他发现身上的绑绳已经解开，便站了起来。

一条腿的膝盖疼得厉害，一阵风吹得他摇摇晃晃，但他还能保持平衡。他看看周围：灰色的天空，绵延的大地，下一座山顶上的岩石。不久前，那些岩石对他至关重要，可现在她走了，这一点毋庸置疑。他想起了武士说过的话：救援未必来得及，但报仇的机会多得是。如果真是这样，那么，抓走他母亲的那些人，定要付出高昂的代价。

没有维斯坦的踪迹。只有那对年长的夫妻在这儿，但埃德温也感到欣慰。他们站在他面前，关切地盯着他。看到好心的比特丽丝夫人，他感觉突然要哭出来一样。但是，埃德温意识到，她好像在说什么话——和维斯坦有关，于是努力去听。

她的撒克逊话不太好懂，风似乎把她的话带走了。最后，他打断她的话，问道："维斯坦阁下倒下了吗？"

她住了口，但没有作答。他又重复了一遍，提高嗓门盖过了风的声音，这时比特丽丝才使劲摇了摇头，说道：

"你没听到我的话吗，埃德温阁下？我告诉你，维斯坦阁下没事，顺那条路上去，他在那儿等你。"

这消息让他备感欣慰，他撒腿就跑，但随即发现自己头晕目眩，还没到路上就只好停了下来。他站稳了，然后回头望，看见那对年老的夫妻已经朝这边走了几步。这时埃德温注意到，他们非常虚弱。在风中，两人站在一起，互相依靠着，与他第一次见到他们的时候相比，显得老了许多。他们还有力气下山吗？现在他们正望着他，表情很奇怪，在他们身后，那头山羊也安静下来了，正瞪大眼睛看着他。埃德温心里闪过一个奇怪的念头：这一刻自己从头到脚全是血，所以大家都盯着他。他低头一看，衣服上有泥巴和草，除此之外，他没发现什么特别的。

那位老头子突然喊了什么话。是不列颠人的语言，埃德温听不懂。是警告吗？还是要求？接着比特丽丝夫人的声音从风中传来。

"埃德温阁下！我们两人都求你一件事。以后的日子里，记住我们啊。记住我们，记住你还是个男孩的时候，我们之间的友谊。"

听到这话的时候，埃德温想起了另外一件事：他对武士的承诺；仇恨所有不列颠人的义务。不过，维斯坦肯定没打算把这对好心的夫妇也包括在内吧。埃克索阁下呢，正颤巍巍地将一只手举到空中。这是要告别呢，还是打算拦住他？

埃德温转过身去，这次他奔跑的时候，虽然风从一侧猛烈地吹着，他的身体并没有让他失望。他的母亲已经走了，很可能永远也不会回来了，但武士还在，正等着他。路越来越陡，膝盖也越来越疼，但他继续奔跑着。

第十七章

我在松树下躲雨，他们在暴风雨中骑马而来。这种天气，可不适合年纪这么大的夫妇，那匹马也同样疲惫不堪。老头子是不是担心，再多走一步，马的心脏就会受不了？否则，离最近的树也只有二十来步了，为什么要在泥浆中停下来呢？不过，马在滂沱大雨中耐心地站着，等着老头子把她扶下来。就算是图画里的人物，动作也不可能这么慢吧？“来吧，朋友们，”我冲他们喊道。“快点，来躲一躲。”

两人都没听到。也许是雨水的嘶嘶声，堵住了他们的耳朵？或者是因为他们上了年纪？我又喊了一声，这次老头子四下里望望，总算看见了我。她终于从马上滑下来，他张臂接住，虽然她又瘦又小，但我看他也没什么力气了，未必抱得动她。所以我离开避雨的地方，老头子转过脸，看见我踩着泥水在草地上跑，吃了一惊。不过他还是接受了我的帮助，因为他自己不是马上就要瘫倒了吗？他妻子的胳膊还搂着他的脖子呢。我从他手里把她接过来，急忙跑到树下，她的分量对我来说毫不费力。我听见老头子在我后面喘着气。妻子给陌生人抱着，也许他有些担心。于是我将她轻轻放下来，表示我是好心帮忙，没有别的意思。我把她的头靠在柔软的树皮上，上面遮蔽得很严实，偶尔有一两滴雨落在她身边。

老头子在她身旁蹲下来，说着鼓励的话，我走到一旁，不想干扰他们的亲密举动。我原来避雨的地方在树林和开阔地交界处，我回到那儿，看着滂沱大雨横扫过高沼地。这么大的雨，找个地方躲一躲，谁能怪罪我呢？耽搁的路程，我能轻松赶上，还能更好地迎接后面几个星期的连续劳作。我听见他们在我身后谈话，可我能怎么办呢？难道为了避开他们的喃喃交谈，我要站到雨里去？

“公主啊，你这是发烧了说胡话。”

“不，不是的，埃克索，”她说。“是回想起来的，还有别的呢。我们之前怎么会忘了呢？我们的儿子现在住在一座岛上。到了一个隐秘的小海湾，就能看到岛，现在肯定离我们不远了。”

“怎么会这样呢，公主？”

“你没有听见吗，埃克索？我现在都能听见呢。我们这不是到了大海附近吗？”

“只是下雨，公主。也许是条河。”

“以前我们被迷雾罩着，埃克索，所以忘记了，但现在记忆开始清晰了。附近有座岛，我们的儿子在那儿等着。埃克索，你没有听见大海的声音吗？”

“公主啊，是你发烧了。我们很快就能找到地方休息，你又会好起来的。”

“问问这位陌生人吧，埃克索。这地方他比我们熟悉。问他附近有没有海湾。”

“公主啊，他就是个帮助我们的好心人。在这种事情上他怎么会有特别的智慧呢？”

“问问他，埃克索。能有什么坏处呢？”

我该继续沉默吗？我该怎么办？我转过身，说道：“先生，这位好心的女士是对的。”老头子吃了一惊，眼神中流露出恐惧。我心里有点儿希望再次沉默，转过身，去看那匹在雨中屹立不动的老马。可是，我既然已经开口了，就必须说下去。我伸手一指，越过他们蜷缩之处，指向后方。

“那儿有条道，在那些树中间，一直走，就到了女士所说的海湾。岸边大多是鹅卵石，不过，如果潮水低，比如现在这时候，石头就会让位于沙子。好心的女士，你说的没错。往海里去路不远，有一座小岛。”

他们默默地看着我，她疲惫而开心，他则愈加恐惧。他们就一直不说话吗？还是想要我继续说？

“我看了天，”我说。“雨很快就会停，傍晚会放晴。如果你们希望我划船送你们上岛，我很愿意效劳。”

“埃克索，我说吧！”

“那么你是船夫吗，先生？”老头子严肃地问。“我们以前有没有在哪儿见过？”

“没错，我是船夫，”我告诉他。“我们有没有见过，我记不得了，我每天要划船很长时间，送很多人。”

老头子看上去更加害怕了，他蹲在妻子身旁，把她紧紧抱住。我觉得最好还是换个话题，于是说道：

“你的马还在雨里站着呢。虽然没有拴，也没什么阻拦他到附近的树下去。”

“那是匹老战马，先生。”老头子很高兴不谈海湾的事情，所以急切地回答道。“他仍然遵守纪律，虽然他的主人已经不在了。我们马上就去照顾他，我们最近答应过他勇敢的主人。不过我刚才在担心我亲爱的妻子。先生，你知道哪儿能找到休息的地方，生个火给她取暖吗？”

我不能撒谎，而且我有自己的职责。“巧得很，”我回答，“海湾上就有个休息的小地方。是我自己搭的，用树枝和破布盖了个简单的屋顶。不到一个小时前，我留了个火堆在旁边，应该还可以重新点着。”

他犹豫着，小心查看我脸上的表情。老妇人现在闭上了眼睛，头靠在他肩膀上。他说，“船夫，我妻子刚才说那些话，是因为发烧了。我们不需要什么岛。最好我们还是在这些友好的树下躲躲雨，等雨停了，我们就继续赶路。”

“埃克索，你在说什么呢？”女人睁开眼睛，说道。“我们的儿子等待的时间还不够长吗？让这位好心的船夫带我们去海湾。”

老头子仍在犹豫，但他能感觉到妻子在怀里发抖，他望着我，眼里充满着绝望的祈求。

“如果你愿意，”我说，“我可以抱着这位好心的女士，到海湾去的一路上就能轻松一些。”

“我自己来抱她，先生，”他说，像是打了败仗却仍然一身傲气。“如果她自己不能走过去，那就让我用臂膀抱她过去。”

该怎么回答这句话呢？毕竟现在丈夫几乎和妻子一样虚弱。

“海湾不远，”我轻声说。“但下去的路很陡，坑坑洼洼，还有盘根错节的树根。请允许我来抱她，先生。这是最安全的。只要路上好走，你就一直在我旁边。行啦，等雨停了，我们就快点下去，你看这位好心的女士都冷得发抖。”

不久，雨停了，我抱着她走下山，老头子在后面踉踉跄跄地跟着，等我们来到海边的时候，黑色的云朵好像被一只手不耐烦地推到了天空的一侧。红色的晚霞洒满海滨，裹着雾气的太阳正缓缓向海平面落去，我的船在海浪里摇摆着。我再次表现了我的温柔，将她放到干兽皮和树枝铺成的粗糙垫子上，头靠着一块长满苔藓的石头。我还没来得及迈步走开，他就跑过来手忙脚乱地照顾妻子。

“看那边，”我在沉睡的火堆旁蹲下来，说道。“岛在那儿。”

老妇人略微偏一下头，就能看到大海，她低声叫了出来。他则必须在坚硬的鹅卵石上转过身子才能看见。他瞪大眼睛望着海面，不时流露出疑惑的神情。

“那儿，朋友，”我说。“看那边。在海岸和地平线中间的地方。”

“我的眼睛不太好，”他说。“对啦，我想现在我看到了。那是树冠吗？还是高高低低的岩石？”

“那应该是树，朋友，因为那座岛是个温和的地方。”说话的时候，我一直在折小树枝，照顾火堆。他们两人都望着海上的岛，我跪下来，吹火堆的余烬，地上的石头硌得我骨头都疼。这个男人和这个女人，难道不是自愿到这儿来的吗？让他们决定自己的路吧，我心里想。

“现在感觉到暖和一点儿了吗，公主？”他叫道。“很快你就能好起来啦。”

“我看到岛了，埃克索，”她说。我打扰了他们的亲密一刻，可又有什么办法呢？“我们的儿子就在那儿等着。这件事情我们以前竟然忘了，真奇怪。”

他嘟囔了一句，算是回答，我看见他又开始心神不宁。“当然啦，公主，”他说，“我们还没决定吧。我们真的要渡海到那个地方去吗？而且，我们也没办法付船费，锡块和金币都丢在马背上了。”

我该沉默吗？“那没有关系，朋友们，”我说。“你们欠我的，我很愿意回头再到马鞍里拿。那匹马不会走远的。”有些人可能会说这是狡猾，但我说这话，只是出于好心，我很清楚以后再也不会碰到那匹马了。他们继续低声交谈，我一直背对着他们，照顾火堆。我又哪里希望打扰他们呢？可是，她却提高了声音，话也说得比之前更加清晰。

“船夫，”她说。“我曾听过一个传说，也许在我还是孩子的时候吧。说是有个岛，树木葱葱、溪水潺潺，但是那个地方有一些奇怪的特点。很多人渡海上了岛，但是，对在岛上居住的每个人来说，好像他是一个人在岛上行走，他的邻居，他既看不见也听不见。我们面前的这座岛是这样的吗，先生？”

我继续折着小树枝，小心地放在火苗周围。“好女士啊，符合你描述的岛，我知道好几个呢。这座岛是不是，谁知道啊？”

这是个回避问题的回答，也让她胆子更大。“我还听说了，船夫，”她说，“有些时候，那些奇怪的影响会不起作用。某些旅行者能够获得豁免。我听的这消息对吗，先生？”

“亲爱的女士，”我说，“我只是个普通的船夫。这些问题，可不是我能谈论的。不过，既然这儿没有别人，让我补充一点儿吧。我听人说过，某些时候，或许是风暴之中，就像刚才过去的那场风暴，又或许是夏天某个月圆的夜晚，岛上的人可能感觉到其他人和他一起在风中移动。这可能就是你以前听说过的情况，好心的女士。”

“不，船夫，”她说，“还有别的。我听说，一个男人和一个女人一起过了一辈子，爱的纽带异常牢固，就可以到岛上去，不会孤零零地在岛上游荡。我听说他们就可以享受互相陪伴之乐，和以前那么多年一样。我听说的这件事是真的吗，船夫？”

“我再说一遍吧，好心的女士啊。我只是个船夫，任务是把想过去的人渡过去。我只能谈我每天劳作中看到的事情。”

“可是，现在这里只有你能指引我们，船夫。所以我要问你，先生。如果你现在把我和我丈夫渡过去，我们能不分开，而是像现在这样手挽着手在岛上走吗？”

“那好吧，好心的女士。我跟你坦诚地说吧。你和你丈夫这样的夫妻，我们这些船夫很少遇到。你们骑着马在雨里走的时候，我就看出来了，你们极其罕见地爱着对方。所以，毫无疑问，你们会得到许可，能一起住到岛上。这你可以放心。”

“你的话让我非常高兴，船夫，”她说，身体上的一根弦似乎松了下来。接着她说：“谁知道呢？在风暴中，或者平静的月圆之夜，我和埃克索也许还能看见儿子就在身边呢。说不定还能与他说 两句话。”

火堆现在烧得很平稳，于是我站起身来。“看那儿，”我指着海上，说道。“船就在浅水中。不过，我把桨藏在附近一个山洞，放在一个有小鱼的水潭里。朋友们，现在我去取船桨，我走之后，你们两人可以无拘无束地谈话，不用顾忌我在旁边啦。如果你们希望坐船上岛，那就做个最终的决定吧。我先离开一下。”

但是，她却没那么轻易放过我。“船夫啊，你走之前，再说句话，”她说。“告诉我们，你回来的时候，在答应渡我们上岛之前，是不是打算轮流问我们问题。因为我听人说过，船夫用这种方法，找出那些能在岛上一起生活的不同寻常的夫妻。”

他们都盯着我，黄昏的光落在两人脸上，我看见他的脸上满是猜疑。我看着她的眼睛，没看他。

“好心的女士啊，”我说，“我感谢你的提醒。之前很匆忙，把按照传统应该做的事情给忘了。就是像你说的那样，不过对你们俩这样做，只是出于惯例。我说过，一开始我就看出来了，罕见的恩爱把你们这对夫妻连在一起。好啦，朋友们，我要走啦，时间不多了。做好决定等我回来吧。”

于是我离开他们，走过黄昏下的海滨，海浪的声音越来越响，脚下的石头慢慢变成了潮湿的沙子。每次我一回头，看到的都是同一幅景象，不过每次都要小一点儿：白头发的老人，蹲在他的女人面前，庄重地交谈着。她靠在石头上，被遮住了，几乎看不到，只能看见她说话时有一只手一起一伏。一对恩爱的夫妻，但我有我的职责，我继续朝洞里走，去拿我的船桨。

扛着船桨回来的时候，我先从他们的眼睛里看出了他们的决定，然后才听见他说道：“我们请你送我们上岛，船夫。”

“那么，我们快点上船吧，我已经耽搁啦。”说着，我转过身，似乎是要朝海那边跑。但是，我随即又转身回来，说，“哎呀，还要等等。我们先必须走一走这愚蠢的形式。好吧，朋友们，请听我说。好心的先生，请你现在起身，离我们远一点儿。等你听不见了，我就和你温柔的妻子说几句话。她坐在那儿就行了，不用动。过一会儿，无论你站在海滩上什么地方，我都会去找你。我们很快就能谈完，然后回到这儿，带着好心的女士一起上船。”

他瞪大眼睛看着我，现在他的半颗心希望能够信任我。最后他说道：“很好，船夫。我就到这海滩上逛一会儿。”又对他的女人说，“我们就分开一下子，公主。”

“不用担心，埃克索，”她说。“我体力恢复了不少，在这位好心人的保护下很安全。”

他走开了，慢慢走到海湾东边崖壁的巨大阴影下。鸟群在他面前散开，但很快又飞回来，继续像刚才一样在海草和石头上啄食。他走得有些一瘸一拐，背弯着，一副快要被打败的样子，但我能看出来，他体内仍有小小的火苗。

女人坐在我面前，抬头微微一笑。我问什么呢？

“不要害怕我的问题，好心的女士，”我说。这时候我希望附近有一堵长长的墙，跟她谈话的时候，我的脸可以对着墙，但是附近没有墙，只有傍晚的轻风，落日的余晖照在我脸上。我把袍子拉到膝盖上，在她面前蹲下，我看见她丈夫这么做过。

“我不害怕你的问题，船夫，”她轻声说。“因为我知道心里对他是什么感受。你想问什么，就问吧。我的回答会是诚实的，只会证明一个结果。”

我问了一两个问题，常见的问题，这种事情难道我做得还少吗？为了鼓励她，表示我很认真，我不时会再问一个问题。但这几乎没有必要，因为她很放松。她娓娓道来，有时候会闭上眼睛，声音一直清晰、平稳。我仔细听着，这是我的职责，但我的目光却越过海滩，望着那位疲惫老人的身影，此刻他正焦急地在小岩石间来回踱步。

这时我想起来，其他地方还有事情等着我呢，于是我打断了她的回忆，说道：“我谢谢你了，好心的女士。现在让我快点去找你的丈夫吧。”

他肯定已经开始信任我了，否则为什么要走到离妻子那么远的地方呢？他听见我的脚步声，转过身来，好像刚从梦中醒来。霞光落在他身上，我看见他的脸上不再充满疑虑，而是笼罩着深深的悲伤，眼睛里还闪着泪花。

“怎么样啊，先生？”他低声问。

“聆听你的女士说话是件快事，”我回答。风开始大起来，但他语气轻柔，所以我也放低了声音。“现在呀，朋友，我们简短一点吧，这样我们就能快点动身啦。”

“你随便问吧，先生。”

“朋友，我没有什么让人为难的问题。你好心的妻子刚才回忆说，有一天你们俩拿着从市场上买回来的鸡蛋。她说，她抱着一筐子鸡蛋，你在她身边，一路上一直盯着筐子，担心她走路的时候鸡蛋会撞破。她回忆起那一幕，感到很幸福。”

“我也一样，船夫，”他微笑着看了我一眼。“我担心鸡蛋，因为前一次到市场去的时候，她绊了一下，打破了一两个。路很短，但那天我们俩都很愉快。”

“和她回忆的情况一样，”我说。“那好吧，我们不要再浪费时间了，因为这次谈话只是出于惯例。我们去把好心的女士带到船上吧。”

我在前面带路，打算回到小棚子那儿找他妻子，但他却慢吞吞的，我也只好跟着慢下来。

“别担心风浪，朋友，”我以为他担心的是这个。“海湾很安全，从这儿到岛上不会有什么风险。”

“我很信任你的判断，船夫。”

“是这样的，朋友，”我又说道。路走得慢，那干吗不利用这个机会再说说话呢？“刚才如果我们有时间的话，也许我还可以问一个问题。现在既然我们俩一起朝那边走，我告诉你这个问题是什么，你愿意听吗？”

“当然啦，船夫。”

“我打算问你，你们这么多年在一起，有没有什么记忆，让你感到特别痛苦？就这个问题。”

“这算作问答的一部分吗，先生？”

“噢，当然不是啦，”我说。“那早已经结束啦。同样的问题，之前我也问过你好心的妻子，所以这不过是我感到好奇罢了。你不要回答啦，朋友，我也不介意。你看那边。”我指着路过的一块岩石。“那上面可不仅仅是些贝壳啊。如果有时间，我可以让你看看怎么从岩石上把它们撬下来，轻轻松松做一顿晚餐。我经常把它们放到火堆上烤。”

“船夫啊，”他庄重地说道，脚步更慢了。“如果你希望我回答，那我就来回答你的问题。我不确定她是怎么回答的，因为即使像我们这样的夫妻，也有很多事情不对彼此说。而且，之前有一条母龙，她的气息污染了空气，我们的记忆，无论美好还是阴暗，都被她夺走了。但是，母龙今天被杀死了，很多事情开始在我脑海中清晰起来。你问有什么记忆带来特别的痛苦。我没有别的可说，船夫，那肯定是我们的儿子。我们最后见他的时候，他都快成人了，但他脸上还没长出胡子，就离开了我们。之前发生过争吵，他离开，也只是到附近的村庄去，我以为他过几天就会回来。”

“你妻子也是这么说的，朋友，”我说。“而且，她说儿子离开，是她的错。”

“如果她认为前面的事情是她的错，那么后面的事情，我就要负很大责任了。因为有短短的一段时间，她曾对我不忠，这是真的。船夫啊，可能是我做了什么事，把她赶到了另一个人的怀抱里。或者是因为我该说的没说、该做的没做？现在，那都是很遥远的事情了，像一只鸟飞过，成为天空上的一个小点。但我们的儿子亲眼见过那怨恨的一幕，那时他年纪不大不小，既不像孩子那样能用好话哄骗，又不像成人那样明白人心的复杂。他离开之时，发誓说再也不回来，我和她重归于好之后，他仍然没回家。”

“这件事你妻子跟我说过。不久之后消息传来，说你们的儿子被肆虐全国的瘟疫夺走了。朋友，我自己在那一场瘟疫中失去了父母，我记得很清楚。但是，为什么要因此自责呢？那是上帝或魔鬼降下的瘟疫，你能有什么责任？”

“船夫啊，我禁止她到他的坟上去。真是件残酷的事情。她希望我们一起去看看他安息的地方，但是我不允许。现在，很多年过去了，但我们前几天才动身去找他，那时候母龙的迷雾已经夺走了我们的记忆，我们都不清楚自己要找什么。”

“啊，原来是这样，”我说。“这件事，你的妻子可没好意思说。那么，是你阻拦了她去看儿子的坟。”

“我做了件残酷的事，先生。那可是更加阴暗的背叛，甚于妻子一两个月的小小不忠。”

“你不仅阻止妻子到儿子的安息之所哀悼，甚至连自己也不去，先生，你当时这么做，是想获得什么呢？”

“获得？什么也获得不了，船夫。那就是愚蠢和自傲。或者是人心之中潜伏着的其他什么东西。也许是渴望惩罚，先生。我在口头和行动上都主张宽恕，但内心中封锁多年的某个小角落却渴望复仇。那是件卑微而阴暗的事情，对不起她，也对不起我儿子。”

“朋友，我感谢你告诉我这件事，”我对他说。“也许说出来更好。虽然这次谈话不会影响我的职责，现在我们就是两个伙伴聊天，但我承认，之前我心里有一点点顾忌，觉得该听到的，还没有全部听到。现在，我将毫无顾虑、心情舒畅地送你们过去。不过，请你告诉我，朋友，是什么让你改变那么多年的决心，最后决定出门呢？有人说过什么吗？还是突然就改变了想法？毕竟人心和我们面前这海浪和天空一样难以索解啊。”

“船夫，这我自己也不清楚。现在，我觉得让我改变主意的，不是某一件事情，是我们多年一起生活，让我慢慢改变了。也许没有别的原因了，船夫。伤口愈合很慢，但终究还是愈合了。不久前有一天早晨，晨曦初现，带来了今年春天最早的迹象，我看着妻子，她还在睡，虽然阳光已经照亮了我们的房间。我知道，最后一片黑暗已经离我而去。于是我们就这样出门了，先生。现在我妻子回忆说，我们的儿子在我们之前渡海上了岛，因此他的坟墓应该在岛上，在树林之中，或者在宁静的海滨。船夫，我已经对你坦诚相告，希望不会动摇你之前对我们的看法。我想，有些人听了我的话，可能会认为我们的爱有瑕疵，破裂了。但是，一对老夫妻的恩爱缓缓前行，上帝会知道的，他明白黑色的阴影是整体的一部分。”

“不要担心，朋友。你对我说的话，只让我想起你和妻子骑着疲惫的马在雨中走来的场景。好啦，先生，不用再说了，谁知道下一场风暴会不会来呢。我们快点到她那儿去，抱她上船吧。”

她靠着岩石坐着，睡着了，脸上露出满足的神情，身旁的火堆冒着烟。

“这次我自己来抱她，船夫，”他说。“我感觉力气恢复了。”

我能让他这么做吗？那可不会减轻我的任务。“这石头上可不好走啊，朋友，”我说。“你抱着她，如果摔一跤，那后果该有多严重呢？这种事我已经习惯了，她可不是第一个需要抱上船的人。你可以在我们旁边走，如果愿意，还能跟她讲话。记得她抱着鸡蛋，你在旁边忧心忡忡地走吗？就像那样吧。”

他脸上又露出恐惧之色。不过他轻声回答道：“好吧，船夫。按你说的办。”

他在我身旁走着，一边低声说些鼓励她的话。我步子迈得太快了吗？因为他现在落到后面了，抱她走进海水的时候，我感觉他一只手死死抓着我的后背。但是，这可不是停留的地方，因为码头藏在冰冷的水面之下，我的脚必须找准位置。我踩到水下的石头上，海水又变浅了，在脚下涌动。我上了船，我怀里抱着她，但船身几乎没有倾斜。船尾的垫子淋了雨，已经湿了。我踢开上面几层湿透了的垫子，把她轻轻放下来。我让她自己慢慢坐起来，头就靠在船舷下方，然后到柜子里找毯子，帮她挡一挡海风。

我把毯子裹在她身上的时候，感觉到他爬上了船，地板随着他的脚步晃动。“朋友，”我说，“你看，海里浪越来越大了。这是条很小的船。我一次只能载一个人，不敢多载。”

这时候我能清楚地看出他内心的火，因为火苗都快从他眼里喷出来了。“我还以为我们都说好了呢，船夫，”他说，“我和妻子不能分开，要一起上岛。我不是已经说了很多遍吗？你问问题不也是为了这个目的吗？”

“请不要误会，朋友，”我说。“我只是说坐船渡海的实际操作问题。你们两人会一起住在岛上，手挽着手，和你们以前一样，这一点毫无疑问。如果在某个阴凉的地方找到你儿子的墓地，你可以考虑在周围放些野花，岛上有，你能找到。林地里有紫铃石楠，说不定还有金盏花呢。但是，今天渡海，我请你回到海滩上再等一会儿。我会保证好心的女士在对岸舒舒服服的，因为我知道船靠岸后不远处有个地方，三块古老的岩石面对面，像老朋友一样。我让她先在那儿待着，有石头遮风挡雨，还能看见海，然后我就尽快回来接你。但是，现在请你离开，回到岸上再等一会儿。”

落日的红光照在他身上，或许那仍旧是他眼睛里的火？“我妻子坐在船上，我就不会从这条船上下去，先生。划桨送我们过去吧，遵守你的诺言。还是要我自己来划桨？”

“桨在我手里，先生，决定船里能坐多少人，仍然是我的职责。虽然我们友好相待，但是，你难道怀疑这里头有什么见不得人的把戏吗？难道你担心我不回来接你？”

“我对你没有任何指责，先生。可是，关于船夫和他们的行事方式，有很多传闻。我无意冒犯，只是求你现在渡我们两个过去，不要再犹豫了。”

“船夫，”身后传来她的声音，我转过头去，刚好看到她一只手在空气中摸索着，好像是要找出我的位置一样，尽管她的眼睛还是闭的。“船夫。请你离开一下。让我和丈夫单独说会儿话。”

我敢把船丢给他们吗？可是，她现在肯定要帮我讲话。我双手牢牢握着桨，迈步从他身边走过，下了船，走进水里。海水涨到了我的膝盖，浸湿了袍子的下摆。船系得很牢，桨又在我手上。还能捣什么鬼呢？但我还是不敢走得太远，我眼睛望着海岸，站在那儿像石头一样一动不动，可我发现自己又一次闯入了他们的亲密时刻。隔着海浪轻轻拍打的声音，我听见了他们的谈话。

“他走开了吗，埃克索？”

“他在水里站着，公主。他不愿意离开船，我敢说，他也不会给我们很长时间。”

“埃克索，这不是和船夫吵架的时候。我们今天能碰上他，就算很幸运了。碰上了一个对我们印象很好的船夫。”

“可是，我们常听人说起他们狡猾的把戏，难道不是吗，公主？”

“我信任他，埃克索。他会说话算话的。”

“你怎么这么确定呢，公主？”

“我知道，埃克索。他是个好人，不会让我们失望。按照他说的做吧，到岸上等着他回来。他很快就会回来接你。我们就这么办，埃克索，否则我担心他给我们的特殊优待，恐怕又会失去。他答应我们在岛上能在一起，就算在一辈子都很恩爱的人当中，能享受这种优待的肯定也寥寥无几。为什么不愿意等一会儿，而要拿这么大的奖赏冒险呢？不要和他争吵，否则，谁知道我们下次会碰上什么样的野蛮人呢？埃克索，请你与他握手言和吧。这时候我都担心他会生气，怕他改变主意呢。埃克索，你还在那儿吗？”

“我还在你跟前，公主。我们竟然在谈论分开上岛，这难道是真的吗？”

“也就是一会儿，丈夫。现在他在干什么？”

“还一动不动站在那儿，用他长长的后背和闪亮的脑袋对着我们。公主啊，你真的相信我们能信任这个人吗？”

“我相信，埃克索。”

“你刚才与他谈过话。谈得开心吗？”

“谈得很开心，丈夫。你不也一样吗？”

“我想是吧，公主。”

海湾上的日落。背后的沉默。我敢回到他们那儿吗？

“告诉我，公主，”我听见他说。“这迷雾消退了，你高兴吗？”

“也许这件事会给这块土地带来可怕的后果。但对我们来说，消退得正是时候。”

“我一直在想啊，公主。如果迷雾没有剥夺我们的记忆，这么多年来，我们的爱是不是不会如此牢固？也许有了迷雾，旧伤才得以愈合。”

“现在这又有什么关系呢，埃克索？和船夫握手言和吧，让他把我们渡过去。既然他会先送一个，然后送另一个，为什么要和他吵呢？埃克索，你说呢？”

“好吧，公主。我按你说的做。”

“那就离开我，回到岸上去吧。”

“我会照办的，公主。”

“那你还耽搁什么呢，丈夫？你以为船夫就不会不耐烦吗？”

“好吧，公主。不过，让我再抱你一次吧。”

他们在拥抱吗，即使我把她裹得像个婴儿一样？即使他必须跪下来，在坚硬的船板上把身体扭曲成奇怪的形状？我想他们真的拥抱了，只要他们没开口说话，我就不敢转身。我怀里抱着桨，轻轻摇晃的水里，有船桨投下的影子吗？还需要多久？最后，终于又听到了他们的声音。

“我们到岛上再继续谈吧，公主，”他说。

“我们就到岛上谈，埃克索。迷雾一散，我们要说的话会很多。船夫还站在水里吗？”

“是的，公主。我现在就去，和他握手言和。”

“那就再见啦，埃克索。”

“再见啦，我唯一的挚爱。”

我听见他涉水过来。他打算跟我说句话吗？刚才他说要握手言和。可是，我转过脸，他却没有朝我这边看，只是望着陆地，还有海滩上的落日。我也没有去看他的眼睛。他从我旁边经过，没有回头看。在海滩上等着我吧，朋友，我低声说，但他没听见，继续涉水而去。

KAZUO ISHIGURO

The Buried Giant

DEBORAH ROGERS

1938–2014

PART I

Chapter One

You would have searched a long time for the sort of winding lane or tranquil meadow for which England later became celebrated. There were instead miles of desolate, uncultivated land; here and there rough-hewn paths over craggy hills or bleak moorland. Most of the roads left by the Romans would by then have become broken or overgrown, often fading into wilderness. Icy fogs hung over rivers and marshes, serving all too well the ogres that were then still native to this land. The people who lived nearby – one wonders what desperation led them to settle in such gloomy spots – might well have feared these creatures, whose panting breaths could be heard long before their deformed figures emerged from the mist. But such monsters were not cause for astonishment. People then would have regarded them as everyday hazards, and in those days there was so much else to worry about. How to get food out of the hard ground; how not to run out of firewood; how to stop the sickness that could kill a dozen pigs in a single day and produce green rashes on the cheeks of children.

In any case, ogres were not so bad provided one did not provoke them. One had to accept that every so often, perhaps following some obscure dispute in their ranks, a creature would come blundering into a village in a terrible rage, and despite shouts and brandishings of weapons, rampage about injuring anyone slow to move out of its path. Or that every so often, an ogre might carry off a child into the mist. The people of the day had to be philosophical about such outrages.

In one such area on the edge of a vast bog, in the shadow of some jagged hills, lived an elderly couple, Axl and Beatrice. Perhaps these were not their exact or full names, but for ease, this is how we will refer to them. I would say this couple lived an isolated life, but in those days few were 'isolated' in any sense we would understand. For warmth and protection, the villagers lived in shelters, many of them dug deep into the hillside, connecting one to the other by underground passages and covered corridors. Our elderly couple lived within one such sprawling warren – 'building' would be too grand a word – with roughly sixty other villagers. If you came out of their warren and walked for twenty minutes around the hill, you would have reached the next settlement, and to your eyes, this one would have seemed identical to the first. But to the inhabitants themselves, there would have been many distinguishing details of which they would have been proud or ashamed.

I have no wish to give the impression that this was all there was to the Britain of those days; that at a time when magnificent civilisations flourished elsewhere in the world, we were here not much beyond the Iron Age. Had you been able to roam the countryside at will, you might well have discovered castles containing music, fine food, athletic excellence; or monasteries with inhabitants steeped in learning. But there is no getting around it. Even on a strong horse, in good weather, you could have ridden for days without spotting any castle or monastery looming out of the greenery. Mostly you would have found communities like the one I have just described, and unless you had with you gifts of food or clothing, or were ferociously armed, you would not have been sure of a welcome. I am sorry to paint such a picture of our country at that time, but there you are.

To return to Axl and Beatrice. As I said, this elderly couple lived on the outer fringes of the warren, where their shelter was less protected from the elements and hardly benefited from the fire in the Great Chamber where everyone congregated at night. Perhaps there had been a time when they had lived closer to the fire; a time when they had lived with their children. In fact, it was just such an idea that would drift into Axl's mind as he lay in his bed during the empty hours before dawn, his wife soundly asleep beside him, and then a sense of some unnamed loss would gnaw at his heart, preventing him from returning to sleep.

Perhaps that was why, on this particular morning, Axl had abandoned his bed altogether and slipped quietly outside to sit on the old warped bench beside the entrance to the warren in wait for the first signs of daylight. It was spring, but the air still felt bitter, even with Beatrice's cloak, which he had taken on his way out and wrapped around himself. Yet he had become so absorbed in his thoughts that by the time he realised how cold he was, the stars had all but gone, a glow was spreading on the horizon, and the first notes of birdsong were emerging from the dimness.

He rose slowly to his feet, regretting having stayed out so long. He was in good health, but it had taken a while to shake off his last fever and he did not wish it to return. Now he could feel the damp in his legs, but as he turned to go back inside, he was well satisfied: for he had this morning succeeded in remembering a number of things that had eluded him for some time. Moreover, he now sensed he was about to come to some momentous decision – one that had been put off far too long – and felt an excitement within him which he was eager to share with his wife.

Inside, the passageways of the warren were still in complete darkness, and he was obliged to feel his way the short distance back to the door of his chamber. Many of the 'doorways' within the warren were simple archways to mark the threshold to a chamber. The open nature of this arrangement would not have struck the villagers as compromising their privacy, but allowed rooms to benefit from any warmth coming down the corridors from the great fire or the smaller fires permitted within the warren. Axl and Beatrice's room, however, being too far from any fire had something we might recognise as an actual door; a large wooden frame criss-crossed with small branches, vines and thistles which someone going in and out would each time have to lift to one side, but which shut out the chilly draughts. Axl would happily have done without this door, but it had over time become an object of considerable pride to Beatrice. He had often returned to find his wife pulling off withered pieces from the construct and replacing them with fresh cuttings she had gathered during the day.

This morning, Axl moved the barrier just enough to let himself in, taking care to make as little noise as possible. Here, the early dawn light was leaking into the room through the small chinks of their outer wall. He could see his hand dimly before him, and on the turf bed, Beatrice's form still sound asleep under the thick blankets.

He was tempted to wake his wife. For a part of him felt sure that if, at this moment, she were awake and talking to him, whatever last barriers remained between him and his decision would finally crumble. But it was some time yet until the community roused itself and the day's work began, so he settled himself on the low stool in the corner of the chamber, his wife's cloak still tight around him.

He wondered how thick the mist would be that morning, and if, as the dark faded, he would see it had seeped through the cracks right into their chamber. But then his thoughts drifted away from such matters, back to what had been preoccupying him. Had they always lived like this, just the two of them, at the periphery of the community? Or had things once been quite different? Earlier, outside, some fragments of a remembrance had come back to him: a small moment when he was walking down the long central corridor of the warren, his arm around one of his own children, his gait a little crouched not on account of age as it might be now, but simply because he wished to avoid hitting his head on the beams in the murky light. Possibly the child had just been speaking to him, saying something amusing, and they were both of them laughing. But now, as earlier outside, nothing would quite settle in his mind, and the more he concentrated, the fainter the fragments seemed to grow. Perhaps these were just an elderly fool's imaginings. Perhaps it was that God had never given them children.

You may wonder why Axl did not turn to his fellow villagers for assistance in recalling the past, but this was not as easy as you might suppose. For in this community the past was rarely discussed. I do not mean that it was taboo. I mean that it had somehow faded into a mist as dense as that which hung over the marshes. It simply did not occur to these villagers to think about the past – even the recent one.

To take an instance, one that had bothered Axl for some time: He was sure that not so long ago, there had been in their midst a woman with long red hair – a woman regarded as crucial to their village. Whenever anyone injured themselves or fell sick, it had been this red-haired woman, so skilled at healing, who was immediately sent for. Yet now this same woman was no longer to be found anywhere, and no one seemed to wonder what had occurred, or even to express regret at her absence. When one morning Axl had mentioned the matter to three neighbours while working with them to break up the frosted field, their response told him that they genuinely had no idea what he was talking about. One of them had even paused in his work in an effort to remember, but had ended by shaking his head. 'Must have been a long time ago,' he had said.

'Neither have I any memory of such a woman,' Beatrice had said to him when he had brought up the matter with her one night. 'Perhaps you dreamt her up for your own needs, Axl, even though you've a wife here beside you and with a back straighter than yours.'

This had been some time the previous autumn, and they had been lying side by side on their bed in the pitch black, listening to the rain beating against their shelter.

'It's true you've hardly aged at all down the years, princess,' Axl had said. 'But the woman was no dream, and you'd remember her yourself if you spared a moment to think about it. There she was at our door only a month ago, a kindly soul asking if there was anything she might bring us. Surely you remember.'

'But why was she wishing to bring us anything at all? Was she a kin to us?'

'I don't believe she was, princess. She was just being kind. Surely you remember. She was often at the door asking if we weren't cold or hungry.'

'What I'm asking, Axl, is what business was it of hers to single us out for her kindness?'

'I wondered myself at the time, princess. I remember thinking here's a woman given to tending the sick, and yet here's the two of us both as healthy as any in the village. Is there perhaps talk of a plague on the way and she's here to look us over? But it turns out there's no plague and she's just being kind. Now we're talking about her there's even more comes back to me. She was standing there telling us not to mind the children calling us names. That was it. Then we never saw her again.'

'Not only is this red-haired woman a dream from your mind, Axl, she's a fool to be worrying herself about a few children and their games.'

'Just what I thought at the time, princess. What harm can children do us and they just passing the time of day when the weather's too dreary outside. I told her how we hadn't given it a second thought, but she meant kindly all the same. And then I remember her saying it was a pity we had to spend our nights without a candle.'

'If this creature pitied us our lack of a candle,' Beatrice had said, 'she had one thing right at least. It's an insult, forbidding us a candle through nights like these and our hands as steady as any of them. While there's others with candles in their chamber, senseless each night from cider, or else with children running wild. Yet it's our candle they've taken, and now I can hardly see your outline, Axl, though you're right beside me.'

'There's no insult intended, princess. It's just the way things have always been done and that's all there is to it.'

'Well it's not just your dream woman thinks it strange we should have our candle taken from us. Yesterday or was it the day before, I was at the river and walking past the women and I'm sure I heard them saying, when they supposed I'd gone out of hearing, how it was a disgrace an upright couple like us having to sit in the dark each night. So your dream woman's not alone in thinking what she does.'

'She's no dream woman I keep telling you, princess. Everyone here knew her a month ago and had a good word for her. What can it be makes everyone, yourself included, forget she ever lived?'

Recalling the conversation now on this spring's morning, Axl felt almost ready to admit he had been mistaken about the red-haired woman. He was after all an ageing man and prone to occasional confusion. And yet, this instance of the red-haired woman had been merely one of a steady run of such puzzling episodes. Frustratingly, he could not at this moment think of so many examples, but they had been numerous, of that there was no doubt. There had been, for instance, the incident concerning Marta.

This was a little girl of nine or ten who had always had a reputation for fearlessness. All the hair-raising tales of what could happen to wandering children seemed not to dampen her sense of adventure. So the evening when, with less than an hour of daylight remaining, the mist coming in and the wolves audible on the hillside, the word went around that Marta was missing, everyone had stopped what they were doing in alarm. For the next little while, voices called her name all around the warren and footsteps rushed up and down its corridors as villagers searched every sleeping chamber, the storage burrows, the cavities beneath the rafters, any hiding place a child might go to amuse herself.

Then in the midst of this panic, two shepherds returning from their shift on the hills came into the Great Chamber and began warming themselves by the fire. As they did so, one of them announced how the day before they had watched a wren-eagle circle above their heads, once, twice, then a third time. There was no mistake, he said, it had been a wren-eagle. Word quickly went around the warren and soon a crowd had gathered around the fire to listen to the shepherds. Even Axl had hurried to join them, for the appearance of a wren-eagle in their country was news indeed. Among the many powers attributed to the wren-eagle was the ability to frighten away wolves, and elsewhere in the land, it was said, wolves had vanished altogether on account of these birds.

At first the shepherds were questioned eagerly and made to repeat their story over and over. Then steadily a scepticism began to spread among the listeners. There had been many similar claims, someone pointed out, and each time they had proved unfounded. Someone else stated that these same two shepherds had only the previous spring brought back an identical story, and yet no further sightings had followed. The shepherds angrily denied bringing any such previous report, and soon the crowd was dividing between those taking the shepherds' side and those claiming some memory of the alleged episode the previous year.

As the quarrel grew heated, Axl found coming over him that familiar nagging sense that something was not right, and removing himself from the shouting and jostling, went outside to stare at the darkening sky and the mist rolling over the ground. And after a while, fragments began to piece themselves together in his mind, of the missing Marta, of the danger, of how not long ago everyone had been searching for her. But already these recollections were growing confused, in much the way a dream does in the seconds after waking, and it was only with a supreme act of concentration that Axl held onto the thought of little Marta at all while voices behind him continued to argue about the wren-eagle. Then, as he was standing there like that, he heard the sound of a girl singing to herself and saw Marta emerge before him out of the mist.

'You're a strange one, child,' Axl said as she came skipping up to him. 'Aren't you afraid of the dark? Of the wolves or the ogres?'

'Oh, I'm afraid of them, sir,' she said with a smile. 'But I know how to hide from them. I hope my parents haven't been asking for me. I got such a hiding last week.'

'Asking for you? Of course they've been asking for you. Isn't the whole village searching for you? Listen to that uproar inside. That's all for you, child.'

Marta laughed and said: 'Oh stop it, sir! I know they've not missed me. And I can hear, that's not me they're shouting about.'

When she said this, it occurred to Axl that sure enough the girl was right: the voices inside were not arguing about her at all, but about some other matter altogether. He leaned towards the doorway to hear better, and as he caught the odd phrase amidst the raised voices, it began to come back to him, about the shepherds and the wren-eagle. He was wondering if he should explain something of this to Marta when she suddenly skipped past him and went inside.

He followed her in, anticipating the relief and joy her appearance would cause. And to be frank, it had occurred to him that by coming in with her, he would get a little of the credit for her safe return. But as they entered the Great Chamber the villagers were still so engrossed in their quarrel over the shepherds only a few of them even bothered to look their way. Marta's mother did come away from the crowd long enough to say to the child: 'So here you are! Don't you be wandering off that way! How often must I tell you?' before turning her attention back to the arguments raging around the fire. At this, Marta gave Axl a grin as though to say: 'See what I told you?' and vanished into the shadows in search of her companions.

The room had grown significantly lighter. Their chamber, being on the outer fringe, had a small window to the outside, though it was too high to gaze out of without standing on a stool. It was at this moment covered with a cloth, but now an early ray of sun was penetrating from one corner, casting a beam over where Beatrice was sleeping. Axl could see, caught in this ray, what looked like an insect hovering in the air just above his wife's head. He then realised it was a spider, suspended by its invisible vertical thread, and even as he watched, it started on its smooth descent. Rising noiselessly, Axl crossed the small room and swept his hand through the space above his sleeping wife, catching the spider within his palm. Then he stood there a moment looking down at her. There was a peacefulness on her sleeping face he rarely saw now when she was awake, and the sudden rush of happiness the sight brought him took him by surprise. He knew then he had made up his mind, and he wanted again to awaken her, just so he might break to her his news. But he saw the selfishness of such an action – and besides, how could he be so sure of her response? In the end he went back quietly to his stool, and as he seated himself again, remembered the spider and opened his hand gently.

When earlier he had been sitting on the bench outside waiting for the first light, he had tried to recall how he and Beatrice had first come to discuss the idea of their journey. He had thought then he had located a particular conversation they had had one night in this same chamber, but now, as he watched the spider run round the edge of his hand and onto the earthen floor, it struck him with certainty that the first mention of the subject had come that day the stranger in dark rags had passed through the village.

It had been a grey morning – was it as long ago now as last November? – and Axl had been striding beside the river along a footpath overhung with willows. He was hurrying back to the warren from the fields, perhaps to fetch a tool or receive new instructions from a foreman. In any case, he was stopped by a burst of raised voices from beyond the bushes to his right. His first thought was of ogres, and he searched quickly around for a rock or stick. Then he realised the voices – all of women – though angry and excited, lacked the panic that accompanied ogre attacks. He nevertheless pushed his way determinedly through a hedge of juniper shrubs and stumbled into a clearing, where he saw five women – not in their first youth, but still of child-bearing age – standing closely together. Their backs were turned to him and they went on shouting at something in the distance. He was almost up to them before one of the women noticed him with a start, but then the others turned and regarded him almost with insolence.

'Well, well,' said one. 'Perhaps it's chance or something more. But here's the husband and hopefully he'll drive sense into her.'

The woman who had seen him first said: 'We told your wife not to go but she wouldn't listen. She's insisting she'll take food to the stranger though she's most likely a demon or else some elf disguised.'

'Is my wife in danger? Ladies, please explain yourselves.'

'There's a strange woman been wandering around us all morning,' another said. 'Hair down her back and a cloak of black rags. She claimed to be a Saxon but she's not dressed like any Saxon we ever met. She tried to creep up behind us on the riverbank when we were attending to the laundry, but we saw her in good time and chased her away. But she kept returning, acting like she was heart-broken for something, other times asking us for food. We reckon she was all the while aiming her spell straight towards your wife, sir, for twice this morning already we had to hold Beatrice back by the arms, so intent was she on going to the demon. And now she's fought us all off and gone up to the old thorn where even now the demon's sitting waiting for her. We held her all we could, sir, but it must be the demon's powers already moving through her because her strength was unnatural for a woman so thin-boned and aged as your wife.'

'The old thorn . . .'

'She set off only a moment ago, sir. But that's a demon to be sure, and if you're off after her you'll watch you're not stumbling or cutting yourself on a poisoned thistle the way it will never heal.'

Axl did his best to hide his irritation with these women, saying politely: 'I'm grateful, ladies. I'll go and see what my wife is up to. Excuse me.'

To our villagers, 'the old thorn' denoted a local beauty spot as much as the actual hawthorn tree that grew seemingly right out of the rock at the edge of the promontory a short walk from the warren. On a sunny day, provided the wind was not strong, it was a pleasant place to pass the time. You had a good view of the land down to the water, of the river's curve and the marshes beyond. On Sundays children often played around the gnarled roots, sometimes daring to jump off the end of the promontory, which in fact had only a gentle drop that would cause a child no injury, but simply to roll like a barrel down the grassy slope. But on a morning like this one, when adults and children alike were busy with tasks, the spot would have been deserted, and Axl, coming through the mist up the incline, was not surprised to see the two women were alone, their figures almost silhouettes against the white sky. Sure enough, the stranger, seated with her back against the rock, was dressed curiously. From a distance, at least, her cloak appeared to be made of many separate pieces of cloth stitched together, and it was now flapping in the wind, giving its owner the appearance of a great bird about to take flight. Beside her, Beatrice – still on her feet, though with head lowered towards her companion – appeared slight and vulnerable. They were in earnest conversation, but spotting Axl's approach below, stopped and watched him. Then Beatrice came to the edge of the promontory and called down:

'Just stop there, husband, no further! I'll come to you. But don't climb up here and be disturbing this poor lady's peace now she's at last able to rest her feet and eat a little of yesterday's bread.'

Axl waited as instructed and before long saw his wife coming down the long field-path to where he was standing. She came right up to him, and concerned no doubt that the wind would carry their words up to the stranger, said in a low voice:

'Have those foolish women sent you after me, husband? When I was their age, I'm sure it was the old ones were full of fear and foolish beliefs, reckoning every stone cursed and each stray cat an evil spirit. But now I'm grown old myself, what do I find but it's the young are riddled with beliefs like they never heard the Lord's promise to walk beside us at all times. Look at that poor stranger, see her yourself, exhausted and solitary, and she's wandered the forest and fields for four days, village after village commanding her to travel on. And it's Christian country she's walked across, but taken for a demon or maybe a leper though her skin bears no mark of it. Now, husband, I hope you're not here to tell me I'm not to give this poor woman comfort and what sorry food I have with me.'

'I wouldn't tell you any such thing, princess, for I see for myself what you're saying is true. I was thinking before I even came here how it's a shameful thing we can't receive a stranger with kindness any more.'

'Then go on with your business, husband, for I'm sure they'll be complaining again how slow you are at your work, and before you know they'll have the children chanting at us again.'

'No one's ever said I'm slow in my work, princess. Where did you hear such a thing? I've never heard a word of such complaint and I'm able to take the same burden as any man twenty years younger.'

'I'm only teasing, husband. Right enough, there's no one complaining about your work.'

'If there's children calling us names, it's not to do with my work being fast or slow but parents too foolish or more likely drunk to teach them manners or respect.'

'Calm yourself, husband. I told you I was just teasing and I won't do so again. The stranger was telling me something that greatly interests me and may some time interest you too. But she needs to finish the telling of it, so let me ask you again to hurry on with whatever task you have to do and leave me to listen to her and give what comfort I can.'

'I'm sorry, princess, if I spoke harshly to you just then.'

But Beatrice had already turned and was climbing the path back to the thorn tree and the figure in the flapping cloak.

A little later, having completed his errand, Axl was returning to the fields, and at the risk of testing the patience of his colleagues, deviated from his route to go past the old thorn again. For the truth was that while he had fully shared his wife's scorn for the suspicious instincts of the women, he had not been able to free himself from the thought that the stranger did pose some sort of threat, and he had been uneasy since leaving Beatrice with her. He was relieved then to see his wife's figure, alone on the promontory in front of the rock, looking out at the sky. She seemed lost in thought, and failed to notice him until he called up to her. As he watched her descending the path, more slowly than before, it occurred to him not for the first time that there was something different lately in her gait. She was not limping exactly, but it was as though she were nursing some secret pain somewhere. When he asked her, as she approached, what had become of her odd companion, Beatrice said simply: 'She went on her way.'

'She would have been grateful for your kindness, princess. Did you speak long with her?'

'I did and she had a deal to say.'

'I can see she said something to trouble you, princess. Perhaps those women were right and she was one best avoided.'

'She's not upset me, Axl. She has me thinking though.'

'You're in a strange mood. Are you sure she hasn't put some spell on you before vanishing into the air?'

'Walk up there to the thorn, husband, and you'll see her on the path and only recently departed. She's hoping for better charity from those around the hill.'

'Well then I'll leave you, princess, since I see you've come to no harm. God will be pleased for the kindness you've shown as is always your way.'

But this time his wife seemed reluctant to let him go. She grasped his arm, as though momentarily to steady herself, then let her head rest on his chest. As though by its own instinct, his hand rose to caress her hair, grown tangled in the wind, and when he glanced down at her he was surprised to see her eyes still wide open.

'You're in a strange mood, right enough,' he said. 'What did that stranger say to you?'

She kept her head on his chest for a moment longer. Then she straightened and let go of him. 'Now I think of it, Axl, there may be something in what you're always saying. It's queer the way the world's forgetting people and things from only yesterday and the day before that. Like a sickness come over us all.'

'Just what I was saying, princess. Take that red-haired woman . . .'

'Never mind the red-haired woman, Axl. It's what else we're not remembering.' She had said this while looking away into the mist-layered distance, but now she looked straight at him and he could see her eyes were filled with sadness and yearning. And it was then – he was sure – that she said to him: 'You've long set your heart against it, Axl, I know. But it's time now to think on it anew. There's a journey we must go on, and no more delay.'

'A journey, princess? What sort of journey?'

'A journey to our son's village. It's not far, husband, we know that. Even with our slow steps, it's a few days' walk at most, a little way east beyond the Great Plain. And the spring will soon be upon us.'

'We might go on such a trip, certainly, princess. Was there something that stranger said just now got you thinking of it?'

'It's been a thing in my thoughts a long time, Axl, though it's what that poor woman said just now makes me wish to delay no further. Our son awaits us in his village. How much longer must we keep him waiting?'

'When the spring's here, princess, we'll certainly think about just such a journey. But why do you say it's my wishes always stood in the way of it?'

'I don't remember now all that's passed between us on it, Axl. Only that you always set your heart against it, even as I longed for it.'

'Well, princess, let's talk about it more when there's no work waiting and neighbours ready to call us slow. Let me go on my way just now. We'll talk more on it soon.'

But in the days that followed, even if they alluded to the idea of this journey, they never talked properly about it. For they found they became oddly uncomfortable whenever the topic was broached, and before long an understanding had grown between them, in the silent way understandings do between a husband and wife of many years, to avoid the subject as much as possible. I say 'as much as possible', for there appeared at times to be a need – a compulsion, you might say – to which one or the other would have to yield. But whatever discussions they had in such circumstances inevitably ended quickly in evasiveness or bad temper. And on the one occasion Axl had asked his wife straight out what the strange woman had said to her that day up at the old thorn, Beatrice's expression had clouded, and she had seemed for a moment on the verge of tears. After this, Axl had taken care to avoid any reference to the stranger.

After a while Axl could no longer remember how talk of this journey had started, or what it had ever meant to them. But then this morning, sitting outside in the cold hour before dawn, his memory seemed partially at least to clear, and many things had come back to him: the red-haired woman; Marta; the stranger in dark rags; other memories with which we need not concern ourselves here. And he had remembered, quite vividly, what had happened only a few Sundays ago, when they had taken Beatrice's candle from her.

Sundays were a day of rest for these villagers, at least to the extent that they did not work in the fields. But the livestock had still to be cared for, and with so many other tasks waiting to be done, the pastor had accepted the impracticality of forbidding everything that might be construed as labour. So it was that when Axl emerged into the spring sunshine that particular Sunday after a morning of mending boots, the sight that greeted him was of his neighbours spread all around the terrain in front of the warren, some sitting in the patchy grass, others on small stools or logs, talking, laughing and working. Children were playing everywhere, and one group had gathered around two men constructing on the grass the wheel for a wagon. It was the first Sunday of the year the weather had permitted such outdoor activity, and there was an almost festive atmosphere. Nevertheless, as he stood there at the warren entrance and gazed beyond the villagers to where the land sloped down towards the marshes, Axl could see the mist rising again, and supposed that by the afternoon they would be submerged once more in grey drizzle.

He had been standing there a while when he became aware of a commotion going on over down by the fencing to the grazing fields. It did not greatly interest him at first, but then something in the breeze caught his ear and made him straighten. For though his eyesight had grown annoyingly blurred with the years, Axl's hearing had remained reliable, and he had discerned, in the muddle of shouting emerging from the crowd by the fence, Beatrice's voice raised in distress.

Others too were stopping what they were doing to turn and stare. But now Axl hurried through their midst, narrowly avoiding wandering children and objects left on the grass. Before he could reach the small jostling knot of people, however, it suddenly dispersed, and Beatrice emerged from its centre, clutching something with both hands to her breast. The faces around her mostly showed amusement, but the woman who quickly appeared at his wife's shoulder – the widow of a blacksmith who had died of fever the previous year – had features twisted with fury. Beatrice shook off her tormentor, her own face all the time a stern, near-blank mask, but when she saw Axl coming towards her, it broke into emotion.

Thinking about this now, it seemed to Axl the look on his wife's face then had been, more than anything else, one of overwhelming relief. It was not that Beatrice had believed all would be well once he had arrived; but his presence had made all the difference to her. She had gazed at him not just with relief, but also something like pleading, and held out to him the object she had been jealously guarding.

'This is ours, Axl! We'll not sit in darkness any longer. Take it quickly, husband, it's ours!'

She was holding towards him a squat, somewhat misshapen candle. The blacksmith's widow tried again to snatch it from her, but Beatrice struck away the invading hand.

'Take it, husband! That child there, little Nora, she brought it to me this morning after making it with her own hands, thinking we'd grown tired of spending our nights as we do.'

This set off another round of shouting and also some laughter. But Beatrice went on gazing at Axl, her expression full of trust and entreaty, and it was a picture of her face at that moment which had first come back to him this morning on the bench outside the warren as he had sat waiting for the dawn to break. How was it he had forgotten this episode when it could have occurred no more than three weeks ago? How could it be he had not thought about it again until today?

Although he had stretched out his arm, he had not been able

to take the candle – the crowd had kept him just out of reach – and he had said, loudly and with some conviction: 'Don't worry, princess. Don't you worry.' He was conscious of the emptiness of what he was saying even as he spoke, so he was surprised when the crowd quietened, and even the blacksmith's widow took a step back. Only then did he realise the reaction had not been to his words, but to the approach behind him of the pastor.

'What manners are these for the Lord's day?' The pastor strode past Axl and glared at the now silent gathering. 'Well?'

'It's Mistress Beatrice, sir,' the blacksmith's widow said. 'She's got herself a candle.'

Beatrice's face was a tight mask again, but she did not avoid the pastor's gaze when it settled on her.

'I can see for myself it's true, Mistress Beatrice,' the pastor said. 'Now you'll not have forgotten the council's edict that you and your husband will not be permitted candles in your chamber.'

'We've neither of us ever tumbled a candle in our lives, sir. We will not sit night after night in darkness.'

'The decision has been made and you're to abide by it until the council decides otherwise.'

Axl saw the anger blaze in her eyes. 'It's nothing but unkindness. That's all it is.' She said this quietly, almost under her breath, but looking straight at the pastor.

'Remove the candle from her,' the pastor said. 'Do as I say. Take it from her.'

As several hands reached towards her, it seemed to Axl she had not fully understood what the pastor had said. For she stood in the middle of the jostling with a puzzled look, continuing to grip the candle as if only by some forgotten instinct. Then panic seemed to seize her and she held the candle out towards Axl again, even as she was knocked off balance. She did not fall on account of those pressing in on her, and recovering, held out the candle for him yet again. He tried to take it, but another hand snatched it away, and then the pastor's voice boomed out:

'Enough! Leave Mistress Beatrice in peace and none of you speak unkindly to her. She's an old woman who doesn't understand all she does. Enough I say! This is no fit behaviour for the Lord's day.'

Axl, finally reaching her, took her in his arms, and the crowd melted away. When he recalled this moment, it seemed to him they stayed like that for a long time, standing close together, she with her head resting on his chest, just the way she had done the day of the strange woman's visit, as though she were merely weary and wishing to catch her breath. He continued to hold her as the pastor called again for the people to disperse. When finally they separated and looked around themselves, they found they were alone beside the cow field and its barred wooden gate.

'What does it matter, princess?' he said. 'What do we need with a candle? We're well used to moving around our room without one. And don't we keep ourselves entertained well enough with our talk, candle or no candle?'

He observed her carefully. She appeared dreamy, and not particularly upset.

'I'm sorry, Axl,' she said. 'The candle's gone. I should have kept it a secret for the two of us. But I was overjoyed when the young girl brought it to me and she'd crafted it herself just for us. Now it's gone. No matter.'

'No matter at all, princess.'

'They think us a foolish pair, Axl.'

She took a step forward and placed her head on his chest again.

And it was then that she said, her voice muffled so he at first thought he had misheard:

'Our son, Axl. Do you remember our son? When they were pushing me just now, it was our son I remembered. A fine, strong, upright man. Why must we stay in this place? Let's go to our son's village. He'll protect us and see no one treats us ill. Will your heart not change on it, Axl, and all these years now passed? Do you still say we can't go to him?'

As she said this, softly into his chest, many fragments of memory tugged at Axl's mind, so much so that he felt almost faint. He loosened his hold on her and stepped back, fearing he might sway and cause her to lose her own balance.

'What's this you're saying, princess? Was I ever the one to stop us journeying to our son's village?'

'But surely you were, Axl. Surely you were.'

'When did I speak against such a journey, princess?'

'I always thought you did, husband. But oh, Axl, I don't remember clearly now you question it. And why do we stand out here, fine day though it is?'

Beatrice appeared confused again. She looked into his face, then all around her, at the pleasant sunshine, their neighbours once more giving attention to their activities.

'Let's go and sit in our chamber,' she said after a while. 'Let it be just the two of us for a while. A fine day, right enough, but I'm all tired out. Let's go inside.'

'That's right, princess. Sit down and rest a while, out of this sun. You'll soon feel better.'

There were others awake now all around the warren. The shepherds must have gone out some time ago though he had been so lost in thought he had not even heard them. At the other end of the room Beatrice made a murmuring sound, as though she were preparing to sing, then turned over under the blankets. Recognising these signals, Axl made his way across to the bed in silence, sat carefully on its edge and waited.

Beatrice shifted onto her back, opened her eyes partially and gazed at Axl.

'Good morning, husband,' she said eventually. 'I'm glad to see the spirits chose not to take you away as I slept.'

'Princess, there's something I want to talk about.'

Beatrice went on gazing up at him, her eyes still only half open. Then she brought herself up to a sitting posture, her face crossing the beam of light that earlier had illuminated the spider. Her grey mane, untied and matted, hung stiffly down past her shoulders, but Axl still felt happiness stir within him at this sight of her in the morning light.

'What is it you have to say, Axl, and before I've had time to rub the sleep from my eyes?'

'We talked before, princess, about a journey we might make. Well, here's the spring upon us, and perhaps it's time we set off.'

'Set off, Axl? Set off when?'

'As soon as we're able. We need only be gone a few days. The village can spare us. We'll talk to the pastor.'

'And will we go to see our son, Axl?'

'That's where we'll go. To see our son.'

Outside the birds were now in chorus. Beatrice turned her gaze towards the window and the sun leaking past the cloth hung over it.

'Some days I remember him clear enough,' she said. 'Then the next day it's as if a veil's fallen over his memory. But our son's a fine and good man, I know that for sure.'

'Why is he not with us here now, princess?'

'I don't know, Axl. It could be he quarrelled with the elders and had to leave. I've asked around and there's no one here remembers him. But he wouldn't have done anything to bring shame on himself, I know for sure. Can you remember nothing of it yourself, Axl?'

'When I was outside just now, doing my best to remember all I could in the stillness, many things came back to me. But I can't remember our son, neither his face nor his voice, though sometimes I think I can see him when he was a small boy, and I'm leading him by the hand beside the riverbank, or when he was weeping one time and I was reaching out to comfort him. But what he looks like today, where he's living, if he has a son of his own, I don't remember at all. I was hoping you'd remember more, princess.'

'He's our son,' Beatrice said. 'So I can feel things about him, even if I don't remember clearly. And I know he longs for us to leave this place and be living with him under his protection.'

'He's our flesh and blood, so why would he not want us to join him?'

'Even so, I'll miss this place, Axl. This small chamber of ours and this village. No light thing to leave a place you've known all your life.'

'No one's asking us to do it without thought, princess. While I was waiting for the sun to rise just now, I was thinking we'll need to make this journey to our son's village and talk with him. For even if we're his mother and father, it's not for us to arrive one fine day and demand to live as part of his village.'

'You're right, husband.'

'There's another thing troubles me, princess. This village may only be a few days away as you say. But how will we know where to find it?'

Beatrice fell silent, gazing into the space before her, her shoulders swaying gently with her breathing. 'I believe we'll know our way well enough, Axl,' she said eventually. 'Even if we don't yet know his exact village, I'll have travelled to ones nearby often enough with the other women when trading our honey and tin. I'll know my way blindfolded to the Great Plain, and the Saxon village beyond where we've often rested. Our son's village can only be a little way further, so we'll find it with little trouble. Axl, are we really to go soon?'

'Yes, princess. We'll start preparing today.'

Chapter Two

There were, however, plenty of things to attend to before they could set off. In a village like this, many items necessary for their journey – blankets, water flasks, tinder – were communally owned and securing their use required much bargaining with neighbours. Moreover, Axl and Beatrice, advanced though they were in years, had their burden of daily duties and could not simply go away without the consent of the community. And even when they were finally ready to leave, a turn in the weather delayed them further. For what was the point of risking the hazards of fog, rain and cold when sunshine was surely just around the corner?

But they did eventually set off, with walking sticks and bundles on their backs, on a bright morning of wispy white clouds and a strong breeze. Axl had wished to start at first light – it was clear to him the day would be fine – but Beatrice had insisted on waiting till the sun was higher. The Saxon village where they would shelter the first night, she argued, was easily within a day's walk, and surely their priority was to cross the corner of the Great Plain as close to noon as possible, when the dark forces of that place were most likely to be dormant.

It had been a while since they had walked any distance together, and Axl had been anxious about his wife's stamina. But after an hour he found himself reassured: though her pace was slow – he noticed again something lop-sided about her gait, as if she were cushioning some pain – Beatrice kept moving on steadily, head down into the wind in open land, undaunted when confronted by thistles and undergrowth. On uphills, or ground so muddy it was an effort to pull one foot out after the other, she would slow right down, but keep pushing on.

In the days before their journey's start, Beatrice had grown increasingly confident of remembering their route, at least as far as the Saxon village which she had regularly visited with the other women over the years. But once they lost sight of the craggy hills above their settlement, and had crossed the valley beyond the marshland, she became less certain. At a fork in a path, or facing a windswept field, she would pause and stand for a long time, panic creeping into her gaze as she surveyed the land.

'Don't worry, princess,' Axl would say on such occasions. 'Don't worry and take all the time you need.'

'But Axl,' she would say, turning to him, 'we don't have time. We must cross the Great Plain at noon if we're to do so in safety.'

'We'll be there in good time, princess. You take all the time you need.'

I might point out here that navigation in open country was something much more difficult in those days, and not just because of the lack of reliable compasses and maps. We did not yet have the hedgerows that so pleasantly divide the countryside today into field, lane and meadow. A traveller of that time would, often as not, find himself in featureless landscape, the view almost identical whichever way he turned. A row of standing stones on the far horizon, a turn of a stream, the particular rise and fall of a valley: such clues were the only means of charting a course. And the consequences of a wrong turn could often prove fatal. Never mind the possibilities of perishing in bad weather: straying off course meant exposing oneself more than ever to the risk of assailants – human, animal or supernatural – lurking away from the established roads.

You might have been surprised by how little they conversed as they walked, this couple usually so full of things to tell each other. But at a time when a broken ankle or an infected graze could be life-threatening, there was a recognition that concentration was desirable at each and every step. You might also have noted that whenever the path grew too narrow to walk side by side, it was always Beatrice, not Axl, who went in front. This too might surprise you, it seeming more natural for the man to go first into potentially hazardous terrain, and sure enough, in woodland or where there was the possibility of wolves or bears, they would switch positions without discussion. But for the most part, Axl would make sure his wife went first, for the reason that practically every fiend or evil spirit they were likely to encounter was known to target its prey at the rear of a party – in much the way, I suppose, a big cat will stalk an antelope at the back of the herd. There were numerous instances of a traveller glancing back to the companion walking behind, only to find the latter vanished without trace. It was the fear of such an occurrence that compelled Beatrice intermittently to ask as they walked: 'Are you still there, Axl?' To which he would answer routinely: 'Still here, princess.'

They reached the edge of the Great Plain by late morning. Axl suggested they push on and put the hazard behind them, but Beatrice was adamant they should wait till noon. They sat down on a rock at the top of the hillslope leading down to the plain, and watched carefully the shortening shadows of their sticks, held upright before them in the earth.

'It may be a good sky, Axl,' she said. 'And I've not heard of any wickedness befalling a person in this corner of the plain. All the same, better wait for noon, when surely no demon will care even to peek out to see us pass.'

'We'll wait, just as you say, princess. And you're right, this is the Great Plain after all, even if it's a benevolent corner of it.'

They sat there like that for a little while, looking down at the land before them, hardly speaking. At one point Beatrice said:

'When we see our son, Axl, he's sure to insist we live at his village. Won't it be strange to leave our neighbours after these years, even if they're sometimes teasing our grey hairs?'

'Nothing's decided yet, princess. We'll talk everything over with our son when we see him.' Axl went on gazing out at the Great Plain. Then he shook his head and said quietly: 'It's odd, the way I can't recall him at all just now.'

'I thought I dreamt about him last night,' Beatrice said. 'Standing by a well, and turning, just a little to one side, and calling to someone. What came before or after's gone now.'

'At least you saw him, princess, even if in a dream. What did he look like?'

'A strong, handsome face, that much I remember. But the colour of his eyes, the turn of his cheek, I've no memory of them.'

'I don't recall his face now at all,' Axl said. 'It must all be the work of this mist. Many things I'll happily let go to it, but it's cruel when we can't remember a precious thing like that.'

She moved closer to him, letting her head fall on his shoulder. The wind was now beating hard at them and part of her cloak had come loose. Putting an arm around her, Axl trapped the cloak and held it tightly to her.

'Well, I dare say one or the other of us will remember soon enough,' he said.

'Let's try, Axl. Let's both of us try. It's as if we've mislaid a precious stone. But surely we'll find it again if we both try.'

'Surely we will, princess. But look, the shadows are almost gone. It's time for us to go down.'

Beatrice straightened and began rummaging in her bundle. 'Here, we'll carry these.'

She handed to him what looked like two smooth pebbles, but when he studied them he saw complex patterns cut into the face of each one.

'Put them in your belt, Axl, and take care to keep the markings facing out. It will help the Lord Christ keep us safe. I'll carry these others.'

'One will be enough for me, princess.'

'No, Axl, we'll share them equally. Now what I remember is there's a path to follow down there and unless rain's washed it away the walking will be easier than most of what we've had. But there's one place we need to be cautious. Axl, are you listening to me? It's when the path goes over where the giant is buried. To one who doesn't know it, it's an ordinary hill, but I'll signal to you and when you see me you're to follow off the path and round the edge of the hill till we meet the same path on its way down. It'll do us no good treading over such a grave, high noon or not. Are you fully understanding me, Axl?'

'Don't worry, princess, I understand you very well.'

'And I don't need to remind you. If we see a stranger on our path, or calling us from nearby, or any poor animal caught in a trap or injured in a ditch, or any such thing might catch your attention, you don't speak a word or slow your step for it.'

'I'm no fool, princess.'

'Well, then, Axl, it's time we went.'

As Beatrice had promised, they were required to walk on the Great Plain for only a short distance. Their path, though muddy at times, remained defined and never took them out of sunlight. After an initial descent it climbed steadily, till they found themselves walking along a high ridge, moorland on either side of them. The wind was fierce, but if anything a welcome antidote to the noon sun. The ground everywhere was covered in heather and gorse, never more than knee high, and only occasionally did a tree come into view – some solitary, crone-like specimen, bowed by endless gales. Then a valley appeared to their right, reminding them of the power and mystery of the Great Plain, and that they were now trespassing on but a small corner of it.

They walked close together, Axl almost at his wife's heels. Even so, throughout the crossing, Beatrice continued every five or six steps to chant, in the manner of a litany, the question: 'Are you still there, Axl?' to which he would respond: 'Still here, princess.' Aside from this ritualistic exchange, they said nothing. Even when they reached the giant's burial mound, and Beatrice made urgent signs for them to move from the path into the heather, they kept up this call and response in level tones, as though wishing to deceive any listening demons about their intentions. All the while Axl watched for fast-moving mist or sudden darkenings in the sky, but there came no hint of either, and then they had put the Great Plain behind them. As they climbed through a small wood full of songbirds, Beatrice made no comment, but he could see her whole posture relax, and her refrain came to an end.

They rested beside a brook, where they bathed their feet, ate bread and refilled their flasks. From this point their route followed a long sunken lane from Roman days, lined by oaks and elms, which was much easier walking, but required vigilance on account of the other wayfarers they were bound to meet. And sure enough, during the first hour, they encountered coming the other way a woman with her two children, a boy driving donkeys, and a pair of travelling players hurrying to rejoin their troupe. On each occasion they stopped to exchange pleasantries, but another time, hearing the clatter of approaching wheels and hooves, they hid themselves in the ditch. This too proved harmless – a Saxon farmer with a horse and cart piled high with firewood.

Toward mid-afternoon the sky began to cloud as though for a storm. They had been resting beneath a large oak, their backs to the road and hidden from the passing traffic. A clean sweep of land lay visible before them, so they had noticed immediately the coming change.

'Don't worry, princess,' Axl said. 'We'll stay dry beneath this tree until the sun returns.'

But Beatrice was on her feet, leaning forward, a hand raised to shield her eyes. 'I can see the road ahead curving into the distance, Axl. And I see it's not far to the old villa. I took shelter there once before when I came with the women. A ruin, but the roof was still good then.'

'Can we reach it before the storm breaks, princess?'

'We'll reach it if we go now.'

'Then let's hurry. There's no reason to catch our deaths from a drenching. And this tree, now I'm looking at it, is full of holes the way I can see most of the sky above me.'

* * *

The ruined villa was further from the road than Beatrice remembered. With the first drops of rain and the sky darkening above them, they found themselves struggling down a long narrow path waist high with nettles through which they had to beat their way with their sticks. Though it had been clearly visible from the road, the ruin was obscured for much of this approach by trees and foliage, so that it was with a start, as well as relief, that the travellers suddenly found themselves before it.

The villa must have been splendid enough in Roman days, but now only a small section was standing. Once magnificent floors lay exposed to the elements, disfigured by stagnant puddles, weeds and grass sprouting through the faded tiles. The remains of walls, in places barely ankle high, revealed the old layout of the rooms. A stone arch led into the surviving part of the building, and Axl and Beatrice now moved cautiously towards it, pausing at the threshold to listen. Eventually Axl called out: 'Is anyone within?' And when there was no reply: 'We're two elderly Britons seeking shelter from the storm. We come in peace.'

Still there was silence and they went in under the arch into the shade of what must once have been a corridor. They emerged into the grey light of a spacious room, though here too, an entire wall had fallen away. The adjoining room had disappeared altogether, and evergreens were pressing in oppressively right up to the edge of the floor. The three standing walls, however, provided a sheltered area, with a good ceiling. Here, against the grimy masonry of what once had been whitewashed walls, were two dark figures, one standing, the other sitting, some distance apart.

Seated on a piece of fallen masonry was a small, bird-like old woman – older than Axl and Beatrice – in a dark cloak, the hood pushed back enough to reveal her leathery features. Her eyes were sunk deep so that you could hardly see them. The curve of her back was not quite touching the wall behind her. Something stirred on her lap and Axl saw it was a rabbit, held tightly in her bony hands.

At the furthest point along the same wall, as though he had moved as far from the old woman as possible while keeping under cover, was a thin, unusually tall man. He wore a thick long coat of the sort a shepherd might wear during a cold night's watch, but where it ended, the exposed lower parts of his legs were bare. On his feet were the kind of shoes Axl had seen on fishermen. Though he was probably still young, the top of his head was smoothly bald, while dark tufts sprouted around his ears. The man was standing rigidly, his back to the room, one hand on the wall before him as though listening intently to something occurring on the other side. He glanced over his shoulder as Axl and Beatrice came in, but said nothing. The old woman too was staring at them in silence and only when Axl said: 'Peace be with you,' did they unfreeze a little. The tall man said: 'Come in further, friends, or you will not stay dry.'

Sure enough, the sky had truly opened now and rainwater was running down some section of broken roof and splashing on the floor near where the visitors were standing. Thanking him, Axl led his wife to the wall, choosing a spot midway between their hosts. He helped Beatrice take off her bundle, then put his own down onto the ground.

Then the four of them remained like that for some time while the storm grew ever more fierce, and a flash of lightning illuminated the shelter. The oddly frozen stances of the tall man and the old woman seemed to cast a spell on Axl and Beatrice, for now they too remained as still and silent. It was almost as if, coming across a picture and stepping inside it, they had been compelled to become painted figures in their turn.

Then as the downpour settled to a steady fall, the bird-like old woman finally broke the silence. Stroking her rabbit with one hand while clutching it tightly in the other, she said:

'God be with you, cousins. You'll forgive me not greeting you earlier, but I was surprised to see you here. You'll know you're welcome nonetheless. A fine day for travelling until this storm came. But it's the kind that vanishes as suddenly as it appears. Your journey won't be long delayed and all the better for your taking a rest. Which way do you go, cousins?'

'We're on our way to our son's village,' Axl said, 'where he waits anxiously to welcome us. But tonight we'll seek shelter at a Saxon village we hope to reach by nightfall.'

'Saxons have their wild ways,' the old woman said. 'But they'll welcome a traveller more readily than do our own kind. Be seated, cousins. That log behind you is dry and I've often sat contentedly on it.'

Axl and Beatrice did as suggested, and then there was silence for a few further moments while the rain continued to beat down. Eventually a movement from the old woman made Axl glance towards her. She was pulling back the rabbit's ears, and as the animal struggled to free itself, her claw-like hand kept it firmly in its grasp. Then, as Axl watched, the old woman produced in her other hand a large rusted knife and placed it against the creature's throat. As Beatrice beside him started, Axl realised that the dark patches beneath their feet, and elsewhere all over the ruined floor, were old bloodstains, and that mingled with the smell of ivy and damp mouldering stone was another faint but lingering one of slaughter.

Having placed her knife to the rabbit's throat, the old woman became quite still again. Her sunken eyes, Axl realised, were fixed on the tall man at the far end of the wall, as though she were waiting for a signal from him. But the man remained in the same rigid posture as before, his forehead almost touching the wall. He either had not noticed the old woman or else was determined to ignore her.

'Good mistress,' Axl said, 'kill the rabbit if you must. But break its neck cleanly. Or else take a stone and give it a good blow.'

'Had I the strength, sir, but I'm too weak. I have a knife with a sharp edge and that is all.'

'Then I'll gladly assist you. There's no need for your knife.' Axl rose to his feet, holding out his hand, but the old woman made no move to give up the rabbit. She remained exactly as before, the knife on the animal's throat, her gaze fixed on the man across the room.

At last the tall man turned to face them. 'Friends,' he said, 'I was surprised to see you enter earlier, but now I'm glad. For I see you're good people, and I beg you, while you wait for this storm to pass, listen to my plight. I'm a humble boatman who ferries travellers across choppy waters. I don't mind the work though the hours are long and when there are many waiting to cross there's little sleep and my limbs ache with each thrust of the oar. I work through rain and wind and under the parching sun. But I keep my spirits up looking forward to my rest days. For I'm but one of several boatmen and we're each able to take our turn to rest, if only after long weeks of labour. On our rest days, we each have a special place to go, and this, friends, is mine. This house where I was once a carefree child. It's not as it once was, but for me it's filled with precious memories, and I come here asking only the quiet to enjoy them. Now consider this. Whenever I come here, within an hour of my arrival, this old woman will enter through that arch. She'll sit herself down and taunt me hour by hour, night and day. She'll make cruel and unjust accusations. Under cover of dark, she'll curse me with the most horrible curses. She will not give me a moment's respite. Sometimes, as you see, she'll bring with her a rabbit, or some such small creature, so she can slay it and pollute this precious place with its blood. I've done all I can to persuade her to leave me, but what pity God placed in her soul, she has learnt to ignore. She will not go, nor will she cease to taunt. Even now it's only your unexpected entrance that has caused her to pause in her persecution. And before long it will be time to begin my journey back, to more long weeks of toil on the water. Friends, I beg you, do what you can to make her leave. Persuade her that her behaviour is ungodly. You may have influence on her, being as you are from the outside.'

There was a silence after the boatman stopped talking. Axl remembered later feeling a vague compulsion to reply, but at the same time a sense that the man had spoken to him in a dream and that there was no real obligation to do so. Beatrice too seemed to feel no urge to respond, for her eyes remained on the old woman, who had now taken the knife away from the rabbit's throat, and was stroking its fur, almost affectionately, with the edge of the blade. Eventually Beatrice said:

'Mistress, I beg you, allow my husband to assist with your rabbit. There's no call to spill blood in a place such as this, and no basin to catch it. You'll bring bad luck not only to this honest boatman but to yourself and all other travellers who stray in here seeking shelter. Put that knife away and slaughter the creature gently elsewhere. And what good can come of taunting this man as you do, a hard-working boatman?'

'Let's not be hasty to speak harshly to this lady, princess,' Axl said gently. 'We don't know what has occurred between these people. This boatman seems honest, but then again, this lady may have just cause to come here and spend her time as she does.'

'You couldn't have spoken more aptly, sir,' the old woman said. 'Do I think this a charming way to spend my fading days? I'd rather be far from here, in the company of my own husband, and it's because of this boatman I'm now parted from him. My husband was a wise and careful man, sir, and we planned our journey for a long time, talked of it and dreamt of it over many years. And when finally we were ready, and had all we needed, we set off on the road and after several days found the cove from where we could cross to the island. We waited for the ferryman, and in time, saw his boat coming towards us. But as luck would have it, it was this very man here who came to us. See how tall he is. Standing on his boat on the water, against the sky with his long oar, he looked as tall and thin as those players do when they hobble on their stilts. He came to where my husband and I were standing on the rocks and tied his boat. And to this day I don't know how he did it, but somehow he tricked us. We were too trusting. With the island so near, this boatman took away my husband and left me waiting on the shore, after forty years and more of our being husband and wife and hardly a day apart. I can't think how he did it. His voice must have put us in a dream, because before I knew it he was rowing off with my husband and I was still on land. Even then, I didn't believe it. For who could suspect such cruelty from a boatman? So I waited. I said to myself, it's simply that the boat cannot take more than one passenger at a time, for the water was unsettled that day, and the sky almost as dark as it is now. I stood there on the rock and watched the boat getting smaller and then a speck. And still I waited, and in time the speck grew larger and it was the boatman coming back to me. I could soon see his head as smooth as a pebble, now with no passenger left in his boat. And I imagined it was my turn and I would soon be with my beloved again. But when he came to where I was waiting, and tied his rope to the pole, he shook his head and refused to take me across. I argued and wept and called to him, but he would not listen. Instead he offered me – such cruelty! – he offered a rabbit he said had been caught in a trap on the island's shore. He'd brought it to me thinking it a fitting supper for my first evening of solitude. Then seeing there was no one else waiting to be ferried, he pushed away, leaving me weeping on the shore, holding his wretched rabbit. I let it run off into the heather a moment later, for I tell you I had little appetite that evening or for many evenings after. That's why it is I bring him my own little gift each time I come here. A rabbit for his stew in return for his kindness that day.'

'The rabbit was intended for my own supper that evening,' the boatman's voice broke in from across the room. 'Feeling pity, I gave it to her. It was simple kindness.'

'We know nothing of your affairs, sir,' Beatrice said. 'But it does seem a cruel deception to leave this lady alone on the shore that way. What was it made you do such a thing?'

'Good lady, the island this old woman speaks of is no ordinary one. We boatmen have ferried many there over the years, and by now there will be hundreds inhabiting its fields and woods. But it's a place of strange qualities, and one who arrives there will walk among its greenery and trees in solitude, never seeing another soul. Occasionally on a moonlit night or when a storm's ready to break, he may sense the presence of his fellow inhabitants. But most days, for each traveller, it's as though he's the island's only resident. I'd happily have ferried this woman, but when she understood she wouldn't be with her husband, she declared she didn't care for such solitude and refused to go. I bowed to her decision, as I'm obliged to do, and let her go her own way. The rabbit, as I say, I gave her out of simple kindness. You see how she thanks me for it.'

'This boatman is a sly one,' the old woman said. 'He'll dare to deceive you, even though you're from the outside. He'll have you believe every soul roams that island in solitude, but it isn't true. Would my husband and I have dreamt long years to go to a place like that? The truth is there's many permitted to cross the water as wedded man and wife to dwell together on the island. Many who roam those same forests and quiet beaches arm in arm. My husband and I knew this. We knew it as children. Good cousins, if you search through your own memories, you'll remember it to be true even as I speak of it now. We had little inkling as we waited in that cove how cruel a boatman would come over the water to us.'

'There's truth in just one part of what she says,' the boatman said. 'Occasionally a couple may be permitted to cross to the island together, but this is rare. It requires an unusually strong bond of love between them. It does sometimes occur, I don't deny, and that's why when we find a man and wife, or even unmarried lovers, waiting to be carried over, it's our duty to question them carefully. For it falls to us to perceive if their bond is strong enough to cross together. This lady is reluctant to accept it, but her bond with her husband was simply too weak. Let her look into her heart, then dare say my judgement that day was in error.'

'Mistress,' Beatrice said. 'What do you say?'

The old woman remained silent. She kept her eyes lowered, and went on running the blade sulkily over the rabbit's fur.

'Mistress,' Axl said, 'once the rain stops, we'll be returning to the road. Why not leave this place with us? We'll gladly walk with you some of your way. We could talk at leisure about whatever pleases you. Leave this good boatman in peace to enjoy what remains of this house while it stands. What's to be gained sitting here like this? And if you wish it, I'll kill the rabbit cleanly before our paths part. What do you say?'

The old woman gave no reply, nor any indication of having heard Axl's words. After some time, she rose slowly to her feet, the rabbit held closely to her chest. The woman was tiny in stature and her cloak dragged along the floor as she made her way to the broken side of the room. Some water splashed onto her from a section of the ceiling, but she seemed not to care. When she had reached the far end of the floor, she looked out at the rain and the encroaching greenery. Then bending slowly, she set the rabbit down near her feet. The animal, perhaps stiff with fear, did not move at first. Then it vanished into the grass.

The old woman straightened herself carefully. When she turned she appeared to be looking at the boatman – her strangely sunken eyes made it hard to be certain – then said: 'These strangers have taken away my appetite. But it will return, I've no doubt.'

With that she lifted the hem of her cloak and stepped slowly down into the grass like one easing herself into a pool. The rain fell on her steadily, and she pulled her hood further over her head before taking her next steps into the tall nettles.

'Wait a few moments and we'll walk with you,' Axl called after her. But he felt Beatrice's hand on his arm and heard her whisper: 'Best not meddle with her, Axl. Let her go.'

When Axl walked over to where the old woman had stepped down, he half expected to see her somewhere, impeded by the foliage and unable to go on. But there was now no sign of her.

'Thank you, friends,' the boatman said behind him. 'Perhaps for this day at least, I shall be allowed peace to remember my childhood.'

'We too will be out of your way, boatman,' said Axl. 'Just as soon as this lets up.'

'No hurry, friends. You spoke judiciously and I thank you for it.'

Axl went on staring at the rain. He heard his wife say behind him: 'This must once have been a splendid house, sir.'

'Oh, it was, good lady. When I was a boy, I didn't know just how splendid, for it was all I knew. There were fine pictures and treasures, kind and wise servants. Just through there was the banqueting hall.'

'It must sadden you to see it like this, sir.'

'I'm simply grateful, good lady, it still stands as it does. For this house has witnessed days of war, when many others like it were burnt to the ground and are no more now than a mound or two beneath grass and heather.'

Then Axl heard Beatrice's footsteps coming towards him and felt her hand on his shoulder. 'What is it, Axl?' she asked, her voice lowered. 'You're troubled, I can see it.'

'It's nothing, princess. It's just this ruin here. For a moment it was as if I were the one remembering things here.'

'What manner of things, Axl?'

'I don't know, princess. When the man speaks of wars and burning houses, it's almost as if something comes back to me. From the days before I knew you, it must be.'

'Was there ever a time before we knew one another, Axl?

Sometimes I feel we must have been together since we were babes.'

'It seems that way to me too, princess. It's just some foolishness coming over me in this strange place.'

She was looking at him thoughtfully. Then she squeezed his hand and said quietly: 'This is a queer place indeed and may bring us more harm than the rain ever could. I'm anxious to leave it, Axl. Before that woman returns or something worse.'

Axl nodded. Then turning, he called across the room: 'Well, boatman, the sky looks to be clearing so we'll be on our way. Many thanks for allowing us shelter.'

The boatman said nothing to this, but as they were putting on their bundles, he came to assist them, handing them their walking sticks. 'A safe journey, friends,' he said. 'May you find your son in good health.'

They thanked him again, and were proceeding through the arch when Beatrice suddenly stopped and looked back.

'Since we're leaving you, sir,' she said, 'and may not meet with you again, I wonder if you'll allow me a small question.'

The boatman, standing at his spot by the wall, was watching her carefully.

'You spoke earlier, sir,' Beatrice went on, 'of your duty to question a couple waiting to cross the water. You spoke of the need to discover if their bond of love is such as to allow them to dwell together on the island. Well, sir, I was wondering this. How do you question them to discover what you must?'

For a moment the boatman seemed uncertain. Then he said: 'Frankly, good lady, it's not for me to talk of such matters. Indeed, we shouldn't by rights have met today, but some curious chance brought us together and I'm not sorry for it. You were both kind and took my part and for that I'm grateful. So I will answer you as best I can. It is, as you say, my duty to question all who wish to cross to the island. If it's a couple such as you speak of, who claim their bond is so strong, then I must ask them to put their most cherished memories before me. I'll ask one, then the other to do this. Each must speak separately. In this way the real nature of their bond is soon revealed.'

'But isn't it hard, sir,' Beatrice asked, 'to see what truly lies in people's hearts? Appearances deceive so easily.'

'That's true, good lady, but then we boatmen have seen so many over the years it doesn't take us long to see beyond deceptions. Besides, when travellers speak of their most cherished memories, it's impossible for them to disguise the truth. A couple may claim to be bonded by love, but we boatmen may see instead resentment, anger, even hatred. Or a great barrenness. Sometimes a fear of loneliness and nothing more. Abiding love that has endured the years – that we see only rarely. When we do, we're only too glad to ferry the couple together. Good lady, I've already said more than I should.'

'I thank you for it, boatman. It's just to satisfy an old woman's curiosity. Now we'll leave you in peace.'

'May you have a safe journey.'

* * *

They retraced their steps along the path they had beaten earlier through the ferns and nettles. The storm had made the ground underneath treacherous, so for all their anxiety to put the villa behind them, they proceeded at a careful pace. When they finally reached the sunken lane, the rain still had not ceased, and they took shelter under the first large tree they could find.

'Are you soaked through, princess?'

'Don't worry, Axl. This coat did its work. How is it with you?'

'Nothing the sun won't soon dry when it returns.'

They put down their bundles and leant against the trunk, recovering their breaths. After a while, Beatrice said quietly:

'Axl, I feel afraid.'

'Why, what is it, princess? No harm can come to you now.'

'Do you remember the strange woman in dark rags you watched me talking to up by the old thorn that day? She may have looked a mad wanderer, but the story she told had much in common with the old woman's just now. Her husband too had been taken by a boatman and she left behind on the shore. And when she was coming back from the cove, weeping for loneliness, she found herself crossing the edge of a high valley, and she could see the path a long way before and a long way behind, and all along it people weeping just like her. When I heard this I was only partly afraid, saying to myself it was nothing to do with us, Axl. But she went on speaking, about how this land had become cursed with a mist of forgetfulness, a thing we've remarked on often enough ourselves. And then she asked me: "How will you and your husband prove your love for each other when you can't remember the past you've shared?" And I've been thinking about it ever since. Sometimes I think of it and it makes me so afraid.'

'But what's to fear, princess? We've no plans to go to any such island or any desire to do so.'

'Even so, Axl. What if our love withers before we've a chance even to think of going to such a place?'

'What are you saying, princess? How can our love wither? Isn't it stronger now than when we were foolish young lovers?'

'But Axl, we can't even remember those days. Or any of the years between. We don't remember our fierce quarrels or the small moments we enjoyed and treasured. We don't remember our son or why he's away from us.'

'We can make all those memories come back, princess. Besides, the feeling in my heart for you will be there just the same, no matter what I remember or forget. Don't you feel the same, princess?'

'I do, Axl. But then again I wonder if what we feel in our hearts today isn't like these raindrops still falling on us from the soaked leaves above, even though the sky itself long stopped raining. I'm wondering if without our memories, there's nothing for it but for our love to fade and die.'

'God wouldn't allow such a thing, princess.' Axl said this quietly, almost under his breath, for he had himself felt an unnamed fear welling up within him.

'The day I spoke with her by the old thorn,' Beatrice continued, 'the strange woman warned me to waste no more time. She said we had to do all we could to remember what we've shared, the good and the bad. And now that boatman, when we were leaving, gives the very answer I expected and feared. What chance do we have, Axl, the way we are now? If someone like that asked of us our most treasured memories? Axl, I'm so afraid.'

'There, princess, there's nothing to fear. Our memories aren't gone for ever, just mislaid somewhere on account of this wretched mist. We'll find them again, one by one if we have to. Isn't that why we're on this journey? Once our son's standing before us, many things are sure to start coming back.'

'I hope so. That boatman's words have made me all the more afraid.'

'Forget him, princess. What do we want with his boat, or his island come to that? And you're right, the rain's stopped out there and we'll be drier stepping out from under this tree. Let's be on our way, and no more of these worries.'

Chapter Three

The Saxon village, viewed from a distance and a certain height, would have been something more familiar to you as a 'village' than Axl and Beatrice's warren. For one thing – perhaps because the Saxons had a keener sense of claustrophobia – there was none of this digging into the hillside. If you were coming down the steep valley slope, as Axl and Beatrice were that evening, you would have seen below you some forty or more individual houses, laid out on the valley floor in two rough circles, one within the other. You might have been too far away to notice the variations in size and splendour, but you would have made out the thatched roofs, and the fact that many were 'roundhouses' not so far removed from the kind in which some of you, or perhaps your parents, were brought up. And if the Saxons were happy to sacrifice a little security for the benefits of open air, they were careful to compensate: a tall fence of tethered timber poles, their points sharpened like giant pencils, completely encircled the village. At any given point, the fence was at least twice a man's height, and to make the prospect of scaling it even less enticing, a deep trench followed it all the way around the outside.

That would have been the picture Axl and Beatrice saw below them as they paused to catch their breaths during their descent down the hill. The sun was setting over the valley now, and Beatrice, who had the better sight, was once more leaning forward, a step or two in front of Axl, the grass and dandelions around her as tall as her waist.

'I can see four, no five men guarding the gate,' she was saying. 'And I think they're holding spears. When I was last here with the women, it was nothing more than one gate-keeper with a pair of dogs.'

'Are you sure there'll be a welcome here for us, princess?'

'Don't worry, Axl, they know me well enough by now. Besides, one of their elders here is a Briton, regarded by all as a wise leader even if he's not of their blood. He'll see to it we have a safe roof tonight. Even so, Axl, I think something's happened and I'm uneasy. Now here's another man with a spear arrived, and that's a pack of fierce dogs with him.'

'Who knows what goes on with Saxons,' said Axl. 'We may be better seeking shelter elsewhere tonight.'

'The dark will be soon on us, Axl, and those spears are not intended for us. Besides, there's a woman in this village I was wanting to visit, one who knows her medicines beyond anyone in our own.'

Axl waited for her to say something further, and when she went on peering into the distance, he asked: 'And why would you be after medicines, princess?'

'A small discomfort I feel from time to time. This woman might know of something to soothe it.'

'What sort of discomfort, princess? Where does it trouble you?'

'It's nothing. It's only because we're needing to shelter here I'm thinking of it at all.'

'But where does it lie, princess? This pain?'

'Oh . . .' Without turning to him, she pressed a hand to her side, just below the ribcage, then laughed. 'It's nothing to speak of.

You can see, it hasn't slowed me walking here today.'

'It hasn't slowed you one bit, princess, and I've been the one having to beg we stop and rest.'

'That's what I'm saying, Axl. So it's nothing to worry about.'

'It hasn't slowed you down at all. In fact, princess, you must be as strong as any woman half your age. Still, if there's someone here to help with your pain, what's the harm in going to her?'

'That's all I was saying, Axl. I've brought a little tin to trade for medicines.'

'Who wants these little pains? We all have them, and we'd all be rid of them if we could. By all means, let's go to this woman if she's here, and those guards let us pass.'

It was nearly dark by the time they crossed the bridge over the trench, and torches had been lit on either side of the gate. The guards were large and burly but looked panicked by their approach.

'Wait a moment, Axl,' Beatrice said quietly. 'I'll go alone to speak with them.'

'Don't go near their spears, princess. The dogs look calm but those Saxons look foolish with fear.'

'If it's you they fear, Axl, old man that you are, I'll soon show them their great error.'

She walked towards them boldly. The men gathered around her and as she addressed them they threw suspicious glances towards Axl. Then one of them called to him, in the Saxon language, to step closer to the torches, presumably so they could see he was not a younger man in disguise. Then after a few more exchanges with Beatrice the men allowed them through.

Axl was puzzled that a village which from a distance looked to be two orderly rings of houses could turn out to be such a chaotic labyrinth now they were walking through its narrow lanes.

Admittedly the light was fading, but as he followed Beatrice, he could discern no logic or pattern to the place. Buildings would loom unexpectedly in front of them, blocking their way and forcing them down baffling side alleys. They were obliged, moreover, to walk with even more caution than out on the roads: not only was the ground pitted and full of puddles from the earlier storm, the Saxons seemed to find it acceptable to leave random objects, even pieces of rubble, lying in the middle of the path. But what troubled Axl most was the odour that grew stronger and fainter as they walked, but never went away. Like anyone of his time, he was well reconciled to the smell of excrement, human or animal, but this was something altogether more offensive. Before long he had determined its source: all over the village people had left out, on the fronts of houses or on the side of the street, piles of putrefying meat as offerings to their various gods. At one point, startled by a particularly strong assault, Axl had turned to see, suspended from the eaves of a hut, a dark object whose shape changed before his eyes as the colony of flies perched on it dispersed. A moment later they encountered a pig being dragged by its ears by a group of children; dogs, cows and donkeys under no one's supervision. The few people they met stared silently at them, or else quickly vanished behind a door or shutter.

'There's something strange here tonight,' Beatrice whispered as they walked. 'Usually they'd be sitting in front of their houses or perhaps gathered in circles laughing and talking. And the children would be following us by now asking a hundred questions and wondering if to call us names or be our friends. Everything's eerily still and it makes me uneasy.'

'Are we lost, princess, or are we still going toward the place they'll be sheltering us?'

'I'd been thinking we'd visit first the woman about the medicines. But with things the way they are, we may be better going straight to the old longhouse and keeping out of harm's way.'

'Are we far from the medicine lady's house?'

'As I remember it, not far at all now.'

'Then let's see if she's there. Even if your pain's a trivial thing, as we know it to be, there's no sense in feeling it at all if it can be taken away.'

'It can wait till the morning, Axl. It's not even a pain I notice till we're speaking of it.'

'Even so, princess, now we're here, why not go and see the wise woman?'

'We'll do so if you particularly wish it, Axl. Though I'd have happily left it for the morning or maybe the next time I'm passing through this place.'

Even as they were talking, they turned a corner into what appeared to be the village square. There was a bonfire blazing at its centre, and all around it, illuminated by its light, a large crowd. There were Saxons of all ages, even tiny children in their parents' arms, and Axl's first thought was that they had stumbled upon a pagan ceremony. But as they stopped to consider the scene before them, he saw there was no focus to the crowd's attention. The faces he could see were solemn, perhaps frightened. Voices were lowered, and collectively came through the air as a worried murmur. A dog barked at Axl and Beatrice and was promptly chased away by shadowy figures. Those among the crowd who noticed the visitors stared their way blankly before losing interest.

'Who knows what concerns them here, Axl,' Beatrice said. 'I'd walk away except the medicine woman's house is somewhere near. Let me see if I can still find my way to it.'

As they moved towards a row of huts to their right, they became aware of many more people in the shadows, silently watching the crowd around the fire. Beatrice stopped to talk to one of them, a woman standing in front of her own door, and after a while Axl realised this was the medicine woman herself. He could not see her well in the near-darkness, but made out the straight-backed figure of a tall woman, probably in her middle years, clutching a shawl around her arms and shoulders. She and Beatrice went on conferring in low voices, sometimes glancing towards the crowd, sometimes at Axl. Eventually the woman gestured for them to enter her hut, but Beatrice, coming up to him, said softly:

'Let me speak with her alone, Axl. Help me take off this bundle and wait out here for me.'

'Can't I be with you, princess, even if I hardly understand this Saxon tongue?'

'These are women's matters, husband. Let me talk with her alone, and she's saying she'll examine my old body carefully.'

'I'm sorry, princess, I wasn't thinking clearly. Let me take your bundle from you and I'll be waiting here as long as you wish.'

After the two women had gone inside, Axl felt a great weariness, especially in his shoulders and legs. Removing his own burden, he leaned against the turf wall behind him and gazed over at the crowd. There was now a growing restlessness: people would stride from the darkness around him to join the crowd while others hurried away from the fire, only to return a moment later. The blaze illuminated some faces sharply, while leaving others in shadow, but after a time, Axl came to the conclusion these people were all waiting, in a state of some anxiety, for someone or something to emerge from the timber hall to the left of the fire. This building, probably some meeting place for the Saxons, must have had a fire of its own burning inside, for its windows flickered between blackness and light.

He was on the verge of nodding off, his back to the wall, the muffled voices of Beatrice and the medicine woman somewhere behind him, when the crowd surged and shifted, letting out a soft collective growl. Several men had emerged from the timber hall and were walking towards the fire. The crowd parted and quietened for them, as though in expectation of an announcement, but none came, and soon people were pressing around the newcomers, their voices building again. Axl noticed that attention was focused almost entirely on the man who had come out last from the hall. He was probably no more than thirty but had about him a natural authority. Although he was dressed simply, as a farmer might be, he did not look like anyone else in the village. It was not just the way he had swept his cloak over one shoulder, revealing his belt and the handle of his sword. Nor was it simply that his hair was longer than any of the villagers' – it hung almost down to his shoulders and he had tied some of it with a thong to prevent it swaying over his eyes. In fact the actual thought that crossed Axl's mind was that this man had tied his hair to stop it falling across his vision *during combat*. This thought had come to Axl quite naturally, and only on reflection did it startle him, for it had carried with it an element of recognition. Moreover, when the stranger, striding into the midst of the crowd, allowed his hand to fall and rest on the sword handle, Axl had felt, almost tangibly, the peculiar mix of comfort, excitement and fear such a movement could bring. Telling himself he would return to these curious sensations at some later point, he shut them out of his mind and concentrated on the scene unfolding before him.

It was the bearing of the man, the way he moved and held himself, that so set him apart from those around him. 'No matter that he tries to pass himself off as an ordinary Saxon,' Axl thought, 'this man is a *warrior*. And perhaps one capable of wreaking great devastation when he wishes it.'

Two of the other men who had emerged from the hall were hovering nervously behind him, and whenever the warrior drifted further into the crowd, both men tried their best to stay near him, like children anxious not to be left behind by a parent. The two men, who were both young, also wore swords, and in addition, each was clutching a spear, but it was evident they were quite unaccustomed to such weapons. They were, moreover, stiff with fear and seemed unable to respond to the words of encouragement their fellow villagers were giving them. Their gazes darted about in panic even as hands patted their backs or squeezed their shoulders.

'The long-haired fellow is a stranger arrived only an hour or two before us,' Beatrice's voice said close to his ear. 'A Saxon, but one from a distant country. The fenlands in the east, so he says, where he's lately been fighting sea raiders.'

Axl had been aware for some time that the voices of the women had grown more distinct, and turning, saw that Beatrice and her hostess had come out of the house and were standing at the door just behind him. The medicine woman now spoke softly, for some time, in Saxon, after which Beatrice said into his ear:

'It seems earlier today one of the village men came back out of breath and his shoulder wounded, and when prevailed upon to calm himself told of how he and his brother, together with his nephew, a boy of twelve, were fishing at their usual spot by the river and were set upon by two ogres. Except according to this wounded man these were no ordinary ogres. Monstrous and able to move faster and with greater cunning than any ogre he'd ever seen. The fiends – for it's by that name these villagers are talking of them – the fiends killed his brother outright and carried off the boy, who was alive and struggling. The wounded man himself got away only after a long chase along the river path, the foul grunts coming closer behind him all the while, but he outran them in the end. That would be him there now, Axl, with the splint on his arm, talking to the stranger. Wounded though he was, he was anxious enough for his nephew to lead a party of this village's strongest men back to the spot, and they saw smoke from a campfire near the bank, and as they were creeping up to it, their weapons at the ready, the bushes opened and it seems these same two fiends had set a trap. The medicine woman says three men were killed even before the others thought to run for their lives, and though they returned unhurt, most of them are now shivering and muttering to themselves in their beds, too shaken to come out and wish well these brave men willing to go out now, even with the darkness coming and the mist setting in, to do what couldn't be done by twelve strong men in broad daylight.'

'Do they know the boy is still alive?'

'They know nothing, but they'll go out to the river even so. After the first party returned in terror, for all the urging of the elders, there was not a single man brave enough to join a further expedition. Then as fortune would have it, here's this stranger come into the village seeking a night's shelter after his horse has hurt a foot. And though he knows nothing of this boy or his family before today, he's declared himself willing to come to the village's aid. Those others going out with him are two more of the boy's uncles, and by the look of them, I'd say they're more likely to hinder that warrior than be of help. Look, Axl, they're sick with fear.'

'I see that right enough, princess. But they're brave men all the same, to go out when they're so afraid. We chose a bad night to ask this village's hospitality. There's weeping somewhere even now, and there may be a great deal more before the night's passed.'

The medicine woman seemed to understand something of what Axl had said, for she spoke again, in her own language, then Beatrice said: 'She says to go straight to the old longhouse now and not show ourselves again till morning. If we choose to wander the village, she says there's no telling how we may be greeted on a night like this.'

'My own thoughts exactly, princess. Then let's be taking the good lady's advice, if you can still remember the way.'

But just at that moment the crowd made a sudden noise, then the noise became cheering, and the crowd shifted again, as if struggling to change shape. Then it began to move, the warrior and his two companions near its centre. A low chanting started up, and soon the spectators in the shadows – the medicine woman included – joined in. The procession came towards them, and though the brightness of the fire had been left behind, several torches were moving within it, so that Axl could catch glimpses of faces, some frightened, some excited. Whenever a torch illuminated the warrior, his expression was calm, gazing to left and right to acknowledge words of encouragement, his hand once more on the handle of his sword. They went past Axl and Beatrice, continued between a row of huts and out of view, though the muted chanting remained audible for some time.

Perhaps daunted by the atmosphere, neither Axl nor Beatrice moved for a while. Then Beatrice began to question the medicine woman on the best way to reach the longhouse, and it seemed to Axl the two women were soon discussing directions to some other destination altogether, for they pointed and gestured into the distance towards the hills above the village.

They finally set off for their lodgings only when quiet had descended over the village. It was harder than ever to find one's way in the darkness, and the occasional torches burning on corners seemed only to increase the confusion with their shadows. They were proceeding in the opposite direction to that in which the crowd had gone, and the houses they passed were dark with no obvious signs of life.

'Walk slowly, princess,' Axl said softly. 'If either of us takes a bad tumble on this ground, I'm not certain there'll be a soul coming out to help us.'

'Axl, I think we've lost our way again. Let's go back to the last corner and this time I'll be sure to find it.'

In time the path straightened and they found themselves walking beside the perimeter fence they had seen from the hill. Its sharpened poles loomed above them a shade darker than the night sky, and as they went on, Axl could hear murmured voices somewhere above them. Then he saw they were no longer alone: high up along the ramparts, at regular intervals, were shapes he realised were people gazing out over the fence into the dark wilderness beyond. He had barely time to share this observation with Beatrice before they heard footsteps gathering behind them. They quickened their pace, but now a torch was moving nearby and shadows swung rapidly before them. At first Axl thought they had stumbled upon a group of villagers coming in the other direction, but then saw that he and Beatrice were entirely surrounded. Saxon men of varying ages and builds, some with spears, others wielding hoes, scythes and other tools, were jostling around them. Several voices addressed them at once, and ever more people seemed to be arriving. Axl felt the heat of the torches thrust at their faces, and holding Beatrice close to him, tried to locate with his gaze the leader of this group, but could find no such figure. Every face, moreover, was filled with panic, and he realised any careless move could bring disaster. He pulled Beatrice out of the reach of a particularly wild-eyed young man who had raised a trembling knife in the air, and searched his memory for some Saxon phrases. When nothing came to him, he made do with a few soothing noises, such as he might have made to an unruly horse.

'Stop that, Axl,' Beatrice whispered. 'They won't thank you for singing lullabies to them.' She addressed one, then another of the men in Saxon, but the mood did not improve. Shouted arguments were breaking out, and a dog, tugging on a rope, broke through the ranks to snarl at them.

Then the tense figures around them seemed all at once to sag. Their voices quietened till there was only the one, shouting angrily, somewhere still a little way off. The voice came closer and the crowd parted to let through a squat, misshapen man who shuffled into the pool of light leaning on a thick staff.

He was quite elderly, and though his back was relatively straight, his neck and head protruded from his shoulders at a grotesque angle. Nonetheless all present appeared to yield to his authority – the dog too ceased barking and vanished into the shadows. Even with his limited Saxon, Axl could tell the misshapen man's fury had only partly to do with the villagers' treatment of strangers: they were being reprimanded for abandoning their sentry posts, and the faces caught in the torchlight became crestfallen, though filled with confusion. Then as the elder's voice rose to a new level of anger, the men seemed slowly to remember something, and one by one slipped back into the night. But even when the last of them had gone, and there were sounds of feet clambering up ladders, the misshapen man went on hurling insults after them.

Finally he turned to Axl and Beatrice, and switching to their language, said with no trace of an accent: 'How can it be they forget even this, and so soon after watching the warrior leave with two of their own cousins to do what none of them had the courage for? Is it shame makes their memories so weak or simply fear?'

'They're fearful right enough, Ivor,' Beatrice said. 'Just now a spider falling beside them could set them tearing at one another. A sorry crew you sent out to greet us.'

'My apologies, Mistress Beatrice. And to you too, sir. It's not the welcome you would usually get here, but as you see, you've arrived on a night filled with dread.'

'We've lost our way to the old longhouse, Ivor,' Beatrice said. 'If you'd point us to it we'd be much beholden to you. Especially after that greeting, my husband and I are eager to be indoors and resting.'

'I'd like to promise you a kind welcome at the longhouse, friends, but on this night there's no telling what my neighbours may see fit to do. I'd be easier if you and your good husband agreed to spend the night under my own roof, where I know you'll remain undisturbed.'

'We accept your kindness gladly, sir,' Axl broke in. 'My wife and I are much in need of rest.'

'Then follow me, friends. Stay close behind me and keep your voices low till we arrive.'

They followed Ivor through the dark until they reached a house which, though in structure much like the others, was larger and stood apart by itself. When they entered under the low arch, the air was thick with woodsmoke, which, even as it made Axl's chest tighten, felt warm and welcoming. The fire was smouldering in the centre of the room, surrounded by woven rugs, animal skins and furniture crafted from oak and ash. As Axl went about extricating blankets from their bundles, Beatrice sank gratefully into a rocking chair. Ivor, though, remained standing by the doorway, a preoccupied look on his face.

'The treatment you received just now,' he said, 'I shudder with shame to think of it.'

'Please let's think no more of it, sir,' Axl said. 'You've shown us more kindness than we could deserve. And we arrived this evening in time to see the brave men set off on their dangerous mission. So we understand all too well the dread that hangs in the air, and it's no wonder some should behave foolishly.'

'If you strangers remember our troubles well enough, how is it those fools are forgetting them already? They were told in terms a child would understand to hold their positions on the fence at all costs, the safety of the whole community depending on it, to say nothing of the need to aid our heroes should they appear at the gates pursued by monsters. So what do they do? Two strangers go by, and remembering nothing of their orders or even the reasons for them, they set on you like crazed wolves. I'd be doubting my own senses if such strange forgetfulness didn't occur so often in this place.'

'It's the same in our own country, sir,' Axl said. 'My wife and I have witnessed many incidents of such forgetfulness among our own neighbours.'

'Interesting to hear that, sir. And I was fearing this a kind of plague spreading through our country only. And is it because I'm old, or that I'm a Briton living here among Saxons, that I'm often left alone holding some memory when all around me have let it slip?'

'We've found it just the same, sir. Though we suffer enough from the mist – for that's how my wife and I have come to call it – we seem to do so less than the younger ones. Can you see an explanation for it, sir?'

'I've heard many things spoken about it, friend, and mostly Saxon superstition. But last winter a stranger came this way who had something to say on this matter to which I find myself giving more credence the more I think on it. Now what's this?' Ivor, who had remained by the door, his staff in his hand, turned with surprising agility for one so twisted. 'Excuse your host, friends. This may be our brave men already returned. It's best for now you remain in here and not show yourselves.'

Once he had left, Axl and Beatrice remained silent for some time, their eyes closed, grateful, in their respective chairs, for the chance to rest. Then Beatrice said quietly:

'What do you suppose Ivor was going to say then, Axl?'

'About what, princess?'

'He was talking of the mist and the reason for it.'

'Just a rumour he heard once. By all means let's ask him to speak more on it. An admirable man. Has he always lived among Saxons?'

'Ever since he married a Saxon woman a long time ago, so I'm told. What became of her I never heard. Axl, wouldn't it be a fine thing to know the cause of the mist?'

'A fine thing indeed, but what good it will do, I don't know.'

'How can you say so, Axl? How can you say such a heartless thing?'

'What is it, princess? What's the matter?' Axl sat up in his chair and looked over to his wife. 'I only meant knowing its cause wouldn't make it go away, here or in our own country.'

'If there's even a chance of understanding the mist, it could make such a difference to us. How can you speak so lightly of it, Axl?'

'I'm sorry, princess, I didn't mean to do so. My mind was on other things.'

'How can you be thinking of other things, and we only today heard what we did from that boatman?'

'Other things, princess, such as if those brave men have come back and with the child unharmed. Or if this village with its frightened guards and flimsy gate is to be invaded this night by monstrous fiends wishing revenge for the rude attention paid them. There's plenty for a mind to dwell on, never mind the mist or the superstitious talk of strange boatmen.'

'No need for harsh words, Axl. I never wished a quarrel.'

'Forgive me, princess. It must be this mood here is affecting me.'

But Beatrice had become tearful. 'No need to talk so harshly,' she muttered almost to herself.

Rising, Axl made his way to her rocking chair and crouching slightly, held her closely to his chest. 'I'm sorry, princess,' he said. 'We'll be sure to talk to Ivor about the mist before we leave this place.' Then after a moment, during which they continued to hold each other, he said: 'To be frank, princess, there was a particular thing on my mind just now.'

'What was that, Axl?'

'I was wondering what the medicine woman said to you about your pain.'

'She said it was nothing but what's to be expected with the years.'

'Just what I always said, princess. Didn't I tell you there was no need for worry?'

'I wasn't the one worrying, husband. It was you insisting we go see the woman tonight.'

'It's as well we did, for now we needn't worry about your pain, if ever we did before.'

She gently freed herself from his embrace and allowed her chair to rock back. 'Axl,' she said. 'The medicine woman mentioned an old monk she says is even wiser than her. He's helped many from this village, a monk called Jonus. His monastery's a day from here, up on the mountain road east.'

'The mountain road east.' Axl wandered towards the door, which Ivor had left ajar, and looked out into the darkness. 'I'm thinking, princess, we could as easily take the higher road tomorrow as the low one through the woods.'

'That's a hard road, Axl. A lot of climbing. It will add at least a day to our journey and there's our own son anxious for our arrival.'

'That's all true. But it seems a pity, having come this far, not to visit this wise monk.'

'It was only something the medicine woman said, thinking we were travelling that way. I told her our son's village was more easily reached by the low road, and she agreed herself then it was hardly worth our while, there being nothing troubling me but the usual aches that come with the years.'

Axl went on gazing through the doorway into the dark. 'Even so, princess, we might think about it yet. But here's Ivor returning, and not looking happy.'

Ivor came striding in, breathing heavily, and sitting down in a wide chair piled with skins, allowed his staff to fall with a clatter at his feet. 'A young fool swears he sees a fiend scaled the outside of our fence and now peeking at us over the top of it. A mighty commotion, I needn't tell you, and it's all I can do to raise a party to go and see if it's true. Of course, there's nothing where he points but the night sky, but he goes on saying the fiend's there looking at us, and the rest of them cowering behind me like children with their hoes and spears. Then the fool confesses he fell asleep on his watch and saw the fiend in his dream, and even then do they hasten back to their posts? They're so terrified, I have to swear to beat them till their own kin mistake them for mutton.' He looked around him, still taking heavy breaths. 'Excuse your host, friends. I'll be sleeping in that inner room if I'm to sleep at all tonight, so do what you can to find comfort here, though there's little on offer.'

'On the contrary, sir,' Axl said, 'you've offered us wondrously comfortable lodgings and we're grateful for it. I'm sorry it wasn't better news called you out just now.'

'We must wait, perhaps well into the night and the morning too. To where do you travel, friends?'

'We'll set off east tomorrow, sir, to our son's village, where he anxiously awaits us. But on this matter you may be of help, for my wife and I were just arguing the best road to take. We hear of a wise monk by the name of Jonus at a monastery up on the mountain road whom we might consult on a small matter.'

'Jonus certainly has a revered name, though I've never met the man face to face. Go to him by all means, but be warned, the journey to the monastery's no easy one. The path will climb steeply for much of your day. And when at last it levels you must take care not to lose your way, for you'll be in Querig country.'

'Querig, the she-dragon? I've not heard talk of her in a long time. Is she still feared in this country?'

'She rarely leaves the mountains now,' Ivor said. 'Though she may on a whim attack a passing traveller, it's likely she's often blamed for the work of wild animals or bandits. In my view Querig's menace comes less from her own actions than from the fact of her continuing presence. So long as she's left at liberty, all manner of evil can't help but breed across our land like a pestilence. Take these fiends which curse us tonight. Where did they come from? They're no mere ogres. No one here has seen their like before. Why did they journey here, to make camp on our river-bank? Querig may rarely show herself, but many a dark force stems from her and it's a disgrace she remains unslain all these years.'

'But Ivor,' Beatrice said, 'who'd wish to challenge such a beast? By all accounts Querig's a dragon of great fierceness, and hidden in difficult terrain.'

'You're right, Mistress Beatrice, it's a daunting task. It happens there's an aged knight left from Arthur's days, charged by that great king many years ago to slay Querig. You may come across him should you take the mountain road. He's not easily missed, dressed in rusted chainmail and mounted on a weary steed, always eager to proclaim his sacred mission, though I'd guess the old fool has never given that she-dragon a single moment of anxiety. We'll reach a great age waiting for the day he fulfils his duty. By all means, friends, travel to the monastery, but go with caution and be sure to reach safe shelter by nightfall.'

Ivor began to move to the inner room, but Beatrice quickly sat up and said:

'You were talking earlier, Ivor, about the mist. How you heard something of the cause for it, but then were called away before you could say more. We're anxious now to hear you speak on this matter.'

'Ah, the mist. A good name for it. Who knows how much truth there is in what we hear, Mistress Beatrice? I suppose I was speaking of the stranger riding through our country last year and sheltered here. He was from the fens, much like our brave visitor tonight, though speaking a dialect often hard to understand. I offered him use of this poor house, as I've done you, and we talked on many matters through the evening, among them this mist, as you so aptly call it. Our strange affliction interested him greatly, and he questioned me again and again on the matter. And then he ventured something I dismissed at the time, but have since much pondered. The stranger thought it might be God himself had forgotten much from our pasts, events far distant, events of the same day. And if a thing is not in God's mind, then what chance of it remaining in those of mortal men?'

Beatrice stared at him. 'Can such a thing be possible, Ivor? We're each of us his dear child. Would God really forget what we have done and what's happened to us?'

'My question exactly, Mistress Beatrice, and the stranger could offer no answer. But since that time, I've found myself thinking more and more of his words. Perhaps it's as good an explanation as any for what you name the mist. Now forgive me, friends, I must take some rest while I can.'

* * *

Axl became aware that Beatrice was shaking his shoulder. He had no idea how long they had slept: it was still dark, but there were noises outside, and he heard Ivor say somewhere above him: 'Let's pray it's good news and not our end.' When Axl sat up, however, their host had already gone, and Beatrice said: 'Hurry, Axl, and we'll see which it is.'

Bleary with sleep, he slipped his arm through his wife's and together they stumbled out into the night. There were many more torches lit now, some blazing from the ramparts, making it much easier than before to see one's way. People were moving everywhere, dogs barking and children crying. Then some order seemed to impose itself, and Axl and Beatrice found themselves in a procession hurrying in a single direction. They came to an abrupt halt, and Axl was surprised to see they were already at the central square – there was obviously a more direct route from Ivor's house than the one they had taken earlier. The bonfire was blazing more fiercely than ever, so much so that Axl thought for an instant it was its heat that had caused the villagers to stop. But looking past the rows of heads, he saw the warrior had returned. He was standing there quite calmly, to the left of the fire, one side of his figure illuminated, the other in shadow. The visible part of his face was covered in what Axl recognised as tiny spots of blood, as if he had just come walking through a fine mist of the stuff. His long hair, though still tied, had come loose and looked wet. His clothes were covered in mud and perhaps blood, and the cloak he had nonchalantly flung over his shoulder at his departure was now torn in several places. But the man himself appeared uninjured, and he was now talking quietly to three of the village elders, Ivor among them. Axl could see too that the warrior was holding some object in the crook of his arm.

Meanwhile, chanting had started, softly at first, then gathering momentum, till eventually the warrior turned to acknowledge it. His manner was devoid of any crude swagger. And when he began to address the crowd, his voice, though loud enough for all to hear, somehow gave the impression he was speaking in a low, intimate tone appropriate to solemn subject matter.

His listeners hushed to catch each word, and soon he was drawing from them gasps of approval or of horror. At one point he gestured to a spot behind him and Axl noticed for the first time, sitting on the ground just within the circle of light, the two men who had gone out with the warrior. They looked as if they had fallen there from a height and were too dazed to get up. The crowd started up a chant for them, but the pair seemed not to notice, continuing instead to stare at the air before them.

The warrior then turned back to the crowd and said something which caused the chanting to fade. He stepped closer to the fire, and grasping in one hand the object he had been carrying, raised it into the air.

Axl saw what appeared to be the head of a thick-necked creature severed just below the throat. Dark curls of hair hung down from the crown to frame an eerily featureless face: where the eyes, nose and mouth should have been there was only pimpled flesh, like that of a goose, with a few tufts of down-like hair on the cheeks. A growl escaped the crowd and Axl felt it cower back. Only then did he realise that what they were looking at was not a head at all, but a section of the shoulder and upper arm of some abnormally large, human-like creature. The warrior was, in fact, holding up his trophy by the stump close to the bicep with the shoulder end uppermost, and in that moment Axl saw that what he had taken for strands of hair were entrails dangling out of the cut by which the segment had been separated from the body.

After only a short time, the warrior lowered his trophy and

let it fall at his feet, as though he could now barely work up sufficient contempt for the creature's remains. For a second time, the crowd recoiled, before edging forward again, and then the chanting started up once more. But this time it died almost instantly for the warrior was speaking again, and though Axl could understand none of it, he could sense palpably the nervous excitement around him. Beatrice said in his ear:

'Our hero has killed both monsters. One took its mortal wound into the forest, and will not live through the night. The other stood and fought and for its sins the warrior has brought of it what you see on the ground there. The rest of the fiend crawled to the lake to numb its pain and sank there beneath the black waters. The child, Axl, you see there the child?'

Almost beyond the light of the fire a small group of women had huddled around a thin, dark-haired youth seated on a stone. He was already close to a man's height, but one sensed that beneath the blanket now wrapped around him, he still had the gangly frame of a boy. One woman had brought out a bucket and was washing off the grime from his face and neck, but he seemed oblivious. His eyes were fixed on the warrior's back just in front of him, though intermittently he would angle his head to one side, as though trying to peer around the warrior's legs at the thing on the ground.

Axl was surprised that the sight of the rescued child, alive and evidently without serious injury, provoked in him neither relief nor joy, but a vague unease. He supposed at first this was to do with the odd manner of the boy himself, but then it occurred to him what was really wrong: there was something amiss in the way this boy, whose safety had until so recently been at the centre of the community's concerns, was now being received. There was a reserve, almost a coldness, that reminded Axl of that incident involving the girl Marta in his own village, and he wondered if this boy, like her, was in the process of being forgotten. But surely this could not be the case here. People were even now pointing at the boy, and the women attending him were staring back defensively.

'I can't catch what they're saying, Axl,' Beatrice said in his ear. 'Some quarrel about the child, though a great mercy he's been brought back safe and he himself showing surprising calm after what his young eyes have beheld.'

The warrior was still addressing the crowd, and a tone of entreaty had entered his voice. It was almost as if he was making an accusation, and Axl could feel the mood of the crowd changing. The sense of awe and gratitude was giving way to some other emotion, and there was confusion, even fear in the rumble of voices swelling around him. The warrior spoke again, his voice stern, gesturing behind him towards the boy. Then Ivor came within the light of the fire and standing beside the warrior said something which drew a less inhibited growl of protest from parts of his audience. A voice behind Axl shouted something, then arguments were breaking out on all sides. Ivor raised his voice and for a small moment there was quiet, but almost straight away the shouting resumed, and now there was jostling in the shadows.

'Oh, Axl, please, let's hurry away!' Beatrice cried into his ear. 'This is no place for us.'

Axl put his arm around her shoulders and began to push their way through, but something made him glance back one more time. The boy had not changed his position, and was still staring at the warrior's back, apparently unaware of the commotion before him. But the woman who had been tending to him had stepped away, and was glancing uncertainly from the boy to the crowd. Beatrice tugged his arm. 'Axl, please, take us away from here. I'm afraid we'll be hurt.'

The entire village must have been at the square, for they encountered no one on their way back to Ivor's house. Only as it came into view did Axl ask: 'What was being said just now, princess?'

'I'm not at all sure, Axl. There was too much of it at once for my weak understanding. A quarrel about the boy who was saved, and tempers being lost. It's well we're away and we'll find out in time what's occurred.'

* * *

When Axl awoke the next morning there were shafts of sunlight crossing the room. He was on the floor, but he had been sleeping on a bed of soft rugs beneath warm blankets – an arrangement more luxurious than he was accustomed to – and his limbs felt well rested. He was in good spirits, moreover, because he had awoken with a pleasant memory drifting through his head.

Beatrice stirred beside him but her eyes remained closed and her breathing unbroken. Axl watched her, as he often did at such moments, waiting for a sense of tender joy to fill his breast. It soon did so, just as he expected, but today was mingled with a trace of sadness. The feeling surprised him, and he ran his hand lightly along his wife's shoulder, as though such an action would chase away the shadow.

He could hear noises outside, but unlike those that had woken them in the night, these were of people going about their business of an ordinary morning. It occurred to him he and Beatrice had slept unwisely late, but he still refrained from waking Beatrice and went on gazing at her. Eventually he rose carefully, stepped over to the timber door and pushed it open a little way. This door – it would have been a 'proper' door on wooden hinges – made a creaking noise and the sun entered powerfully through the gap, but still Beatrice slept on. Now somewhat concerned, Axl returned to where she lay and crouched down beside her, feeling the stiffness in his knees as he did so. At last his wife opened her eyes and looked up at him.

'Time we were rising, princess,' he said, hiding his relief. 'The village is alive and our host long gone.'

'Then you should have roused me earlier, Axl.'

'You looked so peaceful, and after that long day I imagined sleep would be welcome to you. And I was right for now you're looking as fresh as a young maid.'

'Talking your nonsense already and we don't even know what happened in the night. From the sound of things out there, they haven't beaten each other to bloody pulp. That's children I hear and the dogs sound fed and happy. Axl, is there water to wash with here?'

A little later, having made themselves presentable as best they could – and with Ivor still not returned – they wandered out into the crisp, bright air in search of something to eat. The village now appeared to Axl a far more benevolent place. The round huts which in the dark had seemed so haphazardly positioned now stood before them in neat rows, their matching shadows forming an orderly avenue through the village. There was a bustle of men and women moving about with tools or washing tubs, groups of children following in their wake. The dogs, though numerous as ever, seemed docile. Only a donkey contentedly defecating in the sun right in front of a well reminded Axl of the unruly place he had entered the night before. There were even nods and subdued greetings from villagers as they passed, though no one went so far as to speak to them.

They had not gone far when they spotted the contrasting figures of Ivor and the warrior standing ahead of them in the street, heads close together in discussion. As Axl and Beatrice approached, Ivor took a step back and smiled self-consciously.

'I wished not to wake you prematurely,' he said to them. 'But I'm a poor host and you both must be famished. Follow me to the old longhouse and I'll see you're given your fill. But first, friends, greet our hero of last night. You'll find Master Wistan understands our tongue with ease.'

Axl turned to the warrior and bowed his head. 'My wife and I are honoured to meet a man of such courage, generosity and skill. Your deeds last night were remarkable.'

'My deeds were nothing extraordinary, sir, no more my skills.' The warrior's voice, as before, was gentle and a smile hovered about his eyes. 'I had good fortune last night, and besides, was ably helped by brave comrades.'

'The comrades he speaks of', Ivor said, 'were too busy soiling themselves to join the battle. It's this man alone destroyed the fiends.'

'Really, sir, no more on this matter.' The warrior had addressed Ivor, but was now gazing intently at Axl, as though some mark on the latter's face greatly fascinated him.

'You speak our language well, sir,' Axl said, taken aback by the scrutiny.

The warrior went on studying Axl, then caught himself and laughed. 'Forgive me, sir. I thought for a moment . . . But forgive me. My blood is Saxon through and through, but I was brought up in a country not far from here and was often among Britons. So I learnt to speak your tongue alongside my own. These days I'm less accustomed to it, living as I do far away in the fenlands, where one hears many strange tongues but not yours. So you must excuse my errors.'

'Far from it, sir,' Axl said. 'One can hardly tell you aren't a native speaker. In fact, I couldn't help notice last night your way of wearing your sword, closer and higher on the waist than Saxons are accustomed to do, your hand falling easily on the handle as you walk. I hope you won't be offended when I say it's a manner much like a Briton's.'

Again Wistan laughed. 'My Saxon comrades ceaselessly jest not only on my wearing of the sword, but my wielding of it. But you see, my skills were taught to me by Britons, and I've never wished for better teaching. It has preserved me well through many dangers, and did so again last night. Excuse my impertinence, sir, but I see you're not from these parts yourself. Can it be your native country is to the west?'

'We're from the neighbouring country, sir. A day's walk away, no more.'

'Yet perhaps in distant days you lived further west?'

'As I say, sir, I'm from the neighbouring country.'

'Forgive my poor manners. Travelling this far west, I find myself nostalgic for the country of my childhood, though I know it's some distance yet. I find myself seeing everywhere shadows of half-remembered faces. Are you and your good wife returning home this morning?'

'No, sir, we go east to our son's village, which we hope to reach within two days.'

'Ah. The road through the forest then.'

'Actually, sir, we mean to take the high road through the mountains, there being a wise man in the monastery there we hope will grant us an audience.'

'Is that so?' Wistan nodded thoughtfully, and once more looked carefully at Axl. 'I'm told that's a steep climb.'

'My guests have not yet breakfasted,' Ivor said, breaking in. 'Excuse us, Master Wistan, while I walk them to the longhouse. Then if we may, sir, I'd like to resume our discussion of just now.' He lowered his voice and continued in Saxon, to which Wistan replied with a nod. Then turning to Axl and Beatrice, Ivor shook his head and said gravely: 'Despite this man's great efforts last night, our problems are far from over. But follow me, friends, you must be famished.'

Ivor marched off with his lurching gait, prodding the earth at each step with his staff. He seemed too distracted to notice his guests falling behind in the crowded alleys. At one point, when Ivor was several paces ahead, Axl said to Beatrice: 'That warrior's an admirable fellow, didn't you think so, princess?'

'No doubt,' she replied quietly. 'But that was a strange way he had of staring at you, Axl.'

There was no time to say more, for Ivor, at last noticing he was in danger of losing them, had stopped at a corner.

Before long they came to a sunny courtyard. There were roaming geese, and the yard itself was bisected by an artificial stream – a shallow channel cut into the earth – along which the water trickled with urgency. At its broadest point the stream was forded by a simple little bridge of two flat rocks, and at that moment an older child was squatting on one of them, washing clothes. It was a scene that struck Axl as almost idyllic, and he would have paused to take it in further had Ivor not kept striding firmly on towards the low, heavily thatched building whose length ran the entire far edge of the yard.

Once inside it, you would not have thought this longhouse so different from the sort of rustic canteen many of you will have experienced in one institution or another. There were rows of long tables and benches, and towards one end, a kitchen and serving area. Its main difference from a modern facility would have been the dominating presence of hay: there was hay above one's head, and beneath one's feet, and though not by design, all over the surface of the tables, blown around by the gusts that regularly swept through the place. On a morning such as this, as our travellers sat down to breakfast, the sun breaking in through the porthole-like windows would have revealed the air itself to be filled with drifting specks of hay.

The old longhouse was deserted when they arrived, but Ivor went into the kitchen area, and a moment later two elderly women appeared with bread, honey, biscuits and jugs of milk and water. Then Ivor himself came back with a tray of poultry cuts which Axl and Beatrice proceeded to devour gratefully.

At first they ate without speaking, only now conscious of how hungry they had been. Ivor, facing them across the table, continued to brood, his eyes far away in thought, and it was only after some time that Beatrice said:

'These Saxons are a great burden to you, Ivor. Perhaps you're wishing to be back with your own kind, even with the boy returned safe and the ogres slain.'

'Those were no ogres, mistress, nor any creatures seen before in these parts. It's a great fear removed they no longer roam outside our gates. The boy though is another matter. Returned he may be, but far from safe.' Ivor leaned across the table towards them and lowered his voice, even though they were once more alone. 'You're right, Mistress Beatrice, I wonder at myself to live among such savages. Better dwell in a pit of rats. What can that brave stranger think of us, and after all he did last night?'

'Why, sir, what has occurred?' Axl asked. 'We were there at the fire last night, but sensing a fierce quarrel, took our leave and remain ignorant of what went on.'

'You did well to hide yourselves, friends. These pagans were sufficiently aroused last night to tear out each other's eyes. How they might have treated a pair of strange Britons found in their midst I dread to think. The boy Edwin was safely returned, but even as the village began to rejoice, the women found on him a small wound. I inspected it myself as did the other elders. A mark just below his chest, no worse than what a child receives after a tumble. But the women, his own kin at that, declared it a bite, and that's what the village is calling it this morning. I've had to have the boy locked in a shed for his safety, and even so, his companions, his very family members, throwing stones at the door and calling for him to be brought out and slaughtered.'

'But how can this be, Ivor?' Beatrice asked. 'Is it the mist's work again that they've lost all memory of the horrors the child so lately suffered?'

'If only it were, mistress. But this time they appear to remember all too well. The pagans will not look beyond their superstitions. It's their conviction that once bitten by a fiend, the boy will before long turn fiend himself and wreak horror here within our walls. They fear him and should he remain here, he'll suffer a fate as terrible as any from which Master Wistan saved him last night.'

'Surely, sir,' Axl said, 'there are those here wise enough to argue better sense.'

'If there are, we're outnumbered, and even if we may command restraint for a day or two, it won't be long before the ignorant have their way.'

'Then what's to be done, sir?'

'The warrior's as horrified as you are, and we two have been in discussion all morning. I've proposed he take the boy with him when he rides out, imposition though this is, and leave him at some village sufficiently distant where he may have a chance of a new life. I felt shame to the depths of my heart to ask such a thing of a man so soon after he has risked his life for us, but I could see little else to do. Wistan is now considering my proposal, though he has an errand for his king and already delayed on account of his horse and last night's troubles. In fact, I must check the boy's still safe now, then go see if the warrior has made his decision.' Ivor rose and picked up his staff. 'Come and say farewell before you leave, friends. Though after what you've heard I'll understand your wish to hurry from here without a backward glance.'

* * *

Axl watched Ivor's figure through the doorway striding off across the sunny courtyard. 'Dismal news, princess,' he said.

'It is, Axl, but it's not to do with us. Let's not dally further in this place. Our path today's a steep one.'

The food and milk were very fresh, and they ate on for a while in silence. Then Beatrice said:

'Do you suppose there's any truth in it, Axl? What Ivor was

saying last night about the mist, that it was God himself making us forget.'

'I didn't know what to think of it, princess.'

'Axl, a thought came to me about it this morning, just as I was waking.'

'What thought was that, princess?'

'It was just a thought. That perhaps God is angry about something we've done. Or maybe he's not angry, but ashamed.'

'A curious thought, princess. But if it's as you say, why doesn't he punish us? Why make us forget like fools even things that happened the hour before?'

'Perhaps God's so deeply ashamed of us, of something we did, that he's wishing himself to forget. And as the stranger told Ivor, when God won't remember, it's no wonder we're unable to do so.'

'What on this earth could we have done to make God so ashamed?'

'I don't know, Axl. But it's surely not anything you and I ever did, for he's always loved us well. If we were to pray to him, pray and ask for him to remember at least a few of the things most precious to us, who knows, he may hear and grant us our wish.'

There was a burst of laughter outside. Tilting his head a little, Axl was able to see out in the yard a group of children balancing on the flat rocks over the little stream. As he watched, one of them fell into the water with a squeal.

'Who's to say, princess,' he said. 'Perhaps the wise monk in the mountains will explain it to us. But now we're speaking of waking this morning, there's something came to me also, perhaps the same moment you were having these thoughts. It was a memory, a simple one, but I was pleased enough with it.'

'Oh, Axl! What memory was that?'

'I was remembering a time we were walking through a market or a festival. We were in a village, but not our own, and you were wearing that light green cloak with the hood.'

'This must be a dream or else a long time ago, husband. I have no green cloak.'

'I'm talking of long ago, right enough, princess. A summer's day, but there was a chill wind in this place where we were, and you'd placed the green cloak around you, though you kept the hood from your head. A market or perhaps some festival. It was a village on a slope with goats in a pen where you first set foot in it.'

'And what was it we were doing there, Axl?'

'We were just walking arm in arm, and then there was a stranger, a man from the village, suddenly in our path. And taking one glance at you, he stared like he was beholding a goddess. Do you remember it, princess? A young man, though I suppose we too were young then. And he was exclaiming he'd never set eyes on a woman so beautiful. Then he reached forward and touched your arm. Do you have a memory of it, princess?'

'There's something comes back to me, but not clearly. I'm thinking this was a drunken man you're talking of.'

'A little drunk perhaps, I don't know, princess. It was a day of festivities, as I say. All the same, he saw you and was amazed. Said you were the most beautiful sight he'd ever seen.'

'Then this must be a long time ago right enough! Isn't this the day you grew jealous and quarrelled with the man, the way we were almost run out of the village?'

'I recall nothing like that, princess. The time I'm thinking of, you had on the green cloak, and it was some festival day, and this same stranger, seeing I was your protector, turned to me and said, she's the loveliest vision I've seen so you be sure to take very good care of her my friend. That's what he said.'

'It comes back to me somewhat, but I'm sure you then had a jealous quarrel with him.'

'How could I have done such a thing when even now I feel the pride rising through me at the stranger's words? The most beautiful vision he'd seen. And he was telling me to take the very best care of you.'

'If you felt proud, Axl, you were jealous also. Didn't you stand up to the man even though he was drunk?'

'It's not how I remember it, princess. Perhaps I just made a show of being jealous as a sort of jest. But I would have known the fellow meant no harm. It's what I woke with this morning, though it's been many years.'

'If that's how you've remembered it, Axl, let it be the way it was. With this mist upon us, any memory's a precious thing and we'd best hold tight to it.'

'I wonder what became of that cloak. You always took good care of it.'

'It was a cloak, Axl, and like any cloak it must have worn thin with the years.'

'Didn't we lose it somewhere? Left on a sunny rock perhaps?'

'Now that comes back to me. And I blamed you bitterly for its loss.'

'I believe you did, princess, though I can't think now what justice there was in that.'

'Oh, Axl, it's a relief we can remember a few things still, mist or no mist. It could be God's already heard us and is hastening to help us remember.'

'And we'll remember plenty more, princess, when we set our

minds to it. There'll be no sly boatman able to trick us then, even if there ever comes a day we care at all for his foolish chatter. But let's eat up now. The sun's high and we're late for that steep path.'

* * *

They were walking back to Ivor's house, and had just passed the spot where they were nearly assaulted the previous night, when they heard a voice calling from above. Glancing around, they spotted Wistan high up on the rampart, perched on a lookout's platform.

'Glad to see you still here, friends,' the warrior called down.

'Still here,' Axl called in reply, taking a few paces towards the fence. 'But hastening on our way. And you, sir? Will you rest here for the day?'

'I too must leave shortly. But if I may impose on you, sir, for a short conversation, I'd be most thankful. I promise not to detain you long.'

Axl and Beatrice exchanged looks, and she said quietly: 'Speak with him if you will, Axl. I'll return to Ivor's and prepare provisions for our journey.'

Axl nodded, then turning to Wistan, called: 'Very well, sir. Do you wish me to come up?'

'As you will, sir. I'll happily come down, but it's a splendid morning and the view is such as to lift the spirits. If the ladder's no trouble to you, I urge you to join me up here.'

'Go see what he wants, Axl,' Beatrice said quietly. 'But be careful, and it's not just the ladder I'm speaking of.'

He took each rung with care until he reached the warrior, waiting with an extended hand. Axl steadied himself on the narrow platform, then looked down to see Beatrice watching from below. Only after he had waved cheerfully did she move off somewhat reluctantly towards Ivor's house – now clearly visible from his high vantage point. He kept watching her for a further moment, then turned and gazed out over the top of the fence.

'You see I didn't lie, sir,' Wistan said, as they stood there side by side, the wind on their faces. 'It's quite splendid as far as the eye will reach.'

The view before them that morning may not have differed so greatly from one to be had from the high windows of an English country house today. The two men would have seen, to their right, the valleyside coming down in regular green ridges, while far to their left, the opposite slope, covered with pine trees, would have appeared hazier, because more distant, as it merged with the outlines of the mountains on the horizon. Directly before them was a clear view along the valley floor; of the river curving gently as it followed the corridor out of view; of the expanses of marshland broken by patches of pond and lake further in the distance. There would have been elms and willows near the water, as well as dense woodland, which in those days would have stirred a sense of foreboding. And just where the sunlight went into shadow on the left bank of the river could be seen some remnants of a long abandoned village.

'Yesterday I rode down that hillside,' Wistan said, 'and my mare with hardly any prompting set into a gallop as though for sheer joy. We raced across fields, past lake and river, and my spirit soared. A strange thing, as if I were returning to scenes from an early life, though to my knowledge I've never before visited this country. Can it be I passed this way as a small boy too young to know my whereabouts, yet old enough to retain these sights? The trees and moorland here, the sky itself seem to tug at some lost memory.'

'It's possible', Axl said, 'this country and the one further west where you were born share many likenesses.'

'That must be it, sir. In the fenlands we have no hills to speak of, and the trees and grass lack the colour before us now. But it was on that joyful gallop my mare broke her shoe, and though this morning the good people here have given her another, I will have to ride gently for one hoof is bruised. The truth is, sir, I brought you up here not simply to admire the country, but to be away from unwelcome ears. I take it you've by now heard what's occurred to the boy Edwin?'

'Master Ivor told us of it, and we thought it poor news to succeed your brave intervention.'

'You may know also how the elders, despairing of what would happen to the boy here, begged I take him away today. They ask I leave the boy in some distant village, telling some story of how I found him lost and hungry on the road. This I'd do gladly enough, except I fear such a plan can hardly save him. Word will easily travel across the country and next month, next year, the boy could find himself in the very plight he is in today, yet all the worse for being lately arrived and his people unknown. You see how it is, sir?'

'You're wise to fear such an outcome, Master Wistan.'

The warrior, who had been speaking while gazing out at the scenery, pushed back a tangled lock of hair the wind had blown across his face. As he did so, he seemed suddenly to see something in Axl's own features and, for a small moment, to forget what he had been saying. He gazed intently at Axl, angling his head. Then he gave a small laugh, saying:

'Forgive me, sir. I was just now reminded of something. But to return to my point. I knew nothing of this boy before last night, but I've been impressed by the steady way he has faced each new terror set before him. My comrades last night, brave though they were when setting out, were overcome with fear as we approached the fiends' camp. The boy, however, even though left at the fiends' mercy for many hours, held himself with a calm I could only wonder at. It would pain me greatly to think his fate's now all but sealed. So I've been thinking of a way out, and if you and your good wife were to consent to lend a hand, all may yet be well.'

'We're keen to do what we can, sir. Let me hear what you propose.'

'When the elders asked me to take the boy to a distant village, they meant no doubt a *Saxon* village. But it's precisely in a Saxon village the boy will never be safe, for it is Saxons who share this superstition about the bite he carries. If he were to be left with Britons, however, who see such nonsense for what it is, there can be no danger, even if the story were to pursue him. He's strong, and as I've said, has remarkable courage, even if he speaks little. He'll be a useful pair of hands for any community from the day he arrives. Now, sir, you said earlier you're on your way east to your son's village. I take it this will be just such a Christian village as we seek. If you and your wife were to plead for him, with perhaps the support of your son, that would surely secure a good outcome. Of course, it may be the same good people would accept the boy from me, but then I'll be a stranger to them, and one to arouse fear and suspicion. What's more, the errand which has brought me to this country will prevent my travelling so far east.'

'You're suggesting then,' Axl said, 'that my wife and I be the ones to take the boy from here.'

'That is indeed my suggestion, sir. However, my errand will permit me to travel at least part of the same road. You said you would take the path through the mountains. I'd happily accompany you and the boy, at least to the other side. My company will be a tedious imposition, but then the mountains are known to contain dangers, and my sword may yet prove of service to you. And your bags too could be carried by the horse, for even if her foot's tender, she'll not complain of it. What do you say, sir?'

'I think it an excellent plan. My wife and I were distressed to hear of the boy's plight, and we'll be happy if we can aid some resolution. And what you say is wise, sir. It's among Britons, surely, he's safest now. I've no doubt he'll be received with kindness at my son's village, for my son himself is a respected figure there, practically an elder in all but his years. He'll speak for the boy, I know, and ensure his welcome.'

'I'm much relieved. I'll let Master Ivor know our plan and seek a way to remove the boy quietly from the barn. Are you and your wife ready to leave shortly?'

'My wife is even now packing provisions for the journey.'

'Then please wait by the south gate. I'll come by presently with the mare and the boy Edwin. I'm grateful to you, sir, for the sharing of this trouble. And glad we're to be companions for a day or two.'

Chapter Four

Never in his life had he seen his village from such a height and distance, and it amazed him. It was like an object he could pick up in his hand, and he flexed his fingers experimentally over the view in the afternoon haze. The old woman, who had watched his ascent with anxiety, was still at the foot of the tree, calling up to him to climb no further. But Edwin ignored her, for he knew trees better than anyone. When the warrior had ordered him to keep watch, he had selected the elm with care, knowing that for all its sickly appearance, it would possess its own subtle strength and welcome him. It commanded, moreover, the best view of the bridge, and of the mountain road leading up to it, and he could see clearly the three soldiers talking to the rider. The latter had now dismounted, and holding his restless horse by the bridle, was arguing fiercely with the soldiers.

He knew his trees – and this elm was just like Steffa. 'Let him be carried off and left to rot in the forest.' That was what the older boys always said about Steffa. 'Isn't that what happens to old cripples unable to work?' But Edwin had seen Steffa for what he was: an ancient warrior, still secretly strong, and with an understanding that went beyond even that of the elders. Steffa, alone in the village, had once known battlefields – it was the battlefields that had taken his legs – and that was why, in turn, Steffa had been able to recognise Edwin for what he was. There were other boys stronger, who might amuse themselves pinning Edwin to the ground and beating him. But it was Edwin, not any of them, who possessed a warrior's soul.

'I've watched you, boy,' old Steffa had once said to him. 'Under a storm of fists, your eyes still calm, as if memorising each blow. Eyes I've seen only on the finest warriors moving coldly through the rage of battle. Some day soon you'll become one to fear.'

And now it was starting. It was coming true, just as Steffa had predicted.

As a strong breeze swayed the tree, Edwin moved his grip to a different branch and tried again to recall the events of the morning. His aunt's face had become distorted out of all recognition. She had been shrieking a curse at him, but Elder Ivor had not let her finish, pushing her away from the doorway of the barn, blocking Edwin's view of her as he did so. His aunt had always been good to him, but if she now wanted to curse him, Edwin did not care. Not long ago she had tried to get Edwin to address her as 'mother', but he had never done so. For he knew his real mother was travelling. His real mother would not shriek at him like that, and have to be dragged away by Elder Ivor. And this morning, in the barn, he had heard his real mother's voice.

Elder Ivor had pushed him inside, into the darkness, and the door had closed, taking away his aunt's twisted face – and all those other faces. At first the wagon had appeared only as a looming black shape in the middle of the barn. Then gradually he had distinguished its outline, and when he had reached towards it, the wood had felt moist and rotten. Outside, the voices were shouting again, and then the cracking noises had come. They had started sporadically, then several had come at once, accompanied by a splintering sound, after which the barn had seemed slightly less dark.

He knew the noises were stones striking the rickety walls, but he ignored them to concentrate on the wagon before him. How long ago had it last been used? Why did it stand so crookedly? If it was now of no use, why was it kept like this in the barn?

It was then he had heard her voice: difficult to distinguish at first, on account of the din outside and the sound of the stones, but it had grown steadily more clear. 'It's nothing, Edwin,' she was saying. 'Nothing at all. You can bear it easily.'

'But the elders may not be able to hold them back for ever,' he had said into the dark, though under his breath, even as his hand had stroked the side of the wagon.

'It's nothing, Edwin. Nothing at all.'

'The stones may break these thin walls.'

'Don't worry, Edwin. Didn't you know? Those stones are under your control. Look, what's that before you?'

'An old and broken wagon.'

'Well, there you are. Go round and round the wagon, Edwin. Go round and round the wagon, because you're the mule tethered to the big wheel. Round and round, Edwin. The big wheel can only turn if you turn it, and only if you turn it can the stones keep coming. Round and round the wagon, Edwin. Go round and round and round the wagon.'

'Why must I turn the wheel, mother?' Even as he had spoken, his feet had started circling the wagon.

'Because you're the mule, Edwin. Round and round. Those sharp cracking noises you hear. They can't continue unless you turn the wheel. Turn it, Edwin, round and round. Round and round the wagon.'

So he had followed her commands, keeping his hands on the upper edges of the wagon's boards, passing one hand over the other to maintain his momentum. How many times had he gone round like that? A hundred? Two hundred? He would keep seeing, in one corner, a mysterious mound of earth; in another corner, where a narrow line of sun fell across the floor of the barn, a dead crow on its side, feathers still intact. In the half-dark, these two sights – the mound of earth and the dead crow – had come around again and again. Once he had asked out loud, 'Did my aunt really curse me?' but no reply had come, and he had wondered if his mother had gone away. But then her voice had returned, saying, 'Do your duty, Edwin. You're the mule. Don't stop just yet. You control everything. If you stop, so will those noises. So why fear them?'

Sometimes he went three or even four times around the wagon without hearing a single sharp crack. But then as though to compensate, several cracks would come at once, and the shouting outside would rise to a new pitch.

'Where are you, mother?' he had asked once. 'Are you still travelling?'

No reply had come, but then several turns later, she had said, 'I'd have given you brothers and sisters, Edwin, many of them. But you're on your own. So find the strength for me. You're twelve years old, almost grown now. You must be by yourself four, five strong sons. Find the strength and come rescue me.'

As another breeze rocked the elm, Edwin wondered if the barn he had been in was the same one in which the people had hidden the day the wolves had come to the village. Old Steffa had told him the story often enough.

'You were very young then, boy, perhaps too young to remember. Wolves, in broad daylight, three of them, walking calmly right into the village.' Then Steffa's voice would fill with contempt.

'And the village hid in fear. Some men were away in the fields, it's true. But there were plenty still here. They hid themselves in the threshing barn. Not just the women and the children but the men too. The wolves had strange eyes, they said. Best not to challenge them. So the wolves took all they wished. They slaughtered the hens. Feasted on the goats. And all the while, the village hid. Some in their houses. Most in the threshing barn. Cripple that I am, they left me where I was, sitting in the barrow, these broken legs poking out, beside the ditch outside Mistress Mindred's. The wolves trotted towards me. Come and eat me, I said, I'll not hide in a barn for a wolf. But they cared not for me and I watched them go right past, their fur as good as brushing these useless feet. They took all they wished, and only after they'd long departed did those brave men creep out of their hiding places. Three wolves in daylight, and not a man here to stand up to them.'

He had thought about Steffa's story as he had circled the wagon. 'Are you still travelling, mother?' he had asked once more, and again had received no reply. His legs were growing weary, and he had grown heartily sick of seeing the mound of earth and the dead crow, when at last she had said:

'Enough, Edwin. You've worked hard. Call your warrior now if you wish. Bring an end to it.'

Edwin had heard this with relief, but had carried on circling the wagon. To summon Wistan, he knew, would require immense effort. As he had the night before, he would have to will his coming from the very depths of his heart.

But somehow he had found the strength, and once he was confident the warrior was on his way, Edwin had slowed his pace – for even mules were driven more slowly towards the end of a day – and noted with satisfaction the cracking noises were growing more sparse. But only when silence had continued for a long time did he finally stop, and leaning against the side of the wagon, begin to recover his breath. Then the barn door had opened and the warrior had been standing there against the dazzling sunshine.

Wistan had come in leaving the door wide open behind him as though to show his contempt for whatever hostile forces had lately been gathered outside. This had brought a large rectangle of sun into the barn, and when Edwin had glanced about himself, the wagon, so dominant in the dark, had looked pathetically dilapidated. Had Wistan called him 'young comrade' straight away? Edwin was unsure, but he did remember the warrior leading him into that patch of light, lifting his shirt and scrutinising the wound. Wistan had then straightened, glanced carefully over his shoulder, and said in a low voice:

'So, my young friend, have you kept your promise of last night? About this wound of yours?'

'Yes, sir. I've done just as you said.'

'You've told no one, not even your good aunt?'

'I've told no one, sir. Even though they believe it an ogre's bite and hate me for it.'

'Let them go on believing it, young comrade. Ten times worse if they learn the truth of how you received it.'

'But what of my two uncles who came with you, sir? Don't they know the truth?'

'Your uncles, brave as they were, became too sick to enter the camp. So it's just the two of us who must keep the secret, and once the wound's healed there's no need for anyone to wonder about it. Keep it as clean as you can, and never scratch it, by night or day. Do you understand?'

'I understand, sir.'

Earlier, when they had been climbing the valleyside, and he had stopped to wait for the two elderly Britons, Edwin had tried to remember the circumstances around the wound. On that occasion, standing amidst the stubbled heather, tugging the reins of Wistan's mare, nothing had formed clearly in his mind. But now, in the branches of the elm, gazing at the tiny figures down on the bridge, Edwin found coming back to him the dank air and blackness; the high smell of the bearskin covering the little wooden cage; the feel of the tiny beetles falling onto his head and shoulders when the cage was jolted. He recalled adjusting his posture and gripping the shaky grid before him to avoid being tossed about as the cage dragged along the ground. Then everything had become still again, and he had waited for the bearskin to be removed, for the cold air to rush in around him, and to glimpse the night by the glow of the nearby fire. For this was what had happened twice already that night, and the repetition had removed the edge from his fear. He remembered more: the stink of the ogres, and the vicious little creature hurling itself at the rickety poles of the cage, obliging Edwin to push as far back as he could.

The creature had moved so quickly it had been hard to get a clear view of it. He had had the impression of something the size and shape of a cockerel, though with no beak or feathers. It attacked with teeth and claws, all the time letting out a shrill squawking. Edwin trusted the wooden poles against the teeth and the claws, but now and then, the little creature's tail would whip by accident against the cage and then everything seemed much more vulnerable. Thankfully the creature – still in its infancy, Edwin supposed – seemed oblivious of the power in its tail.

Although at the time these attacks seemed to go on forever,

Edwin now supposed they had not lasted so long before the creature had been pulled back by its leash. Then the bearskin would thump over him, all would be blackness again, and he would have to grip the poles as the cage was dragged to another spot.

How often had he had to endure this sequence? Had it been just two or three times? Or as often as ten, or even twelve? Perhaps after the first time he had fallen asleep, even in those conditions, and dreamt the rest of the attacks.

Then on that final occasion, the bearskin had not come off for a long time. He had waited, listening to the creature's squawks, sometimes far away, sometimes much closer, and the grumbling sounds the ogres made when talking to each other, and he had known that something different was about to happen. And it had been during those moments of dreadful anticipation that he had asked for a rescuer. He had made the request from the depths of his being, so it had been something almost like a prayer, and as soon as it had taken shape in his mind, he had felt certain it would be granted.

At that very moment the cage had begun to tremble, and Edwin had realised the entire front section, with its protective grid, was being drawn aside. Even as this realisation made him shrink back, the bearskin was pulled off and the ferocious creature flew at him. In his sitting position, his instinct was to raise his feet and kick out, but the creature was agile, and Edwin found himself beating it off with fists and arms. Once he thought the creature had got the better of him, and had for an instant closed his eyes, but then opened them again to see his opponent clawing the air as the leash dragged it back. It was one of the few times he had been permitted a good glimpse of the creature, and he saw that his earlier impression had not been inaccurate: it looked like a plucked chicken, though with the head of a serpent. It came for him again, and Edwin was once more beating it off the best he could. Then quite suddenly, the cage front was restored before him, and the bearskin plunged him back in blackness. And it had only been in the moments afterwards, contorted inside the little cage, that he had felt the tingling on his left side just beneath the ribs, and had felt the wet stickiness there.

Edwin adjusted again his foothold within the elm, and bringing down his right hand, touched gently his wound. There was no longer any depth to the pain. During the climb up the valley-side, the coarseness of his shirt had at times made him grimace, but when he was still, as he was now, he could hardly feel a thing. Even that morning in the barn, when the warrior had examined it in the doorway, it had seemed little more than a cluster of tiny punctures. The wound was superficial – not as bad as many he had had before. And yet, because people believed it to be an ogre's bite, it had caused all this trouble. Had he faced the creature with even more determination, perhaps he could have avoided receiving any wound at all.

But he knew there was no shame in how he had faced his ordeal. He had never cried out in terror, or pleaded to the ogres for mercy. After the little creature's first lunges – which had taken him by surprise – Edwin had met it with head held up. In fact he had had the presence of mind to realise the creature was an infant, and that one could in all probability create fear in it, just as one might in an unruly dog. And so he had kept his eyes open and tried to stare it down. His real mother, he knew, would be particularly proud of him for this. Indeed, now that he thought about it, the venom had gone out of the creature's attacks soon after its opening forays, and it had been Edwin who had gained more and more control of the combat. He recalled again the creature clawing the air, and it seemed to him now likely it had not been displaying an eagerness to continue the fight, but simply panic at the choking leash. It was quite possible, in fact, the ogres had judged Edwin the victor of the encounter, and that was why proceedings had been brought to an end.

'I've watched you, boy,' old Steffa had said. 'You have something rare. One day you'll find someone to teach you the skills to match your warrior's soul. Then you'll be one to fear indeed. You'll not be one to hide in a barn while mere wolves stroll unhindered about the village.'

Now it was all coming to pass. The warrior had chosen him, and they were to go together to fulfil an errand. But what was their task? Wistan had not made it clear, saying only that his king, far away in the fenland, was even now waiting to hear of its conclusion. And why travel with these two elderly Britons who required rest at each turn of the road?

Edwin gazed down at them. They were now discussing something earnestly with the warrior. The old woman had given up trying to talk him down, and all three were now watching the soldiers on the bridge from behind the cover of two giant pines. From his own vantage point, Edwin could see the rider had remounted and was gesticulating into the air. Then the three soldiers appeared to move away from him, and the rider turned his horse and set off at a gallop away from the bridge, back down the mountain.

Edwin had wondered earlier why the warrior had been so reluctant to stay on the main mountain road, insisting on the steep cut up the valleyside; now it was obvious he had wished to avoid riders such as the one they had just seen. But there now seemed no way to proceed with their journey without going down onto the road and crossing the bridge past the waterfall, and the soldiers were still there. Had Wistan been able to see from down where he was that the rider had departed? Edwin wanted to alert him to this development, but felt he should not shout from the tree in case the soldiers somehow caught the sound. He would have to climb down and tell Wistan. Perhaps, while there had been four potential opponents, the warrior had been hesitant about a confrontation, but now with only three at the bridge, he would consider the odds in his favour. Had it just been Edwin and the warrior, they would surely have gone down to face the soldiers long ago, but the presence of the elderly couple must have made Wistan cautious. No doubt Wistan had brought them along for a good reason, and they had so far been kind to Edwin, but they were frustrating companions all the same.

He remembered again his aunt's contorted features. She had started to shriek a curse at him, but none of that mattered any more. For he was with the warrior now, and he was travelling, just like his real mother. Who was to say they might not come across her? She would be so proud to see him standing there, side by side with the warrior. And the men with her would tremble.

Chapter Five

After a punishing climb for much of the morning, the party had found its way obstructed by a fast-flowing river. So they had made a partial descent through shrouded woodlands in search of the main mountain road, along which, they reasoned, there would surely be a bridge across the water.

They had been right about the bridge, but on spotting the soldiers there, had decided to rest amidst the pine trees until the men had gone. For at first the soldiers had not appeared to be stationed there, but merely refreshing themselves and their horses at the waterfall. But time had passed and the soldiers had shown no signs of moving on. They would take turns getting onto their bellies, reaching down from the bridge and splashing themselves; or sit with their backs against the timber rails, playing dice. Then a fourth man had arrived on horseback, bringing the men to their feet, and had issued instructions to them.

Though they did not have as good a view as Edwin's high in his tree, Axl, Beatrice and the warrior had observed well enough all that had passed from behind their cover of greenery, and once the horseman had ridden off again, exchanged questioning looks.

'They may remain a long time yet,' Wistan said. 'And you're both anxious to reach the monastery.'

'It's desirable we do so by nightfall, sir,' said Axl. 'We hear the she-dragon Querig roams that country, and only fools would be abroad there in the dark. What manner of soldiers do you suppose them to be?'

'Not easy at this distance, sir, and I've little knowledge of local dress. But I'd suppose them Britons, and ones loyal to Lord Brennus. Perhaps Mistress Beatrice will correct me.'

'It's far for my old eyes,' Beatrice said, 'but I'd suppose you right, Master Wistan. They have the dark uniforms I've often seen on Lord Brennus's men.'

'We've nothing to hide from them,' Axl said. 'If we explain ourselves, they'll let us go by in peace.'

'I'm sure that's so,' the warrior said, then fell silent for a moment, gazing down at the bridge. The soldiers had seated themselves again and seemed to be resuming their game. 'Even so,' he went on, 'if we're to cross the bridge under their gazes, let me propose this much. Master Axl, you and Mistress Beatrice will lead the way and talk wisely to the men. The boy can bring the mare behind you, and I'll walk beside him, my jaw slack like a fool's, my eyes wandering loosely. You must tell the soldiers I'm a mute and a half-wit, and the boy and I are brothers lent you in place of debts owed you. I'll hide this sword and belt deep in the horse's pack. Should they find it, you must claim it as your own.'

'Is such a play really necessary, Master Wistan?' Beatrice asked. 'These soldiers may often show coarse manners, but we've met many before without incident.'

'No doubt, mistress. But men with arms, far from their commanders, aren't easy to trust. And here I am, a stranger who they may think good sport to mock and challenge. So let's call the boy down off the tree and do as I propose.'

* * *

They emerged from the woods still some way from the bridge, but the soldiers saw them immediately and rose to their feet.

'Master Wistan,' Beatrice said quietly, 'I fear this will not go well. There remains something about you that proclaims you a warrior, no matter what foolish look you wear.'

'I'm no skilled player, mistress. If you can help improve my disguise, I'd hear it gladly.'

'It's your stride, sir,' Beatrice said. 'You have a warrior's way of walking. Take instead small steps followed by a large one, the way you might stumble any moment.'

'That's good advice, thank you, mistress. Now I should say no more, or they may see I'm no mute. Master Axl, talk us wisely past these fellows.'

As they came closer to the bridge, the noise of the water rushing down the rocks and under the feet of the three awaiting soldiers grew more intense, and to Axl had something ominous about it. He led the way, listening to the horse's steps behind him on the mossy ground, and brought them to a halt when they were within hailing distance of the men.

They wore no chainmail or helmets, but their identical dark tunics, with straps crossing from right shoulder to left hip, declared clearly their trade. Their swords were for now sheathed, though two of them were waiting with hands on the hilts. One was small, stocky and muscular; the other, a youth not much older than Edwin, was also short in stature. Both had closely cropped hair. In contrast, the third soldier was tall, with long grey hair, carefully groomed, that touched his shoulders and was held back by a dark string encircling his skull. Not only his appearance, but his manner differed noticeably from that of his companions; for while the latter were standing stiffly to bar the way across the bridge, he had remained several paces behind, leaning languidly against one of the bridge posts, arms folded before him as though listening to a tale beside a night fire.

The stocky soldier took a step towards them, so it was to him Axl addressed his words. 'Good day, sirs. We mean no harm and wish only to proceed in peace.'

The stocky soldier gave no reply. Uncertainty was crossing his face, and he glared at Axl with a mixture of panic and contempt. He cast a glance back to the young soldier behind him, then finding nothing to enlighten him, returned his gaze to Axl.

It occurred to Axl there had been some confusion: that the soldiers had been expecting another party altogether, and had yet to realise their mistake. So he said: 'We're just simple farmers, sir, on our way to our son's village.'

The stocky soldier, now collecting himself, replied to Axl in an unnecessarily loud voice. 'Who are these you travel with, farmer? Saxons by the look of them.'

'Two brothers just come under our care who we must do our best to train. Though as you see, one's still a child, and the other a slow-witted mute, so the relief they bring us may be slender.'

As Axl said this, the tall grey-haired soldier, as though suddenly reminded of something, took his weight from the bridge post, his head tilting in concentration. Meanwhile, the stocky soldier was staring angrily beyond both Axl and Beatrice. Then, his hand still on the hilt of his sword, he strode past to scrutinise the others. Edwin was holding the mare, and watched the oncoming soldier with expressionless eyes. Wistan, though, was giggling loudly to himself, his eyes roving, mouth wide open.

The stocky soldier looked from one to the other as though for a clue. Then his frustration seemed to get the better of him.

Grabbing Wistan's hair, he tugged it in a rage. 'No one cut your hair, Saxon?' he shouted into the warrior's ear, then tugged again as though to bring Wistan to his knees. Wistan stumbled, but managed to stay on his feet, letting out pitiful whimpers.

'He doesn't speak, sir,' Beatrice said. 'As you see, he's simple. He doesn't mind rough treatment, but he's known for a temper we've yet to tame.'

As his wife spoke, a small movement made Axl turn back to the soldiers still on the bridge. He saw then that the tall grey-haired man had raised an arm; his fingers all but formed a pointing shape before softening and collapsing in an aimless gesture. Finally he let his arm fall altogether, though his eyes went on watching with disapproval. Observing this, Axl suddenly had the feeling he understood, even recognised, what the grey-haired soldier had just gone through: an angry reprimand had all but shaped itself on his lips, but he had remembered in time that he lacked any formal authority over his stocky colleague. Axl was sure he had once had an almost identical experience himself somewhere, but he forced away the thought, and said in a conciliatory tone:

'You must be busy with your duties, gentlemen, and we're sorry to distract you. If you'd let us pass, we'll soon be out of your way.'

But the stocky soldier was still tormenting Wistan. 'He'd be unwise to lose his temper with *me*!' he bellowed. 'Let him do so and taste his price!'

Then finally he let go of Wistan and strode back to take up his position again on the bridge. He said nothing, looking like an angry man who had completely forgotten why he was angry.

The noise of the rushing water seemed only to add to the tense mood, and Axl wondered how the soldiers would react were he to turn and lead the party back towards the woods. But just at that moment, the grey-haired soldier came forward until he was level with the other two and spoke for the first time.

'This bridge has a few planks broken, uncle. Maybe that's why we're standing here, to warn good people like yourselves to cross with care or be down the mountainside tumbling with the tide.'

'That's kind of you, sir. We'll go then with caution.'

'Your horse there, uncle. I thought I saw it limping coming towards us.'

'She has a hurt foot, sir, but we hope it's no serious thing, though we don't mount her, as you see.'

'Those boards are rotted with the spray, and that's why we're here, though my comrades think there was some further errand must have brought us. So I'll ask you, uncle, if you and your good wife have seen any strangers on your travels.'

'We're strangers here ourselves, sir,' Beatrice said, 'so wouldn't quickly know another. Though on two days' journey we've seen nothing out of the ordinary.'

Noticing Beatrice, the grey-haired soldier's eyes seemed to soften and smile. 'A long walk for a woman of your years to make to a son's village, mistress. Wouldn't you rather be living there with him where he can see to your comforts each day, instead of having you walk like this, unsheltered from the road's dangers?'

'I wish it right enough, sir, and when we see him, my husband and I will talk to him of it. But then it's a long time since we saw him and we can't help wonder how he'll receive us.'

The grey-haired soldier went on regarding her gently. 'It may be, mistress,' he said, 'you've not a thing to worry about. I'm myself far from my mother and father, and not seen them in a long while. Perhaps harsh words were said once, who knows?

But if they came to find me tomorrow, having walked hard distances as you're doing now, do you doubt I'd receive them with my heart breaking with joy? I don't know the kind of man your son is, mistress, but I'd wager he's not so different to me, and there'll be happy tears no sooner than he first sees you.'

'You're kind to say so, sir,' said Beatrice. 'I suppose you're right, and my husband and I have often said as much, but it's a comfort to hear it said, and from a son far from home at that.'

'Go on your journey in peace, mistress. And if by chance you come upon my own mother and father on the road, coming the other way, speak gently to them and tell them to press on, for their journey won't be a wasted one.' The grey-haired soldier stood aside to let them pass. 'And please remember the unsteady boards. Uncle, you'd best lead that mare over yourself. It's no task for children or God's fools.'

The stocky soldier, who had been watching with a disgruntled air, seemed nevertheless to yield to the natural authority of his colleague. Turning his back to them all, he leaned sulkily over the rail to look at the water. The young soldier hesitated, then came to stand beside the grey-haired man, and they both nodded politely as Axl, thanking them a last time, led the mare over the bridge, shielding her eyes from the drop.

* * *

Once the soldiers and the bridge were no longer in sight, Wistan stopped and suggested they leave the main road to follow a narrow path rising up into the woods.

'I've always had an instinct for my way through a forest,' he said. 'And I feel sure this path will allow us to cut a large corner.

Besides, we'll be much safer away from a road such as this, well travelled by soldiers and bandits.'

For a while after that, it was the warrior who led the party, beating back brambles and bushes with a stick he had found. Edwin, holding the mare by her muzzle, often whispering to her, followed closely behind, so that by the time Axl and Beatrice came in their wake, the path had been made much easier. Even so, the short cut – if short cut it was – became increasingly arduous: the trees deepened around them, tangled roots and thistles obliging them to attend to each step. As was the custom, they conversed little as they went, but at one point, when Axl and Beatrice had fallen some way behind, Beatrice called back: 'Are you still there, Axl?'

'Still here, princess.' Indeed, Axl was just a few paces behind. 'Don't worry, these woods aren't known for special dangers, and a good way from the Great Plain.'

'I was just thinking, Axl. Our warrior's not a bad player at that. His disguise might have had me fooled, and never letting up with it, even with that brute tugging his hair.'

'He performed it well, right enough.'

'I was thinking, Axl. It'll be a long time we're away from our own village. Don't you think it a wonder they let us go when there's still a lot of planting to do, and fences and gates to be mended? Do you suppose they'll be complaining of our absence when we're needed?'

'They'll be missing us, no doubt, princess. But we're not away long, and the pastor understands our wishing to see our own son.'

'I hope that's right, Axl. I wouldn't want them saying we're gone just when they have most need of us.'

'There'll always be some to say so, but the better of them will understand our need, and would want the same in our place.'

For a while they continued without talking. Then Beatrice said again: 'Are you still there, Axl?'

'Still here, princess.'

'It wasn't right of them. To take away our candle.'

'Who cares about that now, princess? And the summer coming.'

'I was remembering about it, Axl. And I was thinking maybe it's because of our lack of a candle I first took this pain I now have.'

'What's that you're saying, princess? How can that be?'

'I'm thinking it was maybe the darkness did it.'

'Go carefully through that blackthorn there. It's not a spot to take a fall.'

'I'll be careful, Axl, and you do the same.'

'How can it be the darkness gave you the pain, princess?'

'Do you remember, Axl, there was talk last winter of a sprite seen near our village? We never saw it ourselves, but they said it was one fond of the dark. In all those hours we had of darkness, I'm thinking it might sometimes have been with us without our knowing, in our very chamber, and brought me this trouble.'

'We would have known had it been with us, princess, dark or not. Even in thick blackness, we would have heard it move or give a sigh.'

'Now I think of it, Axl, I think there were times last winter I woke in the night, you fast asleep beside me, and I was sure it was a strange noise in the room roused me.'

'Likely a mouse or some creature, princess.'

'It wasn't that kind of sound, and it was more than once I thought I heard it. And now I'm thinking of it, it was around the same time the pain first came.'

'Well, if it was the sprite, what of it, princess? Your pain's nothing more than a tiny trouble, the work of a creature more playful than evil, the same way some wicked child once left that rat's head in Mistress Enid's weaving basket just to see her run about in fright.'

'You're right what you say there, Axl. More playful than evil. I suppose you're right. Even so, husband . . .' She fell silent while she negotiated her way between two ancient trunks pressing against each other. Then she said: 'Even so, when we go back, I want a candle for our nights. I don't want that sprite or any other bringing us something worse.'

'We'll see to it, don't worry, princess. We'll talk to the pastor as soon as we return. But the monks at the monastery will give you wise advice about your pain, and there'll be no lasting mischief done.'

'I know it, Axl. It's not a thing to worry me greatly.'

* * *

It was hard to say if Wistan had been right about his path cutting off a corner, but in any case, shortly after midday, they emerged out of the woods back onto the main road. Here it was wheel-rutted and boggy in parts, but now they could walk more freely, and in time the path grew drier and more level. With a pleasant sun falling through the overhanging branches, they travelled in good spirits.

Then Wistan brought them to a halt again and indicated the ground before them. 'There's a solitary rider not far before us,' he said. And they did not go much further before they saw ahead of them a clearing to the side of their road, and fresh tracks turning into it. Exchanging glances, they stepped forwards cautiously.

As the clearing came more into view, they saw it was of a fair size: perhaps once, in more prosperous times, someone had hoped to build a house here with a surrounding orchard. The path leading off from the main road, though overgrown, had been dug with care, ending in a large circular area, open to the sky except for one huge spreading oak at its centre. From where they now stood, they could see a figure seated in the shadows of the tree, his back against the trunk. He was for the moment in profile to them, and appeared to be in armour: two metal legs stuck out stiffly onto the grass in a child-like way. The face itself was obscured by foliage sprouting from the bark, though they could see he wore no helmet. A saddled horse was grazing contentedly nearby.

'Declare who you are!' the man called out from under the tree. 'All bandits and thieves I'll rise to meet sword in hand!'

'Answer him, Master Axl,' Wistan whispered. 'Let's discover what he's about.'

'We're simple wayfarers, sir,' Axl called back. 'We wish only to go by in peace.'

'How many are you? And is that a horse I hear?'

'A limping one, sir. Otherwise we are four. My wife and I being elderly Britons, and with us a beardless boy and a half-wit mute lately given us by their Saxon kin.'

'Then come over to me, friends! I have bread here to share, and you must long for rest, as I do for your company.'

'Shall we go to him, Axl?' Beatrice asked.

'I say we do,' Wistan said, before Axl could respond. 'He's no danger to us and sounds a man of decent years. All the same, let's perform our drama as before. I'll once more affect a slack jaw and foolish eyes.'

'But this man is armoured and armed, sir,' Beatrice said. 'Are you certain your own weapon is ready enough, packed on a horse amidst blankets and honey pots?'

'It's well my sword's hidden from suspicious eyes, mistress. And I'll find it soon enough when I need it. Young Edwin will hold the rein and see the mare doesn't stray too far from me.'

'Come forth, friends!' the stranger shouted, not adjusting his rigid posture. 'No harm will come to you! I'm a knight and a Briton too. Armed, it's true, but come closer and you'll see I'm just a whiskery old fool. This sword and armour I carry only out of duty to my king, the great and beloved Arthur, now many years in heaven, and it's almost as long surely since I drew in anger. My old battlehorse, Horace, you see him there. He's had to suffer the burden of all this metal. Look at him, his legs bowed, back sunk. Oh, I know how much he suffers each time I mount. But he has a great heart, my Horace, and I know he'd have it no other way. We'll travel like this, in full armour, in the name of our great king, and will do so till neither of us can take another step. Come friends, don't fear me!'

They turned into the clearing, and as they approached the oak, Axl saw that indeed, the knight was no threatening figure. He appeared to be very tall, but beneath his armour Axl supposed him thin, if wiry. His armour was frayed and rusted, though no doubt he had done all he could to preserve it. His tunic, once white, showed repeated mending. The face protruding from the armour was kindly and creased; above it, several long strands of snowy hair fluttered from an otherwise bald head. He might have been a sorry sight, fixed to the ground, legs splayed before him, except that the sun falling through the branches above was now dappling him in patterns of light and shade that made him look almost like one enthroned.

'Poor Horace missed his breakfast this morning, for we were on rocky ground when we awoke. Then I was so keen to press on all morning, and I admit it, in an ill temper. I wouldn't let him stop. His steps grew slower, but I know his tricks well enough by now, and would have none of it. I know you're not weary! I told him, and gave him a little spur. These tricks he plays on me, friends, I won't stand for them! But slower and slower he goes, and soft-hearted fool I am, even knowing full well he's laughing to himself, I relent and say, very well, Horace, stop and feed yourself. So here you find me, taken for a fool again. Come, join me, friends.' He reached forward, his armour complaining, and removed a loaf from a sack in the grass before him. 'This is fresh baked, given to me passing a mill not an hour ago. Come, friends, sit beside me and share it.'

Axl held Beatrice's arm as she lowered herself down onto the gnarled roots of the oak, then he sat down himself between his wife and the old knight. He felt immediately grateful for the mossy bark behind him, the songbirds jostling above, and when the bread was passed, it was soft and fresh. Beatrice leant her head against his shoulder, and her chest rose and fell for a while before she too began to eat with relish.

But Wistan had not sat down. After giggling, and otherwise amply displaying his idiocy to the old knight, he had wandered away to where Edwin was standing in the tall grass, holding his mare. Then Beatrice, finishing her bread, sat forward to address the stranger.

'You must forgive my not greeting you sooner, sir,' she said.

'But it's not often we see a knight and I was awe-struck by the thought. I hope you weren't offended.'

'Not offended at all, mistress, and glad of your company. Is your journey still a long one?'

'Our son's village is another day away now we're come by the mountain road, wishing to visit a wise monk at the monastery in these hills.'

'Ah, the holy fathers. I'm sure they'll receive you kindly. They were a great help to Horace last spring when he had a poisoned hoof and I feared he wouldn't be spared. And I myself, recovering some years ago from a fall, found much comfort in their balms. But if you seek a cure for your mute, I fear it's only God himself can bring speech to his lips.'

The knight had said this glancing towards Wistan, only to find the latter walking towards him, the foolish look vanished from his features.

'Allow me then to surprise you, sir,' he said. 'Speech is restored to me.'

The old knight started, then, armour creaking, twisted round to glare enquiringly at Axl.

'Don't blame my friends, sir knight,' Wistan said. 'They were only doing as I begged them. But now there's no cause to fear you, I would cast off my disguise. Please forgive me.'

'I don't mind, sir,' the old knight said, 'for it's as well in this world to be cautious. But tell me now what sort you are that I in turn have no cause to fear you.'

'The name is Wistan, sir, from the fenlands in the east, travelling these parts on my king's errand.'

'Ah. Far from home indeed.'

'Far from home, sir, and these roads should be strange to me.

Yet at each turn it's as if another distant memory stirs.'

'It must be then, sir, you came this way before.'

'It must be so, and I heard I was born not in the fens but in a country further west of here. All the more fortunate then to chance upon you, sir, supposing you might be Sir Gawain, from those same western lands, well known to ride in these parts.'

'I'm Gawain, right enough, nephew of the great Arthur who once ruled these lands with such wisdom and justice. I was settled many years in the west, but these days Horace and I travel where we may.'

'If my hours were my own, I'd ride west this very day and breathe the air of that country. But I'm obliged to complete my errand and hurry back with news of it. Yet it's an honour indeed to meet a knight of the great Arthur, and a nephew at that. Saxon though I am, his name is one I hold in esteem.'

'I take pleasure in hearing you say so, sir.'

'Sir Gawain, with my speech so miraculously restored, I would ask a small question of you.'

'Ask freely.'

'This gentleman now sits beside you, he's the good Master Axl, a farmer from a Christian village two days away. A man of familiar years to yourself. Sir Gawain, I ask you now, turn and look carefully at him. Is his face one you've seen before, though a long time ago?'

'Good heavens, Master Wistan!' Beatrice, who Axl thought had fallen asleep, was leaning forward again. 'What is this you ask?'

'I mean no harm, mistress. Sir Gawain being from the west country, I fancy he might have glimpsed your husband in days past. What harm's in it?'

'Master Wistan,' Axl said, 'I've seen you look strangely at me from time to time since our first meeting, and waited for some account of it. What is it you believe me to be?'

Wistan, who had been standing over where they were sitting three abreast beneath the great oak, now crouched down onto his heels. Perhaps he had done so to appear less challenging, but to Axl it was almost as if the warrior was wishing to scrutinise their faces more closely.

'Let's for now have Sir Gawain do as I ask,' Wistan said, 'and it's only a small turn of his head needed. See it as a childish game if you will. I beg you, sir, look at this man beside you and say if you've ever seen him in days past.'

Sir Gawain gave a chuckle, and moved his torso forward. He seemed eager for amusement, as though indeed he had just been invited to participate in a game. But as he gazed into Axl's face, his expression changed to one of surprise – even of shock. Instinctively, Axl turned away, just as the old knight appeared almost to push himself backwards into the tree trunk.

'Well, sir?' Wistan asked, watching with interest.

'I don't believe this gentleman and I met till today,' said Sir Gawain.

'Are you sure? The years can be a rich disguise.'

'Master Wistan,' Beatrice interrupted, 'what is it you search for in my husband's face? Why ask such a thing of this kind knight, until this moment a stranger to us all?'

'Forgive me, mistress. This country awakens so many memories, though each seems like some restless sparrow I know will flee any moment into the breeze. Your husband's face has all day promised me an important remembrance, and if truth be told, that was a reason for my proposing to travel with you, though I sincerely wish to see you both safely through these wild roads.'

'But why would you know my husband from the west when he's always lived in country nearby?'

'Never mind it, princess. Master Wistan has confused me for someone he once knew.'

'That's what it must be, friends!' said Sir Gawain. 'Horace and I often mistake a face for one from the past. See there, Horace, I say. That's our old friend Tudur before us on the road, and we thought he fell at Mount Badon. Then we ride closer and Horace will give a snort, as if to say, what a fool you are, Gawain, this fellow's young enough to be his grandson, and with not even a passing likeness!'

'Master Wistan,' Beatrice said, 'tell me this much. Does my husband remind you of one you loved as a child? Or is it one you dreaded?'

'Best leave it now, princess.'

But Wistan, rocking gently on his heels, was gazing steadily at Axl. 'I believe it must be one I loved, mistress. For when we met this morning, my heart leapt for joy. And yet before long . . .' He went on looking at Axl silently, his eyes almost dreamlike. Then his face darkened, and rising to his feet again, the warrior turned away. 'I can't answer you, Mistress Beatrice, for I know not myself. I supposed by travelling beside you the memories would awaken, but they've not yet done so. Sir Gawain, are you well?'

Indeed, Gawain had slumped forward. He now straightened and breathed a sigh. 'Well enough, thank you for asking. Yet Horace and I have gone many nights without a soft bed or decent shelter, and we're both weary. That's all there is to it.' He raised his hand and caressed a spot on his forehead, though his real purpose, it occurred to Axl, might have been to obscure his view of the face beside him.

'Master Wistan,' Axl said, 'since we're now speaking frankly, perhaps I may in turn ask something of you. You say you're in this country on your king's errand. But why so anxious to adopt your disguise travelling through a country long settled in peace? If my wife and that poor boy are to travel beside you, we'd wish to know the full nature of our companion, and who his friends and enemies might be.'

'You speak fairly, sir. This country, as you say, is well settled and at peace. Yet here I am a Saxon crossing lands ruled by Britons, and in these parts by the Lord Brennus, whose guards roam boldly to gather their taxes of corn and livestock. I wish no quarrel of the sort may come from a misunderstanding. Hence my disguise, sir, and we'll all of us move more safely for it.'

'You may be right, Master Wistan,' Axl said. 'Yet I saw on the bridge Lord Brennus's guards seemed not to be passing their time idly, but stationed there for a purpose, and if not for the mist clouding their minds, they might have tested you more closely. Can it be, sir, you're some enemy to Lord Brennus?'

For a moment Wistan appeared lost in thought, following with his eyes one of the gnarled roots stretching from the oak's trunk and past where he stood, before burrowing itself into the earth. Eventually he came nearer again, and this time sat down on the stubbled grass.

'Very well, sir,' he said, 'I'll speak fully. I don't mind doing so before you and this fine knight. We've heard rumours in the east of our fellow Saxons across this land ill used by Britons. My king, worrying for his kin, sent me on this mission to observe the real state of affairs. That's all I am, sir, and was going about my errand peaceably when my horse hurt her foot.'

'I understand well your position, sir,' said Gawain. 'Horace and

I often find ourselves on Saxon-governed land and feel the same need for caution. Then I wish to be rid of this armour and taken for a humble farmer. But if we left this metal somewhere, how would we ever find it again? And even though it's years since Arthur fell, isn't it our duty still to wear his crest with pride for all to see? So we go on boldly and when men see I'm a knight of Arthur, I'm happy to report they look on us gently.'

'It's no surprise you're welcomed in these parts, Sir Gawain,' Wistan said. 'But can it really be the same in those countries where Arthur was once such a dreaded enemy?'

'Horace and I find our king's name well received everywhere, sir, even in those countries you mention. For Arthur was one so generous to those he defeated they soon grew to love him as their own.'

For some time – in fact, ever since Arthur's name had first been mentioned – a nagging, uneasy feeling had been troubling Axl. Now at last, as he listened to Wistan and the old knight talk, a fragment of memory came to him. It was not much, but it nevertheless brought him relief to have something to hold and examine. He remembered standing inside a tent, a large one of the sort an army will erect near a battlefield. It was night, and there was a heavy candle flickering, and the wind outside making the tent's walls suck and billow. There were others in the tent with him. Several others, perhaps, but he could not remember their faces. He, Axl, was angry about something, but he had understood the importance of hiding his anger at least for the time being.

'Master Wistan,' Beatrice was saying beside him, 'let me tell you in our own village there are several Saxon families among the most respected. And you saw yourself the Saxon village from which we came today. Those people prosper, and though they sometimes suffer at the hands of fiends such as those you so bravely put down, it's not by any Briton.'

'The good mistress speaks truly,' Sir Gawain said. 'Our beloved Arthur brought lasting peace here between Briton and Saxon, and though we still hear of wars in distant places, here we've long been friends and kin.'

'All I've seen agree with your words,' Wistan said, 'and I'm eager to carry back a happy report, though I've yet to see the lands beyond these hills. Sir Gawain, I don't know if ever again I'll be free to ask this of one so wise, so let me do so now. By what strange skill did your great king heal the scars of war in these lands that a traveller can see barely a mark or shadow left of them today?'

'The question does you credit, sir. My reply is that my uncle was a ruler never thought himself greater than God, and always prayed for guidance. So it was that the conquered, no less than those who fought at his side, saw his fairness and wished him as their king.'

'Even so, sir, isn't it a strange thing when a man calls another brother who only yesterday slaughtered his children? And yet this is the very thing Arthur appears to have accomplished.'

'You touch the heart of it just there, Master Wistan. Slaughter children, you say. And yet Arthur charged us at all times to spare the innocents caught in the clatter of war. More, sir, he commanded us to rescue and give sanctuary when we could to all women, children and elderly, be they Briton or Saxon. On such actions were bonds of trust built, even as battles raged.'

'What you say rings true, and yet it still seems to me a curious wonder,' Wistan said. 'Master Axl, do you not feel it a remarkable thing, how Arthur has united this country?'

'Master Wistan, once again,' Beatrice exclaimed, 'who do you take my husband to be? He knows nothing, sir, of the wars!'

But suddenly no one was listening any more, for Edwin, who had drifted back to the road, was now shouting, and then came the beating of rapidly approaching hooves. Later when he thought back to it, it occurred to Axl that Wistan must indeed have become preoccupied with his curious speculations about the past, for the usually alert warrior had barely risen to his feet as the rider turned into the clearing, then slowing the horse with admirable control, came trotting towards the great oak.

Axl recognised immediately the tall, grey-haired soldier who had spoken courteously to Beatrice at the bridge. The man still wore a faint smile, but was approaching them with his sword drawn, though pointed downwards, the hilt resting on the edge of the saddle. He came to a halt where just a few more of the animal's strides would have brought him to the tree. 'Good day, Sir Gawain,' he said, bowing his head a little.

The old knight gazed up contemptuously from where he sat. 'What do you mean by this, sir, arriving here sword unsheathed?'

'Forgive me, Sir Gawain. I wish only to question these companions of yours.' He looked down at Wistan, who had again let his jaw drop slackly, and was giggling to himself. Without taking his eyes off the warrior, the soldier shouted: 'Boy, move that horse no closer!' For indeed, behind him, Edwin had been approaching with Wistan's mare. 'Hear me, lad! Let go the rein and come stand here before me beside your idiot brother. I'm waiting, lad.'

Edwin appeared to comprehend the soldier's wishes, if not his actual words, for he left the mare and came to join Wistan. As he did so, the soldier adjusted slightly the position of his horse. Axl, noticing this, understood immediately that the soldier was maintaining a particular angle and distance between himself and his charges that would give him the greatest advantage in the event of sudden conflict. Before, with Wistan standing where he was, the head and neck of the soldier's own horse would momentarily have obstructed his first swing of the sword, giving Wistan vital time either to unsettle the horse, or run to its blind side, where the sword's reach was diminished in scope and power by having to be brought across the body. But now the small adjusting of the horse had made it practically suicidal for an unarmed man, as Wistan was, to storm the rider. The soldier's new position seemed also to have taken expert account of Wistan's mare, loose some distance behind the soldier's back. Wistan was now unable to run for his horse without describing a wide curve to avoid the sword side of the rider, making it a near-certainty he would be run through from behind before reaching his destination.

Axl noted all this with a sense of admiration for the soldier's strategic skill, as well as dismay at its implications. There had been a time when Axl, too, had once nudged his horse forward, in another small but subtly vital manoeuvre, bringing himself in line with a fellow rider. What had he been doing that day? The two of them, he and the other rider, had been waiting on horseback, staring out across a vast grey moor. Until that moment his companion's horse had been in front, for Axl remembered its tail flicking and swaying before him, and wondering how much of this action was due to the animal's reflexes, and how much to the fierce wind sweeping across the empty land.

Axl pushed these puzzling thoughts away as he struggled to his feet, then helped up his wife. Sir Gawain remained seated, apparently stuck to the foot of the oak, glowering at the newcomer. Then he said quietly to Axl: 'Sir, help me rise.'

It took both Axl and Beatrice, one on each arm, to bring the old knight to his feet, but when finally he straightened to his full height in his armour and pulled back his shoulders, he was an impressive sight. But Sir Gawain seemed content to stare moodily at the soldier, and eventually it was Axl who spoke.

'Why do you come upon us like this, sir, and we but simple wayfarers? Do you not remember how you quizzed us not an hour before by the waterfall?'

'I recall you well, uncle,' the grey-haired soldier said. 'Though when we last met a strange spell had fallen on us guarding the bridge that we forgot our very purpose being there. Only now, my post relieved and riding to our camp, it all suddenly returns to me. Then I thought of you, uncle, and your party slipping past, and turned my horse to hurry after you. Boy! Don't wander, I say! Remain beside your idiot brother!'

Edwin sulkily returned to Wistan's side and looked enquiringly at the warrior. The latter was still giggling quietly, a line of saliva spilling from one corner of his mouth. His eyes were roaming wildly, but Axl guessed the warrior was in fact taking careful measure of the distance to his own horse, and the proximity of his opponent, and in all probability coming to the same conclusions as Axl's.

'Sir Gawain,' Axl whispered. 'If there's to be trouble now, I beg you assist me to defend my good wife here.'

'I'll do so on my honour, sir. Rest assured of it.'

Axl nodded gratefully, but now the grey-haired soldier was dismounting. Again Axl found himself admiring the skilful way he did this, so that when finally he stood to face Wistan and the boy, he was once more at exactly the correct distance and angle to them; his sword, moreover, was carried so as not to exhaust his arm, while his horse shielded him from any unexpected assault from the rear.

'I'll tell you what slipped our mind when we last met, uncle. We'd just received word of a Saxon warrior left a nearby village bringing with him a wounded lad.' The soldier nodded at Edwin. 'A lad the age of that one there. Now, uncle, I don't know what you and the good woman here are to this matter. I seek only this Saxon and his lad. Speak frankly and no harm will visit you.'

'There's no warrior here, sir. And we've no quarrel with you, nor with Lord Brennus who I suppose to be your master.'

'Do you know what you speak of, uncle? Lend a mask to our enemies and you'll answer to us, whatever your years. Who are these you travel with, this mute and this lad?'

'As I said before, sir, they're given to us by debtors, in place of corn and tin. They'll work a year to pay their family's debt.'

'Sure you're not mistaken, uncle?'

'I know not whom you seek, sir, but it wouldn't be these poor Saxons. And while you spend your time with us, your enemies move freely elsewhere.'

The soldier gave this consideration – Axl's voice had carried unexpected authority – uncertainty entering his manner. 'Sir Gawain,' he asked. 'What do you know of these people?'

'They chanced on us as Horace and I rested here. I believe them to be simple creatures.'

The soldier once more scrutinised Wistan's features. 'A mute fool, is it?' He took two steps forward and raised the sword so the point was aimed at Wistan's throat. 'But he surely fears death like the rest of us.'

Axl saw that for the first time the soldier had made an error. He had come too close to his opponent, and although it would be a hideous risk, it was now conceivable for Wistan to move very suddenly and seize the arm holding the sword before it could strike. Wistan, however, went on giggling, then smiled foolishly at Edwin beside him. This latest action, however, seemed to arouse Sir Gawain's anger.

'They may be strangers to me only an hour ago, sir,' he boomed. 'But I'll not see them treated with rudeness.'

'This doesn't concern you, Sir Gawain. I would ask you to remain silent.'

'Do you dare speak to a knight of Arthur that way, sir?'

'Can it be possible,' the soldier said, completely ignoring Sir Gawain, 'this idiot here is a warrior disguised? With no weapon about him, it makes little difference. Mine's a blade sharp enough whichever he may be.'

'How dare he!' Sir Gawain muttered to himself.

The grey-haired soldier, perhaps suddenly realising his error, took two paces back till he was exactly where he had been before, and lowered the sword to waist height. 'Boy,' he said. 'Step forward to me.'

'He speaks only the Saxon tongue, sir, and a shy boy too,' Axl said.

'He needn't speak, uncle. Only raise his shirt and we'll know if he's the one left the village with the warrior. Boy, a step closer to me.'

As Edwin came nearer the soldier reached out with his free hand. A tussle ensued as Edwin tried to fight him off, but the shirt was soon dragged up the boy's torso, and Axl saw, a little way below the ribs, a swollen patch of skin encircled by tiny dots of dried blood. On either side of him, Beatrice and Gawain were now leaning forward to see better, but the soldier himself, reluctant to take his gaze off Wistan, did not glance at the wound for some time. When finally he did so, he was obliged to make a swift turn of his head, and at that very moment, Edwin produced a piercing, high-pitched noise – not a scream exactly, but something that reminded Axl of a forlorn fox. The soldier was for an instant distracted by it, and Edwin seized the chance to break from his grasp. Only then did Axl realise the noise was coming not from the boy, but from Wistan; and that in response, the warrior's mare, until then languidly munching the ground, had suddenly turned and was charging straight for them.

The soldier's own horse had made a panicked motion behind him, causing him further confusion, and by the time he had recovered, Wistan had gone clear of the sword's reach. The mare kept coming at daunting speed, and Wistan, feinting one way, then moving the other, produced another shrill call. The mare slowed to a canter, bringing herself between Wistan and his opponent, enabling the warrior, in an almost leisurely manner, to take up a position several strides from the oak. The mare turned again, moving smartly in pursuit of her master. Axl supposed Wistan's intention was to mount the animal as she came past, for the warrior was now waiting, both arms poised in the air. Axl even saw him reach towards the saddle just before the mare momentarily obscured him from view. But then the horse cantered on riderless towards the spot where so recently she had been enjoying the grass. Wistan had remained standing quite still, but now with a sword in his hand.

A small exclamation escaped Beatrice, and Axl, placing an arm around her, drew her closer. On his other side, Gawain made a grunting noise which seemed to signify his appreciation of Wistan's manoeuvre. The old knight had placed a foot up on one of the raised roots of the oak, and was watching with keen interest, a hand on his knee.

The grey-haired soldier's back was now turned to them: in this, of course, he had had little choice, for he had now to face Wistan. Axl was surprised to see that this soldier, so controlled and expert only a moment ago, had become quite disorientated. He was looking towards his horse – which had trotted some way away in panic – as though for reassurance, then raised his sword, the tip just above the level of his shoulder, gripping tightly with both hands. This posture, Axl knew, was premature, and would only exhaust the arm muscles. Wistan, in contrast, looked calm, almost nonchalant, just as he had done the previous night when they had first glimpsed him setting off out of the village. He came slowly towards the soldier, stopping a few steps before him, sword held low in just one hand.

'Sir Gawain,' the soldier said, a new note in his voice, 'I hear you move at my back. Do you stand with me against this foe?'

'I stand here to protect this good couple, sir. Otherwise, this dispute is not my concern, as you so lately reported. This warrior may be your foe, but he isn't yet mine.'

'This fellow's a Saxon warrior, Sir Gawain, and here to do us mischief. Help me face him, for though I'm keen to do my duty, if this is the man we seek he's a fearful fellow by all accounts.'

'What reason have I to take arms against a man simply for being a stranger? It's you, sir, came into this tranquil place with your rude manners.'

There was silence for a while. Then the soldier said to Wistan: 'Do you stay mute, sir? Or will you reveal yourself now we face one another!'

'I'm Wistan, sir, a warrior from the east visiting this country. It seems your Lord Brennus would have me hurt, though for what reason I know not since I travel in peace on an errand for my king. And it's my belief you mean to harm that innocent boy, and seeing this I must now frustrate you.'

'Sir Gawain,' the soldier cried, 'will you come to the aid of a fellow Briton, I ask you once again. If this is Wistan, it's said more than fifty Norsemen have fallen by his hand alone.'

'If fifty fierce Vikings fell to him, what difference can one old and weary knight make to the outcome now, sir?'

'I beg you, do not jest, Sir Gawain. This is a wild fellow, and he'll strike at any moment. I see it in his eye. He's here to do us all mischief, I tell you.'

'Name the mischief I bring,' Wistan said, 'travelling peacefully through your country, a single sword in my pack to defend against wild creatures and bandits. If you can name my crime, do so now, for I'd hear the charge before I strike you.'

'I'm ignorant of the nature of your mischief, sir, but have faith enough in Lord Brennus's desire to be free of you.'

'No charge to name, then, yet you hurry here to slay me.'

'Sir Gawain, I beg you help me! Fierce as he is, the two of us with careful strategy might overcome him.'

'Sir, let me remind you, I'm a knight of Arthur, no foot soldier of your Lord Brennus. I don't take up arms against strangers on rumour or for their foreign blood. And it seems to me you're unable to give good cause for taking against him.'

'You force me to speak then, sir, though these are confidences to which a man of my humble rank has no right, even if Lord Brennus himself let me hear them. This man is come to this country on a mission to slay the dragon Querig. This is what brings him here!'

'Slay Querig?' Sir Gawain sounded genuinely dumbfounded. He strode forward from the tree and stared at Wistan as if seeing him for the first time. 'Is this true, sir?'

'I've no wish to lie to a knight of Arthur, so let me declare it. Further to my duty reported earlier, I've been charged by my king to slay the she-dragon roams this country. But what objection could there be to such a task? A fierce dragon bringing danger to all alike. Tell me, soldier, why is it such a mission makes me your enemy?'

'Slay Querig?! You really mean to slay Querig?!' Sir Gawain was now shouting. 'But sir, this is a mission entrusted to *me*! Do you not know this? A mission entrusted to me by Arthur himself!'

'A dispute for some other time, Sir Gawain. Let me first attend to this soldier who would make an enemy of me and my friends when we would go by in peace.'

'Sir Gawain, if you'll not come to my aid, I fear this is my final hour! I implore you, sir, remember the affection Lord Brennus has for Arthur and his memory and take arms against this Saxon!'

'It is *my* duty to slay Querig, Master Wistan! Horace and I have laid careful plans to lure her out and we seek no assistance!'

'Lay down your sword, sir,' Wistan said to the soldier, 'and I may spare you yet. Otherwise end your life on this ground.'

The soldier hesitated, but then said: 'I see now I was foolish to suppose myself strong enough to take you alone, sir. I may be punished yet for my vanity. But I won't now lay down my sword like a coward.'

'By what right', Sir Gawain cried, 'does your king order you to come from another country and usurp the duties given to a knight of Arthur?'

'Forgive me, Sir Gawain, but it's many a year you've had to slay Querig, and small children have become grown men in the time. If I can do this country a service and rid it of this scourge, why be angry?'

'Why be angry, sir? You know not what you're about! You think it an easy matter to slay Querig? She's as wise as she's fierce! You'll only anger her with your foolishness, and this whole country will need suffer her wrath, where we've hardly heard a thing of her these past several years. It requires the most delicate handling, sir, or a calamity will befall the innocent right across this country! Why do you suppose Horace and I have so bided our time? One misstep will have grave consequences, sir!'

'Then help me, Sir Gawain,' the soldier shouted, now making no effort to hide his fear. 'Let's together put out this menace!'

Sir Gawain looked at the soldier with a puzzled air, as if he had forgotten for the moment who he was. Then he said in a calmer voice: 'I'll not aid you, sir. I'm no friend of your master, for I fear his dark motives. I fear too the harm you intend to these others here, who must be innocents in whatever intrigue enfolds us.'

'Sir Gawain, I hang here between life and death as a fly caught in a web. I make my last appeal to you, and though I don't understand the full part of this matter, I beg you consider why he comes to our country if not to do us mischief!'

'He gives good account of his errand here, sir, and though he angers me with his careless plans, it's hardly reason to join you in arms against him.'

'Fight now, soldier,' Wistan said, his tone almost conciliatory. 'Fight and be done with it.'

'Will it do harm, Master Wistan,' Beatrice said suddenly, 'to let this soldier surrender his sword and ride away? He spoke kindly to me before on the bridge and he's perhaps not a bad man.'

'If I do as you ask, Mistress Beatrice, he'll take news back of us and surely return before long with thirty or more soldiers.

There'll be little mercy shown then. And mark you, he means sinister harm to the boy.'

'Perhaps he would willingly swear an oath not to betray us.'

'Your kindness touches me, mistress,' the grey-haired soldier intervened, never taking his eyes off Wistan. 'But I'm no scoundrel and won't take rude advantage of it. What the Saxon says is true. Spare me and I'll do just as he says, for duty allows me no other course. Yet I thank you for your gentle words, and if these are to be my last moments, then I'll leave this world a little more peacefully for them.'

'What's more, sir,' Beatrice said, 'I've not forgotten your earlier request, concerning your mother and father. You made it then in jest, I know, and it's not likely we'll encounter them. But if ever we do so, they'll know of how you waited with longing to see them again.'

'I thank you once more, mistress. But this is no time for me to soften my heart with such thoughts. Fortune may favour me yet in this contest, no matter this man's reputation, and then you may regret you ever wished me kindness.'

'Most likely so,' Beatrice said and sighed. 'Then Master Wistan, you must do your best for us. I'll look away, for I take no pleasure in slaughter. And I bid you tell young Master Edwin do the same, for I'm sure he'll only heed if you command it.'

'Pardon me, mistress,' Wistan said, 'but I would the boy witness all that unfolds, just as I was often made to do at his age. I know he'll not flinch or retch to witness the ways of warriors.' He now spoke several sentences in Saxon, and Edwin, who had been standing by himself a short way away, walked over to the tree and stood beside Axl and Beatrice. His eyes, watchful, seemed never to blink.

Axl could hear the grey-haired soldier's breathing, more audible now because the man was releasing a low growl with each breath. When he charged forward he did so with his sword high above his head in what seemed an unsophisticated, even suicidal attack; but just before he reached Wistan, he abruptly altered his trajectory, and feinted to his left, his sword lowered to his hip. The grey-haired soldier, Axl understood with a twinge of pity, knowing he stood little chance should the combat mature, had wagered everything on this one desperate ploy. But Wistan had anticipated it, or perhaps it was that his instincts were enough. The Saxon side-stepped neatly, and drew his own sword across the oncoming man in a single simple movement. The soldier let out a sound such as a bucket makes when, dropped into a well, it first strikes the water; he then fell forward onto the ground. Sir Gawain muttered a prayer, and Beatrice asked: 'Is it done now, Axl?'

'It's done, princess.'

Edwin was staring at the fallen man, his expression barely changed from before. Following the boy's gaze, Axl saw that a serpent, disturbed in the grass by the soldier's fall, was now sliding out from under the body. Though dark, the creature was mottled with yellows and whites, and as it revealed more of itself, travelling swiftly across the ground, Axl caught the powerful odour of a man's insides. He instinctively stepped to one side, moving Beatrice with him, in case the creature should come searching for their feet. Still it kept coming their way, parting in two around a clump of thistle, as a stream might part around a rock, before becoming one again and continuing ever closer.

'Come away, princess,' Axl said, leading her. 'It's done, and it's as well. This man meant us harm, though the reason's still not clear.'

'Let me enlighten you as far as I can, Master Axl,' Wistan said. He had been cleaning his sword on the ground, but now rose and came towards them. 'It's true our Saxon kin in this country live in good harmony with your people. But we've reports at home of Lord Brennus's ambitions to conquer this land for himself and make war on all Saxons now living on it.'

'I hear the same reports, sir,' Sir Gawain said. 'It was another reason I wouldn't side with this wretch now gutted like a trout. I fear this Lord Brennus is one who would undo the great peace won by Arthur.'

'We at home hear more, sir,' said Wistan. 'That Brennus entertains in his castle a dangerous guest. A Norseman said to possess the wisdom to tame dragons. It's my king's fear Lord Brennus means to capture Querig to fight in the ranks of his army. This she-dragon would make a fierce soldier indeed, and Brennus would then rightly harbour ambition. It's for this I'm sent to destroy the dragon before her savagery turns on all who oppose Lord Brennus. Sir Gawain, you look aghast, but I speak sincerely.'

'If I'm aghast, sir, it's because there's a sound ring to your words. When I was a young man, I once faced a dragon in an opposing army, and a fearful thing it was. My comrades, hungry for victory the moment before, froze for fear at the sight, and this a creature not half the equal of Querig in might or cunning. If Querig is made a servant of Lord Brennus, it will surely tempt new wars. Yet it's my hope she's too wild to be tamed by any man.' He paused, looked towards the fallen soldier and shook his head.

Wistan strode over to where Edwin was standing, and grasping the boy by the arm, began gently to lead him towards the corpse. Then for a little while the two of them stood side by side over the soldier, Wistan talking quietly, pointing occasionally, and looking into Edwin's face to check the response. At one stage, Axl saw Wistan's finger trace a smooth line through the air, as perhaps he explained to the boy the journey made by his blade. All the while, Edwin went on gazing blankly at the fallen man.

Sir Gawain, appearing now at Axl's side, said: 'It's a great sadness this tranquil spot, surely a gift from God to all weary travellers, is now polluted by blood. Let's bury this man quickly, before anyone else comes this way, and I'll take his horse to Lord Brennus's camp, together with news of how I came upon him attacked by bandits, and where his friends may find his grave. Meanwhile, sir' – he turned to address Wistan – 'I urge you return straight away east. Think no more of Querig, for you can be assured Horace and I, hearing all we have today, will redouble our efforts to slay her. Now come, friends, let's put this man in the earth that he may return to his maker peacefully.'

PART II

Chapter Six

For all his tiredness, Axl was finding sleep elusive. The monks had provided them with a room on the upper storey, and while it was a relief not to have to contend with the cold seeping up from the soil, he had never slept easily above ground. Even when sheltering in barns or stables, he had often climbed ladders to a restless night troubled by the cavernous space beneath him. Or perhaps his restlessness tonight had to do with the presence of the birds in the dark above. They were now largely silent, but every so often would come a small rustle, or a beating of wings, and he would feel the urge to fling his arms over Beatrice's sleeping form to protect her from the foul feathers drifting down through the air.

The birds had been there when they had first entered the chamber earlier in the day. And had he not felt, even then, something malevolent in the way these crows, blackbirds, woodpigeons looked down on them from the rafters? Or was it just that his memory had become coloured by subsequent events?

Or perhaps the sleeplessness was on account of the sounds, even now echoing across the monastery grounds, of Wistan chopping firewood. The noise had not prevented Beatrice from sinking easily into sleep, and on the other side of the room, beyond the dark shape he knew to be the table on which they had earlier eaten, Edwin had settled to a gentle snoring. But Wistan, as far as Axl knew, had not slept at all. The warrior had remained sitting over in the far corner, waiting for the last monk to leave the courtyard below, then gone out into the night. And now here he was again – and despite Father Jonus's warning – cutting more firewood.

The monks had taken some time to disperse after emerging from their meeting. Several times Axl had come close to sleep only to be brought to the surface again by voices below. Sometimes they were four or five, always lowered, often filled with anger or fear. There had been no voices now for some time, and yet as he drifted again towards slumber, Axl could not shake the feeling there were still monks below their window, not just a few, but dozens of robed figures, standing silently under the moonlight, listening to Wistan's blows resounding across the grounds.

Earlier, with the afternoon sun filling the chamber, Axl had looked out of the window to see what appeared to be the entire community – more than forty monks – waiting in clusters all around the courtyard. There was a furtive mood among them, as if they were keen their words were not overheard even by those in their own ranks, and Axl could see hostile glances exchanged. Their habits were all of the same brown cloth, sometimes missing a hood or a sleeve. They seemed anxious to go into the large stone building opposite, but there had been a delay and their impatience was palpable.

Axl had been gazing down on the courtyard for several moments when a noise made him lean further out of the window and look directly beneath him. He had seen then the outer wall of the building, its pale stone revealing yellow hues in the sun, and the staircase cut into it rising from the ground towards him. Midway up these stairs was a monk – Axl could see the top of his head – holding a tray laden with food and a jug of milk. The man was pausing to rebalance the tray, and Axl watched the manoeuvre with alarm, knowing how these steps were worn unevenly, and that with no rail on the outside, one had always to keep pressed to the wall to be sure not to plunge down onto the hard cobbles. On top of it all, the monk now ascending appeared to have a limp, yet he kept coming, slowly and steadily.

Axl went to the door to relieve the man of the tray, but the monk – Father Brian, as they were soon to learn he was called – insisted on carrying it to the table himself, saying: 'You are our guests, so let me serve you as such.'

Wistan and the boy had left by then, and perhaps the sound of their woodcutting was already ringing through the air. So it had been just he and Beatrice who had sat down, side by side, at the wooden table and devoured gratefully the bread, fruit and milk. As they did so, Father Brian had chatted happily, sometimes dreamily, about past visitors, the fish to be caught in nearby streams, a stray dog that had lived with them until its death the previous winter. Sometimes Father Brian, an elderly but sprightly man, got up from the table and shuffled about the room dragging about his bad leg, talking all the while, every now and then going to the window to check on his colleagues below.

Meanwhile, above their heads, the birds had been criss-crossing the underside of the roof, their feathers occasionally drifting down to blemish the surface of the milk. Axl had been tempted to chase off these birds, but had refrained in case the monks regarded them with affection. He was taken aback then when rapid footsteps came up the stairs outside, and a large monk with a dark beard and a flushed face burst into the room.

'Demons! Demons!' he shouted, glaring up at the rafters. 'I'll see them soak in blood!'

The newcomer was carrying a straw bag, and he now reached into it, brought out a stone and hurled it up at the birds. 'Demons! Foul demons, demons, demons!'

As the first stone ricocheted down to the ground, he threw a second and then a third. The stones were landing away from the table, but Beatrice had covered her head with both arms, and Axl, rising, began to move towards the bearded man. But Father Brian had reached him first, and clutching both the man's arms, said:

'Brother Irasmus, I beg you! Stop this and calm yourself!'

The birds by now were screeching and flying in all directions, and the bearded monk shouted over the commotion: 'I know them! I know them!'

'Calm yourself, brother!'

'Don't you stop me, father! They're agents of the devil!'

'They may yet be agents of God, Irasmus. We don't yet know.'

'I know them to be of the devil! Look at their eyes! How can they be of God and gaze at us with such eyes?'

'Irasmus, calm yourself. We have guests present.'

At these words, the bearded monk became aware of Axl and Beatrice. He stared angrily at them, then said to Father Brian: 'Why bring guests into the house at a time like this? Why do they come here?'

'They're just good people travelling by, brother, and we're happy to give them hospitality as is ever our custom.'

'Father Brian, you're a fool to tell strangers of our affairs! Look, they spy on us!'

'They spy on no one, nor do they have any interest in our problems, having plenty of their own, I don't doubt.'

Suddenly the bearded man drew out another stone and prepared to hurl it, but Father Brian managed to prevent him. 'Go back down, Irasmus, and let go this bag. Here, leave it with me. It won't do, carrying it everywhere the way you do.'

The bearded man shook off the older monk, and clutched his sack jealously to his chest. Father Brian, allowing Irasmus this small victory, ushered him to the doorway, and even as the latter turned to glare again at the roof, pushed him gently out onto the stairway.

'Go back down, Irasmus. They miss you down there. Go back down and take care you don't fall.'

When the man had finally gone, Father Brian came back into the room, waving his hand at the feathers floating in the air.

'My apologies to you both. He's a good man, but this way of life no longer suits him. Please be seated again and finish your meal in peace.'

'And yet, father,' Beatrice said, 'that fellow may be right when he says we intrude on you at an uneasy time. We've no desire to increase your burdens here, and if you'll only let us quickly consult Father Jonus, whose wisdom's well known, we'll be on our way. Is there word yet if we might see him?'

Father Brian shook his head. 'It's as I told you earlier, mistress. Jonus has been unwell, and the abbot's given strict orders no one will disturb him other than with permission given by the abbot himself. Knowing of your desire to meet with Jonus, and the pains you took to come here, I've been trying since your arrival to attract the abbot's ear. Yet as you see, you come at a busy time, and now there's a visitor of some importance arrived for the abbot, delaying our conference further. The abbot's even now gone back to his study to talk with the visitor while the rest of us wait for him.'

Beatrice had been standing at the window to watch the bearded monk's departure down the stone steps, and she now pointed, saying: 'Good father, isn't that the abbot returning now?'

Axl, coming to her side, saw a gaunt figure striding with authority into the centre of the courtyard. The monks, breaking from their conversations, were all moving towards him.

'Ah yes, there's the abbot returned. Now finish your meal in peace. And regarding Jonus, be patient, for I fear I'll not be able to bring you the abbot's decision till after this conference is over. Yet I'll not forget, I promise, and will petition well for you.'

It was surely the case that then, as now, the warrior's axe blows had been ringing across the courtyard. In fact, Axl could distinctly recall asking himself, as he watched the monks filing into the building opposite, if he was hearing one woodcutter or two; for a second blow would follow so close behind the first it was hard to tell if it was a real sound or an echo. Thinking about it now, lying in the dark, Axl was sure Edwin had been chopping alongside Wistan, matching the warrior blow for blow. In all likelihood the boy was already an expert woodcutter. Earlier that day, before they had come to this monastery, he had astonished them by digging so rapidly with two flat stones he had happened to find nearby.

Axl by then had ceased to dig, having been persuaded by the warrior to preserve his strength for the climb to the monastery. So he had stood beside the oozing body of the soldier, guarding it from the birds gathering in the branches. Wistan, Axl recalled, had been using the dead man's sword to dig the grave, remarking that he was reluctant to blunt his own on such a task. Sir Gawain, however, had said: 'This soldier died honourably, no matter the schemes of his master, and a knight's sword is put to good use giving him a grave.' Both men, though, had paused to watch in wonder the progress being made by Edwin with his rudimentary tools. Then, as they resumed their work, Wistan had said:

'I fear, Sir Gawain, Lord Brennus will not believe such a story.'

'He'll believe it well enough, sir,' Gawain had replied, continuing to dig. 'There's a coolness between us, but he has me for an honest fool without the wit to invent devious tales. I may tell them how the soldier spoke of bandits even as he bled to death in my arms. Some will think it a grave sin to tell such a lie, yet I know God will look mercifully on it, for isn't it to stop further bloodshed? I'll make Brennus believe me, sir. Even so, you remain in danger and have good reason to hurry home.'

'I'll do so without delay, Sir Gawain, as soon as my errand here's finished. If my mare's foot isn't soon healed, I may even trade her for another, for that's a long ride to the fens. Yet I'll be sorry for she's a rare horse.'

'A rare one indeed! My Horace, alas, no longer possesses such agility, yet he's come to me in many an hour of need, as your mare came to you just now. A rare horse, and one you'll be sad to lose. Even so, speed is crucial, so be on your way and never mind your errand. Horace and I will see to the she-dragon, so you've no cause to think further of her. In any case, now I've had time to dwell on it, I see Lord Brennus can never succeed in recruiting Querig into his army. She's the most wild and untameable of creatures and will as quickly spew fire on her own ranks as on Brennus's foes. The whole idea's outlandish, sir. Think no more of it and hurry home before your enemies corner you.' Then when Wistan continued to dig without responding, Sir Gawain asked: 'Do I have your word on it, Master Wistan?'

'On what, Sir Gawain?'

'That you'll think no more of the she-dragon and hurry home.'

'You seem keen to hear me say so.'

'I think not just of your safety, sir, but of those on whom Querig will turn should you arouse her. And what of these companions who travel with you?'

'It's true, the safety of these friends gives me concern. I'll go beside them as far as the monastery, for I can hardly leave them defenceless on these wild roads. Thereafter, it may be best we part.'

'So after the monastery, you'll make your way home.'

'I'll set off home when I'm ready, sir knight.'

The smell rising from the dead man's innards had obliged Axl to take a few steps away, and when he did so, he found he had a better view of Sir Gawain. The knight was now waist deep in the ground, and the perspiration had drenched his forehead, so perhaps that was why his expression had lost its customary benevolence. He was regarding Wistan with intense hostility, while the latter, oblivious, carried on digging.

Beatrice had been upset by the soldier's death. As the grave had grown deeper, she had walked slowly back to the great oak and seated herself again in its shade, her head bowed. Axl had wanted to go and sit with her, and but for the gathering crows, would have done so. Now, lying in the darkness, he too began to feel a sadness for the slain man. He remembered the soldier's courtesy towards them on the little bridge, and the gentle way he had spoken to Beatrice. Axl recalled too the precise way he had positioned his horse when first entering the clearing. Something in the way he had done so had tugged on his memory at the time, and now, in the night's stillness, Axl remembered the rise and fall of moorland, the brooding sky, and the flock of sheep coming through the heather.

He had been on horseback, and in front of him was mounted his companion, a man called Harvey, the smell of whose heavy body overpowered that of their horses. They had halted in the midst of the windswept wilderness because they had spotted movement in the distance, and once it was clear it signified no threat, Axl had stretched his arms – they had been riding a long time – and watched the tail of Harvey's horse swinging from side to side as though to prevent the flies settling on its rear. Although his companion's face was hidden from him at that moment, the shape of Harvey's back, indeed his whole posture, announced the malevolence aroused by the sight of the approaching party. Gazing past Harvey, Axl could now make out the dark dots that were the sheep's faces, and moving among them four men – one on a donkey, the others on foot. There appeared to be no dogs. The shepherds, Axl supposed, must long ago have spotted them – two riders clearly outlined against the sky – but if they had felt apprehension there was no sign of it in their slow, relentless trudge forwards. There was, in any case, just the one long path across the moor, and Axl supposed the shepherds could avoid them only by turning back.

As the group came nearer, he could see that all four men, though far from old, were sickly and thin. This observation brought a sinking to his heart, for he knew the men's condition would only further provoke his companion's savagery. Axl waited until the party was almost within hailing distance, then nudged forward his horse, positioning it carefully to the side of Harvey where he knew the shepherds, and most of the flock, were bound to pass. He made sure to keep his own horse a nose behind, to allow his companion the illusion of seniority. Yet Axl was now in a position that would shield the shepherds from any sudden assault Harvey might launch with his whip, or with the club hooked to his saddle. All the while, the manoeuvre would have suggested on the surface only camaraderie, and in any case, Harvey did not possess the subtlety of mind even to suspect its real purpose. Indeed, Axl recalled his companion nodding absent-mindedly as he drew up, before turning back to stare moodily across the moor.

Axl had been especially anxious on behalf of the approaching shepherds because of something that had occurred a few days earlier in a Saxon village. It had been a sunny morning, and on that occasion Axl had been as startled as any of the villagers. Without warning, Harvey had heeled his horse forward and started to rain down blows on the people waiting to draw water from the well. Had Harvey used his whip or his club on that occasion? Axl had tried to recall this detail that day on the moor. If Harvey chose to assault the passing shepherds with his whip, the reach would be greater and require less leverage of the arm; he might even dare to swing it over the head of Axl's horse. If, however, he chose his club, with Axl positioned as he now was, Harvey would be obliged to push his horse beyond Axl's and rotate partially before attacking. Such a manoeuvre would appear too deliberate for his companion: Harvey was the type that liked his savagery to look impulsive and effortless.

He could not remember now if his careful actions had saved the shepherds. He had a vague recollection of sheep drifting innocently past them, but his memory of the shepherds themselves had become confusingly bound up with that attack on the villagers by the well. What had brought the pair of them to that village that morning? Axl remembered the cries of outrage, children crying, the looks of hatred, and his own fury, not so much at Harvey himself, but at those who had handicapped him with such a companion. Their mission, if accomplished, would surely be an achievement unique and new, one so supreme God himself would judge it a moment when men came a step closer to him. Yet how could Axl hope to do anything tethered to such a brute?

The grey-haired soldier came back into his thoughts, and the little half-gesture he had made on the bridge. As his stocky colleague had shouted and pulled on Wistan's hair, the grey-haired man had started to raise his arm, his fingers almost in a pointing gesture, a reprimand all but escaping his lips. Then he had let his arm fall. Axl had understood exactly what the grey-haired man had experienced during those moments. The soldier had then spoken with particular gentleness to Beatrice, and Axl had been grateful to him. He recalled Beatrice's expression as she had stood before the bridge, changing from grave and guarded to the softly smiling one so dear to him. The picture now seized his heart, and at the same time made him fearful. A stranger – a potentially dangerous one at that – had but to say a few kindly words and there she was, ready to trust the world again. The thought troubled him and he felt the urge to run his hand gently over the shoulder now beside him. But had she not always been thus? Was it not part of what made her so precious to him? And had she not survived these many years with no great harm coming to her?

'It can't be rosemary, sir,' he remembered Beatrice saying to him, her voice tense with anxiety. He was crouching down, one knee pressed into the ground, for it was a fine day and the soil dry. Beatrice must have been standing behind him, for he could remember her shadow on the forest floor before him as he parted the undergrowth with his hands. 'It can't be rosemary, sir. Whoever saw rosemary with such yellow flowers on it?'

'Then I have its name wrong, maiden,' Axl had said. 'But I

know for certain it's one commonly seen, and not one to bring you mischief.'

'But are you really one who knows his plants, sir? My mother taught me everything grows wild in this country, yet what's before us now is strange to me.'

'Then it's likely something foreign to these parts lately arrived. Why distress yourself so, maiden?'

'I distress myself, sir, because it's likely this is a weed I'm brought up to fear.'

'Why fear a weed except that it's poisonous, and then all's needed is not to touch it. Yet there you were, reaching down with your hands, and now getting me to do the same!'

'Oh, it's not poisonous, sir! At least not in the way you mean. Yet my mother once described closely a plant and warned that to see it in the heather was bad luck for any young girl.'

'What sort of bad luck, maiden?'

'I'm not bold enough to tell you, sir.'

But even as she said this, the young woman – for that was what Beatrice was that day – had crouched down beside him so that their elbows touched for a brief moment, and smiled trustingly into his gaze.

'If it's such bad luck to see it,' Axl had said, 'what kindness is it to bring me from the road just to place my gaze on it?'

'Oh, it's not bad luck for *you*, sir! Only for unmarried girls. There's another plant entirely brings bad luck to men like yourself.'

'You'd better tell me what this other looks like, so I may dread it as you do this one.'

'You may enjoy mocking me, sir. Yet one day you'll take a tumble and find the weed next to your nose. You'll see then if it's a laughing matter or not.'

He could remember now the feel of the heather as he had passed his hand through it, the wind in the branches above, and the presence of the young woman beside him. Could that have been the first time they had conversed? Surely they had at least known one another by sight; surely it was inconceivable even Beatrice would have been so trusting of a total stranger.

The woodcutting noises, which had paused for a while, now started up again, and it occurred to Axl the warrior might remain outside the entire night. Wistan appeared calm and thoughtful, even in combat, yet it was possible the tensions of the day and previous night had mounted on his nerves, and he needed to work them off in this way. Even so, his behaviour was odd. Father Jonus had specifically warned against further woodcutting, yet here he was, back at it again and with night well fallen. Earlier, when they had first arrived, it had seemed a simple courtesy on the warrior's part. And at that point, as Axl had discovered, Wistan had had his own reasons for cutting wood.

'The woodshed is well positioned,' the warrior had explained. 'The boy and I were able to keep good watch on the comings and goings while we worked. Even better, when we delivered the wood where it was needed, we roamed at will to inspect the surroundings, even if a few doors stayed barred to us.'

The two of them had been talking up by the high monastery wall overlooking the surrounding forest. The monks had long gone into their meeting by then, and a hush had fallen over the grounds. Several moments before, with Beatrice dozing in the chamber, Axl had wandered out under the late afternoon sun, and climbed the worn stone steps to where Wistan was looking down on the dense foliage below.

'But why go to such trouble, Master Wistan?' Axl had asked.

'Can it be you're suspicious of these good monks here?'

The warrior, a hand raised to shield his eyes, said: 'When we were climbing that path earlier, I wanted nothing but to curl in a corner adrift in my dreams. Yet now we're here, I can't keep away the feeling this place holds dangers for us.'

'It must be weariness makes your suspicions keen, Master Wistan. What can trouble you here?'

'Nothing yet I can point to with conviction. But consider this. When I returned to the stables earlier to see all was well with the mare, I heard sounds coming from the stall behind. I mean, sir, this other stall was separated by a wall, but I could hear another horse beyond, though no horse was there when we first arrived and I led in the mare. Then when I walked to the other side, I found there the stable door shut and a great lock hanging on it only a key would release.'

'There may be many innocent explanations, Master Wistan. The horse may have been at pasture and lately brought in.'

'I spoke to a monk on that very point, and learnt they keep no horses here from a wish not to ease their burdens unduly. It would seem since our own arrival some other visitor has come, and one anxious to keep his presence hidden.'

'Now you mention it, Master Wistan, I recall Father Brian made mention of an important visitor arriving for the abbot, and their great conference being delayed on account of his coming. We know nothing of what goes on here, and in all likelihood, none of it touches us.'

Wistan nodded thoughtfully. 'Perhaps you're right, Master Axl. A little sleep would calm my suspicions. Even so, I sent the boy to wander further this place, supposing he'd be excused a natural curiosity more readily than a grown man. Not long ago he returned to report he'd heard a groaning from those quarters over there' – Wistan turned and pointed – 'as of a man in pain. Creeping indoors after this sound, Master Edwin saw marks of blood both old and fresh outside a closed chamber.'

'Curious certainly. Yet there'd be no mystery in a monk meeting some unfortunate accident, perhaps tripping on these very steps.'

'I concede, sir, I've no hard reason to suppose anything amiss here. Perhaps it's a warrior's instinct makes me wish my sword was in my belt and I was done pretending to be a farmboy. Or maybe my fears derive simply from what these walls whisper to me of days gone by.'

'What can you mean, sir?'

'Only that not long ago, this place was surely no monastery, but a hillfort, and one well made to fight off foes. You recall the exhausting road we climbed? How the path turned back and forth as though eager to drain our strength? Look down there now, sir, see the battlements running above those same paths. It's from there the defenders once showered their guests from above with arrows, rocks, boiling water. It would have been a feat merely to reach the gate.'

'I see it. It can't have been an easy climb.'

'Further, Master Axl, I'd wager this fort was once in Saxon hands, for I see about it many signs of my kin perhaps invisible to you. Look there' – Wistan pointed down to a cobbled yard below hemmed in by walls – 'I fancy just there stood a second gate, much stronger than the first, yet hidden to invaders climbing the road. They saw only the first and strained to storm it, but that gate would have been what we Saxons call a watergate, after those barriers that control a river's flow. Through this watergate would be let past, quite deliberately, a measured number of the enemy. Then the watergate would close on those following. Now those isolated between the two gates, in that space just there, would find themselves outnumbered, and once again, attacked from above. They would be slaughtered before the next group let through. You see how it worked, sir. This is today a place of peace and prayer, yet you needn't gaze so deep to find blood and terror.'

'You read it well, Master Wistan, and I shudder at what you show me.'

'I'd wager too there were Saxon families here, fled from far and wide seeking protection in this fort. Women, children, wounded, old, sick. See over there, the yard where the monks gathered earlier. All but the weakest would have come out and stood there, all the better to witness the invaders squeal like trapped mice between the two gates.'

'That I can't believe, sir. They would surely have hidden themselves below and prayed for deliverance.'

'Only the most cowardly of them. Most would have stood there in that yard, or even come up here where we now stand, happy to risk an arrow or spear to enjoy the agonies below.'

Axl shook his head. 'Surely the sort of people you speak of would take no pleasure in bloodshed, even of the enemy.'

'On the contrary, sir. I speak of people at the end of a brutal road, having seen their children and kin mutilated and ravished. They've reached this, their sanctuary, only after long torment, death chasing at their heels. And now comes an invading army of overwhelming size. The fort may hold several days, perhaps even a week or two. But they know in the end they will face their own slaughter. They know the infants they circle in their arms will before long be bloodied toys kicked about these cobbles.

They know because they've seen it already, from whence they fled. They've seen the enemy burn and cut, take turns to rape young girls even as they lie dying of their wounds. They know this is to come, and so must cherish the earlier days of the siege, when the enemy first pay the price for what they will later do. In other words, Master Axl, it's vengeance to be relished *in advance* by those not able to take it in its proper place. That's why I say, sir, my Saxon cousins would have stood here to cheer and clap, and the more cruel the death, the more merry they would have been.'

'I won't believe it, sir. How is it possible to hate so deeply for deeds not yet done? The good people who once took shelter here would have kept alive their hopes to the end, and surely watched all suffering, of friend and foe, with pity and horror.'

'You're much the senior in years, Master Axl, but in matters of blood, it may be I'm the elder and you the youth. I've seen dark hatred as bottomless as the sea on the faces of old women and tender children, and some days felt such hatred myself.'

'I won't have it, sir, and besides, we talk of a barbarous past hopefully gone for ever. Our argument need never be put to the test, thank God.'

The warrior looked strangely at Axl. He appeared about to say something, then to change his mind. Then he turned to survey the stone buildings behind them saying: 'Wandering these grounds earlier, my arms heavy with firewood, I spotted at every turn fascinating traces of that past. The fact is, sir, even with the second gate breached, this fort would have held many more traps for the enemy, some devilishly cunning. The monks here hardly know what they pass each day. But enough of this. While we share this quiet moment, let me ask your forgiveness, Master Axl, for the discomfort I caused you earlier. I refer to my questioning that good knight about you.'

'Think no more of it, sir. There's no offence, even if you did surprise me, and my wife also. You mistook me for another, an easy error.'

'I thank you for your understanding. I took you for one whose face I can never forget, even though I was a small boy when I saw it last.'

'In the west country then.'

'That's right, sir, in the time before I was taken. The man I speak of was no warrior, yet wore a sword and rode a fine stallion. He came often to our village, and to us boys who knew only farmers and boatmen, was a thing of wonder.'

'Yes. I see how he might be.'

'I recall we followed him all about the village, though always at a shy distance. Some days he'd move with urgency, talking with elders or calling a crowd to gather in the square. Other days he'd wander at leisure, talking to one and all as if to pass the day. He knew little of our tongue, but our village being on the river, the boats coming and going, many spoke his language, so he never lacked for companions. He'd sometimes turn to us with a smile, but we being young would scatter and hide.'

'And was it in this village you learnt our tongue so well?'

'No, that came later. When I was taken.'

'Taken, Master Wistan?'

'I was taken from that village by soldiers and trained from a tender age to be the warrior I am today. It was Britons took me, so I soon learnt to speak and fight in their manner. It's long ago and things take strange shapes in the mind. When I first saw you today in that village, perhaps a trick of the morning light, I felt

I was that boy again, shyly peeking at that great man with his flowing cloak, moving through our village like a lion amongst pigs and cows. I fancy it was a small corner of your smile, or something about your way of greeting a stranger, head bowed a little. Yet now I see I was mistaken, since you could not have been that man. No more of this. How is your good wife, sir? Not exhausted, I hope?'

'She's recovered her breath well, I thank you for asking, though I've told her to rest further just now. We're forced, in any case, to wait till the monks return from their meeting and the abbot gives permission to visit the wise physician Jonus.'

'A resolute lady, sir. I admired how she made her way here giving no complaint. Ah, here's the boy back again.'

'See how he holds his injury, Master Wistan. We must take him also to Father Jonus.'

Wistan seemed not to hear this. Leaving the wall, he went down the little steps to meet Edwin, and for a few moments the two conferred in low voices, heads close together. The boy's manner was animated, and the warrior listened with a frown, nodding occasionally. As Axl came down the steps to their level, Wistan said quietly:

'Master Edwin reports a curious discovery we may do well to see with our own eyes. Let's follow him, but walk as we've no clear purpose, in case that old monk there is left on purpose to spy on us.'

Indeed, a solitary monk was sweeping the courtyard and as they came closer, Axl noticed he was mouthing words silently to himself, lost in his world. He barely glanced their way as Edwin led them across the courtyard and into a gap between two buildings. They emerged where thin grass covered uneven sloping ground, and a row of withered trees, hardly taller than a man, marked a path leading away from the monastery. As they followed Edwin under a setting sky, Wistan said softly:

'I'm much taken by this boy. Master Axl, we may yet revise our plan to leave him at your son's village. It would suit me well to keep him by me a while longer.'

'I'm troubled to hear you say so, sir.'

'Why so? He hardly longs for a life feeding pigs and digging the cold soil.'

'Yet what will become of him at your side?'

'Once my mission's complete, I'll take him back to the fens.'

'And what will you have him do there, sir? Fight Norsemen all his days?'

'You frown, sir, but the boy has an unusual temperament. He'll make a fine warrior. But hush, let's see what he has for us.'

They had come to where three wooden shacks stood at the side of the lane, in such disrepair that each appeared to be held up by its neighbour. The wet ground was rutted with wheeltracks, and Edwin paused to point these out. Then he led them into the furthest of the three shacks.

There was no door, and much of the roof was open to the sky. As they came in, several birds flew off in furious commotion, and Axl saw, in the gloomy space vacated, a crudely made cart – perhaps the work of the monks themselves – its two wheels sunk into the mud. What arrested the attention was a large cage mounted on its carriage, and coming closer, Axl noticed that though the cage was itself iron, a thick wooden pillar ran down its spine, fixing it firmly to the boards underneath. This same post was festooned with chains and manacles, and at head height, what appeared to be a blackened iron mask, though with no holes for the eyes, and only a small one for the mouth. The cart, and the area all around it, was covered with feathers and droppings. Edwin pulled open the cage door and proceeded to move it back and forth on its squeaking hinge. He was again speaking excited words, to which Wistan, throwing searching glances around the shed, returned the occasional nod.

'It's curious,' Axl said, 'these monks should have need of such an object as this. No doubt to aid some pious ritual.'

The warrior started to move around the cart, stepping carefully to avoid the stagnant puddles. 'I saw something like this once before,' he said. 'You may suppose this device intended to expose the man within it to the cruelty of the elements. Yet look, see how these bars stand far enough apart to allow my shoulder to pass through. And here, look, how these feathers stick to the iron in hardened blood. A man fastened here is offered thus to the mountain birds. Caught in these cuffs, he has no way to fight off the hungry beaks. This iron mask, though it may look frightful, is in fact a thing of mercy, for with it the eyes at least aren't feasted on.'

'There may yet be some more gentle purpose,' Axl said, but Edwin had started to talk again, and Wistan turned and looked out of the shed.

'The boy says he followed these tracks out to a spot nearby on the cliff's edge,' the warrior said, eventually. 'He says the ground's well rutted there, showing where this wagon has often stayed. In other words, the signs all support my guess, and I can see too this cart's been wheeled out just lately.'

'I don't know what it means, Master Wistan, but I admit I now begin to share your uneasiness. This object sends a chill through me and makes me want to return to my wife's side.'

'It's as well we do, sir. Let's stay no longer.'

But as they came out of the shack, Edwin, who again was leading, stopped abruptly. Looking past him into the evening gloom, Axl could see a robed figure in the tall grass a short distance from them.

'I'd say it's the monk lately sweeping the yard,' the warrior said to Axl.

'Does he see us?'

'I'd say he sees us and knows we see him. Yet he stands there still as a tree. Well, let's go to him.'

The monk was standing at a spot to the side of their path, the grass up to his knee. As they approached the man remained quite still, though the wind pulled at his robe and long white hair. He was thin, almost emaciated, and his protruding eyes stared at them without expression.

'You observe us, sir,' Wistan said, stopping, 'and you know what we've just discovered. So perhaps you'd tell us the purpose to which you monks put that device.'

Saying nothing, the monk pointed towards the monastery.

'It may be he's vowed to silence,' Axl said. 'Or else as mute as you lately pretended, Master Wistan.'

The monk came out of the grass and onto the path. His strange eyes fixed each of them in turn, then he pointed again towards the monastery and set off. They followed him, just a short distance behind, the monk continually glancing back at them over his shoulder.

The monastery buildings were now dark shapes against the setting sky. As they drew closer, the monk paused, moved his forefinger over his lips, then continued at a more cautious pace. He seemed anxious they remain unseen, and to avoid the central courtyard. He took them down narrow passageways behind buildings where the earth was pitted or sloped severely. Once, as they went with heads bowed along a wall, there came from the very windows above sounds from the monks' conference. One voice was shouting over a hubbub, then a second voice – perhaps that of the abbot – called for order. But there was no time to loiter, and soon they were gathered at an archway through which could be seen the main courtyard. The monk now indicated with urgent signs that they were to proceed as quickly and quietly as possible.

As it was they were not obliged to cross the courtyard, where torches were now burning, but only to skirt one corner under the shadows of a colonnade. When the monk halted again, Axl whispered to him:

'Good sir, since your intention must be to take us somewhere, I'd ask you to let me go fetch my wife, for I'm uneasy leaving her alone.'

The monk, who had turned immediately to fix Axl in a stare, shook his head and pointed into the semi-dark. Only then did Axl spot Beatrice standing in a doorway further down the cloister. Relieved, he gave a wave, and as the party moved towards her, there came from behind them a surge of angry voices from the monks' meeting.

'How is it with you, princess?' he asked, reaching to take her outstretched hands.

'Peacefully taking my rest, Axl, when this silent monk appeared before me, the way I took him for a phantom. But he's keen to lead us somewhere and we'd best follow.'

The monk repeated his gesture for silence, then beckoning, pushed past Beatrice across the threshold where she had been waiting.

The corridors now became as tunnel-like as those of their warren at home, and the lamps flickering in the little alcoves hardly dispelled the darkness. Axl, with Beatrice holding his arm, kept a hand held out before him. For a moment they were back in the open air, crossing a muddy yard between ploughed allotments, then into another low stone building. Here the corridor was wider and lit by larger flames, and the monk seemed finally to relax. Recovering his breath, he looked them over once more, then signalling for them to wait, vanished under an arch. After a little time, the monk appeared again and ushered them forward. As he did so, a frail voice from within said: 'Come in, guests. A poor chamber this to receive you, but you're welcome.'

* * *

As he waited for sleep to come to him, Axl recalled once again how the four of them, together with the silent monk, had squeezed into the tiny cell. A candle was burning next to the bed, and he had felt Beatrice recoil as she caught sight of the figure lying in it. Then she had taken a breath and moved further into the room. There was hardly space for them all, but they had before long arranged themselves around the bed, the warrior and the boy in the corner furthest away. Axl's back was pressed against the chilly stone wall, but Beatrice, standing just in front and leaning into him as if for reassurance, was almost up to the sickbed. There was a faint smell of vomit and urine. The silent monk, meanwhile, was fussing about the man in the bed, helping to raise him to a sitting position.

Their host was white-haired and advanced in years. His frame was large, and until recently must have been vigorous, but now the simple act of sitting up appeared to cause multiple agonies. A coarse blanket fell from around him as he raised himself, revealing a nightshirt patched with bloodstains. But what had caused Beatrice to shrink back was the man's neck and face, starkly illuminated by the bedside candle. A swollen mound under one side of the chin, a deep purple fading to a yellow, obliged the head to be held at a slight angle. The peak of the mound was split and caked with pus and old blood. On the face itself, a gouge ran from just below the cheek bone down to the jaw, exposing a section of the man's inner mouth and gum. It must have cost him greatly to smile, but once he was settled in his new position, the monk did just this.

'Welcome, welcome. I'm Jonus, whom I know you came a long way to see. My dear guests, don't look at me with such pity. These wounds are no longer new, and hardly bring the pain they once did.'

'We see now, Father Jonus,' Beatrice said, 'why your good abbot's so reluctant to have strangers impose on you. We'd have waited for his permission, but this kind monk led us to you.'

'Ninian here is my most trusted friend, and even if he's vowed to silence, we understand one another perfectly. He's watched each of you since your arrival and brought me frequent reports. I thought it time we met, even if the abbot knows nothing of it.'

'But what can have caused you such injuries, father?' Beatrice asked. 'And you a man famed for kindness and wisdom.'

'Let's leave the topic, mistress, for my feeble strength won't allow us to speak for long. I know two of you here, yourself and this brave boy, seek my advice. Let me see the boy first, who I understand carries a wound. Come closer into the light, dear lad.'

The monk's voice, though soft, possessed a natural command,

and Edwin started to move towards him. But immediately Wistan reached forward and gripped the boy by the arm. Perhaps it was an effect of the candle flame, or the warrior's trembling shadow cast on the wall behind him, but it seemed to Axl that for an instant Wistan's eyes were fixed on the injured monk with peculiar intensity, even hatred. The warrior drew the boy back to the wall, then took a step forward himself as though to shield his charge.

'What's wrong, shepherd?' asked Father Jonus. 'Do you fear poison from my wounds will travel to your brother? Then my hand needn't touch him. Let him step closer and my eyes alone will test his injury.'

'The boy's wound is clean,' Wistan said. 'It's just this good woman now seeks your help.'

'Master Wistan,' Beatrice said, 'how can you say such a thing? You must know well how a wound clean one moment turns fevered the next. The boy must seek this wise monk's guidance.'

Wistan seemed not to hear Beatrice, and continued to stare at the monk. Father Jonus, in turn, regarded the warrior as though he were a thing of great fascination. After a while, Father Jonus said:

'You stand with remarkable boldness for a humble shepherd.'

'It must be the habit of my trade. A shepherd must stand long hours watchful of wolves gathering in the night.'

'No doubt that's so. I imagine too how a shepherd must judge quickly, hearing a sound in the dark, if it heralds danger or the approach of a friend. Much must rest on the ability to make such decisions quickly and well.'

'Only a foolish shepherd hears a snapping twig or spots a shape in the dark and assumes a companion come to relieve him. We're a cautious breed, and what's more, sir, I've just now seen with my own eyes the device in your barn.'

'Ah. I thought you'd come upon it sooner or later. What do you make of your discovery, shepherd?'

'It angers me.'

'Angers you?' Father Jonus rasped this with some force, as though himself suddenly angered. 'Why does it anger you?'

'Tell me if I'm wrong, sir. My surmise is that the custom here has been for the monks to take turns in that cage exposing their bodies to the wild birds, hoping this way to atone for crimes once committed in this country and long unpunished. Even these ugly wounds I see here before me have been gained in this way, and for all I know a sense of piety eases your suffering. Yet let me say I feel no pity to see your gashes. How can you describe as penance, sir, the drawing of a veil over the foulest deeds? Is your Christian god one to be bribed so easily with self-inflicted pain and a few prayers? Does he care so little for justice left undone?'

'Our god is a god of mercy, shepherd, whom you, a pagan, may find hard to comprehend. It's no foolishness to seek forgiveness from such a god, however great the crime. Our god's mercy is boundless.'

'What use is a god with boundless mercy, sir? You mock me as a pagan, yet the gods of my ancestors pronounce clearly their ways and punish severely when we break their laws. Your Christian god of mercy gives men licence to pursue their greed, their lust for land and blood, knowing a few prayers and a little penance will bring forgiveness and blessing.'

'It's true, shepherd, that here in this monastery, there are those who still believe such things. But let me assure you, Ninian and I have long let go such delusions, and neither are we alone.

We know our god's mercy is not to be abused, yet many of my brother monks, the abbot included, will not yet accept this. They still believe that cage, and our constant prayers, will be enough. Yet these dark crows and ravens are a sign of God's anger. They never came before. Even last winter, though the wind made the strongest of us weep, the birds were but mischievous children, their beaks bringing only small sufferings. A shake of the chains or a shout was enough to keep them at bay. But now a new breed comes to find us, larger, bolder and with fury in their eyes. They tear at us in calm anger, no matter how we struggle or cry out. We've lost three dear friends these past months, and many more of us carry deep wounds. These surely are signs.'

Wistan's manner had been softening, but he had kept himself firmly in front of the boy. 'Are you saying', he asked, 'I have friends here in this monastery?'

'In this room, shepherd, yes. Elsewhere, we remain divided and even now they argue in great passion about how we are to continue. The abbot will insist we carry on as always. Others of our view will say it's time to stop. That no forgiveness awaits us at the end of this path. That we must uncover what's been hidden and face the past. But those voices, I fear, remain few and will not carry the day. Shepherd, will you trust me now to see this boy's wound?'

For a moment Wistan remained still. Then he moved aside, signalling to Edwin to step forward. Immediately the silent monk helped Father Jonus to a more upright position – both monks had become suddenly quite animated – then grasping the candleholder from the bedside, tugged Edwin closer, impatiently raising the boy's shirt for Father Jonus to see. Then, for what seemed a long time, both monks went on looking at the boy's wound – Ninian moving the light one way then the other

– as though it were a pool within which a miniature world was contained. Eventually the monks exchanged what seemed to Axl looks of triumph, but the very next moment Father Jonus fell shaking back onto his pillows, with an expression closer to resignation or else sadness. As Ninian hastily put down the candle to attend to him, Edwin slipped back into the shadows to stand beside Wistan.

'Father Jonus,' Beatrice said, 'now you've seen the boy's wound, tell us if it's clean and will heal on its own.'

Father Jonus's eyes were closed, and he was still breathing heavily, but he said quite calmly: 'I believe it will heal if he takes good care. Father Ninian will prepare an ointment for him before he leaves this place.'

'Father,' Beatrice went on, 'your present conversation with Master Wistan isn't entirely within my understanding. Yet it interests me greatly.'

'Is that so, mistress?' Father Jonus, still recovering his breath, opened his eyes and looked at her.

'Last night in a village below,' Beatrice said, 'I spoke with a woman wise with medicines. She had much to tell about my sickness, but when I asked her about this mist, the same that makes us forget the last hour as readily as a morning many years past, she confessed she had no idea what or whose work it was. Yet she said if there was one wise enough to know, it would be you, Father Jonus, up here in this monastery. So my husband and I made our way here, even though it's a harder road to our son's village where we're impatiently awaited. It was my hope you'd tell us something of this mist and how Axl and I might be free of it. It may be I'm a foolish woman, but it seemed to me just now, for all the talk of shepherds, you and Master Wistan were speaking of this same mist, and much bothered by what's been lost of our past. So let me ask this of you, and Master Wistan too. Do the both of you know what causes this mist to fall over us?'

Father Jonus and Wistan exchanged looks. Then Wistan said quietly:

'It's the dragon Querig, Mistress Beatrice, that roams these peaks. She's the cause of the mist you speak of. Yet these monks here protect her, and have done so for years. I'd wager even now, if they're wise to my identity, they'll have sent for men to destroy me.'

'Father Jonus, can this be true?' Beatrice asked. 'The mist is the work of this she-dragon?'

The monk, who for an instant had seemed far away, turned to Beatrice. 'The shepherd tells the truth, mistress. It's Querig's breath which fills this land and robs us of memories.'

'Axl, do you hear that? The she-dragon's the cause of the mist! If Master Wistan, or anyone else, even that old knight met on the road, can slay the creature, our memories will be restored to us! Axl, why so quiet?'

Indeed, Axl had been lost in thought, and although he had heard his wife's words, and noticed her excitement, it was all he could do simply to reach out a hand to her. Before he could find any words, Father Jonus said to Wistan:

'Shepherd, if you know your danger, why do you dally here? Why not take this boy and be on your way?'

'The boy needs rest, as I do.'

'But you don't rest, shepherd. You cut firewood and wander like a hungry wolf.'

'When we arrived your log pile was low. And the nights are cold in these mountains.'

'There's something else puzzles me, shepherd. Why does Lord Brennus hunt you as he does? For many days now, his soldiers have searched the country for you. Even last year, when another man came from the east to hunt Querig, Brennus believed it might be you and sent men out to search for you. They came up here asking for you. Shepherd, who are you to Brennus?'

'We knew one another as young lads, even before the age of this boy here.'

'You've come to this country on an errand, shepherd. Why jeopardise it to settle old scores? I say to you, take this boy and be on your way, even before the monks come out of their meeting.'

'If Lord Brennus does me the courtesy to come here after me this night, I'm obliged then to stand and face him.'

'Master Wistan,' Beatrice said, 'I don't know what's between you and Lord Brennus. But if it's your mission to slay the great dragon Querig, I beg you, don't be distracted from it. There'll be time to settle scores later.'

'The mistress is right, shepherd. I fear I know too the purpose of all this woodcutting. Listen to what we say, sir. This boy gives you a unique chance the like of which may not come your way again. Take him and be on your way.'

Wistan looked thoughtfully at Father Jonus, then bowed his head politely. 'I'm happy to have met you, father. And I apologise if earlier I addressed you discourteously. But now let me and this boy take our leave of you. I know Mistress Beatrice still wishes for advice, and she's a brave and good woman. I beg you preserve some strength to attend to her. Now I'll thank you for your counsel, and bid you farewell.'

Lying in the darkness, still hopeful sleep would overtake him, Axl tried to remember why he had been so oddly silent for much of his time in Father Jonus's cell. There had been some reason, and even when Beatrice, triumphant to discover the origin of the mist, had turned to him and exclaimed, he had been able only to reach out his hand to her, still not speaking. He had been in the throes of some powerful and strange emotion, one that had all but put him in a dream, though every word being spoken around him still reached his ears with perfect clarity. He had felt as one standing in a boat on a wintry river, looking out into dense fog, knowing it would at any moment part to reveal vivid glimpses of the land ahead. And he had been caught in a kind of terror, yet at the same time had felt a curiosity – or something stronger and darker – and he had told himself firmly, 'Whatever it may be, let me see it, let me see it.'

Had he actually spoken these words out loud? Perhaps he had done so, and just at the instant Beatrice had turned to him in excitement, exclaiming, 'Axl, do you hear that? The she-dragon's the cause of the mist!'

He could not remember clearly what had happened once Wistan and the boy had departed Father Jonus's chamber. The silent monk, Ninian, must have left with them, probably to provide the ointment for the boy's wound, or simply to lead them back unobserved. In any case, he and Beatrice had been left alone with Father Jonus, and the latter, despite his wounds and his exhaustion, had examined his wife thoroughly. The monk had not asked her to remove any clothing – Axl had been relieved – and though here too his recollection was hazy, an image came to him of Jonus pressing an ear to Beatrice's side, eyes closed in concentration as though some faint message might be heard coming from within. Axl remembered too the monk, with blinking eyes, putting to Beatrice a series of questions. Did she feel sick after drinking water? Did she ever feel pain at the back of her neck? There were other questions Axl could now no longer remember, but Beatrice had replied in the negative to one after the next, and the more she did so, the more pleased Axl had become. Only once, when Jonus asked if she had noticed blood in her urine, and she replied that yes, she sometimes had, did Axl feel unease. But the monk had nodded, as though this was normal and to be expected, and gone straight on to the next question. How then had this examination ended? He remembered Father Jonus smiling and saying, 'So you can go to your son with nothing to fear,' and Axl himself saying, 'You see, princess, I always knew it was nothing.' Then the monk had eased himself carefully back down in his bed and lain there, recovering his breath. In Ninian's absence, Axl had hurried to fill the monk's drinking cup from the jug, and as he had placed it to the sick man's mouth, had seen tiny droplets of blood slide from the lower lip and spread in the water. Then Father Jonus had looked up at Beatrice and said:

'Mistress, you seem happy to know the truth about this thing you call the mist.'

'Happy indeed, father, for now there's a way forward for us.'

'Take care, for it's a secret guarded jealously by some, though it's maybe for the best it remains so no longer.'

'It's not for me to care if it's a secret or not, father, but I'm glad Axl and I know it and can now act on it.'

'Yet are you so certain, good mistress, you wish to be free of this mist? Is it not better some things remain hidden from our minds?'

'It may be so for some, father, but not for us. Axl and I wish to have again the happy moments we shared together. To be robbed of them is as if a thief came in the night and took what's most precious from us.'

'Yet the mist covers all memories, the bad as well as the good. Isn't that so, mistress?'

'We'll have the bad ones come back too, even if they make us weep or shake with anger. For isn't it the life we've shared?'

'You've no fear, then, of bad memories, mistress?'

'What's to fear, father? What Axl and I feel today in our hearts for each other tells us the path taken here can hold no danger for us, no matter that the mist hides it now. It's like a tale with a happy end, when even a child knows not to fear the twists and turns before. Axl and I would remember our life together, whatever its shape, for it's been a thing dear to us.'

A bird must have flown across the ceiling above him. The sound had startled him, and then Axl realised that for a moment or two he had actually been asleep. He realised too there were no more woodcutting noises, and the grounds were silent. Had the warrior returned to their chamber? Axl had heard nothing, and there were no signs, beyond the dark shape of the table, of anyone else asleep on Edwin's side of the room. What had Father Jonus said after examining Beatrice and concluding with his questions? Yes, she had said, she had noticed blood in her urine, but he had smiled and asked something else. You see, princess, Axl had said, I always told you it was nothing. And Father Jonus had smiled, despite his wounds and his exhaustion, and said, you can go to your son with nothing to fear. But these had never been the questions Beatrice had feared. Beatrice, he knew, feared the boatman's questions, harder to answer than Father Jonus's, and that was why she had been so pleased to learn the cause of the mist. Axl, do you hear that? She had been triumphant. Axl, do you hear that? she had said, her face radiant.

Chapter Seven

A hand had been shaking him, but by the time Axl sat up the figure was already on the other side of the room, bending over Edwin and whispering, 'Quickly, boy, quickly! And not a sound!' Beatrice was awake beside him, and Axl rose unsteadily to his feet, the cold air startling him, then reached down to grasp his wife's outstretched hands.

It was still the depths of night, but voices were calling outside and surely torches had been lit in the courtyard below, for there were now illuminated patches on the wall facing the window. The monk who had awoken them was dragging the boy, still half asleep, over to their side, and Axl recognised Father Brian's limping gait before his face emerged from the dark.

'I'll try and save you, friends,' Father Brian said, his voice still a whisper, 'but you must be quick and do as I say. There are soldiers arrived, twenty, even thirty, with a will to hunt you down. They already have the older Saxon brother trapped, but he's a lively one and keeps them occupied, giving you a chance of escape. Be still, boy, stay with me!' Edwin was moving to the window, but Father Brian had reached out and clasped his arm. 'I mean to lead you to safety, but we must first leave this chamber unseen. Soldiers cross the square below, but their eyes are on the tower where the Saxon still holds out. With God's help they won't notice us go down the steps outside, and then the worst will be behind us. But cause no sound to make their gazes turn, and take care not to trip on the steps. I'll descend first, then signal your moment to follow. No, mistress, you must leave your bundle here. Let it be enough to keep your lives!'

They crouched near the door and listened to Father Brian's footsteps descend with agonising slowness. Eventually, when Axl peered cautiously through the doorway, he saw torches moving at the far end of the courtyard; but before he could discern clearly what was going on, his attention was drawn by Father Brian, standing directly below and signalling frantically.

The staircase, running diagonally down the side of the wall, was mostly in shadow except for one patch, quite near the ground, lit up brightly by the nearly full moon.

'Follow close behind me, princess,' Axl said. 'Don't look across the yard, but keep your eyes on where your foot may find the next step, or it'll be a hard fall and only enemies to come to our aid. Tell the boy what I've just said, and let's have this behind us.'

Despite his own instructions, Axl could not help glancing across the courtyard as he went down. On the far side, soldiers had gathered around a cylindrical stone tower overlooking the building in which the monks had earlier had their meeting. Blazing torches were being waved, and there appeared to be disorder in their ranks. When Axl was halfway down the steps, two soldiers broke away and came running across the square, and he was sure they would be spotted. But the men vanished into a doorway, and before long Axl was gratefully ushering both Beatrice and Edwin into the shadows of the cloisters where Father Brian was waiting.

They followed the monk along narrow corridors, some of which may have been the same as those taken earlier with the silent Father Ninian. Often they moved through complete darkness, following the rhythmic hiss of their guide's dragged foot. Then they came into a chamber whose ceiling had partly fallen away. Moonlight was pouring in, revealing piles of wooden boxes and broken furniture. Axl could smell mould and stagnant water.

'Take heart, friends,' Father Brian said, no longer whispering. He had gone into a corner and was moving objects aside. 'You're nearly safe.'

'Father,' Axl said, 'we're grateful to you for this rescue, but please tell us what's occurred.'

Father Brian continued clearing the corner, and did not look up as he said: 'A mystery to us, sir. They came this night without invitation, pouring through the gates and through our home as if it were their own. They demanded the two young Saxons lately arrived here, and though they made no mention of you or your wife, I wouldn't trust them to treat you gently. This boy here, they would clearly wish to murder, as they do even now his brother. You must save yourselves and there'll be time later to ponder the soldiers' ways.'

'Master Wistan was a stranger to us only this morning,' Beatrice said, 'yet we're uneasy making our escape while a terrible fate threatens him.'

'The soldiers may yet come on our heels, mistress, for we left no barred doors behind us. And if that fellow bravely buys your escape, even with his own life, you must grasp it gratefully. Under this trapdoor is a tunnel dug in ancient times. It will take you underground into the forest, where you'll emerge far from your pursuers. Now help me raise it, sir, for it's too heavy for my hands alone.'

Even for the two of them, it took some effort to raise the door till it stood up at a steep angle before them, revealing a square of deeper blackness.

'Let the boy go down first,' the monk said, 'for it's years since any of us used this passage and who knows if the steps haven't crumbled. He's nimble-footed and could take a fall better.'

But Edwin was saying something to Beatrice, and she now said: 'Master Edwin would go to Master Wistan's aid.'

'Tell him, princess, we might help Wistan yet by making our escape through this tunnel. Tell the boy what you must, but persuade him to come quickly.'

As Beatrice spoke to him, a change seemed to come over the boy. He kept staring at the hole in the floor, and his eyes, caught in the moonlight, seemed to Axl at that moment to have something strange about them, as though he were steadily coming under a spell. Then even as Beatrice was speaking, Edwin walked towards the trap-door and without looking back at them, stepped into the blackness and vanished. As his footsteps grew fainter, Axl took Beatrice's hand and said:

'Let's go too, princess. Stay close to me.'

The steps leading underground were shallow – flat stones sunk into earth – and felt solid enough. They could see something of the way ahead by the light from the open trap-door above them, but just as Axl turned to speak to Father Brian, the door closed with what seemed a thunderous crash.

They all three stopped and for a while remained quite still. The air did not feel as stale as Axl had expected; in fact he thought he could feel a faint breeze. Somewhere in front of them, Edwin started to speak, and Beatrice answered him in a whisper. Then she said softly:

'The boy asks why Father Brian closed the door on us as he did. I told him he was most likely anxious to hide the tunnel from the soldiers maybe even now entering the room. All the same, Axl, it struck me a little queer too. And isn't that him now, surely, moving objects over the door? If we find the way ahead obstructed by earth or water, the father himself saying it's years since anyone came this way, how will we return and open that door, the way it's so heavy and now with objects above it?'

'Queer right enough. But there's no doubting there's soldiers in the monastery, for didn't we see them ourselves just now? I don't see what choice we have but to go on and pray this tunnel brings us safely to the forest. Tell the boy to keep moving forward, but slowly and always a hand to this mossy wall, for I fear this passage will only grow darker.'

Yet as they went forward they found there was a feeble light, so that at times they could even make out each other's outlines. There were sudden puddles that surprised their feet, and more than once during this phase of their journey, Axl thought he heard a noise up ahead, but since neither Edwin nor Beatrice reacted he put it down to his overwrought imagination. But then Edwin suddenly halted, almost causing Axl to collide into him. He felt Beatrice behind him squeeze his hand, and for a moment they stood there very still in the dark. Then Beatrice moved even closer to him, and her breath felt warm on his neck as she said in the softest of whispers: 'Do you hear it, Axl?'

'Hear what, princess?'

Edwin's hand touched him warningly, and they were silent again. Eventually Beatrice said in his ear: 'There's something here with us, Axl.'

'Perhaps a bat, princess. Or a rat.'

'No, Axl. I hear it now. It's a man's breathing.'

Axl listened again. Then there came a sharp noise, a striking sound repeating three times, four times, just beyond where they were standing. There were bright flashes, then a tiny flame which grew momentarily to reveal the shape of a seated man, then all was darkness again.

'Fear not, friends,' a voice said. 'It's only Gawain, Arthur's knight. And as soon as this tinder lights we'll see each other better.'

There were more noises of flints, then eventually a candle flamed and began to burn steadily.

Sir Gawain was sitting on a dark mound. It evidently did not make an ideal seat for he was at an odd angle, like a giant doll about to topple. The candle in his hand illuminated his face and upper torso with wobbling shadows, and he was breathing heavily. As before, he was in tunic and armour; his sword, unsheathed, had been thrust at an angle into the ground near the foot of the mound. He stared at them balefully, moving the candle from one face to the next.

'So you're all here,' he said finally. 'I'm relieved.'

'You surprise us, Sir Gawain,' Axl said. 'What do you mean by hiding yourself here?'

'I've been down here a while and walking before you, friends. Yet with this sword and armour, and my great height which forces me to stumble and go with bowed head, I can't walk quickly and now you discover me.'

'You hardly explain yourself, sir. Why do you walk before us?'

'To defend you, sir! The melancholy truth is the monks have deceived you. There's a beast dwells down here and they mean you to perish by it. Happily, not every monk thinks alike. Ninian, the silent one, brought me down here unseen and I'll guide you to safety yet.'

'Your news overwhelms us, Sir Gawain,' said Axl. 'But first

tell us of this beast you speak of. What is its nature and does it threaten us even as we stand here?'

'Assume it does, sir. The monks wouldn't have sent you down here if they didn't mean you to meet the beast. It's always their way. As men of Christ, it's beyond them to use a sword or even poison. So they send down here those they wish dead, and in a day or two they'll have forgotten they ever did so. Oh yes, that's their way, especially the abbot's. By Sunday he may even have convinced himself he saved you from those soldiers. And the work of whatever prowls this tunnel, should it cross his mind, he'll disown, or even call God's will. Well, let's see what God wills tonight now a knight of Arthur walks before you!'

'You're saying, Sir Gawain,' Beatrice asked, 'the monks wish us dead?'

'They certainly wish this boy dead, mistress. I tried to make them see it wasn't necessary, even made a solemn promise to take him far away from this country, but no, they don't listen to me! They won't risk this boy loose, even with Master Wistan captured or killed, for who's to say there won't come some other fellow one day to find this boy. I'll take him far away, I said, but they fear what may happen and wish him dead. You and your good husband they might have spared but that you'd inevitably be witnesses to their deeds. Had I seen all this in advance, would I have travelled here to this monastery? Who knows? It seemed my duty then, did it not? But their plans for the boy, and for an innocent Christian couple, I could not allow it! Luckily not all the monks think alike, you know, and Ninian, the silent one, led me down here unwatched. It was my intention to go before you much further, but this armour and my stumbling height – how many times over the years have I cursed this height! What advantage does it bring a man to be so tall? For every high-dangling pear I reached there's been an arrow threatened me would have flown over a smaller man!'

'Sir Gawain,' Axl said, 'what kind of beast is it, this one you say dwells down here?'

'I never saw it, sir, only know those the monks send this way perish by it.'

'Is it one can be killed by an ordinary sword held by a mortal man?'

'What do you say, sir? I'm a mortal man, I don't deny it, but I'm a knight well trained and nurtured for long years of my youth by the great Arthur, who taught me to face all manner of challenge with gladness, even when fear seeps to the marrow, for if we're mortal let us at least shine handsomely in God's eyes while we walk this earth! Like all who stood with Arthur, sir, I've faced beelzebubs and monsters as well as the darkest intents of men, and always upheld my great king's example even in the midst of ferocious conflict. What is it you suggest, sir? How dare you? Were you there? *I* was there, sir, and saw all with these same eyes that fix you now! But what of it, what of it, friends, this is a discussion for some other time. Forgive me, we have other matters to attend to, of course we have. What is it you asked, sir? Ah yes, this beast, yes, I understand it's monstrous fierce but no demon or spirit and this sword is good enough to slay it.'

'But Sir Gawain,' Beatrice said, 'do you really propose we walk further down this tunnel knowing what we now do?'

'What choice have we, mistress? If I'm not mistaken, the way back to the monastery is locked to us, and yet that same door may open any time to pour forth soldiers into this tunnel. There's nothing for it but to go on, and but for this one beast in our way, we may soon find ourselves in the forest far from your pursuers, for Ninian assures me this is a true tunnel and well maintained. So let's be on our way before this candle burns down, it's the only one I have.'

'Do we trust him, Axl?' Beatrice asked, making no effort to prevent Sir Gawain hearing. 'My mind's giddy now and loath to believe our kind Father Brian's betrayed us. Yet what this knight says has the ring of truth to it.'

'Let's follow him, princess. Sir Gawain, we thank you for your trouble. Please lead us now to safety, and let's hope this beast's dozing or gone prowling the night.'

'I fear we have no such luck. But come, friends, we'll go with courage.' The old knight rose slowly to his feet, then held out the candle at arm's length. 'Master Axl, perhaps you'll carry for us this flame, for I'll need both my hands to keep my sword at the ready.'

They went on into the tunnel, Sir Gawain leading, Axl following with the flame, Beatrice holding his arm from behind, and Edwin now at the rear. There was no option but to go in single file, the passage remaining narrow, and the ceiling of dangling moss and sinewy roots grew lower and lower until even Beatrice had to stoop. Axl did his best to hold the candle high, but the breeze in the tunnel was now stronger, and he was often obliged to lower it and cover the flame with his other hand. Sir Gawain though never complained, and his shape going before them, sword raised over his shoulder, seemed never to vary. Then Beatrice let out an exclamation and tugged Axl's arm.

'What is it, princess?'

'Oh, Axl, stop! My foot touched something then, but your candle moved too quickly.'

'What of it, princess? We have to move on.'

'Axl, I thought it a child! My foot touched it and I saw it before your light passed. Oh, I believe it's a small child long dead!'

'There, princess, don't distress yourself. Where was it you saw it?'

'Come, come, friends,' Sir Gawain said from the dark. 'Many things in this place are best left unseen.'

Beatrice seemed not to hear the knight. 'It was over here, Axl. Bring the flame this way. Down there, Axl, shine it down there, though I dread to see its poor face again!'

Despite his counsel, Sir Gawain had doubled back, and Edwin too was now at Beatrice's side. Axl crouched forward and moved the candle here and there, revealing damp earth, tree roots and stones. Then the flame illuminated a large bat lying on its back as though peacefully asleep, wings stretched right out. Its fur looked wet and sticky. The pig-like face was hairless, and little puddles had formed in the cavities of the outspread wings. The creature might indeed have been sleeping but for what was on the front of its torso. As Axl brought the flame even closer, they all stared at the circular hole extending from just below the bat's breast down to its belly, taking in parts of the ribcage to either side. The wound was peculiarly clean, as though someone had taken a bite from a crisp apple.

'What could have done work like this?' Axl asked.

He must have moved the candle too swiftly, for at that moment the flame guttered and went out.

'Don't worry, friends,' Sir Gawain said. 'I'll find my tinder again.'

'Didn't I tell you, Axl?' Beatrice sounded close to tears. 'I knew it was a baby the moment my foot touched it.'

'What are you saying, princess? It's not a baby. What are you saying?'

'What could have happened to the poor child? And what of its parents?'

'Princess, it's simply a bat, the like of which often haunts dark places.'

'Oh Axl, it was a baby, I'm sure of it!'

'I'm sorry this flame's out, princess, or I'd show you again. A bat it is, nothing more, yet myself I'd look again at what it lies on. Sir Gawain, did you notice the creature's bed?'

'I don't know what you mean, sir.'

'It seemed to me the creature lay on a bed of bones, for I thought I saw a skull or two that could only have belonged to men.'

'What do you suggest, sir?' Sir Gawain's voice became carelessly loud. 'What skulls? I saw no skulls, sir! Only a bat fallen on misfortune!'

Beatrice was now sobbing quietly, and Axl straightened to embrace her.

'It was no child, princess,' he said more gently. 'Don't upset yourself.'

'Such a lonely death. Where were its parents, Axl?'

'What are you suggesting, sir? Skulls? I saw no skulls! And what if there are a few old bones here? What of it, is that anything extraordinary? Aren't we underground? But I saw no bed of bones, I don't know what you suggest, Master Axl. Were you there, sir? Did you stand beside the great Arthur? I'm proud to say I did, sir, and he was a commander as merciful as he was gallant. Yes, indeed, it was I who came to the abbot to warn of Master Wistan's identity and intentions, what choice had I? Was I to guess how dark the hearts of holy men could turn? Your suggestions are unwarranted, sir! An insult to all who ever stood alongside the great Arthur! There are no beds of bones here! And am I not here now to save you?'

'Sir Gawain, your voice booms too much and who knows where the soldiers are this moment.'

'What could I do, sir, knowing what I did? Yes, I rode here and spoke to the abbot, yet how was I to know the darkness of that man's heart? And the better men, poor Jonus, his liver pecked and his days not long, while that abbot lives on with barely a scratch from those birds . . .'

Sir Gawain broke off, interrupted by a noise from further down the tunnel. It was hard to determine how distant or near it had been, but the sound was unmistakably the cry of a beast; it had resembled the howl of a wolf, though there had also been something of the deeper roar of a bear. The cry had not been prolonged, but it made Axl clasp Beatrice to him, and Sir Gawain snatched his sword from out of the ground. Then, for several moments, they remained standing in silence, listening for the sound to return. But nothing further came, and suddenly Sir Gawain began to laugh, quietly and breathlessly. As his laughter went on, Beatrice said into Axl's ear: 'Let's leave this place, husband. I wish no more reminding of this lonely grave.'

Sir Gawain stopped laughing and said: 'Perhaps we heard then the beast, but we have no choice but to go on. So, friends, let's finish our quarrel. We'll light the candle again before long, but let's go a little way now without it in case it hastens the beast our way. See, here's a pale light and enough to walk by. Come, friends, no more of this quarrel. My sword's ready and let's continue.'

The tunnel became more tortuous, and they moved with greater caution, fearing what each turn would reveal. But they encountered nothing, nor heard the cry again. Then the tunnel descended steeply for a good distance before coming out into a large underground chamber.

They all paused to recover their breaths and look around at their new surroundings. After the long walk with the earth brushing their heads, it was a relief to see the ceiling not only so high above them, but composed of more solid material. Once Sir Gawain had lit the candle again, Axl realised they were in some sort of mausoleum, surrounded by walls bearing traces of murals and Roman letters. Before them a pair of substantial pillars formed a gateway into a further chamber of comparable proportions, and falling across this threshold was an intense pool of moonlight. Its source was not obvious: perhaps somewhere behind the high arch crossing the two pillars there was an opening which at that moment, by sheer chance, was aligned to receive the moon. The light illuminated much of the moss and fungus on the pillars, as well as a section of the next chamber, whose floor appeared to be covered in rubble, but which Axl soon realised was comprised of a vast layer of bones. Only then did it occur to him that under his feet were more broken skeletons, and that this strange floor extended for the entirety of both chambers.

'This must be some ancient burial place,' he said aloud. 'Yet there are so many buried here.'

'A burial place,' Sir Gawain muttered. 'Yes, a burial place.' He had been moving slowly around the chamber, sword in one hand, candle in the other. Now he went towards the arch, but stopped short of the second chamber, as if suddenly daunted by the brilliant moonlight. He thrust his sword into the ground, and Axl watched his silhouette leaning on his weapon, moving the candle up and down with a weary air.

'We need not quarrel, Master Axl. Here are the skulls of men, I won't deny it. There an arm, there a leg, but just bones now. An old burial ground. And so it may be. I dare say, sir, our whole country is this way. A fine green valley. A pleasant copse in the springtime. Dig its soil, and not far beneath the daisies and buttercups come the dead. And I don't talk, sir, only of those who received Christian burial. Beneath our soil lie the remains of old slaughter. Horace and I, we've grown weary of it. Weary and we no longer young.'

'Sir Gawain,' Axl said, 'we have but one sword between us. I ask you not to grow melancholic, nor forget the beast is near.'

'I don't forget the beast, sir. I merely consider this gateway before us. Look up there, you see it?' Sir Gawain was holding up the candle to reveal along the lower edge of the arch what appeared to be a row of spearheads pointing down to the ground.

'A portcullis,' Axl said.

'Exactly, sir. This gate isn't so ancient. Younger than either of us, I'd wager. Someone has raised it for us, wishing us to pass through. See there, the ropes that hold it. And there, the pulleys. Someone comes here often to make this gate rise and fall, and perhaps feed the beast.' Sir Gawain stepped towards one of the pillars, his feet crunching over bones. 'If I cut this rope, the gate will surely come down, it will bar our way out. Yet if the beast's beyond, we'll be shielded from it. Is that the Saxon boy I hear or some pixie stolen in here?'

Indeed Edwin, back in the shadows, had started to sing; faintly at first so that Axl had thought the boy was simply soothing his nerves, but then his voice had become steadily more conspicuous. His song seemed to be a slow lullaby, and he was rendering it with his face to the wall, his body rocking gently.

'The boy behaves as one bewitched,' Sir Gawain said. 'Never mind him, we must now decide, Master Axl. Do we walk on? Or do we cut this rope to give us at least a moment shielded from what lies beyond?'

'I say we cut the rope, sir. We can surely raise the gate again when we wish. Let's first discover what we face while the gate's down.'

'Wise counsel, sir. I'll do as you say.'

Handing Axl the candle, Sir Gawain took a further step forward, raised his sword and swung at the pillar. There was the sound of metal striking stone, and the lower section of the gate shook, but remained suspended. Sir Gawain sighed with a hint of embarrassment. Then he repositioned himself, raised the sword again, and struck once more.

This time there was a snapping sound, and the gate crashed down raising a cloud of dust in the moonlight. The noise felt immense – Edwin abruptly stopped his singing – and Axl stared through the iron grid now fallen before them to see what it would summon. But there was no sign of the beast, and after a moment they all let go their breaths.

For all that they were now effectively trapped, the lowering of the portcullis brought a sense of relief, and they all four began to wander around the mausoleum. Sir Gawain, who had sheathed his sword, went up to the bars and touched them gingerly.

'Good iron,' he said. 'It'll do its work.'

Beatrice, who had been quiet for some time, came up to Axl and pressed her head against his chest. As he put an arm around her, he realised her cheek was wet with tears.

'Come, princess,' he said, 'take heart. We'll be out in the night air before long.'

'All these skulls, Axl. So many! Can this beast really have killed so many?'

She had spoken softly, but Sir Gawain turned to them. 'What do you suggest, mistress? That *I* committed this slaughter?' He said this tiredly, with none of the anger he had shown earlier in the tunnel, but there was a peculiar intensity in his voice. 'So many skulls, you say. Yet are we not underground? What is it you suggest? Can just one knight of Arthur have killed so many?' He turned back to the gate and ran a finger along one of the bars. 'Once, years ago, in a dream, I watched myself killing the enemy. It was in my sleep and long ago. The enemy, in their hundreds, perhaps as many as this. I fought and I fought. Just a foolish dream, but still I recall it.' He sighed, then looked at Beatrice. 'I hardly know how to answer you, mistress. I acted as I thought would please God. How was I to guess how dark had grown the hearts of these wretched monks? Horace and I came to this monastery while the sun was up, not long after you yourself arrived, for I supposed then I had need to speak urgently with the abbot. Then I discovered what he plotted against you, and I feigned complacence. I bade him farewell, and they all believed me gone, but I left Horace in the forest and returned up here on foot hidden by the night. Not all the monks think alike, thank God. I knew the good Jonus would receive me. And learning from him the abbot's schemes, I had Ninian bring me unseen down to this place to await you. Curse it, the boy starts again!'

Sure enough, Edwin was singing once more, not as loudly as before, but now in a curious posture. He had bent forward, a fist to each temple, and was moving slowly about in the shadows like someone in a dance enacting the part of an animal.

'The recent events surely overwhelm him,' Axl said. 'It's a

wonder he's shown the fortitude he has, and we must attend to him well once we're away from here. But Sir Gawain, tell us now, why do the monks seek to murder such an innocent lad?'

'No matter how I argued, sir, the abbot would have the boy destroyed. So I left Horace in the forest and retraced my steps . . .'

'Sir Gawain, please explain. Has this to do with his ogre's wound? Yet these are men of Christian learning.'

'That's no ogre's bite the boy carries. It's a dragon gave him that wound. I saw it right away when yesterday that soldier raised his shirt. Who knows how he met with a dragon, but a dragon's bite it is, and now the desire will be rising in his blood to seek congress with a she-dragon. And in turn, any she-dragon near enough to scent him will come seeking him. This is why Master Wistan is so fond of his protégé, sir. He believes Master Edwin will lead him to Querig. And for this same reason, the monks and these soldiers would have him dead. Look, the boy grows ever wilder!'

'What are all these skulls, sir?' Beatrice suddenly asked the knight. 'Why so many? Can they all have belonged to babies? Some are surely small enough to fit in your palm.'

'Princess, don't distress yourself. This is a burial place, nothing more.'

'What is it you suggest, mistress? The skulls of babes? I've fought men, beelzebubs, dragons. But a slaughterer of infants? How dare you, mistress!'

Suddenly Edwin, still singing, pushed past them, and going up to the portcullis pressed himself against the bars.

'Get back, boy,' Sir Gawain said, grasping his shoulders. 'There's danger here, and that's enough of your songs!'

Edwin gripped the bars with both hands, and for a moment he and the old knight tussled. Then they both broke off and stepped back from the gate. Beatrice, at Axl's breast, let out a small gasp, but at that instant Axl's view was obscured by Edwin and Sir Gawain. Then the beast came into the pool of moonlight, and he saw it more clearly.

'God protect us,' Beatrice said. 'Here's a creature escaped from the Great Plain itself, and the air grows colder.'

'Don't worry, princess. It can't breach those bars.'

Sir Gawain, who had immediately drawn his sword again, began to laugh quietly. 'Not nearly as bad as I feared,' he said, then laughed a little more.

'Surely bad enough, sir,' Axl said. 'It looks well able to devour each of us in turn.'

They might have been gazing at a large skinned animal: an opaque membrane, like the lining of a sheep's stomach, was stretched tightly over the sinews and joints. Swathed as it was now in moonshadow, the beast appeared roughly the size and shape of a bull, but its head was distinctly wolf-like and of a darker hue – though even here the impression was of blackening by flames rather than of naturally dark fur or flesh. The jaws were massive, the eyes reptilian.

Sir Gawain was still laughing to himself. 'Coming down that gloomy tunnel my wild imaginings had readied me for worse. Once, sir, on the marshes at Dumum, I faced wolves with the heads of hideous hags! And at Mount Culwich, double-headed ogres that spewed blood at you even as they roared their battle-cry! Here's little more than an angry dog.'

'Yet it bars our way to freedom, Sir Gawain.'

'It does that for sure. So we may stare at it for an hour until the soldiers come down the tunnel behind us. Or we may lift this gate and fight it.'

'I'm inclined to think it a foe darker than a fierce dog, Sir Gawain. I ask you not to grow complacent.'

'I'm an old man, sir, and it's many a year since I swung this blade in anger. Yet I'm still a knight well trained, and if this be a beast of this earth, I'll get the better of it.'

'See, Axl,' Beatrice said, 'how its eyes follow Master Edwin.'

Edwin, now strangely calm, had been walking experimentally, first left, then to the right, always staring back at the beast whose gaze never left him.

'The dog hungers for the boy,' Sir Gawain said thoughtfully. 'It may be there's dragon spawn within this monster.'

'Whatever its nature,' Axl said, 'it awaits our next move with strange patience.'

'Then let me propose this, friends,' said Sir Gawain. 'I'm loath to use this Saxon boy like a young goat tied to trap a wolf. Yet he seems a brave lad, and in no less danger wandering here weaponless. Let him take the candle and go stand there at the back of the chamber. Then if you, Master Axl, can somehow raise this gate again, perhaps even with your good wife's help, the beast will be free to come through. My fancy is it will make straight for the boy. Knowing the path of its charge, I'll stand here and cut it down as it passes. Do you approve the scheme, sir?'

'It's a desperate one. Yet I too fear the soldiers will soon discover this tunnel. So let's try it, sir, and even with my wife and I hanging together on the rope, we'll do our best to raise this gate. Princess, explain to Master Edwin our plan and let's see if he'll enter into it.'

But Edwin seemed to have grasped Sir Gawain's strategy without a word being said to him. Taking the candle from the knight, the boy measured out ten good strides over the bones till he was back in the shadows. When he turned again, the candle below his face barely trembled, and revealed blazing eyes fixed on the creature beyond the bars.

'Quick then, princess,' Axl said. 'Climb on my back and try to reach the rope's end. See where it dangles there.'

At first they nearly toppled over. Then they used the pillar itself to support them, and after a little more groping, he heard her say: 'I hold it, Axl. Release me and it'll surely come down with me. Catch me so I don't fall all at once.'

'Sir Gawain,' Axl called softly. 'Are you ready, sir?'

'We're ready.'

'If the beast passes you, then surely it's the end of this brave boy.'

'I know it, sir. And it will not pass.'

'Let me down slowly, Axl. If I'm still in the air holding the rope, reach up and tug me down.'

Axl released Beatrice and for an instant she hung suspended in the air, her body weight insufficient to raise the gate. Then Axl managed to grip another portion of the rope close to her two hands, and they tugged together. At first nothing happened, then something yielded, and the gate rose with a shudder. Axl continued tugging, and unable to see the effect, called out: 'Is it high yet, sir?'

There was a pause before Sir Gawain's voice came back. 'The dog stares our way and nothing now between us.'

Twisting, Axl looked around the pillar in time to see the beast leap forward. The old knight's face, caught in moonlight, looked aghast as he swung his sword, but too late, and the creature was past him and moving unerringly towards Edwin.

The boy's eyes grew large, but he did not drop the candle.

Instead he moved aside, almost as if out of politeness, to let the beast pass. And to Axl's surprise, the creature did just that, running on into the blackness of the tunnel out of which not long ago they had all emerged.

'I'll hold it up yet,' Axl shouted. 'Cross the threshold and save yourselves!'

But neither Beatrice beside him, nor Sir Gawain, who had lowered his sword, seemed to hear. Even Edwin appeared to have lost interest in the terrible creature that had just sped past him and would surely return any moment. The boy, candle held before him, came over to where the old knight was standing, and together they stared down at the ground.

'Let the gate fall, Master Axl,' Sir Gawain said without looking up. 'We'll raise it again soon enough.'

The old knight and the boy, Axl realised, were regarding with fascination something moving on the ground before them. He let the gate fall, and as he did so, Beatrice said:

'A fearsome thing, Axl, and I've no need to see it. But go and look if you will and tell me what you see.'

'Didn't the beast run into the tunnel, princess?'

'Some of it did, and I heard its footsteps cease. Now, Axl, go and see the part of it lies at the knight's feet.'

As Axl came towards them, Sir Gawain and Edwin both started as though shaken from a trance. Then they moved aside and Axl saw the beast's head in the moonlight.

'The jaws will not cease,' Sir Gawain said in a perturbed tone. 'I've a mind to take my sword to it again, yet fear that would be a desecration to bring more evil upon us. Yet I wish it would cease moving.'

Indeed it was hard to believe the severed head was not a living thing. It lay on its side, the one visible eye gleaming like a sea creature. The jaws moved rhythmically with a strange energy, so that the tongue, flopping amidst the teeth, appeared to stir with life.

'We're beholden to you, Sir Gawain,' Axl said.

'A mere dog, sir, and I'd happily face worse. Yet this Saxon boy shows rare courage, and I'm glad to have done him some service. But now we must hurry on, and with caution too, for who knows what occurs above us, or even if a second beast awaits beyond that chamber.'

They now discovered a crank behind one of the pillars, and fastening the rope end to it, soon raised the gate without difficulty. Leaving the beast's head where it had fallen, they passed under the portcullis, Sir Gawain once more leading, sword poised, and Edwin at the rear.

The second chamber of the mausoleum showed clear signs of having served as the beast's lair: amidst the ancient bones were fresher carcasses of sheep and deer, as well as other dark, foul-smelling shapes they could not identify. Then they were once more walking stooped and short of breath along a winding passage. They encountered no more beasts, and eventually they heard birdsong. A patch of light appeared in the distance, and then they came out into the forest, the early dawn all around them.

In a kind of daze, Axl came upon a cluster of roots rising between two large trees, and taking Beatrice's hand, helped her sit down on it. At first Beatrice was too short of breath to speak, but after a moment she looked up, saying:

'There's room here beside me, husband. If we're safe for now, let's sit together and watch the stars fade. I'm thankful we're both well and that evil tunnel's behind us.' Then she said: 'Where's Master Edwin, Axl? I don't see him.'

Looking about him in the half-light, Axl spotted Sir Gawain's figure nearby, silhouetted against the dawn, head bowed, a hand on a tree trunk to steady him while he regained his breath. But there was no sign of the boy.

'Just now he was behind us,' Axl said. 'I even heard him exclaim as we came into the fresh air.'

'I watched him hasten on, sir,' Sir Gawain said without turning, his breath still laboured. 'Not being elderly as the rest of us, he's no need to lean on oaks panting and gasping. I suppose he hurries back to the monastery to rescue Master Wistan.'

'Didn't you think to delay him, sir? Surely he hurries to grave danger, and Master Wistan by now killed or captured.'

'What would you have me do, sir? I did all I could. Hid myself in that airless place. Overcame the beast though it had devoured many brave men before us. Then at the end of it all, the boy runs back to the monastery! Am I to give chase with this heavy armour and sword? I'm all done in, sir. All done in. What's my duty now? I must pause and think it over. What would Arthur have me do?'

'Are we to understand, Sir Gawain,' Beatrice asked, 'that it was you in the first place came to tell the abbot of Master Wistan's real identity as a Saxon warrior from the east?'

'Why go through it again, mistress? Did I not lead you to safety? So many skulls we trod upon before coming out to this sweet dawn! So many. No need to look down, one hears their cackle with each tread. How many dead, sir? A hundred? A thousand? Did you count, Master Axl? Or were you not there, sir?' He was still a silhouette beside a tree, his words sometimes hard to catch now the birds had begun their early chorus.

'Whatever the history of this night,' Axl said, 'we owe you much thanks, Sir Gawain. Clearly your courage and skill remain undiminished. Yet I too have a question to put to you.'

'Spare me, sir, enough. How can I chase a nimble youth up these wooded slopes? I'm drained, sir, and perhaps not just of breath.'

'Sir Gawain, were we not comrades once long ago?'

'Spare me, sir. I did my duty tonight. Is that not enough? Now I must go find my poor Horace, tied to a branch so he wouldn't wander, yet what if a wolf or bear comes upon him?'

'The mist hangs heavily across my past,' Axl said. 'Yet lately I find myself reminded of some task, and one of gravity, with which I was once entrusted. Was it a law, a great law to bring all men closer to God? Your presence, and your talk of Arthur, stirs long-faded thoughts, Sir Gawain.'

'My poor Horace, sir, so dislikes the forest at night. The hooting owl or the screech of a fox is enough to frighten him, no matter he'll face a shower of arrows without flinching. I'll go to him now, and let me urge you good people not to rest here too late. Forget the young Saxons, the pair of them. Think now of your own cherished son waiting for you at his village. Best go on your way quickly, I say, now you're without your blankets and provisions. The river's near and a fast tide on it flowing east. A friendly word with a bargeman may secure you a ride downstream. But don't dally here, for who knows when soldiers will come this way? God protect you, friends.'

With a rustle and a few thumps, Sir Gawain's form disappeared into the dark foliage. After a moment, Beatrice said:

'We didn't bid him farewell, Axl, and I feel poorly for it. Yet that was a strange leave he took of us and a sudden one.'

'I thought so too, princess. But perhaps he gives us wise counsel. We should hurry on to our son and never mind our recent companions. I feel concern for poor Master Edwin, yet if he'll hasten back to the monastery, what can we do for him?'

'Let's rest just a moment longer, Axl. Soon we'll be on our way, the two of us, and we'd do well to seek a barge to speed our journey. Our son must be wondering what keeps us.'

Chapter Eight

The young monk was a thin, sickly-looking Pict who spoke Edwin's language well. No doubt he had been delighted to have in his company someone nearer his own age, and for the first part of the journey down through the dawn mists, he had talked with relish. But since entering the trees, the young monk had fallen silent and Edwin now wondered if he had in some way offended his guide. More likely the monk was simply anxious not to attract the attention of whatever lurked in these woods; amidst the pleasant birdsong, there had been some strange hissings and murmurs. When Edwin had asked once again, more from a wish to break the silence than for reassurance, 'So my brother's wounds seemed not to be mortal?' the reply had been almost curt.

'Father Jonus says not. There's none wiser.'

Wistan, then, could not be so badly hurt. Indeed, he must have managed this same journey down the hill not long ago, and while it was still dark. Had he had to lean heavily on the arm of his guide? Or had he managed to go mounted on his mare, perhaps with a monk holding steady the bridle?

'Show this boy down to the cooper's cottage. And take care no one sees you leave the monastery.' Such, according to the young monk, had been Father Jonus's instruction to him. So Edwin would soon be reunited with the warrior, but what sort of welcome could he expect? He had let Wistan down at the first challenge. Instead of hurrying to his side at the first sign of battle, Edwin had run off into the long tunnel. But his mother had not been down there, and only when the tunnel's end had finally appeared, distant and moon-like in the blackness, had he felt lifting from him the heavy clouds of dream and realised with horror what had occurred.

At least he had done his utmost once he had emerged into the chilly morning air. He had run almost the whole way back up to the monastery, slowing only for the steepest slopes. Sometimes, pushing through the woods, he had felt himself lost, but then the trees had thinned and the monastery had appeared against the pale sky. So he had gone on climbing and arrived at the big gate, breathless and with his legs aching.

The small door beside the main gate was unlocked, and he had managed to collect himself sufficiently to enter the grounds with stealthy care. He had been aware of smoke for the latter part of his climb, but now it tickled his chest, making it hard not to cough loudly. He knew then for sure it was too late to move the hay wagon, and felt a great emptiness opening within him. But he had pushed the feeling aside for another moment, and pressed on into the grounds.

For some time he came across neither monk nor soldier. But as he moved along the high wall, ducking his head so as not to be spotted from some far-off window, he had seen below the soldiers' horses crowded together in the small yard inside the main gate. Bound on all sides by high walls, the animals, still saddled, were circling nervously, even though there was scarcely space to do so without colliding. Then as he came towards the monks' quarters, where another of his age might well have rushed on to the central courtyard, he had had the presence of mind to recall the geography of the grounds and proceed by a roundabout route, utilising what he remembered of the back ways. Even on reaching his destination, he had placed himself behind a stone pillar and peered round cautiously.

The central courtyard was barely recognisable. Three robed figures were sweeping wearily, and as he watched, a fourth arrived with a pail and tossed water across the cobbles, setting to flight several lurking crows. The ground was strewn in places with straw and with sand, and his eyes were drawn to the several shapes covered over with sackcloth, which he supposed to be corpses. The old stone tower, where he knew Wistan had held out, loomed over the scene, but this too had changed: it was charred and blackened in many places, especially around its arched entryway and each of its narrow windows. To Edwin's eyes the tower as a whole appeared to have shrunk. He had been craning his neck around the pillar to ascertain if the pools surrounding the covered shapes were of blood or of water, when the bony hands had grasped his shoulders from behind.

He had twisted around to find Father Ninian, the silent monk, staring into his eyes. Edwin had not cried out, but had said, in a low voice, pointing towards the bodies: 'Master Wistan, my Saxon brother. Does he lie there?'

The silent monk appeared to understand, and shook his head emphatically. But even as he raised a finger to his lips in the familiar manner, he had stared warningly into Edwin's face. Then, glancing furtively around him, Ninian had tugged Edwin away from the courtyard.

'Can we be certain, warrior,' he had asked Wistan the day before, 'the soldiers will really come? Who'll tell them we're here? Surely these monks believe us but simple shepherds.'

'Who knows, boy. Perhaps we'll be left in peace. But there's one I fancy may betray our presence here, and even now the good Brennus may be issuing his orders. Test it well, young comrade. Britons have a way of dividing a bale from within with wooden slats. We need it pure hay all the way down.'

He and Wistan had been in the barn behind the old tower. Having for the moment done with woodcutting, the warrior had been seized by the urge to load the rickety wagon high with the hay stored at the back of the shed. As they had set about this task, Edwin had been required at regular intervals to clamber up onto the bales and prod into them with a stick. The warrior, observing carefully from the ground, would sometimes make him go over a section again, or order him to thrust a leg as far down as possible into a particular spot.

'These holy men are just the sort to get absent-minded,' Wistan had said by way of explanation. 'They may have left a spade or pitchfork in the hay. If so, it would be a service to retrieve it for them, tools being scarce up here.'

Although at that point the warrior had given no hint as to the purpose of the hay, Edwin had known straight away it had to do with the confrontation ahead, and that was why, as the bales had piled up, he had asked his question about the soldiers.

'Who'll betray us, warrior? The monks don't suspect us. They're so concerned with their holy quarrels, they hardly glance our way.'

'Maybe so, boy. But test there too. Just there.'

'Can it be, warrior, it's the old couple will betray us? Surely they're too foolish and honest.'

'They may be Britons, but I don't fear their treachery. Yet you'd be wrong to suppose them foolish, boy. Master Axl, for one, is a deep fellow.'

'Warrior, why do we travel with them? They slow us at every turn.'

'They slow us, right enough, and we'll part ways soon. Yet this morning as we set off, I felt eager for Master Axl's company. And I may wish for more of it yet. As I say, he's a deep one. He and I may have a little more to discuss. But just now let's concentrate on what faces us here. We must load this wagon in a sure and steady way. We need pure hay. No wood or iron there. See how I depend on you, boy.'

But Edwin had let him down. How could he have gone on sleeping for so long? It had been a mistake to lie down at all. He should simply have sat upright in the corner, napping a few winks the way he had seen Wistan do, ready at the first noise to start to his feet. Instead, like an infant, he had accepted from the old woman a cup of milk, and fallen into a deep sleep in his corner of the chamber.

Had his real mother called him in his dreams? Perhaps that was why he had remained asleep for so long. And why, when he had been shaken awake by the crippled monk, instead of rushing to the warrior's side, he had followed after the others down into the long, strange tunnel, for all the world as if he were still in the depths of dreaming.

It had been his mother's voice without doubt, the same voice that had called to him in the barn. 'Find the strength for me, Edwin. Find the strength and come rescue me. Come rescue me. Come rescue me.' There had been an urgency there he had not heard the previous morning. And there had been more: as he had stood at that open trap-door, staring down at the steps leading into the darkness, he had felt something pull at him with such force he had become giddy, almost sick.

The young monk was holding back blackthorn with a stick, waiting for Edwin to go ahead of him. Now at last he spoke, though in a hushed voice.

'A short cut. We'll soon see the roof of the cooper's cottage.'

As they came out of the woods to where the land swept down into the receding mist, Edwin could still hear movement and hissing in the nearby bracken. And he thought of the sunny evening towards the end of summer, when he had talked with the girl.

He had not at first seen the pond that day, for it had been small and well hidden by rushes. A cloud of brightly coloured insects had flown up before him, an event normally to draw his attention, but on this occasion he had been too preoccupied by the noise coming from the water's edge. An animal in a trap? There it was again, behind the birdsong and the wind. The noise followed a pattern: an intense burst of rustling, as of a struggle, then silence. Then soon, more rustling. Approaching cautiously, he had heard laboured breathing. Then the girl had been before him.

She was lying on her back in the rough grass, her torso twisted to one side. She was a few years older than him – fifteen or sixteen – and her eyes were fixed on him without fear. It took a while to realise her odd posture had to do with her hands being tied under her body. The flattened grass around her marked the area where, by pushing with her legs, she had been sliding about in her struggles. Her cloth smock, tied at the waist, was discoloured – perhaps soaked – all along one side, and both her legs, unusually dark-skinned, bore fresh scratches from the thistles.

It occurred to him she was an apparition or a sprite, but when she spoke her voice had no echo to it.

'What do you want? Why have you come?'

Recovering himself, Edwin said: 'If you like, I could help you.'

'These knots aren't difficult. They just tied me more tightly than usual.'

Only now did he notice her face and neck were covered in perspiration. Even as she spoke, her hands, under her back, were busily struggling.

'Are you hurt?' he asked.

'Not hurt. But a beetle landed on my knee just now. It clung on and bit me. There'll be a swelling now. I can see you're still too much of a child to help me. It doesn't matter, I'll manage myself.'

Her gaze remained fixed on him, even as her face tightened and she twisted and raised her torso a little way off the ground. He watched, transfixed, expecting at any moment to see the hands come out from under her. But she sagged down defeated and lay in the grass, breathing hard and staring angrily at him.

'I could help,' Edwin said. 'I'm good with knots.'

'You're just a child.'

'I'm not. I'm nearly twelve.'

'They'll come back soon. If they find you've untied me, they'll beat you.'

'Are they grown-ups?'

'They think they are, but they're just boys. Older than you though and there's three of them. They'd like nothing better than to beat you. They'll force your head into that muddy water until you pass out. I've watched them do it before.'

'Are they from the village?'

'The village?' She looked at him with contempt. '*Your* village? We pass village after village every day. What do we care about your village? They may come back soon, then you'll be in trouble.'

'I'm not afraid. I could free you if you like.'

'I always free myself.' She twisted again.

'Why did they tie you?'

'Why? I suppose so they could watch. Watch me try to get free. But they're gone now, to steal food.' Then she said: 'I thought you villagers worked all day. Why does your mother let you wander?'

'I'm allowed because I finished three corners by myself already today.' Then he added: 'My real mother's not in the village any more.'

'Where's she gone?'

'I don't know. She was taken. I live with my aunt now.'

'When I was a child like you,' she said, 'I lived in a village. Now I travel.'

'Who do you travel with?'

'Oh . . . with them. We pass this way quite often. I remember them tying me and leaving me here once before, this very spot, last spring.'

'I'll release you,' he said suddenly. 'And if they come back, I won't be frightened of them.'

Yet something still held him back. He had expected her eyes to shift away, or her body at least to accommodate the prospect of his approach. But she had gone on staring at him, while under her arched back her hands continued their struggle. Only when she let out a long sigh did he realise she had been holding her breath for some time.

'I can usually do it,' she said. 'If you weren't here, I'd have done it by now.'

'Do they tie you to stop you running away?'

'Run away? Where would I run away? I travel with them.' Then she said: 'Why did you come to me? Why don't you go help your mother instead?'

'My mother?' He was genuinely surprised. 'Why should my mother want me to help her?'

'You said she was taken, didn't you?'

'Yes, but that was long ago. She's happy now.'

'How can she be happy? Don't you think she wants someone to come and help her?'

'She's just travelling. She wouldn't want me to . . .'

'She didn't want you to come before because you were a child. But you're nearly a man now.' She fell silent, arching her back as she made another concerted effort. Then she sagged back down again. 'Sometimes,' she said, 'if they come back and I haven't got myself free, they don't untie me. They watch and don't say a word until I manage by myself and my hands come loose. Until then they sit there watching and watching, their devil's horns growing between their legs. I'd mind it less if they spoke. But they stare and stare and don't say anything.' Then she said: 'When I saw you, I thought you'd do the same. I thought you'd sit and stare and not say a thing.'

'Shall I untie you? I'm not afraid of them, and I'm good with knots.'

'You're only a child.' Suddenly tears appeared. It happened so quickly, and because her face showed no other sign of emotion, Edwin thought at first he was watching perspiration. But then he realised they were tears, and because her face was half-upturned, the tears rolled oddly, past the bridge of her nose and down the opposite cheek. All the while she held her gaze on him. The tears confused him, making him stop in his tracks.

'Come on then,' she said, and for the first time moved onto her side, letting her gaze fall away towards the bulrushes in the water.

Edwin hurried forward, like a thief spying an opportunity, and crouching in the grass began to tug at the knots. The twine was thin and coarse, cutting cruelly into her wrists; the palms, in contrast, spread open one across the other, were small and tender. At first the knots did not yield, but he forced himself to be calm and studied carefully the path the coils took. Then when he tried again, the knot gave under his touch. Now he went about his work more confidently, glancing from time to time at the soft palms, waiting like a pair of docile creatures.

After he pulled the twine from her, she turned and sat facing him at what suddenly felt an uncomfortably close distance. She did not, he noticed, smell of stale excrement the way most people did: her odour was like that of a fire made from damp wood.

'If they come,' she said quietly, 'they'll drag you through the reeds then half-drown you. You'd better go. Go back to your village.' She reached out a hand experimentally, as though unsure if even now it was under her control, and pushed his chest. 'Go. Hurry.'

'I'm not afraid of them.'

'You're not afraid. But they'll still do all these things to you. You helped me, but you have to go away now. Go, hurry.'

When he returned just before sunset, the grass was still flattened where she had lain, but there was no other trace left of her. All the same, the spot felt almost uncannily tranquil, and he had sat down in the grass for some moments, watching the bulrushes waving in the wind.

He never told anyone about the girl – not his aunt, who would quickly have concluded she was a demon, nor any of the other boys. But in the weeks that followed, a vivid image of her had often returned to him unbidden; sometimes at night, within his dreams; often in broad daylight, as he was digging the ground or helping to mend a roof, and then the devil's horn would grow between his legs. Eventually the horn would go away, leaving him with a feeling of shame, and then the girl's words would return to him: 'Why did you come to me? Why don't you go help your mother instead?'

But how could he go to his mother? The girl herself had said he was 'only a child'. Then again, as she had pointed out, he would soon be a man. Whenever he recalled those words, he would feel his shame anew, and yet he had been able to see no way forward.

But that had all changed the moment Wistan had thrown open the barn door, forcing in the dazzling light, and declared that it was he, Edwin, who had been chosen for the mission. And now here they were, Edwin and the warrior, travelling across the country, and surely it would not be long till they came upon her. Then the men travelling with her would tremble.

But had it really been her voice that had led him away? Had it not been sheer terror of the soldiers? Such questions drifted into his mind as he followed the young monk down a barely trodden path beside a descending stream. Was he sure he had not simply panicked when he had been awoken and seen from the window the soldiers running about the old tower? But now, when he considered it all carefully, he was certain he had felt no fear. And earlier, during the day, when the warrior had led him into that same tower and they had talked, Edwin had felt only an impatience to stand at Wistan's side in the face of the oncoming enemy.

Wistan had been preoccupied with the old tower from the time they had first arrived at the monastery. Edwin could remember him continually glancing up at it while they had been cutting logs in the woodshed. And when they had pushed the barrow around the grounds to deliver the firewood, they had twice made diversions just to go past it. So it had come as no surprise, once the monks had disappeared into their meeting and the courtyard was empty, that the warrior should lean the axe on the woodpile and say: 'Come a moment, young comrade, and we'll examine more closely this tall and ancient friend who stares down at us. It seems to me he watches where we go, and takes offence we've yet to pay him a visit.'

As they had entered under the low arch into the chilly dimness of the tower's interior, the warrior had said to him: 'Take care. You think you're inside, but look to your feet.'

Glancing down, Edwin had seen in front of him a kind of moat which followed the circular wall all the way to form a ring. It was too wide for a man to leap, and the simple bridge of two planks was the only way to reach the central floor of trodden earth. As he stepped onto the planks, gazing down into the darkness below, he heard the warrior say behind him:

'Notice there's no water there, young comrade. And even if you fell right in, I'd say you'd find it no deeper than your own height. Curious, don't you think? Why a moat on the *inside*? Why a moat at all for a small tower like this? What good can it do?' Wistan came over the planks himself and tested with his heel the central floor. 'Perhaps,' he went on, 'the ancients built this tower to slaughter animals. Perhaps once this was their killing floor. What they didn't wish to keep of an animal, they simply pushed over the side into the moat. What do you think, boy?'

'That's possible, warrior,' Edwin said. 'Yet it would have been no easy thing to lead a beast across narrow planks like that.'

'Perhaps in olden times there was a better bridge here,' Wistan said. 'Sturdy enough to bear an ox or a bull. Once the beast had been led over, and it guessed its fate, or when the first blow failed to make it sink to its knees, this arrangement ensured it could not easily flee. Imagine the animal twisting, trying to charge, yet finding the moat wherever it turned. And the one small bridge so hard to locate in a frenzy. It's no foolish notion, that this was once such a place of slaughter. Tell me, boy, what do you find when you look up?'

Edwin, seeing the circle of sky high above, said: 'It's open at the top, warrior. Like a chimney.'

'You say something interesting there. Let's hear it again.'

'It's like a chimney, warrior.'

'What do you make of it?'

'If the ancients used this place for their slaughter, warrior, they'd have been able to build a fire just where we now stand. They could have jointed the animal, roasted the meat, the smoke escaping up to the sky.'

'It's likely, boy, just as you say. I wonder if these Christian monks have any inkling of what went on here once? These gentlemen, I fancy, come inside this tower for its quiet and seclusion. See how thick is this circling wall. Hardly a sound comes through it, though the crows were shrieking as we entered. And the way the light comes from on high. It must remind them of their god's grace. What do you say, boy?'

'The gentlemen might come in here and pray, right enough, warrior. Though this ground's too soiled to kneel on.'

'Perhaps they pray standing, guessing little how this was once a place of slaughter and burning. What else do you see looking up, boy?'

'Nothing, sir.'

'Nothing?'

'Only the steps, warrior.'

'Ah, the steps. Tell me about the steps.'

'They first rise over the moat, then circle and circle, bending with the roundness of the wall. They rise till they reach the sky at the top.'

'That's well observed. Now listen carefully.' Wistan stepped closer and lowered his voice. 'This place, not just this old tower, but this entire place, all of what men today call this monastery, I'd wager was once a hillfort built by our Saxon forefathers in times of war. So it contains many cunning traps to welcome invading Britons.' The warrior moved away and slowly paced the perimeter of the floor, staring down into the moat. Eventually he looked up again and said: 'Imagine this place a fort, boy. The siege broken after many days, the enemy pouring in. Fighting in every yard, on every wall. Now picture this. Two of our Saxon cousins, out there in the yard, hold back a large body of Britons. They fight bravely, but the enemy's too great in number and our heroes must retreat. Let's suppose they retreat here, into this very tower. They skip across the little bridge and turn to face their foes at this very spot. The Britons grow confident. They have our cousins cornered. They press in with their swords and axes, hurry over the bridge towards our heroes. Our brave kin bring down the first of them, but soon must retreat further. Look there, boy. They retreat up those winding stairs along the wall. Still more Britons cross the moat until this space where we stand is filled. Yet the Britons' greater numbers can't yet be turned to advantage. For our brave cousins fight two abreast on the stairs, and the invaders can but meet them two against two. Our heroes are skilled, and though they retreat higher and higher, the invaders cannot overwhelm them. As Britons fall, those following take their place, then fall in their turn. But surely our cousins grow weary. Higher and higher they retreat, the invaders pursue them stair by stair. But what's this? What's this, Edwin? Do our kin finally lose their nerve? They turn and run the remaining circles of steps, only now and then striking behind them. This is surely the end. The Britons are triumphant. Those watching from down here smile like hungry men before a banquet. But look carefully, boy. What do you see? What do you see as our Saxon cousins near that halo of sky above?' Grasping Edwin's shoulders, Wistan repositioned him, pointing up to the opening. 'Speak, boy. What do you see?'

'Our cousins spring a trap, sir. They retreat upwards only to draw in the Britons as ants to a honey pot.'

'Well said, lad! And how's the trap made?'

Edwin considered for a moment, then said: 'Just before the stairway reaches its highest point, warrior, I can see what looks from here to be an alcove. Or is it a doorway?'

'Good. And what do you suppose hides there?'

'Can it be a dozen of our greatest warriors? Then together with our two cousins, they can fight their way down again till they cut into the ranks of the Britons here below.'

'Think again, boy.'

'A fierce bear, then, warrior. Or a lion.'

'When did you last meet a lion, boy?'

'Fire, warrior. There's fire behind that alcove.'

'Well said, boy. We can't know for sure what happened so long ago. Yet I'd wager that's what waited up there. In that little alcove, hardly glimpsed from down here, was a torch, or maybe two or three, blazing behind that wall. Tell me the rest, boy.'

'Our cousins throw the torches down.'

'What, onto the heads of the enemy?'

'No, warrior. Down into the moat.'

'The moat? Filled with water?'

'No, warrior. The moat's filled with firewood. Just like the firewood we've sweated to cut.'

'Just so, boy. And we'll cut more yet before the moon's high. And we'll find ourselves plenty of dry hay too. A chimney, you said, boy. You're right. It's a chimney we stand in now. Our forefathers built it for just such a purpose. Why else a tower here, when a man looking from the top has no better view than one at the wall outside? But imagine, boy, a torch dropping into this so-called moat. Then another. When we circled this place earlier, I saw at its back, close to the ground, openings in the stone. That means a strong wind from the east, such as we have tonight, will fan the flames ever higher. And how are the Britons to escape the inferno? A solid wall around them, only a single narrow bridge to freedom, and the moat itself ablaze. But let's leave this place, boy. It may be this ancient tower grows displeased we should guess so many of his secrets.'

Wistan turned towards the planks, but Edwin was still gazing up to the top of the tower.

'But warrior,' he said. 'Our two brave cousins. Must they burn in the flames with their foes?'

'If they did, wouldn't it be a glorious bargain? Yet perhaps it needn't come to that. Perhaps our two cousins, even as the scalding heat rises, race to the rim of the opening and leap from the top. Would they do that, boy? Even though they lack wings?'

'They have no wings,' Edwin said, 'but their comrades may have brought a wagon behind the tower. A wagon loaded deep with hay.'

'It's possible, boy. Who knows what went on here in ancient days? Now let's finish with our dreaming and cut a little more wood. For surely these good monks face many chilly nights yet before the summer comes.'

In a battle, there was no time for elaborate exchanges of information. A swift look, a wave of a hand, a barked word over the noise: that was all true warriors needed to convey their wishes to one another. It had been in such a spirit Wistan had made his thoughts clear that afternoon in the tower, and Edwin had let him down utterly.

But had the warrior expected too much? Even old Steffa had only talked of Edwin's great promise, what he would become *once he had been taught the warrior's ways*. Wistan had yet to finish training him, so how was Edwin to respond with such understanding? And now, it seems, the warrior was wounded, but surely this could not be Edwin's fault alone.

The young monk had paused by the edge of the stream to unfasten his shoes. 'This is where we ford,' he said. 'The bridge is much further down and the land there's too open. We may be seen from even the next hilltop.' Then pointing to Edwin's shoes, he said: 'Those look skilfully crafted. Did you make them yourself?'

'Master Baldwin made them for me. The most skilled shoemaker in the village, even though he has fits every full moon.'

'Off with them. A soaking's sure to wreck them. Can you see the stepping stones? Lower your head more, and try to gaze beneath the water's surface. There, you see them? That's our pathway. Keep them in your sight and you'll stay dry.'

Again, the young monk's tone had something curt about it. Could it be that since they had set off he had had time to piece together in his mind Edwin's role in what had occurred? At the start of their journey, the young monk had not only been warmer in manner, he had hardly been able to stop talking.

They had met in the chilly corridor outside Father Jonus's cell, where Edwin had been waiting while several voices, lowered but passionate, argued from within. The dread of what he might soon be told had mounted, and Edwin had been relieved when instead of being summoned inside, he had seen the young monk emerge, a cheerful smile on his face.

'I've been chosen to be your guide,' he had said triumphantly, in Edwin's language. 'Father Jonus says we're to go at once and slip out unseen. Be brave, young cousin, you'll be at your brother's side before long.'

The young monk had an odd way of walking, clutching himself tightly like someone intensely cold, both arms lost within his robe, so that Edwin, following him down the mountain path, had wondered at first if he was one of those born with missing limbs. But as soon as the monastery was safely behind them, the young monk had fallen in step beside him, and producing a thin, long arm had placed it supportively around Edwin's shoulders.

'It was foolish of you to come back as you did, and after you'd made good your escape. Father Jonus was angry to hear of it. But here you are, safely away again, and with luck no one's the wiser about your return. But what an affair this is! Is your brother always so quarrelsome? Or is it one of the soldiers made some fierce insult to him in passing? Perhaps once you reach his bedside, young cousin, you'll ask him how it all began, for none of us can make head or tail of it. If it was he who insulted the soldiers, then it must have been something strong indeed, for they as one forgot whatever purpose brought them to see the abbot, and turning into wild men, set about trying to extract payment for his boldness. I myself woke at the sounds of the shouting, even though my own chamber's far from the courtyard. I ran there in alarm, only to stand helpless alongside my fellow monks, watching in horror all that unfolded. Your brother, they soon told me, had run into the ancient tower to escape the wrath of the soldiers, and though they rushed in after him with a mind to tear him limb from limb, it seems he began to fight them as best he knew. And a surprising match he seemed to be, even though they were thirty or more and he just one Saxon shepherd. We watched expecting any moment to see his bloody remains brought out, and instead it's soldier after soldier running from that tower in panic, or staggering out carrying wounded comrades. We could hardly believe our eyes! We were praying for the quarrel soon to end, for whatever the original insult, such violence's surely uncalled for. Yet it went on and on, and then, young cousin, the dreadful accident occurred. Who knows it wasn't God himself, frowning on so black a quarrel within his holy buildings, pointed a finger and struck them with fire? More likely it was one of the soldiers running back and forth with torches tripped and made his great error. The horror of it! Suddenly the tower was ablaze! And who'd think an old damp tower could offer so much kindling? Yet blaze it did and Lord Brennus's men together with your brother caught within. They'd have done better forgetting their quarrel at once and running out as fast as they could, but I fancy they thought instead to fight the flames, and saw only too late the fires engulfing them. An accident of true ghastliness, and the few who came out did so just to die twisting horribly on the ground. Yet miracle of miracles, young cousin, your brother it turns out escaped! Father Ninian found him wandering the darkness of the grounds, dazed and wounded, but still alive, even as the rest of us watched the blazing tower and prayed for the trapped men inside. Your brother lives, but Father Jonus, who himself treated his wounds, has counselled the few of us who know this news to keep it a solemn secret, even from the abbot himself. For he fears if the news gets further, Lord Brennus will send out more soldiers seeking vengeance, not caring that most died by accident and not by your brother's hand. You'd do well not to whisper a word of it to anyone, at least not until you're both far from this country. Father Jonus was angry you should risk yourself returning to the monastery, yet he's contented he can the more easily reunite you with your brother. "They must travel together out of this country," he said. The best of men is Father Jonus, and still our wisest, even after what the birds have done to him. I dare say your brother owes him and Father Ninian his life.'

But that had been earlier. Now the young monk had become distant, and his arms were once again tucked firmly within his robe. As Edwin followed him across the stream, trying his best to see the rocks beneath the swiftly running water, the thought came to him that he should make a clean breast of it to the warrior; tell him about his mother and how she had called to him. If he explained it all from the start, honestly and frankly, it was possible Wistan would understand and give him another chance.

A shoe in each hand, Edwin sprang lightly towards the next rock, faintly cheered by this possibility.

PART III

Gawain's First Reverie

Those dark widows. For what purpose did God place them on this mountain path before me? Does he wish to test my humility? Is it not enough he watches me save that gentle couple, the wounded boy also, slay a devil dog, sleep barely an hour on dew-soaked leaves before rising to learn my tasks are yet far from done, that Horace and I must set off again, not down to some sheltering village, but up another steep path beneath a grey sky? Yet he placed those widows there in my way, no doubt about it, and I did well to address them courteously. Even as they sank to foolish insults and throwing clumps of earth at Horace's hindquarters – as though Horace could be panicked into an unseemly gallop! – I gave them not so much as a backward glance, speaking instead into Horace's ear, reminding him we must bear all such trials well, for a far greater one awaited us up in those distant peaks where storm clouds now gathered. Besides, those weathered women with their flapping rags were once innocent maidens, some possessing beauty and grace, or at least the freshness that will often serve as well in a man's eye. Was she not that way, the one I sometimes remember when there stretches before me as much land, empty and companionless, as I could ride on a dreary autumn's day? No beauty was she, yet delightful enough for me. I only glimpsed her once, when I was young, and did I even speak to her then? Yet she returns sometimes in my mind's eye, and I believe she has visited me in my sleep, for I often awake with a mysterious contentment even as my dreams fade from me.

I felt the lingering joys of just such a feeling as Horace woke me this morning, stamping the soft forest ground where I had lain down after the night's exertions. He knows full well I no longer have the old stamina, that after such a night it is no easy thing for me to sleep but a short hour before setting off once more. Yet seeing the sun already high over the shady roof of the forest, he would not let me sleep on. He stamped his feet until I rose, chainmail complaining. I curse this armour more and more. Has it really saved me from much? A small wound or two at best. It is the sword, not the armour, I have to thank for this abiding health. I rose and observed the leaves around me. Why so many fallen and the summer not yet old? Do these trees ail, even as they shelter us? A shaft of sun breaking through the high foliage fell across Horace's muzzle, and I watched him shake his nose from side to side, as though that beam were a fly sent to torment him. He had no pleasant night either, listening to noises of the forest all about him, wondering to what dangers his knight had gone. Displeased though I was that he aroused me so soon, when I stepped towards him, it was only to hold his neck gently in both my arms, and for a brief moment rest my head in his mane. A hard master he has, I know that. I push him on when I know him to be weary, curse him when he has done no wrong. And all this metal as much burden for him as for me. How much further will we ride together? I patted him gently, saying, 'We'll find a friendly village soon, and you'll have a better breakfast than the one you just had.'

I spoke this way believing the problem of Master Wistan settled. But we were hardly down the path, not yet out of the woods, when we came across the bedraggled monk, his shoes broken, hurrying before us to Lord Brennus's camp, and what does he tell us but that Master Wistan has escaped the monastery, leaving his pursuers of the night dead, many no more than charred bones. What a fellow! Strange how my heart fills with joy to hear the news, even though it brings back a heavy task I thought behind us. So Horace and I put aside our thoughts of hay and roast meat and good company, and now we climb uphill once more. Thankfully, at least, we travel further from that cursed monastery. In my heart, it is true, I am relieved Master Wistan did not perish at the hands of those monks and the wretched Brennus. But what a fellow! The blood he sheds each day would make the Severn overflow! He was wounded, the bedraggled monk thought, but who can rely on one such as Master Wistan to lie down and die easily? How foolish I was to let the boy Edwin run off that way, and now who will wager against the two of them finding each other? So foolish, yet I was weary then, and besides, little imagined Master Wistan could escape. What a fellow! Had he been a man of our day, Saxon though he is, he would have won Arthur's admiration. Even the best of us would have feared to meet him as a foe. Yet yesterday, when I saw him meet Brennus's soldier in combat, I might have seen a small weakness on his left side. Or was it his clever ploy of the moment? If I watch him fight once more, I will know better. A skilful warrior all the same, and it would take a knight of Arthur to suspect it, but I thought it so, as I watched the fight. I said to myself, look there, a small lapse on the left side. One a canny opponent might just exploit. Yet which of us would not have respected him?

Yet these dark widows, why do they cross our path? Is our day not busy enough? Our patience not yet sufficiently taxed? We'll stop at the next crest, I was saying to Horace as we came up the slope. We'll stop and rest even though black clouds gather and we most likely face a storm. And if there be no trees I'll still sit down right there on the scrubbed heather and we shall rest all the same. Yet when the road finally levelled, what do we see but great birds perched on their rocks, and they rise as one, not to fly into the darkening sky, but towards us. Then I saw they were no birds, but old women in flapping cloaks, assembling on the path before us.

Why choose such a barren spot to gather? Not a cairn, nor a dry well to mark it. No thin tree nor shrub to comfort a wayfarer from sun or rain. Just these chalky rocks from which they rose, sunk into the earth on either side of the road. Let's be sure, I said to Horace, let's be sure my old eyes don't let me down and these are not bandits come to set upon us. But there was no need to draw the sword – its blade still stinks of that devil dog's slime, no matter I thrust it deep in the ground before I slept – for they were old women sure enough, though we might have made good use of a shield or two against them. Ladies, let us remember them as ladies, Horace, now we are finally beyond them, for are they not to be pitied? We will not call them hags, even if their manners tempt us to. Let us remember that once, some among them at least possessed grace and beauty.

'Here he comes,' cried one, 'the impostor knight!' Others took up the cry as I came closer, and we might have trotted through their ranks, but I am not one to shy from adversity. So I brought Horace to a halt right in their midst, though gazing towards the next peak as if studying the gathering clouds. Only when their rags flapped around me, and I could feel the blast of their shouts, did I gaze down from the saddle at them. Were there fifteen?

Twenty? Hands reached to touch Horace's flanks, and I whispered to calm him. Then I straightened and said, 'Ladies, if we are to talk, you must cease this noise!' To which they quietened, but their looks stayed angry, and I said then, 'What do you want of me, ladies? Why come upon me this way?' To which one woman calls up, 'We know you for the foolish knight too timid to complete the task given him.' And another, 'If you'd done long ago what God asked of you, would we be wandering the land in woe this way?' And yet another, 'He dreads his duty! See it on his face. He dreads his duty!'

I contained my anger and asked them to explain themselves. Whereupon one a little more civil than the rest stepped forward. 'Forgive us, knight. It's long days we've wandered under these skies and to see you in person come riding boldly our way, we cannot but make you hear our laments.'

'Mistress,' I said to her, 'I may look burdened by years. But I remain a knight of the great Arthur. If you'll tell me your troubles, I'll gladly help you as I can.'

To my dismay the women – the civil one included – all broke into a sarcastic laugh, and then a voice said: 'Had you done your duty long ago and slain the she-dragon, we'd not be wandering distressed this way.'

This shook me, and I cried out, 'What do you know of it? What do you know of Querig?' but saw in time the need for restraint. And so I spoke calmly: 'Explain it, ladies, what compels you to walk the roads this way?' To which a parched voice behind said, 'If you ask why I wander, knight, I'll happily tell you. When the boatman put to me his questions, my beloved already in the boat and reaching out to help me in, I found my most treasured memories robbed from me. I didn't know then but know now,

Querig's breath was the thief robbed me, the very creature you were to have slain long ago.'

'How can you know this, mistress?' I demanded, no longer able to hide my consternation. For how can it be such vagabonds know a secret so well guarded? To which the civil one then smiles strangely and says, 'We're widows, knight. There's little can be hidden from us now.'

Only then do I feel Horace give a tremble, and I hear myself ask, 'What are you, ladies? Are you living or dead?' To which the women once more break into laughter, a jeering sound to it that makes Horace shift a hoof uneasily. I pat him gently while I say, 'Ladies, why do you laugh? Was that so foolish a question?' And the raspy voice behind says, 'See how fearful he is! Now he fears us as readily as he does the dragon!'

'What nonsense is this, lady?' I shout more forcefully, as Horace takes a step back against my wishes, and I have to tug to steady him. 'I fear no dragon, and fierce though Querig is, I've faced far greater evils in my time. If I've been slow to slay her, it's only because she hides herself with great cunning in those high rocks. You rebuke me, madam, but what do we hear of Querig now? A time was she thought nothing of raiding a village or more each month, yet boys have grown into men since we last heard of the like. She knows I close in, so she dares not show herself beyond these hills.'

Even as I spoke, one woman opened her raggy cloak and a clump of mud struck Horace's neck. Intolerable, I told Horace, we must go on. What can these old crones know of our mission? I nudged him to move forward but he was strangely frozen, and I had to dig in my spur to make him push forward. Thankfully the dark figures parted before us and I was gazing again at the distant peaks. My heart sank at the thought of those desolate high grounds. Even the company of these unholy hags, I thought, might be preferable to those bleak winds. But as though to disabuse me of such sentiments, the women started up their chant behind me, and I felt more mud flung our way. But what do they chant? Do they dare cry 'coward'? I had a mind to turn and show my wrath, yet remembered myself in time. Coward, coward. What do they know? Were they there? Were they there that day long ago we rode out to face Querig? Would they have called me coward then, or any of us five? And even after that great mission – from which only three returned – did I not then, ladies, with hardly a rest, hurry to the valley's edge to make good my promise to the young maid?

Edra, she later told me was her name. She was no beauty, and dressed in the simplest weeds, but like that other I sometimes dream of, she had a bloom tugged my heart. I saw her on the roadside carrying her hoe in both her arms. Only lately become a woman, she was small and slight, and the sight of such innocence, wandering unprotected so near the horrors from which I just came made it impossible for me to ride by, even if I went to such a mission as I did.

'Turn back, maiden,' I called down from the stallion, this being before the days of Horace, when even I was young. 'What great foolishness makes you go that way? Don't you know a battle rages down in this valley?'

'I know it well, sir,' she says, and no fear meeting my eye. 'It's a long journey I've made to come this far, and soon I'll be down the valley and join the battle.'

'Has some sprite bewitched you, maiden? I came from the valley floor just now where seasoned warriors spew out their stomachs from dread. I'd not have you hear even a distant echo of it. And why that hoe so large for you?'

'There's a Saxon lord I know is down in the valley now, and I pray with all my heart he isn't fallen and God will protect him well. For I will have him die at my hands only, after what he did to my dear mother and sisters, and I carry this hoe to do the work. It breaks the ground of a winter's morning, so it will do well enough on this Saxon's bones.'

I was obliged then to dismount and hold her by the arm even as she tried to pull away. If she still lives today – Edra, she later told me was her name – she would now be near your age, ladies. It may even be she was among you just now, how would I know? No great beauty, but like that other, her innocence spoke to me. 'Let me go, sir!' she cries, to which I say, 'You'll not go down into that valley. The sight from the edge alone will make you swoon.' 'I'm no weakling, sir,' she cries. 'Let me go!' And there we stand on the roadside like two quarrelling children, and I can calm her only by saying:

'Maiden, I see nothing will dissuade you. But think how remote the chances of your finding alone the vengeance you crave. Yet with my help your chances will improve manyfold. So be patient and sit a while out of this sun. Look there, sit beneath that elder tree, and wait for my return. I go to join four comrades on a mission which though grave with danger, won't keep me long. Should I perish you'll see me come this way again tied across the saddle of this same horse, and you'll know I can no longer keep my promise. Otherwise I swear I'll return and we'll together go down to make your dream of vengeance true. Be patient, maiden, and if your cause is just, as I believe it to be, God will see this lord doesn't fall before we reach him.'

Were these the words of a coward, ladies, uttered that very day, even as I rode out to face Querig? And once we were done with our task, and I saw I had been spared – though two of us five had not – I hastened back, weary as I was, to that valley's edge and the elder tree where the maid still waited, her hoe in her arms. She sprang to her feet, and the sight of her again tugged my heart. Yet when I tried once more to sway her from her intent, for I dreaded to see her enter that valley, she said angrily, 'Are you false, sir? Will you not keep your promise to me?' So I placed her on the saddle – she held the rein even as she clasped the hoe to her bosom – and I led on foot both horse and maiden down the valley slopes. Did she blanch as we first heard the din? Or when on the outskirts of the battle we met desperate Saxons, their pursuers on their heels? Did she wilt when exhausted warriors groped across our path trailing wounds along the ground? Small tears appeared and I saw her hoe tremble, but she did not turn away. For her eyes had their task, searching that bloody field left and right, far and near. Then I mounted the horse myself, and carrying her before me as if she were some gentle lamb, we rode together into the thick. Did I look timid then, thrashing with my sword, covering her with my shield, turning the horse this way and that until finally the battle tossed us both into the mud? But she was quickly on her feet, and recovering her hoe, began to tread a path through the mashed and quartered heaps. Our ears filled with the strange cries, but she seemed not to hear, the way a good Christian maid refuses the lewd shouts of the coarse men she passes. I was young then and nimble of foot, so ran about her with my sword, cutting down any who would do her harm, sheltering her with my shield from the arrows that regularly fell among us. Then she saw at last the one she sought, yet it was as if we were adrift on choppy waves and though an isle seems near, the tides somehow keep it beyond reach. It was that way for us that day. I fought and battered and kept her safe, yet it seemed an eternity till we stood before him, and even then three men specially to guard him. I passed my shield to the maid, saying, 'Shelter well, for your prize is almost yours,' and though I faced three, and I saw they were warriors of skill, I defeated them one by one till I faced the Saxon lord she so hated. His knees were thick with the gore he waded through, but I saw this was no warrior, and I brought him down till he lay breathing on the earth, his legs no more use to him, staring his hatred up at the sky. So she came then and stood above him, the shield tossed aside, and the look in her eyes chilled my blood over all else to be seen across that ghastly field. Then she brought the hoe down not with a swing, but a small prod, then another, the way she is searching for potatoes in the soil, until I am made to cry, 'Finish it, maiden, or I'll do it myself!' to which she says, 'Leave me now, sir. I thank you for your service, but now it's done.' 'Only half done, maiden,' I cry, 'till I see you safe from this valley,' but she no longer listens and goes on with her foul work. I would have quarrelled further, but it was then he appeared from the crowd. I mean Master Axl, as I now know him, a younger man that day to be sure, but a wise countenance even then, and when I saw him it was as if the noise of battle receded to a hush around us.

'Why stand so exposed, sir?' I say to him. 'And your sword still in its sheath? Take up a fallen shield at least and cover yourself.'

But he keeps a faraway look, as if he stands in a meadow of daisies on a fragrant morning. 'If God chooses to direct an arrow this way,' he says, 'I'll not impede it. Sir Gawain, I'm pleased to see you well. Are you lately arrived, or have you been here from its start?'

This as if we meet at some summer fair, and I am obliged to cry again, 'Cover yourself, sir! The field remains thick with the foe.' And when he continues to survey the scenery, I say, remembering his question to me: 'I was here at the battle's start, but Arthur then chose me as one of five to ride to a mission of great import. I'm only now returned from it.'

At last I draw his attention. 'A mission of great import? And did it go well?'

'Sadly, two comrades lost, but we accomplished it to Master Merlin's satisfaction.'

'Master Merlin,' he says. 'A sage he may be, but that old man makes me shudder.' Then he glances about once more, saying, 'I'm sorry to hear of your lost friends. Many more will be missed before the day closes.'

'Yet the victory's surely ours,' I say. 'These cursed Saxons. Why fight on this way with only Death to thank them for it?'

'I believe they do so for sheer anger and hatred of us,' he says. 'For it must be by now word has reached their ears of what's been done to their innocents left in their villages. I'm myself just come from them, so why would the news not reach also the Saxon ranks?'

'What news do you speak of, Master Axl?'

'News of their women, children and elderly, left unprotected after our solemn agreement not to harm them, now all slaughtered by our hands, even the smallest babes. If this were lately done to us, would our hatred exhaust itself? Would we not also fight to the last as they do, each fresh wound given a balm?'

'Why dwell on this matter, Master Axl? Our victory today's secure and will be a famous one.'

'Why do I dwell on it? Sir, these are the very villages I

befriended in Arthur's name. In one village they called me the Knight of Peace, and today I watched a mere dozen of our men ride through it with no hint of mercy, the only ones to oppose them boys not yet grown to our shoulders.'

'I'm saddened to hear this news. But I press you again, sir, pick up a shield at least.'

'I came upon village by village the same, and our own men boasting of what they did.'

'Don't blame yourself, sir, nor my uncle. The great law you once brokered was a thing truly wondrous while it held. How many innocents, Briton or Saxon, were spared over the years for it? That it didn't hold forever is none of your doing.'

'Yet they believed in our bargain till this day. It was I won their trust where first there was only fear and hatred. Today our deeds make me a liar and a butcher, and I take no joy in Arthur's victory.'

'What will you do with such wild words, sir? If it's treachery you contemplate, let's face one another with no more delay!'

'Your uncle's safe from me, sir. Yet how do you rejoice, Sir Gawain, in a victory won at this price?'

'Master Axl, what was done in these Saxon towns today my uncle would have commanded only with a heavy heart, knowing of no other way for peace to prevail. Think, sir. Those small Saxon boys you lament would soon have become warriors burning to avenge their fathers fallen today. The small girls soon bearing more in their wombs, and this circle of slaughter would never be broken. Look how deep runs the lust for vengeance! Look even now, at that fair maid, one I escorted here myself, watch her there still at her work! Yet with today's great victory a rare chance comes. We may once and for all sever this evil circle, and a great king must act boldly on it. May this be a famous day, Master Axl, from which our land can be in peace for years to come.'

'I fail to understand you, sir. Though today we slaughter a sea of Saxons, be they warriors or babes, there are yet many more across the land. They come from the east, they land by ship on our coasts, they build new villages by the day. This circle of hate is hardly broken, sir, but forged instead in iron by what's done today. I'll go now to your uncle and report what I've seen. I would see from his face if he believes God will smile on such deeds.'

A slaughterer of babes. Is that what we were that day? And what of that one I escorted, what became of her? Was she among you just now, ladies? Why gather about me this way as I ride to my duty? Let an old man go in peace. A slaughterer of babes. Yet I was not there, and even had I been, what good for me to argue with a great king, and he my uncle too? I was but a young knight then, and besides, is he not proved right each year that passes? Did you not all grow old in a time of peace? So leave us to go our way without insults at our back. The Law of the Innocents, a mighty law indeed, one to bring men closer to God – so Arthur himself always said, or was it Master Axl called it that? We called him Axelum or Axelus then, but now he goes by Axl, and has a fine wife. Why taunt me, ladies? Is it my fault you grieve? My time will come before long, and I will not turn back to roam this land as you do. I shall greet the boatman contentedly, enter his rocking boat, the waters lapping all about, and I may sleep a while, the sound of his oar in my ears. And I will move from slumber to half-waking, and see the sun sunk low over the water, and the shore moved further still, and nod myself back into dreams till the boatman's voice stirs me gently once more. And were he to ask questions, as some say he will, I would answer honestly, for what have I left to hide? I had no wife, though at times I longed for one. Yet I was a good knight who performed his duty to the end. Let me say so, and he will see I do not lie. I will not mind him. The gentle sunset, his shadow falling over me as he moves from one side of his vessel to the other. But this will wait. Today Horace and I must climb below this grey sky, up the barren slope towards the next peak, for our work is unfinished and Querig awaits us.

Chapter Ten

He had never intended to deceive the warrior. It was as if the deception itself had come quietly over the fields to envelop the two of them.

The cooper's hut appeared to be built inside a deep ditch, its thatch roof so close to the earth that Edwin, lowering his head to pass under it, felt he was climbing into a hole. So he had been prepared for the darkness, but the stifling warmth – and the thick woodsmoke – took him aback, and he announced his arrival with a fit of coughing.

'I'm pleased to see you safe, young comrade.'

Wistan's voice came out of the darkness beyond the smouldering fire, then Edwin discerned the warrior's form on a turf bed.

'Are you badly hurt, warrior?'

As Wistan sat up, slowly moving into the glow, Edwin saw his face, neck and shoulders were covered in perspiration. Yet the hands that reached to the fire were trembling as if from cold.

'The wounds are trivial. But they brought with them this fever. It was worse earlier, and I've little memory of coming here. The good monks say they tied me to the mare's back, and I fancy I was muttering all the while as when playing the slack-jawed fool in the forest. What of you, comrade? You bear no wounds, I trust, beyond the one you carried before.'

'I'm perfectly well, warrior, yet stand before you in shame. I'm a poor comrade to you, sleeping while you fought. Curse me and banish me from your sight, for it'll be a thing well earned.'

'Not so fast, Master Edwin. If you failed me last night, I'll soon tell you a way to make up your debt to me.'

The warrior carefully brought both feet to the earth floor, reached down and tossed a log onto the flames. Edwin saw then how his left arm was bound tightly in sacking, and that one side of his face had a spreading bruise that partially closed one eye.

'True,' Wistan said, 'when I first looked down from the top of that burning tower and the wagon we so carefully prepared wasn't there, I'd a mind to curse you. A long fall to stony ground and hot smoke already around me. Listening to the agonies of my enemies below, I asked, do I mingle with them even as we become ash together? Or better be smashed alone under the night sky? Yet before I could find an answer, the wagon arrived after all, tugged by my own mare, a monk pulling her bridle. I hardly asked if this monk was friend or foe, but leapt from that chimney mouth, and our earlier work was well enough done, comrade, for though I plunged through the hay as if it were water, I met nothing to pierce me. I awoke on a table, gentle monks loyal to Father Jonus attending me all around as if I was their supper. The fever must already have taken hold by then, whether from these wounds or from the great heat, for they say they had to muffle my ravings till they brought me down here out of harm's way. But if the gods favour us, the fever will pass soon and we'll set off to finish our errand.'

'Warrior, I still stand here in shame. Even after I awoke and saw the soldiers around the tower, I let some sprite possess me, and fled the monastery behind those elderly Britons. I'd beg you to curse me now or beat me, but I heard you say there was some way I might make up to you for last night's disgrace. Tell me the way, warrior, and I'll fall on whatever task you give me with impatience.'

Even as he said this, his mother's voice had called, resounding around the little hovel so Edwin was hardly sure he had spoken these words aloud. But he must have done, for he heard Wistan say:

'Do you suppose I chose you for your courage alone, young comrade? You've remarkable spirit right enough, and if we survive this errand, I'll see you learn the skills to make you a true warrior. But just now you're rough-hewn, not yet a blade. I chose you above others, Master Edwin, because I saw you had the hunter's gift to match your warrior spirit. A rare thing indeed to have both.'

'How can that be, warrior? I know nothing of hunting.'

'A wolf cub, drinking its mother's milk, can pick up the scent of a prey in the wild. I believe it a gift of nature. Once this fever leaves me, we'll go further into these hills and I'll wager you'll find the sky itself whispering to you which path to take till we stand before the she-dragon's very lair.'

'Warrior, I fear you misplace your faith where it will find no shelter. No kin of mine ever boasted of such skills, and no one suspected me of them. Even Steffa, who saw my warrior's soul, never mentioned such skills as these.'

'Then leave it to me alone to believe in them, young comrade. I'll never say you made any such boast. As soon as this fever leaves me, we'll set off towards those eastern hills, where all talk has it Querig has her lair, and I'll follow in your footsteps at each fork.'

It was then the deception had begun. He had never planned it, nor welcomed it when, like a pixie stepping out from its dark corner, it had entered their presence. His mother had continued to call. 'Find the strength for me, Edwin. You're almost grown.

Find the strength and come rescue me.' And it was as much the wish to appease her as his eagerness to redeem himself in the warrior's eyes that had made him say:

'It's curious, warrior. Now you speak of it, I feel already this she-dragon's pull. More a taste in the wind than a scent. We should go without delay, for who knows how long I'll feel it.'

Even as he said this, the scenes were rapidly filling his mind: how he would enter their camp, startling them as they sat silently in their semi-circle to watch his mother trying to free herself. They would be full-grown men by now; most likely bearded and heavy-bellied, no longer the lithe young men who had come swaggering into their village that day. Burly, coarse men, and as they reached for their axes, they would see the warrior following behind Edwin and fear would enter their eyes.

But how could he deceive the warrior – his teacher and the man he admired above all others? And here was Wistan nodding with satisfaction, saying: 'I knew it as soon as I saw you, Master Edwin. Even as I released you from those ogres by the river.' He would enter their camp. He would free his mother. The burly men would be killed, or perhaps be allowed to flee into the mountain fog. And then what? Edwin would have to explain why, even as they were hurrying to complete an urgent errand, he had chosen to deceive the warrior.

Partly to distract himself from such thoughts – for he now sensed it was too late for a retreat – he said: 'Warrior, there's a question I have of you. Though you may think it impertinent.'

Wistan was receding back into the darkness, reclining once more onto his bed. Now all Edwin could see of him was one bare knee moving slowly from side to side.

'Ask it, young comrade.'

'I'm wondering, warrior. Is there some special feud between you and Lord Brennus makes you stay and fight his soldiers when we might have fled the monastery and be half a day closer to Querig? It must be some mighty reason to make you put aside even your errand.'

The silence that followed was so long Edwin thought the warrior had passed out in the stifling air. But then there was the knee still moving slowly, and when the voice eventually came out of the darkness, the slight tremor of the fever seemed to have evaporated.

'I've no excuse, young comrade. I can only confess my folly, and that after the good father's warning not to forget my duty! See how weak is the resolve of your master. Yet I'm a warrior before all else, and it's no easy thing to flee a battle I know I can win. You're right, we could even now be standing at the she-dragon's den, calling her to come greet us. But Brennus I knew it to be, even a hope he'd come in person, and it was more than I could do not to stay and welcome them.'

'Then I'm right, warrior. There's some feud between you and Lord Brennus.'

'No feud worth the name. We knew each other as boys, as young as you are now. This was in a country further west of here, in a well-guarded fort where we boys, twenty or more, were trained morning till night to become warriors in the Britons' ranks. I grew to feel great affection for my companions of those days, for they were splendid fellows and we lived like brothers. All except Brennus, that is, for being the lord's son, he loathed to mix with us. Yet he often trained with us, and though his skills were feeble, whenever one of us faced him with a wooden sword, or at wrestling in the sandpit, we had to let him win. Anything short of glorious victory for the lord's son would result in punishments for us all. Can you imagine it, young comrade? To be proud young boys, as we were, and have such an inferior opponent appear to conquer us day after day? Worse, Brennus delighted in heaping humiliations on his opponents even as we feigned defeat. It pleased him to stand on our necks, or to kick us as we lay for him on the ground. Imagine how this felt to us, comrade!'

'I see it well, warrior.'

'But today I've reason to be grateful to Lord Brennus, for he saved me from a pitiable fate. I've told you already, Master Edwin, I'd begun to love my companions in that fort as my own brothers, even though they were Britons and I a Saxon.'

'But is that so shameful, warrior, if you were brought up beside them facing harsh tasks together?'

'Of course it's shameful, boy. I feel shame even now remembering the affection I had for them. But it was Brennus showed me my error. Perhaps because even then my skills stood out, he delighted to choose me as his sparring opponent, and reserved his greatest humiliations for me. And he was not slow to notice I was a Saxon boy, and before long, turned each of my companions against me on that account. Even those once closest to me joined against me, spitting in my food, or hiding my clothes as we hurried to our training on a harsh winter's morning, fearful of our teachers' wrath. It was a great lesson Brennus taught me then, and when I understood how I shamed myself loving Britons as my brothers, I made up my mind to leave that fort, even with no friend or kin beyond those walls.'

Wistan ceased speaking for a moment while his breath came heavily from beyond the fire.

'So did you take your revenge on Lord Brennus, warrior, before you left that place?'

'Judge for me if I did or not, comrade, for I'm undecided on the question. The custom in that fort was for us apprentices, after our day's training, to be allowed an hour after supper to idle away together. We'd build a fire in the yard and sit around it talking and jesting the way boys will. Brennus never joined us, of course, for he had his privileged quarters, but on that evening, for whatever reason, I saw him walk past. I moved away from the rest then, my companions suspecting nothing. Now that fort, like any other, had many hidden passages, all of which I knew well, so that before long I was in an unwatched corner where the battlements cast black shadows over the ground. Brennus came strolling my way, alone, and when I moved from the gloom he stopped and looked at me with terror. For he saw at once this could be no chance encounter, and further, that his usual powers were suspended. It was curious, Master Edwin, to see this swaggering lord turned so swiftly to an infant ready to make water before me for fear. I was sorely tempted to say to him, "Good sir, I see your sword on your hip. Knowing how much more skilfully you wield it, you'll have no fear drawing it against mine." Yet I said no such thing, for had I hurt him in that dark corner, what of my dreams of a life beyond those walls? I said nothing, but remained before him in silence, letting the moment grow long between us, for I wished it to be one never forgotten. And though he cowered back and would have cried for help had not some remnant of pride told him to do so would ensure his abiding humiliation, we neither of us spoke to the other. Then in time I left him, and so you see, Master Edwin, nothing and yet everything had passed between us. I knew then I'd do well to leave that very night, and since these were no longer times of war, the watch wasn't strict. I slipped quietly past the guards, saying no farewells, and was soon a boy under the moonlight, my dear companions left behind, my own kin long slaughtered, nothing but my courage and lately learned skills to carry on my journey.'

'Warrior, does Brennus hunt you even today fearing your vengeance from those days?'

'Who knows what demons whisper in that fool's ear? A great lord now, in this country and the next, yet he lives in dread of any Saxon traveller from the east passing through his lands. Has he fed the fear of that night again and again that it now sits in his belly a giant worm? Or is it the she-dragon's breath makes him forget whatever cause he once had to fear me, yet the dread grows all the more monstrous for being unnamed? Only last year a Saxon warrior from the fens, one I knew well, was killed as he travelled in peace through this very country. Yet I remain indebted to Lord Brennus for the lesson he taught me, for without it I might even now be counting Britons as my brother warriors. What troubles you, young comrade? You shift from foot to foot as if my fever possesses you also.'

So he had failed to hide his restlessness, but surely Wistan could not suspect his deception. Was it possible the warrior too could hear his mother's voice? She had been calling all the while the warrior had been speaking. 'Will you not find the strength for me, Edwin? Are you too young after all? Will you not come to me, Edwin? Did you not promise me that day you would?'

'I'm sorry, warrior. It's my hunter's instinct makes me impatient, for I fear to lose the scent, and the morning sun already rising outside.'

'We'll be gone as soon as I'm able to climb onto that mare's back. But leave me a little longer, comrade, for how else can we face such an opponent as this dragon when I'm too fevered to lift a sword?'

Chapter Eleven

He longed for a patch of sun to warm Beatrice. But though the opposite bank was often bathed in morning light, their side of the river remained shaded and cold. Axl could feel her leaning on him as they walked, and her shivering had grown steadily worse. He had been about to suggest another rest when at last they spotted the roof behind the willows, jutting out into the water.

It took some time to negotiate the muddy slope down to the boathouse, and when they stepped under its low arch, the near-darkness and the proximity of the lapping water seemed only to make Beatrice shiver more. They moved further inside, over damp wooden boards, and saw beyond the roof's overhang tall grass, rushes, and an expanse of the river. Then a man's figure rose from the shadows to their left, saying: 'Who might you be, friends?'

'God be with you, sir,' Axl said. 'We're sorry if we brought you from your sleep. We're just two weary travellers wishing to go downriver to our son's village.'

A broad, bearded man of middle years, clad in layers of animal skins, emerged into the light and scrutinised them. Eventually he asked, not unkindly:

'Is the lady there unwell?'

'She's only tired, sir, but unable to walk the remaining way. We hoped you might spare a barge or small boat to carry us. We depend on your kindness, for some misfortune lately took the bundles we carried, and with them the tin to recompense you. I can see, sir, you have but one boat now in the water. I can at least promise you safe passage for any cargo you'd entrust should you allow us to use it.'

The boatkeeper looked out at the boat rocking gently under the roof, then back at Axl. 'It'll be a while yet, friend, till this boat goes downstream, for I'm waiting for my companion to return with barley to fill it. But I see you're both weary and lately suffered some misfortune. So let me make this suggestion. Look there, friends. You see those baskets.'

'Baskets, sir?'

'They may look flimsy, but float well and will bear your weight, though you'll have to go one in each. We're accustomed to filling them with full sacks of corn, or even at times a slaughtered pig, and tethered behind a boat they'll travel even a rough river without jeopardy. And today, as you see, the water's steady, so you'll travel without worry.'

'You're kind, sir. But have you no basket large enough for the two of us?'

'You must go one to each basket, friends, or else fear drowning. But I'll gladly tether two together so you'll go almost as good as one. When you see the lower boathouse on this same side, your journey will be over, and I'll ask you to leave the baskets there well tied.'

'Axl,' Beatrice whispered, 'let's not separate. Let's go together on foot, slow though it may be.'

'Walking's beyond us now, princess. We both need warmth and food, and this river will carry us swiftly to our son's welcome.'

'Please, Axl. I don't want us to separate.'

'But this good man says he'll truss our two baskets together, and it'll be as good as we're arm in arm.' Then turning to the boatkeeper, he said: 'I'm grateful to you, sir. We'll do as you suggest. Please tie the baskets tightly, so there's no chance a swift tide will move us apart.'

'The danger isn't the river's speed, friend, but its slowness. It's easy to get caught in the weeds near the bank and move no further. Yet I'll lend you a strong staff to push with, so you'll have little to fear.'

As the boatkeeper went to the edge of his jetty and began to busy himself with rope, Beatrice whispered:

'Axl, please let's not be parted.'

'We're not to be parted, princess. Look how he makes his knots to keep us together.'

'The tide may part us, Axl, never mind what this man tells us.'

'We'll be fine, princess, and soon at our son's village.'

Then the boatkeeper was calling them, and they stepped carefully down the little stones to where he was steadying with a long pole two baskets bobbing in the water. 'They're well lined with hide,' he said. 'You'll hardly feel the river's cold.'

Though he found it painful to crouch, Axl kept both hands on Beatrice until she had safely lowered herself into the first basket.

'Don't try and rise, princess, or you'll endanger the vessel.'

'Won't you get in yourself, Axl?'

'I'm getting in right beside you. Look, this good man's fastened us tight together.'

'Don't leave me here alone, Axl.'

But even as she said this, she appeared reassured, and lay down in the basket like a child going to sleep.

'Good sir,' Axl said. 'See how my wife trembles from the cold.

Is there something you might lend to cover her?'

The boatkeeper too was looking at Beatrice, who had now curled up on her side and closed her eyes. Suddenly he removed one of the furs he was wearing, and bending forward, laid it on top of her. She seemed not to notice – her eyes remained closed – so it was Axl who thanked him.

'Welcome, friend. Leave everything at the lower boathouse for me.' The man pushed them into the tide with his pole. 'Sit low and keep the staff handy for the weeds.'

It was bitingly cold on the river. Broken ice drifted here and there in sheets, but their baskets moved past them with ease, sometimes bumping gently one against the other. The baskets were shaped almost like boats, with a bow and stern, but had a tendency to rotate, so that at times Axl found himself gazing back up the river to the boathouse still visible on the bank.

The dawn was pouring through the waving grass beside them, and as the boatkeeper had promised, the river moved at an easy pace. Even so, Axl found himself glancing continuously over at Beatrice's basket, which appeared to be filled entirely by the animal skin, with only a small portion of her hair visible to betray her presence. Once he called out: 'We'll be there in no time, princess,' and when there was no response, reached over to tug her basket closer.

'Princess, are you sleeping?'

'Axl, are you still there?'

'Of course I'm still here.'

'Axl. I thought maybe you'd left me again.'

'Why would I leave you, princess? And the man's tied our vessels so carefully together.'

'I don't know if it's a thing dreamt or remembered. But I saw myself just then, standing in our chamber in the dead of night. It was long ago and I had tight around me that cloak of badger hides you made once as a tender gift to me. I was standing like that, and in our former chamber too, not the one we have now, for the wall had branches of beech crossing left to right, and I was watching a caterpillar crawling slowly along it, and asking why a caterpillar wouldn't be asleep so late at night.'

'Never mind caterpillars, what were you doing yourself awake and staring at a wall in the pit of the night?'

'I think I was standing that way because you'd gone and left me, Axl. Maybe this fur the man's put over me reminds me of that one then, for I was holding it to myself while I stood there, the one you'd made for me from badger skins, which later we lost in that fire. I was watching the caterpillar and asking why it didn't sleep and if a creature like that even knew night from day. Yet I believe the reason was that you'd gone away, Axl.'

'A wild dream, princess, and maybe a fever coming too. But we'll be beside a warm fire before long.'

'Are you still there, Axl?'

'Of course I'm here, and the boathouse long out of sight now.'

'You'd left me that night, Axl. And our precious son too. He'd left a day or two before, saying he'd no wish to be at home when you returned. So it was just me alone, in our former chamber, the dead of night. But we had a candle in those days, and I was able to see that caterpillar.'

'That's a strange dream you speak of, princess, no doubt brought on by your fever and this cold. I wish the sun would rise with less patience.'

'You're right, Axl. It's cold here, even under this rug.'

'I'd warm you in my arms but the river won't allow it.'

'Axl. Can it be our own son left us in anger one day and we closed our door to him, telling him never to return?'

'Princess, I see something before us in the water, maybe a boat stuck in the reeds.'

'You're drifting further away, Axl. I can hardly hear you.'

'I'm here beside you, princess.'

He had been sitting low in his basket, his legs spread before him, but now shifted carefully into a crouching posture, holding the rim to either side.

'I see it better now. A small rowing boat, stuck in the reeds where the bank turns ahead. It's in our path and we'll have to take care or we'll be stuck the same way.'

'Axl, don't go away from me.'

'I'm here beside you, princess. But let me take this staff and keep us clear of the rushes.'

The baskets were moving ever more slowly now, pulling inwards towards the sludge-like water where the bank made its turn. Thrusting the staff into the water, Axl found he could touch the bottom easily, but when he tried to push off back into the tide, the river floor sucked at the stick, allowing him no purchase. He could see too, in the morning light breaking over the long-grassed fields, how weeds had woven thickly around both baskets, as though to bind them further to this stagnant spot. The boat was almost before them, and as they drifted lethargically towards it, Axl held out the staff to touch against its stern and brought them to a halt.

'Is it the other boathouse, husband?'

'Not yet.' Axl glanced over to that part of the river still gliding downstream. 'I'm sorry, princess. We're caught in the reeds. But here's a rowing boat before us, and if it's worthy, we'll use it ourselves to complete the journey.' Pushing the staff once more into the water, Axl manoeuvred them slowly to a position alongside the vessel.

From their low vantage point, the boat loomed large, and Axl could see in fine detail the damaged, coarsened wood, and the underside of the gunwale, where a row of tiny icicles hung like candlewax. Planting the staff in the water, he now rose carefully to his full height within his basket and peered into the boat.

The bow end was bathed in an orange light and it took him a moment to see that the pile of rags heaped there on the boards was in fact an elderly woman. The unusual nature of her garment – a patchwork of numerous small dark rags – and the sooty grime smeared over her face had momentarily deceived him. Moreover, she was seated in a peculiar posture, her head tilted heavily to one side, so that it was almost touching the boat's floor. Something about the old woman's clothes tugged at his memory, but now she opened her eyes and stared at him.

'Help me, stranger,' she said quietly, not altering her posture.

'Are you sick, mistress?'

'My arm won't obey me, or I'd by now be up and taken the oar. Help me, stranger.'

'Who do you speak to, Axl?' Beatrice's voice came from behind him. 'Take care it's not some demon.'

'It's just a poor woman of our years or more, injured in her boat.'

'Don't forget me, Axl.'

'Forget you? Why would I ever forget you, princess?'

'This mist makes us forget so much. Why should it not make us forget each other?'

'Such a thing can't ever happen, princess. Now I must help this poor woman, and perhaps with luck we'll all three use her boat to journey downstream.'

'Stranger, I hear what you say. You'll be most welcome to share my boat. But help me now for I'm fallen and hurt.'

'Axl, don't leave me here. Don't forget me.'

'I'm just stepping onto this boat beside us, princess. I must attend to this poor stranger.'

The cold had stiffened his limbs, and he almost lost his balance as he climbed into the larger vessel. But he steadied himself, then looked around him.

The boat seemed simple and sturdy, with no obvious signs of leakage. There was cargo piled near the stern, but Axl paid this little attention, for the woman was saying something again. The morning sun was still fully upon her, and he could see how her gaze was fixed with some intensity on his feet – so much so that he could not help looking down at them himself. Noticing nothing remarkable, he continued towards her, stepping carefully over the boat's bracing.

'Stranger. I see you're not young, but you've strength left. Show them a fierce face. A fierce face to make them flee.'

'Come, mistress. Are you able to sit up?' He had said this for he was troubled by her strange posture – her loose grey hair was hanging down and touching the damp boards. 'Here, I'll help you. Try to sit higher.'

As he leant forward and touched her, a rusted knife she had been holding fell from her grasp onto the boards. In the same instant, some small creature scampered out from her rags and away into the shadows.

'Do the rats bother you, mistress?'

'They're over there, stranger. Show them a fierce face, I say.'

It now occurred to him she had not been staring at his feet, but beyond him, to something at the back of the boat. He turned, but the low sun dazzled him and he could not discern clearly whatever was moving there.

'Are they rats, mistress?'

'They fear you, stranger. They feared me too for a little while, but they sapped me little by little as they will. Had you not come they'd be covering me even now.'

'Wait a moment, mistress.'

He stepped towards the stern, a hand raised against the low sun, and gazed down at the objects piled in the shadows. He could make out tangled nets, a soaked-through blanket left in a heap, a long-handled tool, like a hoe, lying across it. And there was a wooden, lidless box – the sort fishermen used to keep fresh the dying fish they had caught. But when he peered into it, he saw not fish but skinned rabbits – a considerable number of them, pressed so closely one against the other their tiny limbs appeared to be locked together. Then, as he watched, the whole mass of sinews, elbows and ankles began to shift. Axl took a step back even as he saw an eye open, and then another. A sound made him turn, and he saw at the other end of the boat, still bathed in orange light, the old woman slumped against the bow with pixies – too many to count – swarming over her. At first glance she looked contented, as if being smothered in affection, while the small, scrawny creatures ran through her rags and over her face and shoulders. And now there came more and more out of the river, climbing over the rim of the boat.

Axl reached down for the long-handled tool before him, but he too had become enveloped by a sense of tranquillity, and he found himself extracting the pole from the tangled netting in a strangely leisurely manner. He knew more and more creatures were rising from the water – how many might have boarded now? Thirty? Sixty? – and their collective voices seemed to him to resemble the sound of children playing in the distance. He had the presence of mind to raise the long tool – a hoe, surely, for was that not a rusted blade on the end rising into the sky, or yet another creature clinging to it? – and bring it crashing down onto the tiny knuckles and knees mounting the side of the boat. Then a second swing, this time towards the box with the skinned rabbits from which more pixies were running out. But then he had never been much of a swordsman, his skill being for diplomacy and, when required, intrigue, though who could claim he had ever betrayed the trust his skills had won? On the contrary, it was he who had been betrayed, but he could still wield a weapon in some fashion, and now he would bring it down this way and that, for had he not to defend Beatrice from these swarming creatures? But here they came, more and more – were they still coming from that box, or from the shallow waters? Were they even now gathering around Beatrice asleep in her basket? The last blow of the hoe had had some effect, for several creatures had fallen back into the water, and then another blow had sent two, even three, flying through the air, and the old woman was a stranger, what obligation did he have to her before his own wife? But there she was, the strange woman, hardly visible now beneath the writhing creatures, and Axl crossed the length of the boat, hoe raised, and made another arc in the air to sweep off as many as possible without injury to the stranger. Yet how they clung on! And now they even dared to speak to him – or was that the old woman herself from beneath them?

'Leave her, stranger. Leave her to us. Leave her, stranger.'

Axl swung the hoe again, and it moved as though the air were thick water, but found its mark, scattering several creatures even as more arrived.

'Leave her to us, stranger,' the old woman said again, and only this time did it occur to him, with a stab of fear that seemed bottomless, that the speaker was talking not of the dying stranger before him but of Beatrice. And turning to his wife's basket in the reeds, he saw the waters around it alive with limbs and shoulders. His own basket was nearly capsizing from the pull of the creatures trying to climb in, preserved only by the ballast of those already inside. But they were boarding his basket only to gain access to its neighbour. He could see other creatures massing over the animal skin covering Beatrice, and uttering a cry, he climbed the side of the boat and let himself fall into the water. It was deeper than he had anticipated, coming above his waist, but the shock of it took his breath only for an instant, before he let out a warrior's bellow that came to him as if from a distant memory, and he lurched towards the baskets, the hoe held high above him. There was tugging at his clothes, and the water felt honey-like, but when he brought the hoe down onto his own basket, even though his weapon travelled with frustrating slowness through the air, once it landed more creatures than he could have suspected tumbled out into the water. The next swing caused even greater destruction – he must this time have swung with the blade outwards, for was that not bloodied flesh he saw flying up into the sunlight? And yet Beatrice remained an age away, floating complacently even as the creatures rose about her, and now they came from the land too, pouring through the grass on the riverbank. Creatures were now even hanging from his hoe and he let it fall into the water, suddenly wishing only to be at Beatrice's side.

He waded through the weeds, the broken bulrushes, the mud tugging at his feet, but Beatrice remained further away than ever. Then came the stranger's voice again, and even though now, down in the water, he could no longer see her, Axl could picture the old woman with startling clarity in his mind's eye, slumped on the floor of her boat in the morning sun, the pixies moving freely over her as she uttered the words he could hear:

'Leave her, stranger. Leave her to us.'

'Curse you,' Axl muttered under his breath, as he pushed himself forward. 'I'll never, never give her up.'

'A wise man like you, stranger. You've known a long time now there's no cure to save her. How will you bear it, what now lies in wait for her? Do you long for that day you watch your dearest love twist in agony and with nothing to offer but kind words for her ear? Give her to us and we'll ease her suffering, as we've done for all these others before her.'

'Curse you! I'll not give her to you!'

'Give her to us and we'll see she suffers no pain. We'll wash her in the river's waters, the years will fall from her, and she'll be as in a pleasant dream. Why keep her, sir? What can you give her but the agony of an animal in slaughter?'

'I'll be rid of you. Get off. Get off her.'

Locking his hands together to make a club, he swung one way then the other, clearing a path in the water as he waded on, till at last he was before Beatrice, still fast asleep in her basket. The pixies were swarming over the animal skin that covered her, and he began to pull them off one by one, hurling them away.

'Why will you not give her to us? This is no kindness you show her.'

He pushed the basket through the water until the ground rose up and the basket was sitting on wet mud amidst grass and bulrushes. He leant forward then and gathered his wife in his arms, lifting her out. Thankfully she came back to wakefulness enough to cling to his neck, and they made faltering steps together, first onto the bank, then further, into the fields. Only when the land felt hard and dry beneath them did Axl lower her, and they sat in the grass together, he recovering his breath, she becoming steadily more awake.

'Axl, what is this place we've come to?'

'Princess, how are you feeling now? We must get away from this spot. I'll carry you on my back.'

'Axl, you're soaked through! Did you fall in the river?'

'This is an evil spot, princess, and we must leave quickly. I'll gladly carry you on my back, the way I used to do when we were young and foolish and enjoying a warm spring's day.'

'Must we leave the river behind us? Sir Gawain's right surely that it will carry us all the more swiftly where we'll go. The land here looks as high in the mountains as we ever were before.'

'We've no choice, princess. We must get far from here. Come, I'll have you on my back. Come, princess, reach for my shoulders.'

Chapter Twelve

He could hear the warrior's voice below him, appealing to him to climb more slowly, but Edwin ignored it. Wistan was too slow, and in general appeared not to appreciate the urgency of their situation. When they were still not halfway up the cliff, he had asked Edwin: 'Can that be a hawk just flew past us, young comrade?' What did it matter what it was? His fever had made the warrior soft, both in mind and body.

Only a little further to climb, then he at least would be over the edge and standing on firm ground. He could then run – how he longed to run! – but to where? Their destination had, for the moment, drifted beyond his recall. What was more, there had been something important to tell the warrior: he had been deceiving Wistan about something, and now it was almost time to confess. When they had started their climb, leaving the exhausted mare tied to a shrub beside the mountain path, he had resolved to make a clean breast of it once they reached the top. Yet now he was almost there, his mind held nothing but confused wisps.

He clambered over the last rocks and pulled himself up over the precipice. The land before him was bare and wind-scarred, rising gradually towards the pale peaks on the horizon. Nearby were patches of heather and mountain grass, but nothing taller than a man's ankle. Yet strangely, there in the mid-distance, was what appeared to be a wood, its lush trees standing calmly against the battling wind. Had some god, on a whim, picked up in his fingers a section of rich forest and set it down in this inhospitable terrain?

Though out of breath from the climb, Edwin pushed himself forward into a run. For those trees, surely, were where he had to be, and once there he would remember everything. Wistan's voice was shouting again somewhere behind him – the warrior must finally have arrived at the top – but Edwin, not glancing back, ran all the faster. He would leave his confession until those trees. Within their shelter, he would be able to remember more clearly, and they could talk without the wind's howl.

The ground came up to meet him and knocked the breath from him. It happened so unexpectedly he was obliged to lie there a moment, quite dazed, and when he tried to spring back to his feet something soft but forceful kept him down. He realised then that Wistan's knee was on his back, and that his hands were being tied behind him.

'You asked before why we must carry rope with us,' Wistan said. 'Now you see how useful it can be.'

Edwin began to remember their exchange down on the path below. Eager to start the climb, he had been annoyed by the way the warrior was carefully transferring items from his saddle into two sacks for them to carry.

'We must hurry, warrior! Why do we need all these things?'

'Here, carry this, comrade. The she-dragon's foe enough without us growing weak with cold and hunger to aid her.'

'But the scent will be lost! And what need do we have of rope?'

'We may need it yet, young comrade, and we won't find it growing on branches up there.'

Now the rope had been wound around his waist as well as his

wrists, so that when finally he rose to his feet, he could move forward only against the pull of his leash.

'Warrior, are you no longer my friend and teacher?'

'I'm still that and your protector too. From here you must go with less haste.'

He found he did not mind the rope. The gait it obliged him to adopt was like that of a mule, and he was reminded of a time not long ago when he had had to impersonate just such a beast, going round and round a wagon. Was he the same mule now, stubbornly pushing his way up the slope even as the rope pulled him back?

He pulled and pulled, occasionally managing several steps at a run before the rope jerked him to a halt. A voice was in his ears – a familiar voice – half-singing, half-chanting a children's rhyme, one he knew well from when he was younger. It was comforting and disturbing in equal measure and he found if he chanted along while tugging on the rope, the voice lost something of its unsettling edge. So he chanted, at first under his breath, then with less inhibition into the wind: 'Who knocked over the cup of ale? Who cut off the dragon's tail? Who left the snake inside the pail? 'Twas your Cousin Adny.' There were further lines he did not remember, but he was surprised to find that he had but to chant along with the voice and the words would come out correctly.

The trees were near now and the warrior tugged him back again.

'Slowly, young comrade. We need more than courage to enter this strange grove. Look there. Pine trees at this height's no mystery, but aren't those oaks and elms beside them?'

'No matter what trees grow here, warrior, or what birds fly these skies! We have little time left and must hurry!'

They entered the wood and the ground changed beneath them: there was soft moss, nettles, even ferns. The leaves above them were dense enough to form a ceiling, so that for a while they wandered in a grey half-light. Yet this was no forest, for soon they could see before them a clearing with its circle of open sky above it. The thought came to Edwin that if this was indeed the work of a god, the intention must have been to conceal with these trees whatever lay ahead. He pulled angrily at the rope, saying:

'Why dally, warrior? Can it be you're afraid?'

'Look at this place, young comrade. Your hunter's instincts have served us well. This must be the dragon's lair before us now.'

'I'm the hunter of us two, warrior, and I tell you that clearing holds no dragon. We must hurry past it and beyond, for we've further to go!'

'Your wound, young comrade. Let me see if it remains clean.'

'Never mind my wound! I tell you the scent will be lost! Let go the rope, warrior. I'll run on even if you will not!'

This time Wistan released him, and Edwin pushed past thistles and tangled roots. Several times he lost his balance, for trussed as he was he had no hand to put out to steady himself. But he reached the clearing without injury, and stopped at its edge to take in the sight before him.

At the centre of the clearing was a pond. It was frozen over, so a man – were he brave or foolish enough – might cross it in twenty or so strides. The smoothness of the ice's surface was interrupted only near the far side, where the hollowed-out trunk of a dead tree burst up through it. Along the bank, not far from the ruined tree, a large ogre was crouching down on its knees and elbows at the water's very edge, its head completely submerged. Perhaps the creature had been drinking – or searching for something beneath the surface – and had been overtaken by the sudden freeze. To a careless observer, the ogre might have been a headless corpse, decapitated as it crawled to quench its thirst.

The patch of sky above the pond cast a strange light down on the ogre, and Edwin stared at it for a while, almost expecting it to return to life, bringing up a ghastly and flushed face. Then, with a start, he realised there was a second creature in an identical posture on the far right-hand edge of the pond. And there! – yet a third, not far before him, on the near bank, half-concealed by the ferns.

Ogres usually aroused only revulsion in him, but these creatures, and the eerie melancholy of their postures, made Edwin feel a tug of pity. What had brought them to such a fate? He began to move toward them, but the rope was taut again, and he heard Wistan say close behind him:

'Do you still deny this is a dragon's lair, comrade?'

'Not here, warrior. We must go further.'

'Yet this spot whispers to me. Even if not her lair, isn't this a place she comes to drink and bathe?'

'I say it's cursed, warrior, and no place to do battle with her. We'll have only ill luck here. Look at those poor ogres. And they almost as large as the fiends you killed the other night.'

'What do you speak of, boy?'

'Don't you see them? Look, there! And there!'

'Master Edwin, you've become exhausted, as I feared. Let's rest a while. Even if this is a gloomy spot, it gives us respite from the wind.'

'How can you talk of rest, warrior? And isn't that how those poor creatures met their fate, loitering in this bewitched place too long? Heed their warning, warrior!'

'The only warning I heed tells me to make you rest before you drive your own heart to burst.'

He felt himself tugged, and his back struck against the bark of a tree. Then the warrior was trudging around him, circling rope about his chest and shoulders till he could hardly move.

'This good tree means you no harm, young comrade.' The warrior placed a gentle hand on his shoulder. 'Why waste strength this way to uproot it? Calm yourself and rest, I say, while I study more closely this place.'

He watched Wistan picking his way through the nettles down to the pond. Reaching the water's edge, the warrior spent several moments walking slowly back and forth, staring closely at the ground, sometimes crouching down to examine whatever caught his eye. Then he straightened, and for a long time seemed to fall into a reverie, gazing over at the trees on the far side of the pond. For Edwin, the warrior was now a near-silhouette against the frozen water. Why did he not even glance towards the ogres?

Wistan made a movement and suddenly the sword was in his hand, the arm poised and unmoving in the air. Then the weapon was returned to its scabbard and the warrior, turning from the water, came walking back towards him.

'We're hardly the first visitors here,' he said. 'Even this past hour, some party's come this way, and it's no she-dragon. Master Edwin, I'm glad to see you calmer.'

'Warrior, I've a confession to make. One that may make you slay me even as I stand trussed to this tree.'

'Speak, boy, and don't fear me.'

'Warrior, you claimed for me the hunter's gift, and even as you spoke of it I felt a strong pull, so let you believe I had Querig in my nostrils. But I was always deceiving you.'

Wistan came closer till he was standing right before him. 'Go on, comrade.'

'I can't go on, warrior.'

'You've more to fear from your silence than my anger. Speak.'

'I can't, warrior. When we began to climb, I knew just what to tell you. Yet now . . . I'm uncertain what it is I've kept hidden from you.'

'It's the she-dragon's breath, nothing more. It's had little sway over you before, but now overpowers you. A sure sign we're close to her.'

'I fear it's this cursed pool bewitches me, warrior, and maybe bewitches you too, making you content to dally this way and hardly glancing at those drowned ogres. Yet I know there's a confession I have to make and only wish I could find it.'

'Show me the way to the she-dragon's lair and I'll forgive whatever small lies you've told me.'

'But that's just it, warrior. We rode the mare till her heart nearly burst, then climbed this steep mountainside, yet I'm not leading you at all to the she-dragon.'

Wistan had come so close Edwin could feel the warrior's breath.

'Where could it be then, Master Edwin, you lead me?'

'It's my mother, warrior, I remember it now. My aunt's not my mother. My real mother was taken, and even though I was a small boy then, I was watching. And I promised her I'd one day bring her back. Now I'm nearly grown, and have you beside me, even those men would tremble to face us. I deceived you, warrior, but understand my feelings and help me now we're so near her.'

'Your mother. You say she's near us now?'

'Yes, warrior. But not here. Not this cursed place.'

'What do you remember of the men who took her?'

'They looked fierce, warrior, and well used to killing. Not a man in the village dared come out to face them that day.'

'Saxons or Britons?'

'They were Britons, warrior. Three men, and Steffa said they must not long before have been soldiers, for he recognised their soldiers' ways. I wasn't yet five years old, or else I'd have fought for her.'

'My own mother was taken, young comrade, so I understand your thoughts well. And I too was a child and weak when she was taken. These were times of war, and in my foolishness, seeing how the men slaughtered and hanged so many, I rejoiced to see the way they smiled at her, believing they meant to treat her with gentleness and favour. Perhaps it was this way for you too, Master Edwin, when you were young and still to know of men's ways.'

'My mother was taken in peaceful times, warrior, so no great harm has met her. She's been travelling country to country, and it may not be such a bad life. Yet she longs to return to me, and it's true, the men who travel with her are sometimes cruel. Warrior, accept this confession, punish me later, but help me now face her captors, for it's long years she's waited for me.'

Wistan stared at him strangely. He seemed on the brink of saying something, but then shook his head and walked a few steps away from the tree, almost like one ashamed. Edwin had never seen the warrior wear such an air, and watched him with surprise.

'I'll readily forgive you this deception, Master Edwin,' Wistan said eventually, turning back to face him. 'And any other small lies you may have told. And soon I'll release you from this tree and we'll go to face whatever foe you may lead us to. But in return I ask you to make a promise.'

'Tell me, warrior.'

'Should I fall and you survive, promise me this. That you'll carry in your heart a hatred of Britons.'

'What do you mean, warrior? Which Britons?'

'All Britons, young comrade. Even those who show you kindness.'

'I don't understand, warrior. Must I hate a Briton who shares with me his bread? Or saves me from a foe as lately did the good Sir Gawain?'

'There are Britons who tempt our respect, even our love, I know this only too well. But there are now greater things press on us than what each may feel for another. It was Britons under Arthur slaughtered our kind. It was Britons took your mother and mine. We've a duty to hate every man, woman and child of their blood. So promise me this. Should I fall before I pass to you my skills, promise me you'll tend well this hatred in your heart. And should it ever flicker or threaten to die, shield it with care till the flame takes hold again. Will you promise me this, Master Edwin?'

'Very well, warrior, I promise it. But now I hear my mother calling, and surely we've stayed in this gloomy place too long.'

'Let's go to her then. But be prepared in case we come too late for her rescue.'

'What can you mean, warrior? How can that ever be, for I hear her call even now.'

'Then let's hasten to her call. Just know one thing, young comrade. When the hour's too late for rescue, it's still early enough for revenge. So let me hear your promise again. Promise me you'll hate the Briton till the day you fall from your wounds or the heaviness of your years.'

'I gladly promise it again, warrior. But release me from this tree, for I now feel clearly which way we must go.'

Chapter Thirteen

The goat, Axl could see, was well at home on this mountain terrain. It was eating happily the stubbly grass and heather, not caring about the wind, or that its left legs were poised so much lower than the right. The animal had a fierce tug – as Axl had discovered all too well during their ascent – and it had not been easy to find a way of safely tethering it while he and Beatrice took their rest. But he had spotted a dead tree root protruding from the slope, and had carefully bound the rope to it.

The goat was clearly visible from where they now sat. The two large rocks, leaning one towards the other like an old married couple, had been visible from some way down, but Axl had hoped to come across a shelter from the wind long before they reached them. Yet the bare hillside had offered nothing, and they had had to persevere up the little path, the goat tugging as impulsively as the fierce gusts. But when at last they reached the twin rocks, it was as if God had crafted for them this sanctuary, for while they could still hear the blasts around them, they felt only faint stirrings in the air. Even so, they sat close against one another, as if in imitation of the stones above them.

'Here's all this country still below us, Axl. Didn't that river carry us down at all?'

'We were halted before we could get far, princess.'

'And now we climb uphill again.'

'Right enough, princess. I fear that young girl hid from us the true hardship of this task.'

'No doubt about it, Axl, she made it sound an easy stroll. But who'll blame her? Still a child and more cares than one her age should bear. Axl, look there. Down in that valley, do you see them?'

A hand raised to the glare, Axl tried to discern what his wife was indicating, but eventually shook his head. 'My eyes aren't as good as yours, princess. I see valley after valley where the mountains descend, but nothing remarkable.'

'There, Axl, follow my finger. Aren't those soldiers walking in a line?'

'I see them now, right enough. But surely they're not moving.'

'They're moving, Axl, and might be soldiers, the way they go in a long line.'

'To my poor eyes, princess, they seem not to move at all. And even if they're soldiers, they're surely too far to bother us. It's those storm clouds to the west concern me more, for they'll bring mischief swifter than any soldiers in the distance.'

'You're right, husband, and I wonder how much further it is we're to go. That young girl wasn't honest, insisting it was but a simple stroll. Yet can we blame her? Her parents absent and her younger brothers to worry over. She must have been desperate to have us do her bidding.'

'I can see them more clearly, princess, now the sun peeks from behind the clouds. They're not soldiers or men at all, but a row of birds.'

'What foolishness, Axl. If they're birds, how would we see them from here at all?'

'They're closer than you imagine, princess. Dark birds sat in a line, the way they do in the mountains.'

'Then why is it one doesn't fly into the air as we watch them?'

'One may fly up yet, princess. And I for one won't blame that young lass, for isn't she in a black plight? And where would we have been without her help, soaked and shivering as we were when we first saw her? Besides, princess, as I remember it, it wasn't the girl alone keen to have this goat go up to the giant's cairn. Is it even an hour gone by you were as anxious?'

'I'm still as anxious for it, Axl. For wouldn't it be a fine thing if Querig were slain and this mist no more? It's just when I see that goat chewing the earth that way, it's hard to believe a foolish creature like that could ever do away with a great she-dragon.'

The goat had been eating with equal appetite earlier that morning when they had first come upon the little stone cottage. The cottage had been easy to miss, hidden within a pocket of shadow at the foot of a looming cliff, and even when Beatrice had pointed it out to him, Axl had mistaken it for the entrance to a settlement not unlike their own, dug deep into the mountainside. Only as they had come closer had he realised it was an isolated structure, the walls and roof alike built from shards of dark grey rock. Water was falling from high above in a fine thread just in front of the cliffside, to collect in a pool not far from the cottage and trickle away where the land dipped out of view. A little way before the cottage, just now brightly illuminated by the morning sun, was a small fenced paddock, the sole occupant of which was the goat. As usual the animal had been eating busily, but broke off to stare in astonishment at Axl and Beatrice.

The children though had remained unaware of their approach. The girl and her two younger brothers were standing at the edge of a ditch, their backs to their visitors, preoccupied with something beneath their feet. Once, one of the small boys crouched down to throw something into the ditch, provoking the girl to pull him back by the arm.

'What can they be doing, Axl?' Beatrice said. 'Mischief by the look of it, and the youngest of them still small enough to tumble in without meaning to.'

When they had gone past the goat and the children still were unaware of them, Axl called out as gently as he could: 'God be with you,' causing all three to spin round in alarm.

Their guilty countenances supported Beatrice's notion that they had been up to no good, but the girl – a head taller than the two boys – recovered quickly and smiled.

'Elders! You're welcome! We prayed to God only last night to send you and here you've come to us! Welcome, welcome!'

She came splashing over the marshy grass towards them, her brothers close behind.

'You mistake us, child,' Axl said. 'We're just two lost travellers, cold and weary, our clothes wet from the river where we were attacked only lately by savage pixies. Would you call your mother or father to allow us warmth and the chance to dry ourselves beside a fire?'

'We're not mistaken, sir! We prayed to the God Jesus last night and now you've come! Please, elders, go inside our house, where a fire's still burning.'

'But where are your parents, child?' Beatrice asked. 'Weary as we are, we'd not intrude, and so wait for the lady or master of the house to call us through the door.'

'It's just us three now, mistress, so you can call me lady of the house! Please go inside and warm yourselves. You'll find food in the sack hanging from the beam, and there's wood beside the fire to add. Go inside, elders, and we'll not disturb your rest for a while yet, for we must see to the goat.'

'We accept your kindness gratefully, child,' Axl said. 'But tell us if the nearest village is far from here.'

A shadow crossed the girl's face, and she exchanged looks with her brothers, now lined up beside her. Then she smiled again and said: 'We're very high in the mountains here, sir. It's far to any village, so we'd ask you to stay here with us, and the warm fire and food we offer. You must be very weary, and I see how this wind makes you both shiver. So please, no more talk of going away. Go inside and rest, elders, for we've waited for you so long!'

'What is it so interests you in that ditch there?' Beatrice asked suddenly.

'Oh, it's nothing, mistress! Nothing at all! But here you're standing in this wind and your clothes wet! Won't you accept our hospitality, and rest yourselves beside our fire? See how even now its smoke rises from the roof!'

* * *

'There!' Axl took his weight from the rock and pointed. 'A bird flown to the sky. Didn't I tell you, princess, those are birds standing in a line? Do you see it climbing in the sky?'

Beatrice, who had risen to her feet a few moments before, now took a step beyond the sanctuary of their rocks, and Axl saw the wind immediately pull at her clothes.

'A bird, right enough,' she said. 'But it didn't rise from those figures yonder. It could be you still don't see what I point to, Axl. I mean there, on the further ridge, those dark shapes almost against the sky.'

'I see them well enough, princess. But come back out of the wind.'

'Soldiers or not, they move slowly on. The bird was never one of them.'

'Come out of the wind, princess, and sit down. We must gather strength the best we can. Who knows how much further we must pull this goat?'

Beatrice came back to their shelter, holding close to herself the cloak borrowed from the children. 'Axl,' she said, as she seated herself again beside him, 'do you really believe it? That before the great knights and warriors, it's a weary old couple like us, forbidden a candle in our own village, who may slay the she-dragon? And with this ill-tempered goat to aid us?'

'Who knows it'll be so, princess. Maybe it's all just a young girl's wishing and nothing more. But we were grateful for her hospitality, and so we shouldn't mind doing as she asks. And who knows she isn't right, and Querig will be slain this way.'

'Axl, tell me. If the she-dragon's really slain, and the mist starts to clear. Axl, do you ever fear what will then be revealed to us?'

'Didn't you say it yourself, princess? Our life together's like a tale with a happy end, no matter what turns it took on the way.'

'I said so before, Axl. Yet now it may even be we'll slay Querig with our own hands, there's a part of me fears the mist's fading. Can it be so with you, Axl?'

'Perhaps it is, princess. Perhaps it's always been so. But I fear most what you spoke of earlier. I mean as we rested beside the fire.'

'What was it I said then, Axl?'

'You don't remember, princess?'

'Did we have some foolish quarrel? I've no memory of it now, except that I was near my wit's end from cold and want of rest.'

'If you've no memory of it, princess, then let it stay forgotten.'

'But I've felt something, Axl, ever since we left those children. It's as if you're holding yourself away from me as we walk, and not just on account of that tugging goat. Can it be we quarrelled earlier, though I've no memory of it?'

'I'd no intention to hold myself away from you, princess. Forgive me. If it's not the goat pulling this way and that, then it must be I'm still thinking of some foolishness that was said between us. Trust me, it's best forgotten.'

* * *

He had got the fire blazing again in the centre of the floor, and all else inside the small cottage had fallen into shadow. Axl had been drying his clothes, holding each garment up to the flames, while Beatrice slept peacefully nearby in a nest of rugs. But then quite suddenly, she had sat up and looked around her.

'Is the fire too hot for you, princess?'

For a moment she continued to look bewildered, then wearily lowered herself back down onto the rugs. Her eyes though remained open and Axl was about to repeat his question when she had said quietly:

'I was thinking of a night long ago, husband. When you were gone, leaving me in a lonely bed, wondering to myself if you'd ever come back to me.'

'Princess, though we escaped those pixies on the river, I fear some spell still lingers on you to give you such dreams.'

'No dream, husband. Just a memory or two returning. The night as dark as any, and there I was, alone in our bed, knowing all the while you were gone to another younger and fairer.'

'Won't you believe me, princess? This is the work of those pixies still working mischief between us.'

'You may be right, Axl. And if they were true memories, they're of long ago. Even so . . .' She became silent, so that Axl thought she had dozed off again. But then she said: 'Even so, husband, they're remembrances to make me shrink from you. When we've finished resting here, and we're on our path again, let me walk a little way in front and you behind. Let's go on our way like that, husband, for I'll not welcome your step beside me now.'

He said nothing to this at first. Then he lowered the garment away from the fire and turned to look at her. Her eyes were closed again, yet he was sure she had not fallen asleep. When Axl finally found his voice, it had come out as no more than a whisper.

'It would be the saddest thing to me, princess. To walk separately from you, when the ground will let us go as we always did.'

Beatrice gave no indication of having heard, and within moments her breathing had grown long and even. He had then put on his newly warmed clothes and lain down on a blanket not far from his wife, but without touching her. An overwhelming tiredness swept over him, and yet he saw again the pixies swarming in the water before him, and the hoe he had swung through the air landing in their midst, and he remembered the noise as of children playing in the distance, and how he had fought, almost like a warrior with fury in his voice. And now she had said what she had. A picture came into his mind, clear and vivid, of himself and Beatrice on a mountain road, large grey skies above them, she walking several steps before him, and a great melancholy welled up within him. There they went, an elderly couple, heads bowed, five, six paces apart.

He awoke to find the fire smouldering, and Beatrice on her feet, peering out through one of the small gaps in the stone that constituted the windows of an abode such as this. Thoughts of their last exchange returned to him, but Beatrice turned, her features caught in a triangle of sunlight, and said in a cheerful voice:

'I thought to wake you before, Axl, seeing the morning grow outside. But then I kept thinking of the soaking you got in the river and that you needed more than a brief nod or two.'

Only when he did not reply did she ask: 'What is it, Axl? Why look at me like that?'

'I'm just gazing at you in relief and happiness, princess.'

'I'm feeling much better, Axl. Rest was all I needed.'

'I see that now. Then let's soon be on our way, for as you say, the morning's grown while we slept.'

'I've been watching these children, Axl. Even now they stand by that same ditch as when we first came upon them. They've something down there draws them and it's some mischief, I'll wager, for they often glance back the way they think some adult will discover and scold them. Where can their people be, Axl?'

'It's not our concern, and besides, they seem well enough fed and clothed. Let's say our farewells and be gone.'

'Axl, can it be you and I were quarrelling earlier? I feel something came between us.'

'Nothing we can't put aside, princess. Though we may speak of it before the day's finished, who knows? But let's be on our way before hunger and cold overtake us again.'

When they emerged into the chilly sunshine, Axl saw patches of ice on the grass, a large sky and mountains fading into the distance. The goat was eating over in its enclosure, a muddy upturned bucket near its feet.

The three children were still beside the ditch, looking down into it, their backs to the cottage, and appeared to be quarrelling. The girl was the first to realise Axl and Beatrice were approaching, and even as she spun around her face broke into a bright smile.

'Dear elders!' She started to come quickly away from the ditch, pulling her brothers with her. 'I hope you found our home comfortable, humble though it is!'

'We did, child, and we're most grateful to you. Now we're well rested and ready to be on our way. But what's become of your people that they leave you alone?'

The girl exchanged glances with her brothers, who had taken up positions on either side of her. Then she said, a little hesitantly: 'We manage by ourselves, sir,' and put an arm around each of the boys.

'And what is it down in that ditch draws you so?' Beatrice asked.

'It's just our goat, mistress. It was once our best goat, but it died.'

'How did your goat come to die, child?' Axl asked gently. 'The other there looks well enough.'

The children exchanged more glances, and a decision seemed to pass among them.

'Go look if you will, sir,' the girl said, and letting go of her brothers, she stepped to one side.

Beatrice fell in step beside him as he went towards the ditch. Before they were halfway there, Axl stopped and said in a whisper: 'Let me go alone first, princess.'

'Do you think I never saw a dead goat before, Axl?'

'Even so, princess. Wait here a moment.'

The ditch was as deep as a man's height. The sun, now shining almost directly into it, should have made it easier to discern what was before him, but instead created confusing shadows, and where there was puddle and ice, a myriad of dazzling surfaces. The goat appeared to have been of monstrous proportions, and now lay in several dismembered pieces. Over there, a hind leg; there the neck and head – the latter wearing a serene expression. It took a little longer to identify the soft upturned belly of the animal, because pressed into it was a giant hand emerging from the dark mud. Only then did he see that much of what initially he had taken to be of the dead goat belonged to a second creature entangled with it. That mound there was a shoulder; that a stiffened knee. Then he saw movement and realised the thing in the ditch was still alive.

'What do you see, Axl?'

'Don't come forward, princess. It's no sight to raise your spirits. Some poor ogre, I'd suppose, dying a slow death, and maybe these children have foolishly thrown it a goat, thinking it might recover itself with eating.'

Even as he spoke, a large hairless head revolved slowly in the slime, a gaping eye moving with it. Then the mud sucked greedily and the head vanished.

'We didn't feed the ogre, sir,' the girl's voice said behind him. 'We know never to feed an ogre, but to bar ourselves inside at their coming. And so we did with this one, sir, and we watched from our window while he pulled down our fence and took our best goat. Then he sat down just there, sir, where you are now, his legs dangling over like he's an infant, and happily eating the goat raw, the way ogres will. We knew not to unbar the door, and the sun getting lower, and the ogre still eating our goat, but we could see he's getting weaker, sir. Then at last he stands up, holding what's left of the goat, then he falls down, first to his knees, then onto his side. Next thing he rolls into the ditch, goat and all, and it's two days he's been down there and still not dead.'

'Let's come away, child,' Axl said. 'This is no sight for you or your brothers. But what is it made this poor ogre so sick? Can it be your goat was diseased?'

'Not diseased, sir, poisoned! We'd been feeding it more than a full week just the way Bronwen taught us. Six times each day with the leaves.'

'Why did you do such a thing, child?'

'Why, sir, to make the goat poisonous for the she-dragon. This poor ogre wasn't to know that and so he poisoned himself. But it's not our fault, sir, because he shouldn't have been marauding the way he was!'

'A moment, child,' Axl said. 'Are you saying you fed the goat deliberately to fill it with poison?'

'Poison for the she-dragon, sir, but Bronwen said it wouldn't harm any of us. So how could we know the poison might harm an ogre? We weren't to blame, sir, and meant no wickedness!'

'No one will ever blame you, child. Yet tell me, why were you wishing to prepare poison for Querig, for I take it this is the she-dragon you talk of?'

'Oh, sir! We said our prayers morning and night and often in the day too. And when you came this morning, we knew God had sent you. So please say you'll help us, for we're just poor children forgotten by our parents! Will you take that goat there, the only one left to us now, and go with it up that path to the giant's cairn? It's an easy walk, sir, less than half a day there and back, and I'd do it myself but can't leave these young ones alone. We've fed this goat just the way we did the one eaten by the ogre, and this with three more days' leaves in it. If only you'd take it to the giant's cairn and leave it tethered there for the she-dragon, sir, and it's but an easy stroll. Please say you'll do it, elders, for we're fearing nothing else will bring our dear mother and father back to us.'

'At last you speak of them,' Beatrice said. 'What's to be done to bring your parents back to you?'

'Didn't we just tell you, mistress? If you'd only take the goat up to the giant's cairn, where it's well known food's regularly left for the she-dragon. Then who knows, she'll perish the same way that poor ogre has, and he was a strong-looking one before his meal! We'd always been afraid before of Bronwen because of her wise arts, but when she saw we were here alone, forgotten by our own parents, she took pity on us. So please help us, elders, for who knows when anyone else will come this way? We're afraid to show ourselves to soldiers or strange men who pass, but you're the ones we prayed for to the God Jesus.'

'But what is it young children like you can know of this world,' asked Axl, 'that you believe a poisonous goat will bring your parents back to you?'

'It's what Bronwen told us, sir, and though she's a terrible old woman, she never lies. She said it's the she-dragon lives over us here made our parents forget us. And even though we often make our mother angry with our mischief, Bronwen says the day she remembers us again, she'll hurry back and hold us one by one like this.' The girl suddenly clutched an invisible child to her breast, her eyes closing, and rocked gently for a moment. Then opening her eyes again, she went on: 'But for now the she-dragon's cast some spell to make our parents forget us, so they'll not come home.

Bronwen says the she-dragon's a curse not just to us but to everyone and the sooner she perishes the better. So we worked hard, sir, feeding both goats exactly as she said, six times each day. Please do as we ask, or we won't ever see our mother and father again. All we ask is you tether the goat at the giant's cairn then go your way.'

Beatrice started to speak, but Axl said over her quickly: 'I'm sorry, child. We wish we could help you, but to climb higher into these hills is now beyond us. We're elderly, and as you see, weary from days of hard travel. We've no choice but to hurry on our way before further misfortune takes us.'

'But, sir, it was God himself sent you to us! And it's but a short stroll, and not even a steep path from here.'

'Dear child,' Axl said, 'our hearts go out to you, and we'll raise help at the next village. But we're too weak to do what you ask, and surely others will pass this way soon, happy to take the goat for you. It's beyond us old ones, but we'll pray for your parents' return and that God will keep you safe always.'

'Don't go, elders! It wasn't our fault the ogre was poisoned.'

Taking his wife's arm, Axl led her away from the children. He did not look back until they had passed the goat's pen, and then he saw the children still standing there, three abreast, watching silently, the towering cliffs behind them. Axl waved encouragingly, but something like shame – and perhaps the trace of some distant memory, a memory of another such departure – made him increase his pace.

But before they had gone far – the marshy ground had started to descend and the valleys to open before them – Beatrice tugged his arm to slow them.

'I didn't wish to talk across you before those children, husband,' she said. 'But is it really beyond us to do as they ask?'

'They're in no immediate peril, princess, and we have our own worries. How goes your pain now?'

'My pain's no worse. Axl, look how those children stand as we left them, watching as we grow ever smaller in their sight. Can't we at least pause beside this stone and talk further on it? Let's not hasten away carelessly.'

'Don't look back to them, princess, for you only taunt their hopes. We'll not go back to their goat, but down into this valley, a fire and what food kind strangers may give us.'

'But think on what it is they ask, Axl.' Beatrice had now brought them to a halt. 'Will a chance like this ever come our way again? Think on it! We stumble to this spot so near Querig's lair. And these children offer a poisonous goat by which even the two of us, old and weak though we are, might bring down the she-dragon! Think on it, Axl! If Querig falls, the mist will fast begin to clear. Who's to say those children aren't right and God himself didn't bring us this way?'

Axl remained silent for a moment, fighting the urge to look back towards the stone cottage. 'There's no telling that goat will bring any harm at all to Querig,' he said eventually. 'A hapless ogre's one thing. This she-dragon's a creature to scatter an army. And can it be wise for two elderly fools like us to wander so near her lair?'

'We're not to face her, Axl, only to tether the goat and flee. It may be days before Querig comes to the spot, and we'll by then be safe at our son's village. Axl, don't we want returned to us our memories of this long life lived together? Or will we become like strangers met one night in a shelter? Come, husband, say we'll turn back and do as those children bid us.'

* * *

So here they were, climbing still higher, the winds growing stronger. For the moment, the twin rocks provided good shelter, but they could not stay like this for ever. Axl wondered yet again if he had been foolish to give in.

'Princess,' he said eventually. 'Suppose we really do this thing. Suppose God allows us to succeed, and we bring down the she-dragon. I'd like you then to promise me something.'

She was sitting close beside him now, though her eyes were still on the distance and the line of tiny figures.

'What is it you ask, Axl?'

'It's simply this, princess. Should Querig really die and the mist begin to clear. Should memories return, and among them of times I disappointed you. Or yet of dark deeds I may once have done to make you look at me and see no longer the man you do now. Promise me this at least. Promise, princess, you'll not forget what you feel in your heart for me at this moment. For what good's a memory's returning from the mist if it's only to push away another? Will you promise me, princess? Promise to keep what you feel for me this moment always in your heart, no matter what you see once the mist's gone.'

'I'll promise it, Axl, and no hardship to do so.'

'Words can't tell how it comforts me to hear you say it, princess.'

'A queer mood you're in, Axl. But who knows how much further it is till the giant's cairn? Let's not spend any more time sitting between these great stones. Those children were anxious when we left, and they'll be awaiting our return.'

Gawain's Second Reverie

This cursed wind. Is this a storm before us? Horace will mind neither wind nor rain, only that a stranger sits astride him now and not his old master. 'Just a weary woman,' I tell him, 'with greater need of the saddle than me. So carry her in good grace.' Yet why is she here at all? Does Master Axl not see how frail she grows? Has he lost his mind to bring her to these unforgiving heights? But she presses on as determined as he, and nothing I say will turn them back. So I stagger here on foot, a hand on Horace's bridle, heaving this rusty coat. 'Did we not always serve ladies with courtesy?' I murmur to Horace. 'Would we ride on, leaving this good couple tugging at their goat?'

I saw them first as small figures far below and took them for those others. 'See down there, Horace,' I said then. 'Already they've found each other. Already they come, and as though that fellow took no wounds at all from Brennus.'

And Horace looked my way thoughtfully, as though to ask, 'Then, Gawain, will this be the last time we climb this bleak slope together?' And I gave no reply but to stroke gently his neck, though I thought to myself, 'That warrior's young and a terrible fellow. Yet I may have the beating of him, who's to say? I saw something even as he brought down Brennus's man. Another would not see it, yet I did. A small opening on the left for a canny foe.'

But what would Arthur have me do now? His shadow still falls across the land and engulfs me. Would he have me crouch like a beast awaiting its prey? Yet where to hide on these bare slopes? Will the wind alone conceal a man? Or should I perch on some precipice and hurl down a boulder at them? Hardly the way for a knight of Arthur. I would rather show myself openly, greet him, try once more a little diplomacy. 'Turn back, sir. You endanger not just yourself and your innocent companion, but all the good folk of this country. Leave Querig to one who knows her ways. You see me even now on my way to slay her.' But such pleas were ignored before. Why would he hear me now he is come so close, and the bitten boy to guide him to her very door? Was I a fool to rescue that boy? Yet the abbot appals me so, and I know God will thank me for what I did.

'They come as surely as they have a chart,' I said to Horace. 'So where shall we wait? Where shall we face them?'

The copse. I remembered it then. Strange how the trees grow so lush there, when the wind sweeps all around so bare. The copse will provide covering for a knight and his horse. I will not pounce like a bandit, yet why show myself a good hour before the encounter?

So I put a little spur on Horace, though it hardly makes an impression on him now, and we crossed the high edge of the land, neither rising nor falling, battered all the way by the wind. We were both thankful to reach those trees, even if they grow so strangely one wonders if Merlin himself cast a spell here. What a fellow was Master Merlin! I thought once he had placed a spell on Death himself, yet even Merlin has taken his path now. Is it heaven or hell he makes his home? Master Axl may believe Merlin a servant of the devil, yet his powers were often enough spent in ways to make God smile. And let it not be said he was without courage. Many times he showed himself to the falling arrows and wild axes alongside us. These may well be Merlin's woods, and made for this very purpose: that I may some day shelter here to await the one who would undo our great work of that day. Two of us five fell to the she-dragon, yet Master Merlin stood beside us, moving calmly within the sweep of Querig's tail, for how else could his work be done?

The woods were hushed and peaceful when Horace and I reached them. Even a bird or two singing in the trees, and if the branches stirred wildly, down below was as a calm spring's day where at last an old man's thoughts may drift from one ear to the other without tossing in a tempest! It must be several years now since Horace and I were last in these woods. Weeds have grown monstrous here, a nettle rightly the spread of a small child's palm stands large enough to wrap around a man twice over. I left Horace at a gentle spot to chew on what he could, and wandered a while beneath the sheltering leaves. Why should I not rest here, leaning on this good oak? And when in time they come to this place, as they surely will, he and I will face each other as fellow warriors.

I pushed through the giant nettles – is it for this I have worn this creaking metal? To defend my shins from these feathery stings? – until I reached the clearing and the pond, the grey sky above it peeping through. Around its rim, three great trees, yet each one cracked at the waist and fallen forward into the water. Surely they stood proudly when we were last here. Did lightning strike them? Or did they in weary old age long for the pond's succour, always so near where they grew, yet beyond reach? They drink all they wish now, and mountain birds nest in their broken spines.

Will it be at such a spot I meet the Saxon? If he defeats me I may have life left to crawl to the water. I would not tumble in, even if the ice would admit me, for it would be no pleasure to grow bloated beneath this armour, and what chance Horace, missing his master, will come tip-toeing through the gnarled roots and drag out my remains? Yet I've seen comrades in battle yearn for water as they lie with their wounds, and watched yet others crawl to the edge of a river or lake, even though they double their agonies to do so. Is there some great secret known only to dying men? My old comrade, Master Buel, longed for water that day, as he lay on the red clay of that mountain. There's water here left in my gourd, I told him, but no, he demands a lake or river. But we're far from any such thing, I say. 'Curse you, Gawain,' he cries. 'My last wish, will you not grant it, and we comrades through many bold battles?' 'But this she-dragon's all but parted you in two,' I tell him. 'If I must carry you to water, I'll have to go under this summer sun, a separate part of you under each arm before we reach any such place.' But he says to me, 'My heart will welcome death only when you lay me down beside water, Gawain, where I hear its gentle lapping as my eyes close.' He demands this, and cares not whether our errand is well done, or if his life is given at a good price. Only when I reach down to raise him does he ask: 'Who else survives?' And I tell him Master Millus is fallen, yet three of us still stand, and Master Merlin too. And still he asks not if the errand is well finished, but talks of lakes and rivers, and now even of the sea, and it is all I can do to remember this is my old comrade, and a brave one, chosen like me by Arthur for this great task, even as a battle rages down in the valley. Does he forget his duty? I lift him, and he cries out to the heavens, and only then understands the cost even of a few small steps, and there we are, atop a red mountain in the summer heat, an hour's journey even on horseback to the river. And as I lower him he talks now only of the sea. His eyes blind now, when I sprinkle water on his face from my gourd, he thanks me the way I suppose in his mind's eye he stands upon a shore. 'Was it sword or axe finished me?' he asks, and I say, 'What do you talk of, comrade? It's the she-dragon's tail met you, but our task's done and you depart with pride and honour.' 'The she-dragon,' he says. 'What's become of the she-dragon?' 'All but one of the spears rest in her flank,' I say, 'and now she sleeps.' Yet he forgets the errand again, and talks of the sea, and of a boat he knew as a small boy when his father took him far from the shore on a kind evening.

When my own time comes, will I too long for the sea? I think I will be content enough with the soil. And I will not demand the exact spot, but let it be within this country Horace and I have spent the years roaming contentedly. Those dark widows of earlier would cackle to hear me, and hasten to remind me with what I may share my plot of earth. 'Foolish knight! You above all need choose your resting place well, or find yourself a neighbour to the very ones you slaughtered!' Did they not make some such jest even as they threw mud at Horace's rump? How dare they! Were they there? Can it be this woman now rides in my saddle would say as much if she could hear my thoughts? She talked of slaughtered babes down in that foul-aired tunnel, even as I delivered her from the monks' black plans. How dare she? And now she sits in my saddle, astride my dear battlehorse, and who knows how many more journeys are left to Horace and me?

For a while we thought this might be our last, but I had mistaken this good couple for those others, and a while longer we travel in peace. Yet even as I lead Horace by the bridle, I must glance back, for surely they are coming, even if we go well ahead. Master Axl walks beside me, his goat forbidding him a steady step. Does he guess why I look back so often? 'Sir Gawain, were we not comrades once?' I heard him ask it early this morning as we came out of the tunnel, and I told him to find a boat to go downstream. Yet here he is, still in the mountains, his good wife beside him. I will not meet his eye. Age cloaks us both, as the grass and weeds cloak the fields where we once fought and slaughtered. What is it you seek, sir? What is this goat you bring?

'Turn back, friends,' I said when they came upon me in the woods. 'This is no walk for elderly travellers like you. And look how the good mistress holds her side. Between here and the giant's cairn there's still a mile or more, and the only shelter small rocks behind which one must curl with bowed head. Turn back while you still have strength, and I'll see this goat's left at the cairn and tethered well.' But they both eyed me suspiciously, and Master Axl would not let go the goat. The branches rustled above, and his wife seated on the roots of an oak, gazing to the pond and the cracked trees stooping to water, and I said softly: 'This is no journey for your good wife, sir. Why did you not do as I advised and take the river down out of these hills?' 'We must take this goat where we promised,' says Master Axl. 'A promise made to a child.' And does he look at me strangely as he says so, or do I dream it? 'Horace and I will take the goat,' I say. 'Will you not trust us with the errand? I hardly believe this goat will much trouble Querig even if devoured whole, yet she may be a little slowed and lend me an advantage. So give me the creature and turn back down the mountain before one or the other of you fall in your own footsteps.'

They moved then into the trees away from me, and I could hear the shape of their lowered voices, but no words. Then Master Axl comes to me and says: 'A moment more for my wife to rest, then we will carry on, sir, to the giant's cairn.' I see it is useless to argue more, and I also eager to continue on our way, for who knows how far behind is Master Wistan and his bitten boy?

PART IV

Chapter Fifteen

Some of you will have fine monuments by which the living may remember the evil done to you. Some of you will have only crude wooden crosses or painted rocks, while yet others of you must remain hidden in the shadows of history. You are in any case part of an ancient procession, and so it is always possible the giant's cairn was erected to mark the site of some such tragedy long ago when young innocents were slaughtered in war. This aside, it is not easy to think of reasons for its standing. One can see why on lower ground our ancestors might have wished to commemorate a victory or a king. But why stack heavy stones to above a man's height in so high and remote a place as this?

It was a question, I am sure, equally to baffle Axl as he came wearily up the mountain slope. When the young girl had first mentioned the giant's cairn, he had pictured something atop a large mound. Yet this cairn had simply appeared before them on the incline, no feature around it to explain its presence. The goat, nonetheless, seemed immediately to sense its significance, struggling frantically as soon as the cairn had become visible as a dark finger against the sky. 'It knows its fate,' Sir Gawain had remarked, guiding his horse up with Beatrice in the saddle.

But now the goat had forgotten its earlier dread and was chewing the mountain grass contentedly.

'Can it be Querig's mist works its mischief on goats and men alike?'

It was Beatrice who asked this as she held with both hands the animal's rope. Axl had for the moment relinquished the creature while he hammered into the ground with a stone the wooden stake around which the rope had been wound.

'Who knows, princess. But if God cares at all for goats, he'll bring the she-dragon here before long, or it'll be a lonely wait for this poor animal.'

'If the goat dies first, Axl, do you suppose she'll still sup on meat not living and fresh?'

'Who knows how a she-dragon likes her meat? But there's grass here to keep this goat a while, princess, even if it's of a mean sort.'

'Look there, Axl. I thought the knight would help us, weary as we both are. But he's forgotten his usual manners.'

Indeed Sir Gawain had become oddly reticent since their arrival at the cairn. 'This is the place you seek,' he had said in an almost sulky voice, before wandering off. And now he stood with his back to them, staring at the clouds.

'Sir Gawain,' Axl called out, pausing from his work. 'Will you not assist holding this goat? My poor wife grows tired from it.'

The old knight did not react, and Axl, assuming he had not heard, was about to repeat his request, when Gawain turned suddenly, and with such a look of solemnity, they both stared at him.

'I see them below,' the old knight said. 'And nothing now to turn them.'

'Who is it you see, sir?' Axl asked. Then when the knight remained silent, 'Are they soldiers? We watched earlier some long column on the horizon, but thought they moved away from us.'

'I speak of your recent companions, sir. The same with whom you travelled yesterday when we met. They emerge from the wood below, and who'll stop them now? For a moment, I raised a hope I merely looked on two black widows strayed from that infernal procession. But it was the cloudy sky playing its tricks, and it's them, no mistake.'

'So Master Wistan escaped the monastery after all,' Axl said.

'That he did, sir. And now he comes, and on his rope not a goat, but the Saxon boy to guide him.'

At last Sir Gawain seemed to notice Beatrice struggling with the animal and came hurriedly from the cliff edge to seize the rope. But Beatrice did not let go, and for a moment it was as if she and the knight were tussling for control of the goat. In time they stood steadily, both holding the rope, the old knight a step or two in front of Beatrice.

'And have our friends in turn seen us here, Sir Gawain?' Axl asked, returning to his task.

'I'll wager that warrior has keen eyes, and sees us even now against the sky, figures in a tug contest, the goat our opponent!' He laughed to himself, but a melancholy lingered in his voice. 'Yes,' he said finally. 'I fancy he sees us well enough.'

'Then he joins forces with us,' Beatrice said, 'to bring down the she-dragon.'

Sir Gawain looked from one to the other of them uneasily. Then he said: 'Master Axl, do you still persist in believing it?'

'Believing what, Sir Gawain?'

'That we gather here in this forsaken spot as comrades?'

'Make your meaning clearer, sir knight.'

Gawain led the goat to where Axl was kneeling, oblivious of Beatrice following behind, still clutching her end of the rope.

'Master Axl, didn't our ways part years ago? Mine remained with Arthur, while yours . . .' He seemed now to become aware of Beatrice behind him, and turning, bowed politely. 'Dear lady, I beg you let go this rope and rest. I'll not let the animal escape. Sit down beside the cairn there. It will shelter at least some part of you from this wind.'

'Thank you, Sir Gawain,' Beatrice said. 'Then I'll trust you with this creature, and it's a precious one to us.'

She began to make her way towards the cairn, and something about the way she did so, her shoulders hunched against the wind, caused a fragment of recollection to stir on the edges of Axl's mind. The emotion it provoked, even before he could hold it down, surprised and shocked him, for mingled with the overwhelming desire to go to her now and shelter her, were distinct shadows of anger and bitterness. She had talked of a long night spent alone, tormented by his absence, but could it be he too had known such a night, or even several, of similar anguish? Then, as Beatrice stopped before the cairn and bowed her head to the stones as if in apology, he felt both memory and anger growing firmer, and a fear made him turn away from her. Only then did he notice Sir Gawain also gazing over at Beatrice, a look of tenderness in his eyes, seemingly lost in his thoughts. But the knight soon collected himself, and coming closer to Axl, leant right down as though to remove any small chance of Beatrice overhearing.

'Who's to say your path wasn't the more godly?' he said. 'To leave behind all great talk of war and peace. Leave behind that fine law to bring men closer to God. To leave behind Arthur once and for all and devote yourself to . . .' He glanced over again at Beatrice, who had remained on her feet, her forehead almost touching the piled stones in her effort to escape the wind. 'To a good wife, sir.

I've watched how she goes beside you as a kind shadow. Should I have done the same? Yet God guided us down separate paths. I had a duty. Ha! And do I fear him now? Never, sir, never. I accuse you of nothing. That great law you brokered torn down in blood! Yet it held well for a time. Torn down in blood! Who blames us for it now? Do I fear youth? Is it youth alone can defeat an opponent? Let him come, let him come. Remember it, sir! I saw you that very day and you talked of cries in your ears of children and babes. I heard the same, sir, yet were they not like the cries from the surgeon's tent when a man's life is spared even as the cure brings agonies? Yet I admit it. There are days I long for a kind shadow to follow me. Even now I turn in hope to see one. Doesn't every animal, every bird in the sky crave a tender companion? There were one or two I'd willingly have given my years. Why should I fear him now? I've fought fanged Norsemen with reindeer snouts, and they no masks! Here, sir, tie your goat now. How much deeper will you drive that stake? Is it a goat you tether or a lion?'

Handing Axl the rope, Gawain went striding off, not stopping till he stood where the land's edge appeared to meet the sky. Axl, one knee pressed into the grass, tied the rope tightly around the notch in the wood, then looked once more over to his wife. She was standing at the cairn much as before, and though something in her posture again tugged at him, he was relieved to find in himself no trace of the earlier bitterness. Instead he felt almost overcome by an urge to defend her, not just from the harsh wind, but from something else large and dark even then gathering around them. He rose and hurried to her.

'The goat's well secured, princess,' he said. 'Just as soon as you're ready, let's be off down this slope. For haven't we completed the errand promised to those children and to ourselves?'

'Oh Axl, I don't want to go back to those woods.'

'What are you saying, princess?'

'Axl, you never went to the pond's edge, you were so busy talking to this knight. You never looked into that chilly water.'

'These winds have tired you, princess.'

'I saw their faces staring up as if resting in their beds.'

'Who, princess?'

'The babes, and only a short way beneath the water's surface. I thought first they were smiling, and some waving, but when I went nearer I saw how they lay unmoving.'

'Just another dream came to you while you rested against that tree. I remember seeing you asleep there and took comfort from it at the time, even as I talked with the old knight.'

'I truly saw them, Axl. Among the green weed. Let's not go back to that wood, for I'm sure some evil lingers there.'

Sir Gawain, gazing down at the view, had raised his arm in the air, and now without turning, shouted through the wind: 'They'll soon be upon us! They come up the slope eagerly.'

'Let's go to him, princess, but keep the cloak around you. I was foolish to bring you this far, but we'll soon find shelter again. Yet let's see what troubles the good knight.'

The goat was pulling at its rope as they passed, but the stake showed no sign of shifting. Axl had been keen to see how near the approaching figures were, but now the old knight came walking towards them, and they all three halted not far from where the animal was tethered.

'Sir Gawain,' Axl said, 'my wife grows weak and must return to shelter and food. May we carry her down on your horse as we brought her up?'

'What's this you ask? Too much, sir! Did I not tell you when we met in Merlin's wood to climb this hill no further? It was you both insisted on coming here.'

'Perhaps we were foolish, sir, but we had a purpose, and if we must turn back without you, you must promise not to free this goat cost us so dearly to bring here.'

'Free the goat? What do I care for your goat, sir? The Saxon warrior will soon be upon us, and what a fellow he is! Go, look if you doubt it! What do I care for your goat? Master Axl, I see you before me now and I'm reminded of that night. The wind as fierce then as this one. And you, cursing Arthur to his face while the rest of us stood with heads bowed! For who wanted the task of striking you down? Each of us hiding from the king's eye, for fear he'd command with one glance to run you through, unarmed though you were. But see, sir, Arthur was a great king, and here's more proof of it! You cursed him before his finest knights, yet he replied gently to you. You recall this, sir?'

'I recall nothing of it, Sir Gawain. Your she-dragon's breath keeps it all from me.'

'My eyes lowered like the rest, expecting your head to roll past my feet even as I gazed down at them! Yet Arthur spoke to you with gentleness! You don't recall even a part of it? The wind that night almost as strong as this one, our tent ready to fly into the dark sky. Yet Arthur meets curses with gentle words. He thanked you for your service. For your friendship. And he bade us all think of you with honour. I myself whispered farewell to you, sir, as you took your fury into the storm. You didn't hear me, for it was said under my breath, but a sincere farewell all the same, and I wasn't alone. We all shared something of your anger, sir, even if you did wrong to curse Arthur, and on the very day of his great victory! You say now Querig's breath keeps this from your mind, or is it the years alone, or even this wind enough to make the wisest monk a fool?'

'I don't care for any of these memories, Sir Gawain. Today I seek others from another stormy night my wife speaks of.'

'A sincere farewell I bade you, sir, and let me confess it, when you cursed Arthur a small part of me spoke through you. For that was a great treaty you brokered, and well held for years. Didn't all men, Christian and pagan, sleep more easily for it, even on the eve of battle? To fight knowing our innocents safe in our villages? And yet, sir, the wars didn't finish. Where once we fought for land and God, we now fought to avenge fallen comrades, themselves slaughtered in vengeance. Where could it end? Babes growing to men knowing only days of war. And your great law already suffering violation . . .'

'The law was well held on both sides until that day, Sir Gawain,' Axl said. 'It was an unholy thing to break it.'

'Ah, now you recall it!'

'My memory's of God himself betrayed, sir. And I'm not sorry if the mist robs me further of it.'

'For a time I wished the same of the mist, Master Axl. Yet soon I understood the hand of a truly great king. For the wars stopped at last, wasn't that so, sir? Hasn't peace been our companion since that day?'

'Remind me no more, Sir Gawain. I don't thank you for it. Let me see instead the life I led with my dear wife, shivering here beside me. Will you not lend us your horse, sir? At least down to the woods where we met. We'll leave him safely there to await you.'

'Oh Axl, I'll not return to those woods! Why insist we leave this place now and go down there? Can it be, husband, you still fear the mist's fading, never mind the promise I made you?'

'My horse, sir? You imply I've no more use of my Horace? You go too far, sir! I don't fear him, even if he's youth on his side!'

'I imply nothing, Sir Gawain, only ask for the assistance of your excellent horse to carry my wife down to shelter . . .'

'My horse, sir? Do you insist his eyes be masked or watch his master's fall? He's a battlehorse, sir! Not some pony frolics in buttercups! A battlehorse, sir, and well ready to see me fall or triumph as God wills!'

'If my wife must travel on my own back, sir knight, so be it. Yet I thought you might spare your horse at least the distance down to the wood . . .'

'I'll remain here, Axl, never mind this cruel wind, and if Master Wistan's nearly upon us, we'll stay and see if it's him or the she-dragon survives this day. Or is it you'd rather not see the mist fade after all, husband?'

'I've seen it before many times, sir! An eager young one brought down by a wise old head. Many times!'

'Sir, let me implore you again to remember your gentlemanly ways. This wind drains my wife of strength.'

'Is it not enough, husband, I swore you an oath, and only this morning, I'd not let go what I feel in my heart for you today, no matter what the mist's fading reveals?'

'Will you not understand the acts of a great king, sir? We can only watch and wonder. A great king, like God himself, must perform deeds mortals flinch from! Do you think there were none that caught my eye? A tender flower or two passed on the way I didn't long to press to my bosom? Is this metal coat to be my only bedfellow? Who calls me a coward, sir? Or a slaughterer of babes? Where were you that day? Were you with us? My helmet! I left it in those woods! But what need of it now?

The armour too I'd take off but I fear you all laughing to see the skinned fox beneath!'

For a moment, all three of them were shouting over each other, the howl of the wind a fourth voice against theirs, but now Axl became aware that both Gawain and his wife had fallen silent and were staring past his shoulder. Turning, he saw the warrior and the Saxon boy standing at the cliff's edge, almost on the very spot where before Sir Gawain had been gazing broodingly out at the view. The sky had thickened, so that to Axl it was as if the newcomers had been carried here on the clouds. Now both of them, in near-silhouette, appeared peculiarly transfixed: the warrior holding firm his rein in both hands like a charioteer; the boy leaning forward at an angle, both arms outstretched as though for balance. There was a new sound in the wind, and then Axl heard Sir Gawain say: 'Ah! the boy sings again! Can you not make him cease, sir?'

Wistan gave a laugh, and the two figures lost their rigidity and came towards them, the boy pulling in front.

'My apologies,' the warrior said. 'Yet it's all I can do to stop him leaping rock to rock till he breaks himself.'

'What can be the matter with the boy, Axl?' Beatrice said, close to his ear, and he was grateful to hear the gentle intimacy returned to her voice. 'He was just this way before that dog appeared.'

'Must he sing so untunefully?' Sir Gawain addressed Wistan again. 'I'd box his ears but fear he'd not even feel me!'

The warrior, still approaching, laughed again, then glanced cheerfully at Axl and Beatrice. 'My friends, this is a surprise. I fancied you'd be in your son's village by now. What brings you instead to this lonely spot?'

'The same business as yours, Master Wistan. We crave the end to this she-dragon who robs us of treasured memories. You see, sir, we've brought with us a poisoned goat to do our work.'

Wistan regarded the animal and shook his head. 'This must be a mighty and cunning creature we face, friends. I fear your goat may not trouble her beyond a belch or two.'

'It taxed us greatly bringing it here, Master Wistan,' Beatrice said, 'even if we were helped by this good knight met again on the way up. But seeing you here, I'm cheered, for it must be our hopes no longer rest solely with our animal.'

But now Edwin's singing was making it hard for them to hear one another, and the boy was tugging more than ever, the object of his attention quite evidently a spot at the crest of the next slope. Wistan gave the rope a sharp pull, then said:

'Master Edwin appears anxious to reach those rocks up there. Sir Gawain, what lies in them? I see stones piled one upon another, as though to hide a pit or lair.'

'Why ask me, sir?' said Sir Gawain. 'Ask your young companion and he may even stop his songs!'

'I hold him by a leash, sir, but can no more control him than a crazed goblin.'

'Master Wistan,' Axl said, 'we share a duty to keep this boy from harm. We must watch him carefully in this high place.'

'Well said, sir. I'll tether him, if I may, to the same post as your goat.'

The warrior led Edwin to where Axl had hammered in the stake, and crouching down began securing the boy's rope to it. Indeed it seemed to Axl that Wistan lavished unusual care on this task, testing repeatedly each knot he made, as well as the soundness of Axl's handiwork. Meanwhile the boy himself remained oblivious. He calmed somewhat, but his gaze stayed fixed on the rocks at the top of the slope, and he continued to tug with quiet insistence. His singing, though far less shrill, had gained a dogged quality that reminded Axl of the way exhausted soldiers sing to keep marching. For its part, the goat had moved as far away as its own rope would allow, but was nonetheless gawping in fascination.

As for Sir Gawain, he had been watching Wistan's every movement with care, and – so it seemed to Axl – a kind of sly cunning had come into his eyes. As the Saxon warrior had become absorbed in his task, the knight had moved stealthily closer, drawn out his sword, and planting it into the soil, leant his weight on it, forearms resting on the broad hilt. In this stance, Gawain was now watching Wistan, and it struck Axl he might be memorising details concerning the warrior's person: his height, his reach, the strength in the calves, the strapped left arm.

His work completed to his satisfaction, Wistan rose and turned to face Sir Gawain. For a small moment there was a strange uneasiness in the looks they exchanged, then Wistan smiled warmly.

'Now here's a custom divides Britons from Saxons,' he said, pointing. 'See there, sir. Your sword's drawn and you use it to rest your weight, as if it's cousin to a chair or footstool. To any Saxon warrior, even one taught by Britons as I was, it seems a strange custom.'

'Grow to my creaky years, sir, you'll see if it seems so strange! In days of peace like these, I fancy a good sword's only too glad of the work, even if just to relieve its owner's bones. What's odd about it, sir?'

'But observe, Sir Gawain, how it presses into the earth. Now to us Saxons, a sword's edge is a thing of never-sleeping worry. We fear to show a blade even the air lest it lose a tiny part of its edge.'

'Is that so? A sharp edge's of importance, Master Wistan, I'll not dispute. But isn't there too much made of it? Good footwork, sound strategy, calm courage. And that little wildness makes a warrior hard to predict. These are what determine a contest, sir. And the knowledge God wills one's victory. So let an old man rest his shoulders. Besides, aren't there times a sword left in the sheath's drawn too late? I've stood this way on many a battlefield to gather breath, comforted my blade's already out and ready, and it won't be rubbing its eyes and asking me if it's afternoon or morn even as I try to put it to good use.'

'Then it must be we Saxons keep our swords more heartlessly. For we demand they not sleep at all, even as they rest in the dark of their scabbards. Take my own here, sir. It knows my manner well. It doesn't expect to take the air without soon touching flesh and bone.'

'A difference in custom then, sir. It reminds me of a Saxon I once knew, a fine fellow, and he and I gathering kindling on a cold night. I would be busying my sword to hack from a dead tree, yet there he is beside me, employing his bare hands and sometimes a blunt stone. "Have you forgotten your blade, friend?" I asked him. "Why go at it like a sharp-clawed bear?" But he wouldn't hear me. At the time I thought him crazed, yet now you enlighten me. Even with my years, there are still lessons to learn!'

They both laughed briefly, then Wistan said:

'There may be more than custom on my side, Sir Gawain. I was always taught that even as my blade travels through one opponent, I must in my thought prepare the cut that will follow. Now if my edge isn't sharp, sir, and the blade's passage slowed even a tiny instant, snagged in bone or dawdling through the tangles of a man's insides, I'll surely be late for the next cut, and on such may hang victory or defeat.'

'You're right, sir. I believe it's old age and these long years of peace make me careless. I'll follow your example from here, yet just now my knees sag from the climb, and I beg you allow me this small relief.'

'Of course, sir, take your comfort. Merely a thought struck me seeing you rest that way.'

Suddenly Edwin stopped singing and began to shout. He was making the same statement over and over, and Axl, turning to Beatrice beside him, asked quietly: 'What is it he says, princess?'

'He talks of some bandits' camp lies up there. He bids us all follow him to it.'

Wistan and Gawain were both staring at the boy with something like embarrassment. For another moment, Edwin continued to shout and pull, then fell silent, slumping down onto the ground, and appeared on the verge of tears. No one spoke for what seemed a long time, the wind howling between them.

'Sir Gawain,' Axl said finally. 'We look now to you, sir. Let's keep no more disguises between us. You're the she-dragon's protector, are you not?'

'I am, sir.' Gawain gazed at each of them in turn, Edwin included, with an air of defiance. 'Her protector, and lately her only friend. The monks kept her fed for years, leaving tethered animals at this spot, as you do. But now they quarrel among themselves, and Querig senses their treachery. Yet she knows I stay loyal.'

'Then Sir Gawain,' Wistan said, 'will you care to tell us if we stand near the she-dragon now?'

'She's near, sir. You've done well to arrive here, even if you had good fortune stumbling on that boy for a guide.'

Edwin, who was back on his feet, began to sing once more, albeit in a low chant-like manner.

'Master Edwin here may prove of greater fortune yet,' said the warrior. 'For I've a hunch he's a pupil to quickly surpass his poor master and one day do great things for his kin. Perhaps even as your Arthur did for his.'

'What, sir? This boy now singing and tugging like a half-wit?'

'Sir Gawain,' Beatrice interrupted, 'tell a weary old woman if you will. How is it a fine knight like you, and a nephew to the great Arthur, turns out this she-dragon's protector?'

'Perhaps Master Wistan here's keen to explain it, mistress.'

'On the contrary, I'm as eager as Mistress Beatrice to hear your account of it. Yet all in good time. First, we must settle one question. Will I cut loose Master Edwin to see where he runs? Or will you, Sir Gawain, lead the way to Querig's lair?'

Sir Gawain stared emptily at the struggling boy, then sighed. 'Leave him where he is,' he said heavily. 'I'll lead the way.' He straightened to his full height, pulled the sword from the ground and carefully returned it to its scabbard.

'I thank you, sir,' Wistan said. 'I'm grateful we spare the boy the danger. Yet I may now guess the way without a guide. We must go to those rocks atop this next slope, must we not?'

Sir Gawain sighed again, glanced at Axl as though for help, then shook his head sadly. 'Quite right, sir,' he said. 'Those rocks circle a pit, and no small one. A pit as deep as a quarry, and you'll find Querig asleep there. If you really mean to fight her, Master Wistan, you'll have to climb down into it. Now I ask you, sir, do you really mean to do such a wild thing?'

'I've come this long way to do so, sir.'

'Master Wistan,' Beatrice said, 'if you'll excuse an old woman's intrusion. You laughed just now at our goat, but this is a great battle you face. If this knight will not help you, at least allow us to take our goat up this last slope and prod it down into this pit. If you must fight a she-dragon single-handed, let it be one slowed by poison.'

'Thank you, mistress, your concern's well received. Yet while I may take advantage of her slumber, poison's a weapon I don't care to employ. Besides, I lack the patience now to wait another half day or more to discover if the she-dragon will sicken from her supper.'

'Then let's have it over with,' Sir Gawain said. 'Come, sir, I'll lead the way.' Then to Axl and Beatrice: 'Wait down here, friends, and hide from the wind beside the cairn. You'll not wait long.'

'But Sir Gawain,' Beatrice said, 'my husband and I've stretched our strength to come this far. We'd walk with you this last slope if there's a way to do so without danger.'

Sir Gawain once again shook his head helplessly. 'Then let's all go together, friends. I dare say no harm will befall you, and I'll be easier myself for your presence. Come, friends, let's go to Querig's lair, and keep your voices low lest she stir from her sleep.'

* * *

As they ascended the next path, the wind grew less harsh, even though they felt more than ever to be touching the sky. The knight and the warrior were striding steadily before them, for all the world like two old companions taking the air together, and before long a distance had opened between them and the elderly couple.

'This is foolishness, princess,' Axl said as they walked. 'What business do we have following these gentlemen? And who knows what dangers lie ahead? Let's turn back and wait beside the boy.'

But Beatrice's step remained determined. 'I'll have us go on,' she said. 'Here, Axl, take my hand and help me keep my courage. For I'm thinking now I'm the one to fear most the mist's clearing, not you. I stood beside those stones just now and it came to me there were dark things I did to you once, husband. Feel how this hand trembles in yours to think they may be returned to us! What will you say to me then? Will you turn away and leave me on this bleak hill? There's a part of me would see this brave warrior fall even as he walks before us now, yet I'll not have us hide. No, I'll not, Axl, and aren't you the same? Let's see freely the path we've come together, whether it's in dark or mellow sun. And if this warrior must really face the she-dragon in her own pit, let's do what we can to keep up his spirits. It may be a shout of warning in the right place, or one to rouse him from a fierce blow will make the difference.'

Axl had let her talk on, listening with only half his mind as he walked, because he had become aware once more of something at the far edge of his memory: a stormy night, a bitter hurt, a loneliness opening before him like unfathomed waters. Could it really have been he, not Beatrice, standing alone in their chamber, unable to sleep, a small candle lit before him?

'What became of our son, princess?' he asked suddenly, and felt her hand tighten on his. 'Does he really wait for us in his village? Or will we search this country for a year and still not find him?'

'It's a thought came to me too, but I was afraid to think it aloud. But hush now, Axl, or we'll be heard.'

Indeed Sir Gawain and Wistan had halted on the path ahead to wait for them, and appeared to be in genial conversation. As he came up to them, Axl could hear Sir Gawain saying with a small chuckle:

'I'll confess, Master Wistan, my hope's that even now Querig's breath will rob you of the memory of why you walk beside me. I await eagerly your asking where it is I lead you! Yet I see from both your eye and step you forget little.'

Wistan smiled. 'I believe, sir, it's this very gift to withstand strange spells won me this errand from my king. For in the fens, we've never known a creature quite like this Querig, yet have known others with wonderful powers, and it was noticed how little I was swayed, even as my comrades swooned and wandered in dreams. I fancy this was my king's only reason to choose me, for almost all my comrades at home are better warriors than this one walks beside you now.'

'Impossible to believe, Master Wistan! Both report and observation tell of your extraordinary qualities.'

'You overestimate me, sir. Yesterday, needing to bring down that soldier under your gaze, I was all too aware how a man of your skill might view my small accomplishments. Sufficient to defeat a frightened guardsman, but far short of your approval, I fear.'

'What nonsense, sir! You're a splendid fellow, and no more of it! Now, friends' – Gawain turned his gaze to include Axl and Beatrice – 'it's not so far now. Let's be moving on while she still sleeps.'

They continued in silence. This time Axl and Beatrice did not fall behind, for a sense of solemnity seemed to descend on Gawain and Wistan, making them proceed in front at an almost ceremonial pace. In any case, the ground had become less demanding, levelling to something like a plateau. The rocks they had discussed from below now loomed before them, and Axl could see, as they came ever nearer, how they were arranged in a rough semi-circle around the top of a mound to the side of their path. He could see too how a row of smaller stones rose in a kind of stairway up the side of the mound, leading right up to the rim of what could only be a pit of significant depth. The grass all around where they had now arrived seemed to have been blackened or burnt, lending the surroundings – already without tree or shrub – an atmosphere of decay. Gawain, bringing the party to a halt near where the crude stairway began, turned to face Wistan with some deliberation.

'Will you not consider a last time, sir, leaving this dangerous plan? Why not return now to your orphan tied to his stick? There's his voice in the wind even now.'

The warrior glanced back the way they had come, then looked again at Sir Gawain. 'You know it, sir. I cannot turn back. Show me this dragon.'

The old knight nodded thoughtfully, as though Wistan had just made some casual but fascinating observation.

'Very well, friends,' he said. 'Then keep your voices low, for what purpose should we wake her?'

Sir Gawain led the way up the side of the mound and on reaching the rocks signalled for them to wait. He then peered over carefully, and after a moment, beckoned to them, saying in a low voice: 'Come stand along here, friends, and you'll see her well enough.'

Axl helped his wife onto a ledge beside him, then leant over one of the rocks. The pit below was broader and shallower than he had expected – more like a drained pond than something actually dug into the ground. The greater part of it was now in pale sunlight, and seemed to consist entirely of grey rock and gravel

– the blackened grass finishing abruptly at the rim – so that the only living thing visible, aside from the dragon herself, was a solitary hawthorn bush sprouting incongruously through the stone near the centre of the pit's belly.

As for the dragon, it was hardly clear at first she was alive. Her posture – prone, head twisted to one side, limbs outspread – might easily have resulted from her corpse being hurled into the pit from a height. In fact it took a moment to ascertain this was a dragon at all: she was so emaciated she looked more some worm-like reptile accustomed to water that had mistakenly come aground and was in the process of dehydrating. Her skin, which should have appeared oiled and of a colour not unlike bronze, was instead a yellowing white, reminiscent of the underside of certain fish. The remnants of her wings were sagging folds of skin that a careless glance might have taken for dead leaves accumulated to either side of her. The head being turned against the grey pebbles, Axl could see only the one eye, which was hooded in the manner of a turtle's, and which opened and closed lethargically according to some internal rhythm. This movement, and the faintest rise and fall along the creature's backbone, were the only indicators that Querig was still alive.

'Can this really be her, Axl?' Beatrice said quietly. 'This poor creature no more than a fleshy thread?'

'Yet look there, mistress,' Gawain's voice said behind them. 'So long as she's breath left, she does her duty.'

'Is she sick or perhaps already poisoned?' asked Axl.

'She simply grows old, sir, as we all must do. But she still breathes, and so Merlin's work lingers.'

'Now a little of this comes back to me,' Axl said. 'I remember Merlin's work here and dark it was too.'

'Dark, sir?' said Gawain. 'Why dark? It was the only way. Even before that battle was properly won, I rode out with four good comrades to tame this same creature, in those days both mighty and angry, so Merlin could place this great spell on her breath. A dark man he may have been, but in this he did God's will, not only Arthur's. Without this she-dragon's breath, would peace ever have come? Look how we live now, sir! Old foes as cousins, village by village. Master Wistan, you fall silent before this sight. I ask again. Will you not leave this poor creature to live out her life? Her breath isn't what it was, yet holds the magic even now. Think, sir, once that breath should cease, what might be awoken across this land even after these years! Yes, we slaughtered plenty, I admit it, caring not who was strong and who weak. God may not have smiled at us, but we cleansed the land of war. Leave this place, sir, I beg you. We may pray to different gods, yet surely yours will bless this dragon as does mine.'

Wistan turned away from the pit to look at the old knight.

'What kind of god is it, sir, wishes wrongs to go forgotten and unpunished?'

'You ask it well, Master Wistan, and I know my god looks uneasily on our deeds of that day. Yet it's long past and the bones lie sheltered beneath a pleasant green carpet. The young know nothing of them. I beg you leave this place, and let Querig do her work a while longer. Another season or two, that's the most she'll last. Yet even that may be long enough for old wounds to heal for ever, and an eternal peace to hold among us. Look how she clings to life, sir! Be merciful and leave this place. Leave this country to rest in forgetfulness.'

'Foolishness, sir. How can old wounds heal while maggots linger so richly? Or a peace hold for ever built on slaughter and a magician's trickery? I see how devoutly you wish it, for your old horrors to crumble as dust. Yet they await in the soil as white bones for men to uncover. Sir Gawain, my answer's unchanged. I must go down into this pit.'

Sir Gawain nodded gravely. 'I understand, sir.'

'Then I must ask you in turn, sir knight. Will you leave this place to me and return now to your fine old stallion awaits you below?'

'You know I cannot, Master Wistan.'

'It's as I thought. Well then.'

Wistan came past Axl and Beatrice, and down the rough-hewn steps. When he was once more at the foot of the mound, he looked around him and said, in a quite new voice: 'Sir Gawain, this earth looks curious here. Can it be the she-dragon, in her more vigorous days, blasted it this way? Or does lightning strike here often to burn the ground before new grasses return?'

Gawain, who had followed him down the mound, also came off the steps, and for a moment the two of them strolled about randomly like companions pondering at which spot to pitch their tent.

'It's something always puzzled me too, Master Wistan,' Gawain was saying. 'For even when younger, she remained above, and I don't suppose it's Querig made this blasted ground. Perhaps it was always thus, even when we first brought her here and lowered her into her lair.' Gawain tapped his heel experimentally on the soil. 'A good floor, sir, nevertheless.'

'Indeed.' Wistan, his back to Gawain, was also testing the ground with his foot.

'Though perhaps a little short in width?' remarked the knight. 'See how that edge rolls over the cliffside. A man who fell here would rest on friendly earth, sure enough, yet his blood may run swiftly through these burnt grasses and over the side. I don't speak for you, sir, but I'll not fancy my insides dripping over the cliff like a gull's white droppings!'

They both laughed, then Wistan said:

'A needless worry, sir. See how the ground lifts slightly before the cliff there. As for the opposite edge, it's too far the other way and plenty of thirsty soil first.'

'That's well observed. Well, then, it's no bad spot!' Sir Gawain looked up at Axl and Beatrice, who were still up on the ledge, though now with their backs to the pit. 'Master Axl,' he called cheerfully, 'you were always the great one for diplomacy. Do you care to use your fine eloquence now to let us leave this place as friends?'

'I'm sorry, Sir Gawain. You've shown us much kindness and we thank you for it. Yet we're now here to see the end of Querig, and if you'll defend her, there's nothing I or my wife can say on your side. Our will's with Master Wistan in this matter.'

'I see it, sir. Then let me ask at least this of you. I don't fear this fellow before me. Yet if I should be the one to fall, will you take my good Horace back down this mountain? He'll welcome a pair of good Britons on his back. You may think he grumbles, but you'll not be too much for him. Take my dear Horace far away from here and when you've no more use of him, find him a fine green meadow where he may eat to his heart's content and think of old days. Will you do this for me, friends?'

'We'll do it gladly, sir, and your horse will be the saving of us too, for it's a harsh journey down these hills.'

'On that point, sir.' Gawain had now come right to the foot of the mound. 'I urged you once before to use the river, and do so again. Let Horace take you down these slopes, but once you meet the river, search for a boat to take you east. There's tin and coins in the saddle to buy your passage.'

'We thank you, sir. Your generosity moves us.'

'But Sir Gawain,' Beatrice said. 'If your horse takes the two of us, then how's your fallen body to be carried from this mountain? In your kindness you neglect your own corpse. And we'd be sorry to bury you in so lonely a spot as this.'

For an instant, the old knight's features became solemn, almost sorrowful. Then they creased into a smile, and he said: 'Now, mistress. Let's not discuss burial plans while I still expect to emerge victorious! In any case, this mountain's no less lonely a spot to me now than any other, and I'd fear the sights my ghost must witness on lower ground should this contest go another way. So no more talk of corpses, madam! Master Wistan, have you anything to ask of these friends should fortune not go your way?'

'Like you, sir, I prefer not to think of defeat. Yet only a mighty fool will believe you anything other than a formidable foe, no matter your years. So I too will burden this good couple with a request. If I'm no more, please see to it Master Edwin reaches a kind village, and let him know I considered him the worthiest of apprentices.'

'We'll do so, sir,' Axl said. 'We'll seek the best for him, even though the wound he carries makes his future a dark one.'

'That's well said. Now I'm reminded I must do even more to survive this meeting. Well, Sir Gawain, shall we go to it?'

'Yet one more request,' said the old knight, 'and this one to you, Master Wistan. I raise the matter with embarrassment, for it touches what we discussed with pleasure a moment ago. I mean, sir, the question of drawing the sword. With my heavy years, I find it takes a foolishly long time to pull this old weapon out of its sheath. If you and I faced each other, swords undrawn, my fear is I'd provide you with feeble entertainment, knowing how fast you draw. Why, sir, I might still be hobbling about, muttering small curses and tugging at this iron with one grip then another even as you take the air, wondering if to cut off my head or else sing an ode while waiting! Yet if we were to agree to draw our swords in our own time . . . Why this embarrasses me greatly, sir!'

'Not another word on it, Sir Gawain. I never think well of a warrior who leans on the speedy draw of a blade to take advantage of his opponent. So let's meet with swords ready drawn, just as you suggest.'

'I thank you, sir. And in return, though I see your arm strapped, I vow not to seek any special advantage of it.'

'I'm grateful, sir, though this injury's a trivial one.'

'Well then, sir. With your permission.'

The old knight drew his sword – indeed it seemed to take some time – and placed the point into the ground, just as he had done earlier at the giant's cairn. But instead of leaning on it, he stood there regarding his weapon up and down with a mixture of weariness and affection. Then he took the sword in both hands and raised it – and Gawain's posture took on an unmistakable grandeur.

'I'll turn away now, Axl,' Beatrice said. 'Tell me when it's finished, and let it not be long or unclean.'

At first both men held their swords pointing downwards, so as not to exhaust their arms. From his vantage point, Axl could see their positions clearly: at most five strides apart, Wistan's body angled slightly to the left away from his opponent's. They held these positions for a time, then Wistan moved three slow steps to his right, so that to all appearances, his outside shoulder was no longer protected by his sword. But to take advantage, Gawain would have had to close the gap very rapidly, and Axl was hardly surprised when the knight, gazing accusingly at the warrior, himself moved to the right with deliberate strides. Wistan meanwhile changed the grip of both his hands on his sword, and Axl could not be sure Gawain had noticed the change – Wistan's body possibly obscuring the knight's view. But now Gawain too was changing his hold, letting the sword's weight fall from the right arm to the left. Then the two men became fixed in their new positions, and to an innocent spectator, they may have looked, in relation to one another, practically unchanged from before. Yet Axl could sense that these new positions had a different significance. It had been a long time since he had had to consider combat in such detail, and there remained a frustrating sense that he was failing to see half of what was unfolding before him. But he knew somehow the contest had reached a critical point; that things could not be held like this for long without one or the other combatant being forced to commit himself.

Even so, he was taken aback by the suddenness with which Gawain and Wistan met. It was as if they had responded to a signal: the space between them vanished, and the two were suddenly locked in tense embrace. It happened so quickly it appeared to Axl the men had abandoned their swords and were now holding one another in a complicated and mutual armlock. As they did so, they rotated a little, like dancers, and Axl could then see that their two blades, perhaps because of the huge impact of their coming together, had become melded as one. Both men, mortified by this turn of events, were now doing their best to prise the weapons apart. But this was no easy task, and the old knight's features were contorted with the effort. Wistan's face, for the moment, was not visible, but Axl could see the warrior's neck and shoulders shaking as he too did all he could to reverse the calamity. But their efforts were in vain: with each moment, the two swords seemed to fasten more thoroughly, and surely there was nothing for it but to abandon the weapons and start the contest afresh. Neither man, though, appeared willing to give up, even as the effort threatened to drain them of their strength. Then something gave and the blades came apart. As they did so, some dark grain – perhaps the substance that had caused the blades to fasten together in the first place – flew up into the air between them. Gawain, with a look of astonished relief, reeled halfway round and sank to one knee. Wistan, for his part, had been carried by the momentum into turning a near circle, and had come to a halt pointing his now liberated sword towards the clouds beyond the cliff, his back fully turned to the knight.

'God protect him,' Beatrice said beside him, and Axl realised she had been watching all the while. When he looked down again, Gawain had lowered his other knee to the ground. Then the tall figure of the knight fell slowly, twistingly, onto the dark grass. There he struggled a moment, like a man in his sleep trying to make himself more comfortable, and when his face was turned to the sky, even though his legs were still folded untidily beneath him, Gawain seemed content. As Wistan approached with a concerned stride, the old knight appeared to say something, but Axl was too far to hear. The warrior remained standing over his opponent for some time, his sword held forgotten at his side, and Axl could see dark drops falling from the tip of the blade onto the soil.

Beatrice pressed herself against him. 'He was the she-dragon's defender,' she said, 'yet showed us kindness. Who knows where we'd be now without him, Axl, and I'm sorry to see him fallen.'

He pressed Beatrice close to him. Then releasing her, he climbed down a little way to where he could see better Gawain's body lying on the earth. Wistan had been correct: the blood had flowed only to where the ground rose in a kind of lip at the cliff's edge, and was pooling there with no danger of spilling over. The sight caused a melancholy to sweep over him, but also – though it was a distant and vague one – the feeling that some great anger within him had at long last been answered.

'Bravo, sir,' Axl called down. 'Now there's nothing stands between you and the she-dragon.'

Wistan, who had all the while been staring down at the fallen knight, now came slowly, somewhat giddily, to the foot of the mound, and when he looked up appeared to be in something of a dream.

'I learned long ago', he said, 'not to fear Death as I fought. Yet I thought I heard his soft tread behind me as I faced this knight. Long in years, yet he was close to getting the better of me.'

The warrior seemed then to notice the sword still in his hand, and made as though to thrust it into the soft earth at the foot of the mound. But at the last moment he stopped himself, the blade almost at the soil, and straightening, said: 'Why clean this sword yet? Why not let this knight's blood mingle with the she-dragon's?'

He came up the side of the mound, his gait still somewhat like a drunkard's. Brushing past them, he leant over a rock and gazed down into the pit, his shoulders moving with each breath.

'Master Wistan,' Beatrice said gently. 'We're now impatient to see you slay Querig. But will you bury the poor knight after? My husband here's weary and must save his strength for what remains of our journey.'

'He was a kin of the hated Arthur,' Wistan said, turning to her, 'yet I'll not leave him to the crows. Rest assured, mistress, I'll see to him, and may even lay him down in this pit, beside the creature he so long defended.'

'Then hurry, sir,' Beatrice said, 'and finish the task. For though she's feeble, we'll not be easy till we know she's slain.'

But Wistan seemed no longer to hear her, for he was now gazing at Axl with a faraway expression.

'Are you well, sir?' Axl asked eventually.

'Master Axl,' the warrior said, 'we may not meet again. So let me ask one last time. Could you be that gentle Briton from my boyhood who once moved like a wise prince through our village, making men dream of ways to keep innocents beyond the reach of war? If you have a remembrance of it, I ask you to confide in me before we part.'

'If I was that man, sir, I see him today only through the haze of this creature's breath, and he looks a fool and a dreamer, yet one who meant well, and suffered to see solemn oaths undone in cruel slaughter. There were others spread the treaty through the Saxon villages, but if my face stirs something in you, why suppose it was another's?'

'I thought it when we first met, sir, but couldn't be sure. I thank you for your frankness.'

'Then speak frankly to me in turn, for it's a thing shifts within me since our meeting yesterday, and perhaps, in truth, for far longer. This man you remember, Master Wistan. Is he one of whom you would seek vengeance?'

'What are you saying, husband?' Beatrice pushed forward, placing herself between Axl and the warrior. 'What quarrel can there be between you and this warrior? If there is one, he'll need strike me first.'

'Master Wistan talks of a skin I shed before we two ever met, princess. One I hoped had long crumbled on a forgotten path.' Then to Wistan: 'What do you say, sir? Your sword still drips. If it's vengeance you crave, it's a thing easily found, though I beg you protect my dear wife who trembles for me.'

'That man was one I once adored from afar, and it's true there were times later I wished him cruelly punished for his part in the betrayal. Yet I see today he may have acted with no cunning, wishing well for his own kin and ours alike. If I met him again, sir, I'd bid him go in peace, even though I know peace now can't hold for long. But excuse me, friends, and let me go down and end my errand.'

Down in the pit, neither the dragon's position nor posture had changed: if her senses were warning her of the proximity of strangers – and of one in particular making his way down the steep side of the pit – Querig gave no indication of it. Or could it be the rise and fall of her spine had become a little more pronounced? And was there a new urgency in the hooded eye as it opened and shut? Axl could not be sure. But as he continued to gaze down at the creature, the idea came to him that the hawthorn bush – the only other thing alive in the pit – had become a source of great comfort to her, and that even now, in her mind's eye, she was reaching for it. Axl realised the idea was fanciful, yet the more he watched, the more credible it seemed. For how was it a solitary bush was growing in a place like this? Could it not be that Merlin himself had allowed it to grow here, so that the dragon would have a companion?

Wistan was continuing his descent, his sword still unsheathed. His gaze rarely strayed from the spot where the creature lay, as if he half expected her to rise suddenly, transformed into a formidable demon. At one stage he slipped, and dug his sword into the ground to avoid sliding some way down on his backside. This episode sent stones and gravel cascading down the slope, but Querig still gave no response.

Then Wistan was safely on the ground. He wiped his forehead, glanced up at Axl and Beatrice, then moved towards the dragon, stopping several strides away. He then raised his sword and began to scrutinise the blade, apparently taken aback to discover it streaked with blood. For several moments, Wistan remained like this, not moving, so that Axl wondered if the strange mood that had overtaken the warrior since his victory had momentarily made him forget his reason for entering the pit.

But then with something of the unexpectedness that had characterised his contest with the old knight, Wistan suddenly moved forward. He did not run, but walked briskly, stepping over the dragon's body without breaking stride, and hurried on as though anxious to reach the other side of the pit. But his sword had described a swift, low arc in passing, and Axl saw the dragon's head spin into the air and roll a little way before coming to rest on the stony ground. It did not remain there long, however, for it was soon engulfed by the rich tide that first parted around it, then buoyed it up till it swam glidingly across the floor of the pit. It came to a stop at the hawthorn, where it lodged, the throat up to the sky. The sight brought back to Axl the head of the monster dog Gawain had severed in the tunnel, and again a melancholy threatened to sweep over him. He made himself look away from the dragon, and watch instead the figure of Wistan, who had not stopped walking. The warrior was now circling back, avoiding the ever-spreading pool, and then with his sword still unsheathed, began the climb out of the pit.

'It's done, Axl,' Beatrice said.

'It is, princess. Yet there's still a question I wish to ask this warrior.'

* * *

Wistan took a surprisingly long time to climb out of the pit. When at last he appeared before them again, he looked overwhelmed and not in the least triumphant. Without a word, he sat down on the blackened ground right on the rim of the pit, and at last thrust his sword deep into the earth. Then he gazed emptily, not into the pit, but beyond, at the clouds and the pale hills in the distance.

After a moment, Beatrice went over to him and touched his arm gently. 'We thank you for this deed, Master Wistan,' she said. 'And there'll be many more across the land would thank you if they were here. Why look so despondent?'

'Despondent? No matter, I'll regain my spirit soon, mistress. Yet just at this moment . . .' Wistan turned away from Beatrice and once more gazed at the clouds. Then he said: 'Perhaps I've been too long among you Britons. Despised the cowardly among you, admired and loved the best of you, and all from a tender age. And now I sit here, shaking not from weariness, but at the very thought of what my own hands have done. I must soon steel my heart or be a frail warrior for my king in what's to come.'

'What is this you speak of, sir?' Beatrice asked. 'What further task awaits you now?'

'It's justice and vengeance await, mistress. And they'll soon hurry this way, for both are much delayed. Yet now the hour's almost upon us, I find my heart trembles like a maid's. It can only be I've been too long among you.'

'I didn't fail to notice, sir,' Axl said, 'your earlier remark to me.

You said you'd wish me to go in peace, yet that peace couldn't hold much longer. I wondered then what you meant by it, even as you descended into this pit. Will you explain yourself to us now?'

'I see you begin to understand, Master Axl. My king sent me to destroy this she-dragon not simply to build a monument to kin slain long ago. You begin to see, sir, this dragon died to make ready the way for the coming conquest.'

'Conquest, sir?' Axl moved closer to him. 'How can this be, Master Wistan? Are your Saxon armies so swelled by your cousins from overseas? Or is it that your warriors are so fierce you talk of conquest in lands well held in peace?'

'It's true our armies are yet meagre in numbers, even in the fenlands. Yet look across this whole land. In every valley, beside every river, you'll now find Saxon communities, and each with strong men and growing boys. It's from these we'll swell our ranks even as we come sweeping westward.'

'Surely you speak in the confusion of your victory, Master Wistan,' Beatrice said. 'How can this be? You see yourself how in these parts it's your kin and mine mingle village by village. Who among them would turn on neighbours loved since childhood?'

'Yet see your husband's face, mistress. He begins to understand why I sit here as before a light too fierce for my gaze.'

'Right enough, princess, the warrior's words make me tremble. You and I longed for Querig's end, thinking only of our own dear memories. Yet who knows what old hatreds will loosen across the land now? We must hope God yet finds a way to preserve the bonds between our peoples, yet custom and suspicion have always divided us. Who knows what will come when quick-tongued men make ancient grievances rhyme with fresh desire for land and conquest?'

'How right to fear it, sir,' Wistan said. 'The giant, once well buried, now stirs. When soon he rises, as surely he will, the friendly bonds between us will prove as knots young girls make with the stems of small flowers. Men will burn their neighbours' houses by night. Hang children from trees at dawn. The rivers will stink with corpses bloated from their days of voyaging. And even as they move on, our armies will grow larger, swollen by anger and thirst for vengeance. For you Britons, it'll be as a ball of fire rolls towards you. You'll flee or perish. And country by country, this will become a new land, a Saxon land, with no more trace of your people's time here than a flock or two of sheep wandering the hills untended.'

'Can he be right, Axl? Surely he speaks in a fever?'

'He may yet be mistaken, princess, but this is no fever. The she-dragon's no more, and Arthur's shadow will fade with her.' Then to Wistan, he said: 'I'm comforted at least, sir, to find you take no delight in these horrors you paint.'

'I'd take delight if I could, Master Axl, for it'll be vengeance justly served. Yet I'm enfeebled by my years among you, and try as I will, a part of me turns from the flames of hatred. It's a weakness shames me, yet I'll soon offer in my place one trained by my own hand, one with a will far cleaner than mine.'

'You speak of Master Edwin, sir?'

'I do, and I dare say he'll be growing quickly more calm now the dragon's slain and her pull gone from him. That boy has a true warrior's spirit given only to a few. The rest he'll learn fast enough, and I'll train his heart well to admit no soft sentiments as have invaded mine. He'll show no mercy in our work ahead.'

'Master Wistan,' Beatrice said, 'I still don't know if you speak only in a mad fever. But my husband and I grow weak, and must return to lower ground and shelter. Will you remember your promise to bury well the gentle knight?'

'I promise to do so, mistress, though I fear even now the birds find him. Good friends, forewarned as you are, you've time enough to escape. Take the knight's horse and ride fast from these parts. Seek your son's village if you must, but linger there no more than a day or two, for who knows how soon the flames will be lit before our coming armies. If your son will not hear your warnings, leave him and flee as far west as you can. You may yet keep ahead of the slaughter. Go now and find the knight's horse. And should you find Master Edwin much calmed, his strange fever passed, cut him free and bid him come up here to me. A fierce future now opens before him, and it's my wish he sees this place, the fallen knight and the broken she-dragon, all before his next steps. Besides, I recall how well he digs a grave with a stray stone or two! Now hurry away, gentle friends, and farewell.'

Chapter Sixteen

For some time now the goat had been trampling the grass very near Edwin's head. Why did the animal have to come so close? They might be tied to the same post, but surely there was territory enough for each of them.

He might have got up and chased the goat away, but Edwin felt too tired. The exhaustion had swept over him a little earlier, and with such intensity that he had fallen forward onto the ground, the mountain grass pressing against his cheek. He had reached the edges of sleep, but then had been startled back to wakefulness by the sudden conviction that his mother had gone. He had not moved, and had kept his eyes closed, but he had muttered aloud into the ground: 'Mother. We're coming. Only a little longer now.'

There had been no answer, and he had felt a great emptiness opening within him. Since then, drifting between sleep and waking, he had several more times called to her, to be answered only by silence. And now the goat was chewing the grass next to his ear.

'Forgive me, mother,' he said softly into the earth. 'They tied me. I couldn't get free.'

There were voices above him. Only then did it occur to him the footsteps around him were not those of the goat. Someone was untying his hands, and the rope was pulling away from under him. A gentle hand raised his head, and he opened his eyes to see the old woman – Mistress Beatrice – peering down at him. He realised he was no longer tied, and rose to his feet.

One of his knees ached badly, but when a gust of wind rocked him, he was able to keep his balance. He looked about him: there was the grey sky, the rising land, the rocks up on the crest of the next hill. Not long ago, those rocks had meant everything to him, but now she was gone, of that there was no doubt. And he remembered something the warrior had said: that when it was too late for rescue, it was still early enough for revenge. If that were true, those who had taken his mother would pay a terrible price.

There was no sign of Wistan. It was just the old couple here, but Edwin felt comforted by their presence. They were standing before him, gazing at him with concern, and the sight of the kindly Mistress Beatrice made him feel suddenly close to tears. But Edwin realised she was saying something – something about Wistan – and made an effort to listen.

Her Saxon was hard to understand, and the wind seemed to carry her words away. In the end he cut across her to ask: 'Is Master Wistan fallen?'

She fell silent, but did not reply. Only when he repeated himself, in a voice that rose above the wind, did Mistress Beatrice shake her head emphatically and say:

'Don't you hear me, Master Edwin? I tell you Master Wistan is well and awaits you at the top of that path.'

The news filled him with relief, and he broke into a run, but then a giddiness quickly overtook him, obliging him to stop before he had even reached the path. He steadied himself, then glancing back, saw the old couple had taken a few steps in his direction. Edwin noticed now how frail they seemed. There they were standing together in the wind, each leaning against the other, looking far older than when he had first met them. Did they have strength left to descend the mountainside? But now they were gazing at him with an odd expression, and behind them, the goat too had ceased its restless activity to stare at him. A strange thought went through Edwin's mind, that he was at that moment covered head to toe in blood, and this was why he had become the object of such scrutiny. But when he glanced down, though his clothes were marked with mud and grass, he saw nothing unusual.

The old man suddenly called out something. It was in the Britons' tongue and Edwin could not understand. Was it a warning? A request? Then Mistress Beatrice's voice came through the wind.

'Master Edwin! We both beg this of you. In the days to come, remember us. Remember us and this friendship when you were still a boy.'

As he heard this, something else came back to Edwin: a promise made to the warrior; a duty to hate all Britons. But surely Wistan had not meant to include this gentle couple. And now here was Master Axl, raising a hand uncertainly into the air. Was it in farewell or an attempt to detain him?

Edwin turned away, and this time when he ran, even with the wind pushing from one side, his body did not fail him. His mother was gone, most likely gone beyond all retrieving, but the warrior was well and waiting for him. He continued to run, even as the path grew steeper and the ache in his knee grew worse.

Chapter Seventeen

They came riding through the rainstorm as I sheltered under the pines. No weather for a pair so long in years and the sagging horse no less weary. Does the old man fear for the animal's heart with one more step? Why else halt in the mud with twenty paces still to the nearest tree? Yet the horse stands with patience under the downpour as the old man lifts her down. Could they perform the task more slowly were they painted figures in a picture? 'Come, friends,' I call to them. 'Hurry and take shelter.'

Neither hears me. Perhaps it's the hiss of the rain or is it their age seals their ears? I call again, and now the old man looks about him and sees me at last. Finally she slides down into his arms, and though she's but a thin sparrow, I see he's barely strength left to hold her. So I leave my shelter, and the old man turns in alarm to see me splash across the grass. But he accepts my assistance, for wasn't he about to sink to the earth, his good wife's arms still circling his neck? I take her from him and hurry back to the trees, she no burden to me at all. I hear the old man panting at my heels. Perhaps he fears for his wife in the arms of a stranger. So I set her down with care, to show I mean them only friendship. I place her head against the soft bark, and well sheltered above, even if a drop or two still falls around her.

The old man crouches beside her, speaking words of encouragement, and I move away, not wishing to intrude on their intimacy. I stand again at my old spot where the trees meet the open ground, and watch the rain sweep across the moorland. Who can blame me sheltering from rain like this? I will easily make up time on my journey, and be all the better for the weeks of unbroken toil to come. I hear them talk at my back, yet what am I to do? Step into the rain to be beyond their murmurings?

'It's just the fever talking, princess.'

'No, no, Axl,' she says. 'It comes back to me, something more. How did we ever forget? Our son lives on an island. An island seen from a sheltered cove, and surely near us now.'

'How can that be, princess?'

'Don't you hear it, Axl? I hear it even now. Isn't that the sea near us?'

'Just the rain, princess. Or maybe a river.'

'We forgot it, Axl, with the mist over us, but now it starts to clear. There's an island near, and our son waits there. Axl, don't you hear the sea?'

'Just your fever, princess. We'll find shelter soon and you'll be fine again.'

'Ask this stranger, Axl. He knows this country better than us. Ask if there's not a cove nearby.'

'He's just a kind man came to our aid, princess. Why should he have any special wisdom of such things?'

'Ask him, Axl. What harm can it do?'

Do I remain silent? What am I to do? I turn and say, 'The good lady's right, sir.' The old man starts, and there's fear in his eyes. A part of me wishes to fall silent again; to turn away and watch the old horse standing steadfast in the rain. Yet now I've spoken I must go on. I point beyond the spot where they huddle.

'A path there, between those trees, leads down to a cove such as the one the lady speaks of. For the most part covered in shingle, though when the tide's low, as it will be now, the pebbles give way to sand. And as you say, good lady. There's an island a little way out to sea.'

They watch me in silence, she with a weary happiness, he with mounting fear. Will they not say anything? Do they expect me to tell more?

'I've watched the sky,' I say. 'This rain will clear shortly and the evening will be a fine one. So if you wish me to row you over to the island, I'd be pleased to do so.'

'Didn't I tell you, Axl!'

'Are you then a boatman, sir?' the old man asks solemnly. 'And can it be we met somewhere before?'

'I'm a boatman, sure enough,' I tell him. 'It's more than I can remember if we met before, for I'm obliged to ferry so many and for long hours each day.'

The old man looks more fearful than ever, holds his wife close as he crouches beside her. Judging it best to change the topic, I say:

'Your horse still stands in the rain. Even though he's untethered and nothing to stop him seeking the nearby trees.'

'He's an old battlehorse, sir.' The old man, happy to leave talk of the cove, speaks with quick eagerness. 'He keeps his discipline, even though his master's no more. We must see to him in time, the way we lately promised his brave owner. But just now I worry for my dear wife. Do you know where we may find shelter, sir, and a fire to warm her?'

I cannot lie and I have my duty. 'As it happens,' I reply, 'there's a small shelter found on this very cove. It's one I stitched myself, a simple roof of twigs and rags. I left a fire smouldering beside it this last hour and it'll not be beyond reviving.'

He hesitates, searching my face carefully. The old woman's eyes are now closed and her head rests on his shoulder. He says, 'Boatman, my wife spoke just now in a fever. We've no need of islands. Better we shelter beneath these friendly trees till the rain's gone, then we'll journey on our way.'

'Axl, what are you saying?' the woman says, opening her eyes. 'Hasn't our son waited long enough? Let this good boatman lead us to the cove.'

The old man hesitates still, but feels his wife shiver in his arms, and his eyes look to me with desperate entreaty.

'If you wish,' I say, 'I'll carry the good lady and make the way to the cove easier.'

'I'll carry her myself, sir,' he says, like one defeated yet defiant. 'If she's not able to go by her own feet, then she'll go in my arms.'

What to say to this, the husband now almost as weak as the wife?

'The cove's not far,' I say gently. 'But the way down's steep, with pits and twisted roots. Please allow me to carry her, sir. It's the safest thing. You'll walk close beside us where the way allows. Come, when the rain eases, we'll hurry down, for see how the good lady trembles for cold.'

The rain stopped before long and I carried her down the hill-path, the old man stumbling behind, and when we came out to the beach, the dark clouds were swept to one side of the sky as if by an impatient hand. The reddish hues of evening all across the shore, a foggy sun falling towards the sea, and my boat rocking out in the waves. With another show of gentleness, I laid her down under the rude cover of dried skins and branches, placing her head against a cushion of mossy rock. He comes fussing about her even before I can step away.

'See there,' I say, and crouch beside the slumbering fire. 'There's the island.'

Only a small turn of the head gives the woman a view of the sea, and she lets out a soft cry. He must turn on the hard pebbles, and stares bewildered here and there at the waves.

'There, friend,' I say. 'Look there. Midway between the shore and the horizon.'

'My eyes aren't so good,' he says. 'But yes, I believe I see it now. Are those the tops of trees? Or jagged rocks?'

'They'll be trees, friend, for it's a gentle place.' I say this all the while breaking twigs and attending the fire. They both look out to the island and I kneel down, the pebbles harsh against my bones, to blow at the embers. This man and woman, did they not come of their own will? Let them decide their own paths, I say to myself.

'Do you feel the warmth now, princess?' he cries. 'You'll soon be yourself again.'

'I see the island, Axl,' she says, and how can I but intrude upon this intimacy? 'That's where our son awaits. So strange how we ever forgot such a thing.'

He mumbles a reply and I see he grows troubled again. 'Surely, princess,' he says, 'we're not yet decided. Do we really want to cross to such a place? Besides, we've no way to pay for our passage, for we left the tin and coins with the horse.'

Am I to remain silent? 'That's no matter, friends,' I say. 'I'll gladly take what's owed later from the saddle. That steed won't wander far.' Some may call this cunning, but I spoke from simple charity, knowing well I would never come upon the horse again. They talked on in gentle voices, and I kept my back to them, attending to the fire. For do I wish to intrude on them? Yet she lifts her voice, and one more steady than before.

'Boatman,' she says. 'There's a tale I once heard, perhaps as a small child. Of an island full of gentle woods and streams, yet also a place of strange qualities. Many cross to it, yet for each who dwells there, it's as if he walks the island alone, his neighbours unseen and unheard. Can this be true of the island now before us, sir?'

I go on breaking twigs and placing them carefully about the flame. 'Good lady, I know of several islands to fit such a description. Who knows if this one is among them?'

An evasive answer, and one to give her boldness. 'I also heard, boatman,' she says, 'there are times when these strange conditions cease to prevail. Of special dispensations granted certain travellers. Did I hear right, sir?'

'Dear lady,' I say, 'I'm just a humble boatman. It's not for me to talk of such matters. But since there's no one else here, let me offer this. I've heard it said there may be certain times, perhaps during a storm such as the one just passed, or on a summer's night when the moon's full, an islander may get a sense of others moving beside him in the wind. This may be what you once heard, good lady.'

'No, boatman,' she says, 'it was something more. I heard it said a man and woman, after a lifetime shared, and with a bond of love unusually strong, may travel to the island with no need to roam it apart. I heard they may enjoy the pleasures of one another's company, as they did through all the years before. Could this be a true thing I heard, boatman?'

'I'll say it again, good lady. I'm just a boatman, charged with ferrying over those who wish to cross the water. I can speak only of what I observe in my daily toil.'

'Yet there's no one here now but you to guide us, boatman. So

I ask this of you, sir. If you now ferry my husband and me, can it be we'll not be parted, but free to walk the island arm in arm the way we go now?'

'Very well, good lady. I'll speak to you frankly. You and your husband are a pair as we boatmen rarely set eyes upon. I saw your unusual devotion to each other even as you came riding through the rain. So there's no question but that you'll be permitted to dwell on the island together. Be assured on that point.'

'What you say fills me with happiness, boatman,' she says, and appears to sag in relief. Then she says, 'And who knows? During a storm, or on a calm moonlit night, Axl and I may glimpse our son close by. Even speak with him a word or two.'

The fire now burning steadily I rise to my feet. 'See there,' I say, pointing out to sea. 'The boat stirs in the shallows. But I keep my oar hidden in a nearby cave, dipped in a rockpool where tiny fish circle. Friends, I'll go now to fetch it, and while I'm gone, you may talk here between you, unhindered by my presence. Let's have you come to your decision once and for all if this is a voyage you wish to make. Now I'll leave you a moment.'

But she will not release me so easily. 'One word more before you go, boatman,' she says. 'Tell us if when you return, before you'll consent to ferry us, you intend to question us each in turn. For I heard this was the way among boatmen, to discover those rare ones fit to walk the island unseparated.'

They both gaze at me, the evening light upon their faces, and I see his filled with suspicion. I meet her eyes, not his.

'Good lady,' I say, 'I'm grateful for this reminder. In my haste I may easily have neglected what I'm bound by custom to do. It's as you say, yet in this case only for the sake of tradition. For as I said, I saw from the first how you were a pair tied by an extraordinary devotion. Now excuse me, friends, for my time grows short. Have your decision for my return.'

So I left them then, and walked across the evening shore till the waves grew loud and the pebbles turned underfoot to wet sand. Whenever I looked back at them, I saw the same sight, if each time a little smaller: the grey old man, crouched in solemn conference before his woman. Of her I could see little, for the rock she leant on hid all but the rise and fall of her hand as she spoke. A devoted couple, but I had my duty, and I went on to the cave and the oar.

When I came back to them, the oar upon my shoulder, I could see their decision in their eyes even before he said, 'We ask you to take us to the island, boatman.'

'Then let's hasten to the boat, for I'm already much delayed,' I say, and move away as though to hurry towards the waves. But then I turn back, saying, 'Ah, but wait. We must first go through this foolish ritual. Then, friends, let me propose this. Good sir, if you'd rise now and walk a little way from us. Once you're out of hearing, I'll speak briefly with your gentle wife. She needn't stir from where she sits. Then in time I'll come to you wherever you stand on this beach. We'll soon be done and return here to fetch this good lady to the boat.'

He stares at me, a part of him now longing to trust me. He says at last, 'Very well, boatman, I'll wander a moment about this shore.' Then to his woman, 'We'll be parted but an instant, princess.'

'There's no concern, Axl,' she says. 'I'm much restored, and safe under this kind man's protection.'

Away he goes, walking slowly to the east of the cove and the great shadow of the cliff. The birds scatter before him, but return quickly to peck as before at their seaweed and rock. He limps slightly, and his back bent like one close to defeat, yet I see still some small fire within him.

The woman sits before me looking up with a soft smile. What am I to ask?

'Don't fear my questions, good lady,' I say. I would wish now for a long wall nearby, to which to turn my face even as I speak to her, but there's only the evening breeze, and the low sun on my face. I crouch before her, as I saw her husband do, pulling my robe up to my knees.

'I don't fear your questions, boatman,' she says quietly. 'For I know what I feel in my heart for him. Ask me what you will. My answers will be honest, yet prove only one thing.'

I ask a question or two, the usual questions, for have I not done this often enough? Then every now and then, to encourage her and to show I attend, I ask another. But there's hardly the need, for she speaks freely. She talks on, her eyes sometimes closing, her voice always clear and steady. And I listen with care, as is my duty, even as my gaze goes across the cove, to the figure of the tired old man pacing anxiously among the small rocks.

Then remembering the work awaiting me elsewhere, I break into her recollections, saying, 'I thank you, good lady. Let me now hurry to your good husband.'

Surely he begins to trust me now, for why else wander so far from his wife? He hears my footsteps and turns as from a dream. The evening glow upon him, and I see his face no longer filled with suspicion, but a deep sorrow, and small tears in his eyes.

'How goes it, sir?' he asks quietly.

'A pleasure to listen to your good lady,' I reply, matching my voice to his soft tones, though the wind grows unruly. 'But now, friend, let's be brief, so we can be on our way.'

'Ask what you will, sir.'

'I have no searching question, friend. But your good wife just now recalled a day the two of you carried eggs back from a market. She said she held them in a basket before her, and you walked beside her, peering into the basket all the way for fear her steps would injure the eggs. She recalled the time with happiness.'

'I think I do too, boatman,' he says, and looks at me with a smile. 'I was anxious for the eggs because she'd stumbled on a previous errand, breaking one or two. A small walk, but we were well contented that day.'

'It's as she remembers it,' I say. 'Well then, let's waste no more time, for this talk was only to satisfy custom. Let's go fetch the good lady and carry her to the boat.'

And I begin to lead the way back to the shelter and his wife, but now he goes at a dreary pace, slowing me with him.

'Don't be afraid of those waves, friend,' I say, thinking here's the source of his worry. 'The estuary's well protected and no harm can come between here and the island.'

'I'll readily trust your judgement, boatman.'

'Friend, as it happens,' I say, for why not fill this slow journey with a little more talk? 'There was a question I might have asked just now had we more time. Since we walk together this way, would you mind my telling you what it was?'

'Not at all, boatman.'

'I was simply going to ask, was there some remembrance from your years together still brought you particular pain? That's all it was.'

'Do we still speak as part of the questioning, sir?'

'Oh no,' I say. 'That's over and finished. I asked the same of your good wife earlier, so it was merely to satisfy my own curiosity.

Remain silent on it, friend, I take no offence. Look there.' I point to a rock we are passing. 'Those aren't mere barnacles. With more time, I'd show how to prise them from the rockside to make a handy supper. I've often toasted them over a fire.'

'Boatman,' he says gravely, and his steps slow further still. 'I'll answer your question if you wish. I can't be certain how she answered, for there's much held in silence even between those like us. What's more, until this day, a she-dragon's breath polluted the air, robbing memories both happy and dark. But the dragon's slain and already many things grow clearer in my mind. You ask for a memory brings particular pain. What else can I say, boatman, than it's of our son, almost grown when we last saw him, but who left us before a beard was on his face. It was after some quarrel and only to a nearby village, and I thought it a matter of days before he returned.'

'Your wife spoke of the same, friend,' I tell him. 'And she said she's to blame for his leaving.'

'If she convicts herself for the first part of it, there's plenty to lay at my door for the next. For it's true there was a small moment she was unfaithful to me. It may be, boatman, I did something to drive her to the arms of another. Or was it what I failed to say or do? It's all distant now, like a bird flown by and become a speck in the sky. But our son was witness to its bitterness, and at an age too old to be fooled with soft words, yet too young to know the many strange ways of our hearts. He left vowing never to return, and was still away from us when she and I were happily reunited.'

'This part your wife told me. And how soon after came news of your good son taken by the plague swept the country. My own parents were lost in that same plague, friend, and I remember it well. But why blame yourself for it? A plague sent by God or the devil, but what fault lies with you for it?'

'I forbade her to go to his grave, boatman. A cruel thing. She wished us to go together to where he rested, but I wouldn't have it. Now many years have passed and it's only a few days ago we set off to find it, and by then the she-dragon's mist had robbed us of any clear knowledge of what we sought.'

'Ah, so that's it,' I say. 'That part your wife was shy to reveal. So it was you stopped her visiting his grave.'

'A cruel thing I did, sir. And a darker betrayal than the small infidelity cuckolded me a month or two.'

'What did you hope to gain, sir, preventing not just your wife but even yourself grieving at your son's resting place?'

'Gain? There was nothing to gain, boatman. It was just foolishness and pride. And whatever else lurks in the depths of a man's heart. Perhaps it was a craving to punish, sir. I spoke and acted forgiveness, yet kept locked through long years some small chamber in my heart that yearned for vengeance. A petty and black thing I did her, and my son also.'

'I thank you for confiding this, friend,' I say to him. 'And perhaps it's as well. For though this talk intrudes in no part on my duty, and we speak now as two companions passing the day, I confess there was before a small unease in my mind, a feeling I'd yet to hear all there was. Now I'll be able to row you with a carefree contentment. But tell me, friend, what is it made you break your resolve of so many years and come out at last on this journey? Was it something said? Or a change of heart as unknowable as the tide and sky before us?'

'I've wondered myself, boatman. And I think now it's no single thing changed my heart, but it was gradually won back by the years shared between us. That may be all it was, boatman. A wound that healed slowly, but heal it did. For there was a morning not long ago, the dawn brought with it the first signs of this spring, and I watched my wife still asleep though the sun already lit our chamber. And I knew the last of the darkness had left me. So we came on this journey, sir, and now my wife recalls our son crossing before us to this island, so his burial place must be within its woods or perhaps on its gentle shores. Boatman, I've spoken honestly to you, and I hope it doesn't cast your earlier judgement of us in doubt. For I suppose there's some would hear my words and think our love flawed and broken. But God will know the slow tread of an old couple's love for each other, and understand how black shadows make part of its whole.'

'Don't worry, friend. What you told me merely echoes what I saw when you and your wife first came through the rain on that weary steed. Well, sir, no more talk, for who knows if another storm will come our way. Let's hurry to her and carry her to the boat.'

She sits asleep at the rock with a look of contentment, the fire smoking beside her.

'I'll carry her myself this time, boatman,' he says. 'I feel my strength restored to me.'

Can I allow this? It will make my task no easier. 'These pebbles make hard walking, friend,' I say. 'What will be the cost of your stumbling as you carry her? I'm well used to the work, for she'll not be the first to need carrying to a boat. You can walk beside us, talking to her as you wish. Let it be like when she carried those eggs and you went anxiously beside her.'

The fear returns to his face. Yet he replies quietly, 'Very well, boatman. Let's do as you say.'

He walks at my side, muttering encouragement to her. Do I stride too swiftly? For now he lags behind, and as I carry her into the sea I feel his hand grasp desperately at my back. Yet this is no place to loiter, for my feet must discover the quay where it hides beneath the chilly water's surface. I step onto the stones, the lapping waves grow shallow again, and I enter the boat, hardly tilting though I carry her in my arms. My rugs near the stern wet from the rain. I kick away the soaked early layers and lay her down gently. I leave her sitting up, her head just beneath the gunwale, and search the chest for dry blankets against the sea wind.

I feel him climb into the boat even as I wrap her and the floor rocks with his tread. 'Friend,' I say, 'you see the waters grow more restless. And this is but a small vessel. I daren't carry more than one passenger at a time.'

I see the fire in him well enough now, for it blazes through his eyes. 'I thought it well understood, boatman,' he says, 'my wife and I would cross to the island unseparated. Didn't you say so repeatedly, and this the purpose of your questions?'

'Please don't misunderstand, friend,' I say. 'I speak only of the practical matter of crossing this water. It's beyond question the two of you will dwell on the island together, going arm in arm as you've always done. And if your son's burial place is found in some shaded spot, you may think of placing wild flowers about it, such as you'll find growing around the island. There'll be bell heather, even marigold in the woodland. Yet for this crossing today, I ask you to wait a while longer back on the shore. I'll see to it the good lady's comfortable on the opposite one, for I know a spot close to the boat's landing where three ancient rocks face one another like old companions. I'll leave her there well sheltered, yet with a view of the waves, and hasten back to fetch you. But leave us for now and wait on the shore a moment longer.'

The red glow of the sunset on him, or is it still the fire in his gaze? 'I'll not step off this boat, sir, while my wife sits within it. Row us over together as you promised. Or must I row myself?'

'I hold the oar, sir, and it remains my duty to pronounce how many may ride in this vessel. Can it be, despite our recent friendship, you suspect some foul trickery? Do you fear I'll not return for you?'

'I accuse you of nothing, sir. Yet many rumours abound of boatmen and their ways. I mean no offence, but beg you take us both now, and no more dallying.'

'Boatman,' comes her voice, and I turn in time to see her hand reach at the empty air as though to find me there, though her eyes remain closed. 'Boatman. Leave us a small moment. Let my husband and I speak alone a while.'

Dare I leave the boat to them? Yet surely she now speaks for me. The oar firm in my hands, I step past him over the boards and into the water. The sea rises to my knee soaking the hem of my robe. The vessel's well tied and I have the oar. What mischief can come of it? Still I dare not wade far, and though I look to the shore and remain still as a rock, I find I again intrude on their intimacy. I hear them over the quiet lapping waves.

'Has he left us, Axl?'

'He stands in the water, princess. He was reluctant to leave his boat and I'd say he'll not give us long.'

'Axl, this is no time to quarrel with the boatman. We've had great fortune coming upon him today. A boatman who looks so favourably on us.'

'Yet we've often heard of their sly tricks, isn't that so, princess?'

'I trust him, Axl. He'll keep his word.'

'How can you be so sure, princess?'

'I know it, Axl. He's a good man and won't let us down. Do as he says and wait for him back on the land. He'll come for you soon enough. Let's do it this way, Axl, or I fear we'll lose the great dispensation offered us. We're promised our time together on the island, as only a few can be, even among those entwined a lifetime. Why risk such a prize for a few moments of waiting? Don't quarrel with him, or who knows next time we'll face some brute of a man? Axl, please make your peace with him. Even now I fear he grows angry and will change his mind. Axl, are you still there?'

'I'm still before you, princess. Can it really be we're talking of going our ways separately?'

'It's only for a moment or two, husband. What does he do now?'

'Still stands there unmoving, showing only his tall back and shining head to us. Princess, do you really believe we can trust this man?'

'I do, Axl.'

'Your talk with him just now. Did it go happily?'

'It went happily, husband. Wasn't it the same for you?'

'I suppose it was, princess.'

The sunset on the cove. Silence at my back. Dare I turn to them yet?

'Tell me, princess,' I hear him say. 'Are you glad of the mist's fading?'

'It may bring horrors to this land. Yet for us it fades just in time.'

'I was wondering, princess. Could it be our love would never have grown so strong down the years had the mist not robbed us the way it did? Perhaps it allowed old wounds to heal.'

'What does it matter now, Axl? Mend your friendship with the boatman, and let him ferry us over. If it's one of us he'll row, then the other, why quarrel with him? Axl, what do you say?'

'Very well, princess. I'll do as you say.'

'So leave me now and return to the shore.'

'I'll do so, princess.'

'Then why do you still linger, husband? Do you think boatmen never grow impatient?'

'Very well, princess. But let me just hold you once more.'

Do they embrace now, even though I left her swaddled like a babe? Even though he must kneel and make a strange shape on the boat's hard floor? I suppose they do, and for as long as the silence remains, I dare not turn. The oar in my arms, does it cast a shadow in this swaying water? How much longer? At last their voices return.

'We'll talk more on the island, princess,' he says.

'We'll do that, Axl. And with the mist gone, we'll have plenty to talk of. Does the boatman still stand in the water?'

'He does, princess. I'll go now and make my peace with him.'

'Farewell then, Axl.'

'Farewell, my one true love.'

I hear him coming through the water. Does he intend a word for me? He spoke of mending our friendship. Yet when I turn he does not look my way, only to the land and the low sun on the cove. And neither do I search for his eye. He wades on past me, not glancing back. Wait for me on the shore, friend, I say quietly, but he does not hear and he wades on.